全国高等教育自学考试指定教材
行政管理学专业（独立本科段）

领导科学

Lingdao Kexue

（含：领导科学自学考试大纲）

（2011年版）

全国高等教育自学考试指导委员会　组编

主　编　黄　强　彭向刚

扫描微信二维码
关注自考教材服务

图书在版编目(CIP)数据

领导科学:2011年版/黄强,彭向刚主编;全国高等教育自学考试指导委员会组编.—北京:高等教育出版社,2011.3(2022.3重印)

ISBN 978-7-04-028302-0

Ⅰ.①领… Ⅱ.①黄…②全… Ⅲ.①领导学-高等教育-自学考试-教材 Ⅳ.①C933

中国版本图书馆 CIP 数据核字(2011)第 017675 号

| 策划编辑 | 王小钢 | 责任编辑 | 王小钢 | 版式设计 | 张 岚 |
| 责任校对 | 胡晓琪 | 责任印制 | 存 怡 | | |

出版	高等教育出版社	网址	http://www.hep.edu.cn
社址	北京市西城区德外大街4号		http://www.hep.com.cn
邮政编码	100120	网上订购	http://www.hepmall.com.cn
印刷	北京市大天乐投资管理有限公司		http://www.hepmall.com
开本	787×1092 1/16		http://www.hepmall.cn
印张	16		
字数	390 000	版次	2011年3月第1版
购书热线	010-58581118	印次	2022年3月第15次印刷
咨询电话	400-810-0598	定价	29.00元

本书如有缺页、倒页、脱页等质量问题,请到教材供应部门联系调换。
版权所有 侵权必究
物 料 号 28302-00

总目录

领导科学自学考试大纲 …………………………………………………………… 1

 前言 ……………………………………………………………………………… 3
 目录 ……………………………………………………………………………… 5
 Ⅰ 课程性质与课程目标 ……………………………………………………… 7
 Ⅱ 考核目标 …………………………………………………………………… 9
 Ⅲ 课程内容与考核要求 …………………………………………………… 10
 Ⅳ 相关说明与实施要求 …………………………………………………… 25
 参考样卷 ……………………………………………………………………… 28
 参考样卷答案 ………………………………………………………………… 31
 对制定《领导科学自学考试大纲》的几点说明 …………………………… 34

领导科学 …………………………………………………………………………… 35

 组编前言 ……………………………………………………………………… 37
 目录 …………………………………………………………………………… 39
 第一章 绪论 ………………………………………………………………… 41
 第二章 领导与领导者、被领导者 …………………………………………… 56
 第三章 领导的职能和原则 ………………………………………………… 70
 第四章 领导观念 …………………………………………………………… 83
 第五章 领导决策 …………………………………………………………… 100
 第六章 领导用人 …………………………………………………………… 119
 第七章 领导的思想政治工作 ……………………………………………… 136
 第八章 领导体制 …………………………………………………………… 151
 第九章 领导者的素质 ……………………………………………………… 169
 第十章 领导方法 …………………………………………………………… 187
 第十一章 领导艺术 ………………………………………………………… 206
 第十二章 领导作风 ………………………………………………………… 222
 第十三章 领导绩效 ………………………………………………………… 236
 后记 …………………………………………………………………………… 251

全国高等教育自学考试
行政管理学专业（独立本科段）

领导科学自学考试大纲

全国高等教育自学考试指导委员会制定

前　言

　　为了适应社会主义现代化建设事业的需要,鼓励自学成才,我国在20世纪80年代初建立了高等教育自学考试制度。高等教育自学考试是个人自学、社会助学和国家考试相结合的一种高等教育形式。应考者通过规定的专业考试课程并经思想品德鉴定达到毕业要求的,可获得毕业证书;国家承认学历并按照规定享有与普通高等学校毕业生同等的有关待遇。经过近30年的发展,高等教育自学考试为国家培养和造就了大批专门人才。

　　课程自学考试大纲是国家规范自学者学习范围、要求和考试标准的文件。它是按照专业考试计划的要求,具体指导个人自学、社会助学、国家考试、编写教材、编写自学辅导书的依据。

　　随着经济社会的快速发展,新的法律法规不断出台,科技成果不断涌现,原大纲中有些内容过时、知识陈旧。为更新教育观念,深化教学内容方式、考试制度、质量评价制度改革,使自学考试更好地提高人才培养的质量,各专业委员会按照专业考试计划的要求,对原课程自学考试大纲组织了修订或重编。

　　修订后的大纲,在层次上,专科参照一般普通高校专科或高职院校的水平,本科参照一般普通高校本科水平;在内容上,力图反映学科的发展变化,增补了自然科学和社会科学近年来研究的成果,对明显陈旧的内容进行了删减。

　　全国考委公共管理类专业委员会组织制定了《领导科学自学考试大纲》,经教育部批准,现颁发施行。各地教育部门、考试机构应认真贯彻执行。

全国高等教育自学考试指导委员会
2010年7月

目　录

- Ⅰ　**课程性质与课程目标** ·· 7
  - 一、课程性质和特点 ·· 7
  - 二、课程目标 ··· 7
  - 三、与其他相关课程的关系 ··· 7
- Ⅱ　**考核目标** ··· 9
- Ⅲ　**课程内容与考核要求** ··· 10
  - 第一章　绪论 ··· 10
    - 一、课程内容 ··· 10
    - 二、自学要求 ··· 10
    - 三、考核知识点及考核要求 ·· 11
  - 第二章　领导与领导者、被领导者 ·· 11
    - 一、课程内容 ··· 11
    - 二、自学要求 ··· 11
    - 三、考核知识点及考核要求 ·· 12
  - 第三章　领导的职能和原则 ·· 12
    - 一、课程内容 ··· 12
    - 二、自学要求 ··· 12
    - 三、考核知识点及考核要求 ·· 12
  - 第四章　领导观念 ··· 13
    - 一、课程内容 ··· 13
    - 二、自学要求 ··· 13
    - 三、考核知识点及考核要求 ·· 13
  - 第五章　领导决策 ··· 14
    - 一、课程内容 ··· 14
    - 二、自学要求 ··· 14
    - 三、考核知识点及考核要求 ·· 14
  - 第六章　领导用人 ··· 15
    - 一、课程内容 ··· 15
    - 二、自学要求 ··· 15
    - 三、考核知识点及考核要求 ·· 16
  - 第七章　领导的思想政治工作 ··· 16
    - 一、课程内容 ··· 16
    - 二、自学要求 ··· 16
    - 三、考核知识点及考核要求 ·· 17
  - 第八章　领导体制 ··· 17

一、课程内容 …………………………………………………………………………………… 17
　　二、自学要求 …………………………………………………………………………………… 17
　　三、考核知识点及考核要求 …………………………………………………………………… 18
第九章　领导者的素质 ……………………………………………………………………………… 18
　　一、课程内容 …………………………………………………………………………………… 18
　　二、自学要求 …………………………………………………………………………………… 19
　　三、考核知识点及考核要求 …………………………………………………………………… 19
第十章　领导方法 …………………………………………………………………………………… 20
　　一、课程内容 …………………………………………………………………………………… 20
　　二、自学要求 …………………………………………………………………………………… 20
　　三、考核知识点及考核要求 …………………………………………………………………… 20
第十一章　领导艺术 ………………………………………………………………………………… 21
　　一、课程内容 …………………………………………………………………………………… 21
　　二、自学要求 …………………………………………………………………………………… 21
　　三、考核知识点及考核要求 …………………………………………………………………… 22
第十二章　领导作风 ………………………………………………………………………………… 22
　　一、课程内容 …………………………………………………………………………………… 22
　　二、自学要求 …………………………………………………………………………………… 23
　　三、考核知识点及考核要求 …………………………………………………………………… 23
第十三章　领导绩效 ………………………………………………………………………………… 23
　　一、课程内容 …………………………………………………………………………………… 23
　　二、自学要求 …………………………………………………………………………………… 24
　　三、考核知识点及考核要求 …………………………………………………………………… 24
Ⅳ　相关说明与实施要求 …………………………………………………………………………… 25
　　一、制定自学考试大纲的目的及其作用 ……………………………………………………… 25
　　二、课程自学考试大纲与教材的关系 ………………………………………………………… 25
　　三、关于自学教材 ……………………………………………………………………………… 25
　　四、关于自学要求 ……………………………………………………………………………… 25
　　五、自学方法指导 ……………………………………………………………………………… 25
　　六、应考指导 …………………………………………………………………………………… 26
　　七、对社会助学的建议 ………………………………………………………………………… 27
　　八、关于命题考试的规定 ……………………………………………………………………… 27
参考样卷 …………………………………………………………………………………………… 28
参考样卷答案 ……………………………………………………………………………………… 31
对制定《领导科学自学考试大纲》的几点说明 ………………………………………………… 34

Ⅰ 课程性质与课程目标

一、课程性质和特点

领导科学是一门研究领导活动基本规律的学科。领导科学是全国高等教育自学考试政治学类行政管理专业独立本科段必考的课程,是为培养和检验自学应考者掌握领导的基本理论知识和应用能力而设置的一门专业课程。

领导科学是一门新兴的、富有社会主义特色的科学,它以马克思主义、毛泽东思想、邓小平理论、三个代表重要思想和科学发展观为指导,主要研究在现代领导工作中合乎规律性的东西。它认真总结人类历史上特别是中国革命和社会主义建设实践中的丰富领导经验,把其上升到理论的高度,使之科学化。其内容具有宏观性、战略性、综合性、应用性等特点。因此,本课程有别于马克思主义哲学、政治学、管理科学、党的建设学说等课程,在自学考试命题中应充分体现本课程的性质和特点。

通过本课程的设置,行政管理专业的考生可以系统把握领导的基本原理、基本职能、基本方法以及如何提高领导能力与水平等主要问题。

二、课程目标

本课程设置的目标是:使考生掌握领导活动的基本规律,掌握领导科学的基本内容和基本方法,在此基础上,理论联系实际,思考、分析并解决我国领导活动中存在的一些实际问题,从而提高自己的领导素质。

设置本课程的具体目的要求是:使自学应考者比较全面系统地掌握领导科学的基本理论、基本知识和基本方法,认识社会主义领导活动的规律性,了解我国领导工作的职能、原则,注重领导方法,讲究领导艺术,端正领导作风,提升领导素质,加强领导制度建设,提高领导绩效,以便能够比较好地适应现代领导工作以及实现领导工作民主化和科学化的需要。

三、与其他相关课程的关系

1. 领导科学与马克思主义哲学的关系。马克思主义哲学是关于世界观的学说,是从自然、社会和思维运动中高度抽象出来的最一般的原则,是各行各业、各门学科的指导思想。而领导科学则是研究领导活动基本规律的一门具体学科,马克思主义哲学能够而且也必须指导领导科学,但不能也不应该代替领导科学。

2. 领导科学与政治学的关系。政治学是历史悠久的、比较成熟的学科,是对整个人类社会的政治现象进行的研究,现代政治学是构成领导科学最深厚的理论基础之一。领导科学是对领导现象、领导环境以及领导活动的基本规律等进行的研究,其研究对象显得更为专门。

3. 领导科学与管理科学的关系。在人类社会中,领导活动和管理活动交织在一起,但在当前高度发达的社会里,两者之间存在着显著的区别。领导是一种全局性、超前性、超脱性的管理。领导比管理层次高,管理比领导门类多。领导科学就是把管理科学中的领导职能、结构、方式等问题抽取出来,单独加以研究。相对而言,管理科学更多地接近硬科学,而领导科学更多地接近软科学。领导科学和管理科学也有交叉的地方,领导科学是从管理科学中分化出来的,二者各有特点,各有丰富的内容,都已成为相对独立的学科。

4. 领导科学与党的建设学说的关系。党的建设是研究无产阶级政党产生、发展及其领导作用的科学,其不少内容与领导科学是相通的。但它们毕竟不是一回事,一般领导相比党的领导是更大更复杂的系统。党建学说研究内容更集中,而领导科学研究范围更广阔。

Ⅱ 考核目标

本大纲在考核目标中,按照识记(Ⅰ)、领会(Ⅱ)、简单应用(Ⅲ)和综合应用(Ⅳ)四个层次规定其应达到的能力层次要求,这四个能力层次是递进关系。四个能力层次的含义分别是:

识记(Ⅰ):要求考生能够识别和记忆领导科学的主要内容,如名词、定义、术语、特点、原则、规律、原理等,并能作出正确的表述、判断和选择。

领会(Ⅱ):要求考生能够全面领悟和理解领导科学基本概念和基本原理的内涵和外延,能掌握和分析有关概念和原理的区别与联系,并能根据考核的不同要求,对领导科学的基本问题作出正确的判断、解释和说明。

简单应用(Ⅲ):要求考生能够根据已掌握的领导科学知识,分析领导科学的基本问题,得出正确的判断或结论,并能正确地把分析过程表达出来;或者能运用本课程的个别知识点,简要分析和解决我国领导活动中存在的一些简单问题。

综合应用(Ⅳ):要求考生能够综合运用领导科学的基本概念和基本原理,分析和解决我国领导活动过程中存在一些比较复杂的理论和实际问题;或者能综合运用本课程的多个知识点,综合分析和解决比较复杂的问题。

需要特别指出的是,试题的难易程度与能力层次的高低不是一个概念。试题的难易程度是指思维过程的复杂程度和分析处理的繁简、技巧。能力层次体现的是对领导科学概念和领导活动规律的理解程度,以及对领导活动规律的综合应用能力,在各个能力层次中,有不同难易度的试题,切勿混淆。

Ⅲ 课程内容与考核要求

第一章 绪 论

一、课程内容

（一）领导活动的历史演变

1．领导活动的产生。

2．领导活动的发展。

3．现代领导发展的基本趋势。

（二）领导科学的产生与发展

1．应把领导活动作为一门科学来研究。

2．领导科学产生的历史条件。

3．领导科学在我国的兴起。

（三）领导科学研究的对象、范围和特点

1．领导科学研究的对象。

2．领导科学的范围和特点。

3．领导科学与其他学科的关系。

（四）学习领导科学的意义和方法

1．学习领导科学的意义。

2．建设中国特色的领导科学。

3．学习领导科学的方法。

二、自学要求

1．了解领导活动的产生和发展的历史。

2．掌握现代领导发展的基本趋势。

3．理解应把领导活动作为一门科学来研究的道理,了解领导科学产生和领导科学在我国兴起的条件。

4．理解领导科学的研究对象、范围和特点以及领导科学与相关学科的关系,领会学习领导科学的目的和方法。

5．本章重点:现代领导发展的基本趋势;应把领导活动作为一门科学来研究的根据;领导科学产生的历史条件。

三、考核知识点及考核要求

（一）领导活动的历史演变
领会:现代领导发展的基本趋势。
（二）领导科学的产生与发展
1．领会:(1)应把领导活动作为一门科学来研究;(2)领导科学产生的条件。
2．综合应用:领导科学在我国兴起的条件。
（三）领导科学研究的对象、范围和特点
领会:(1)领导科学研究的对象;(2)领导科学的特点;(3)领导科学与其他学科的关系。
（四）学习领导科学的目的和方法
领会:(1)学习领导科学的目的;(2)建设中国特色的领导科学;(3)学习领导科学的方法。

第二章　领导与领导者、被领导者

一、课程内容

（一）领导
1．领导的含义。
2．社会主义领导的本质属性。
（二）领导者
1．领导者的含义。
2．领导者的地位与作用。
（三）被领导者
1．被领导者的含义。
2．被领导者的地位与作用。
（四）领导者与被领导者的关系。

二、自学要求

1．掌握领导的概念,理解领导的属性、特征和基础,了解领导的类型。
2．理解社会主义领导的本质属性。
3．掌握领导者的概念,理解领导者的本质、特征、地位与作用。
4．掌握被领导者的概念,理解被领导者的本质、特征、地位与作用。
5．理解领导者与被领导者的关系。
6．本章重点:领导的属性、特征和基础;社会主义领导的本质属性;领导者的本质、特征;被领导者的本质、特征;领导者与被领导者的关系。

三、考核知识点及考核要求

（一）领导

1. 识记：(1) 领导的含义；(2) 领导的特征。
2. 领会：(1) 领导的属性；(2) 领导的类型；(3) 领导的基础。
3. 简单应用：(1) 领导的社会属性决定领导的本质；(2) 社会主义领导的本质属性。

（二）领导者

1. 识记：(1) 领导者的含义；(2) 领导者的特征。
2. 领会：(1) 领导者的本质；(2) 领导者的地位与作用。

（三）被领导者

1. 识记：(1) 被领导者的含义；(2) 被领导者的特征。
2. 领会：(1) 被领导者的本质；(2) 被领导者的地位与作用。
3. 简单应用：好的被领导者的基本要求。

（四）领导者与被领导者的关系

领会：领导者与被领导者的关系。

第三章 领导的职能和原则

一、课程内容

（一）领导的职能

1. 领导职能在领导活动中的地位。
2. 领导的一般职能。
3. 当代领导的基本职能。

（二）领导的原则

1. 领导的总原则。
2. 领导的基本原则。

二、自学要求

1. 掌握领导职能的概念，理解领导职能在领导活动中的地位。
2. 掌握领导的一般职能，理解当代领导的基本职能。
3. 掌握领导原则的概念，理解领导的总原则，理解领导的基本原则。
4. 本章重点：领导的一般职能；领导的总原则；领导的基本原则。

三、考核知识点及考核要求

（一）领导的职能

1. 识记：领导职能的含义。
2. 领会：(1) 领导职能在领导活动中的地位；(2) 领导的一般职能；(3) 当代领导的基本

职能。

（二）领导的原则

1. 识记：领导原则的含义。

2. 领会：(1)领导的总原则；(2)领导的基本原则。

第四章 领 导 观 念

一、课程内容

（一）领导观念概述

1. 领导观念的基本内涵。

2. 现代领导观念的基本特征。

3. 领导观念的重要作用。

（二）现代领导的基本观念

1. 政治观念。

2. 人本观念。

3. 权力观念。

4. 法治观念。

5. 市场经济观念。

6. 改革创新观念。

7. 政绩观念。

二、自学要求

1. 掌握领导观念的基本内涵，理解现代领导观念的基本特征和重要作用。

2. 掌握和理解现代领导的基本观念。

3. 本章重点：现代领导观念的基本特征；现代领导观念的基本内容。

三、考核知识点及考核要求

（一）领导观念概述

1. 识记：(1)领导观念的基本内涵；(2)现代领导观念的基本特征。

2. 领会：领导观念的重要作用。

（二）现代领导的基本观念

1. 识记：(1)政治观念的基本内涵；(2)人本观念的基本内涵；(3)权力观念的基本内涵；(4)法治观念的基本内涵；(5)市场经济观念的基本内涵；(6)改革创新观念的基本内涵；(7)政绩观念的基本内涵。

2. 领会：(1)领导者树立政治观念的必要性；(2)领导者树立人本观念的必要性；(3)领导者树立权力观念的必要性；(4)领导者树立法治观念的必要性；(5)领导者树立改革创新观念的必要性。

3．简单应用：(1)领导者树立正确的政治观念的基本要求；(2)领导者树立人本观念的基本要求；(3)领导者树立正确的权力观念的基本要求；(4)领导者树立法治观念的基本要求；(5)领导者树立现代市场经济观念的基本要求；(6)领导者树立科学的改革创新观念的基本要求；(7)领导者树立科学的政绩观念的基本要求。

第五章　领　导　决　策

一、课程内容

（一）决策及其在领导工作中的地位
1．决策的概念。
2．决策的分类。
3．决策的模式。
4．决策在领导工作中的地位。

（二）科学决策的原则、程序和方法
1．科学决策的原则。
2．科学决策的程序。
3．科学决策的方法。

（三）决策中的领导者
1．现代决策体制。
2．领导者的抉择。
3．领导者与智囊团。
4．领导者的危机决策。

二、自学要求

1．掌握决策的概念和构成要素，理解经验决策和科学决策的特点。
2．掌握决策的分类，理解决策的基本模式，理解决策在领导工作中的地位。
3．掌握科学决策的基本标准，理解科学决策的基本原则，掌握科学决策的主要程序和典型方法。
4．了解现代决策体制，掌握领导者抉择的方式，理解对领导者抉择的基本要求，理解领导者与智囊团的关系。
5．理解领导者危机决策的基本要求。
6．本章重点：决策的构成要素；经验决策和科学决策的特点；决策的基本模式；科学决策的基本标准；科学决策的基本原则；科学决策的主要程序；科学决策的典型方法；现代决策体制；领导者与智囊团的关系；领导者危机决策的基本要求。

三、考核知识点及考核要求

（一）决策及其在领导工作中的地位

1. 识记：(1) 决策的含义；(2) 决策的构成要素；(3) 决策的基本特征。
2. 领会：(1) 经验决策与科学决策的特点；(2) 决策的分类；(3) 决策的模式。
（二）科学决策的原则、程序和方法
1. 识记：(1) 德尔菲法的特点；(2) 头脑风暴法的含义；(3) 试验决策法的含义。
2. 领会：(1) 科学决策的基本标准；(2) 科学决策的基本原则；(3) 追踪决策的特征；(4) 头脑风暴法必须遵循的原则。
3. 简单应用：(1) 科学决策的程序；(2) 德尔菲法的实施步骤；(3) 决策树法的步骤。
（三）决策中的领导者
1. 识记：(1) 决策体制的内涵及其构成；(2) 集体抉择和个人抉择的含义；(3) 危机决策的内涵。
2. 领会：(1) 现代决策体制系统；(2) 领导者在决策活动中的主要职责；(3) 集体抉择需要注意的问题，对领导抉择的基本要求；(4) 领导者与智囊团的关系；(5) 领导者危机决策的基本要求。
3. 简单应用：(1) 领导者在决策过程中发挥智囊团的作用；(2) 领导者进行危机决策的方法。
4. 综合应用：领导者科学决策的原则和方法。

第六章　领　导　用　人

一、课程内容

（一）衡量人才的标准和领导选才用人的意义
1. 人才的特点与类型。
2. 衡量人才的标准。
3. 选才用人对于现代领导的重要意义。
（二）选拔人才的原则和制度
1. 人才选拔原则。
2. 人才选拔制度。
（三）使用人才的原则和制度
1. 人才使用原则。
2. 人才使用制度。

二、自学要求

1. 掌握人才的特点、类型和衡量人才的标准，理解选才用人对于现代领导的重要意义。
2. 掌握人才选拔的基本原则和基本制度。
3. 掌握人才使用的基本原则和基本制度。
4. 本章重点：人才的特点；人才选拔的基本原则；人才选拔的基本制度；人才使用的基本原则；人才使用的基本制度。

三、考核知识点及考核要求

（一）衡量人才的标准和领导选才用人的意义

1．识记：人才的特点。

2．领会：（1）人才的类型；（2）衡量人才的标准；（3）选才用人对于现代领导的重要意义。

（二）选拔人才的原则和制度

1．识记：（1）选举制的含义；（2）考选制的含义；（3）荐举制的含义。

2．领会：（1）人才选拔的基本原则；（2）人才选拔的制度。

3．简单应用：领导者在选拔人才时必须正确处理的关系。

4．综合应用：领导者选拔人才的原则和方法。

（三）使用人才的原则和制度

1．识记：（1）选任制的含义；（2）委任制的含义；（3）聘任制的含义；（4）考核制度的含义；（5）奖惩制度的含义；（6）交流制度的含义；（7）任期制度的含义。

2．领会：（1）人才使用的基本原则；（2）人才使用的主要制度。

3．综合应用：领导者使用人才的基本原则和方法。

第七章　领导的思想政治工作

一、课程内容

（一）思想政治工作及其对领导工作的重要意义

1．思想政治工作的含义与对象。

2．思想政治工作对领导工作的重要意义。

（二）思想政治工作的基本内容

1．理论教育。

2．政治教育。

3．公民素质教育。

（三）思想政治工作的方针、原则和方法

1．思想政治工作的方针。

2．思想政治工作的基本原则。

3．思想政治工作方法。

二、自学要求

1．掌握思想政治工作的含义与对象，理解思想政治工作对领导工作的重要意义。

2．掌握思想政治工作的基本内容。

3．理解思想政治工作的方针、基本原则，掌握思想政治工作的方法。

4．本章重点：思想政治工作的基本内容；思想政治工作的方针、基本原则；思想政治工作的方法。

三、考核知识点及考核要求

(一)思想政治工作及其对领导工作的重要意义
1. 识记:(1)思想政治工作的含义;(2)思想政治工作的对象。
2. 领会:思想政治工作对领导工作的重要意义。

(二)思想政治工作的基本内容
1. 识记:(1)政治教育的含义;(2)公民素质教育的含义。
2. 领会:(1)思想政治工作的基本内容;(2)政治教育的基本内容;(3)公民素质教育的主要内容。

(三)思想政治工作的方针、原则和方法
1. 识记:(1)说理教育法的含义;(2)情感交流法的含义;(3)个别引导法的含义;(4)心理咨询法的含义;(5)榜样示范法的含义;(6)自我教育法的含义。
2. 领会:(1)思想政治工作的方针;(2)思想政治工作的基本原则。
3. 简单应用:思想政治工作的方法。
4. 综合应用:领导者开展思想政治工作的方针、原则和方法。

第八章 领 导 体 制

一、课程内容

(一)领导体制概述
1. 领导体制的基本内涵。
2. 领导体制的主要内容。
3. 领导体制的作用。

(二)领导体制的历史演变和类型
1. 领导体制的历史演变。
2. 领导体制的基本类型。

(三)我国领导体制的改革与完善
1. 我国现行领导体制的本质特征和主要问题。
2. 我国领导体制的改革。

二、自学要求

1. 掌握领导体制的基本内涵,理解领导体制的特征,理解领导体制的二重性。
2. 掌握领导体制的基本内容,理解领导组织的原则、结构,理解领导的层次与宽度,了解领导组织机构的构成,理解领导体制的作用。
3. 了解领导体制的历史演变过程,理解资产阶级民主制领导体制的主要特征。
4. 理解领导体制的基本类型及各自优缺点。
5. 掌握我国现行领导体制的本质特征和主要问题,理解领导体制改革的原则,掌握领导体制改革的内容。

6. 本章重点：领导体制的特征；领导体制的基本内容；领导组织的原则、结构；领导的层次与宽度；领导体制的作用；领导体制的基本类型及其优缺点；我国现行领导体制的本质特征；领导体制改革的原则；领导体制改革的内容。

三、考核知识点及考核要求

（一）领导体制概述

1. 识记：(1) 领导体制的内涵；(2) 领导体制的特征；(3) 领导层次的含义；(4) 领导宽度的含义。

2. 领会：(1) 领导体制的二重性；(2) 领导组织的原则；(3) 领导组织结构；(4) 领导的层次与宽度的关系；(5) 领导组织机构的构成；(6) 领导体制的作用。

（二）领导体制的历史演变和类型

1. 识记：(1) 集权制与分权制的含义；(2) 完整制与分离制的含义；(3) 一长制与委员会制的含义；(4) 层级制与职能制的含义。

2. 领会：(1) 资产阶级民主制领导体制的特征；(2) 集权制与分权制的优缺点；(3) 完整制与分离制的优缺点；(4) 一长制与委员会制的优缺点；(5) 层级制与职能制的优缺点。

（三）我国领导体制的改革与完善

1. 识记：我国现行领导体制的本质特征。

2. 领会：(1) 我国现行领导体制的主要问题；(2) 我国领导体制改革的原则；(3) 我国领导体制改革的内容。

第九章　领导者的素质

一、课程内容

（一）领导者个体素质概述

1. 领导者素质的内涵。

2. 领导者素质的特点。

3. 领导者素质的重要性。

（二）领导者个体素质的基本内容

1. 政治素质。

2. 法律素质。

3. 能力素质。

4. 道德素质。

5. 知识素质。

6. 身心素质。

（三）提高和培养领导者素质的基本途径

1. 重视学习，在读书学习中提高。

2. 注重实践,在社会实践中锻炼。

3. 不断自省,在总结反思中完善。

4. 健全制度,在制度规范中进步。

（四）领导集体素质结构及其优化

1. 领导集体素质结构的含义。

2. 领导集体素质结构的特征。

3. 合理的领导集体素质结构的基本内容。

4. 领导集体素质结构优化的原则。

5. 优化领导集体素质结构的途径。

二、自学要求

1. 掌握领导素质的内涵,理解领导素质的特点,理解领导素质的重要性。

2. 理解领导者的政治素质、法律素质、能力素质、道德素质、知识素质、身心素质的基本内容。

3. 掌握提高和培养领导者素质的基本途径。

4. 掌握领导集体素质结构的含义、特征和基本内容,理解领导集体素质结构优化的原则,掌握领导集体素质结构优化的途径。

5. 本章重点:领导者素质的特点;领导者的政治素质、法律素质、能力素质、道德素质、知识素质、身心素质的基本内容;领导集体素质结构的特征;领导集体素质结构的基本内容;领导集体素质结构优化的原则。

三、考核知识点及考核要求

（一）领导者个体素质概述

1. 识记:领导者素质的内涵。

2. 领会:(1) 领导者素质的特点;(2) 领导者素质的重要性。

（二）领导者个体素质的基本内容

1. 识记:(1) 政治素质的含义;(2) 道德素质的含义;(3) 知识素质的含义。

2. 领会:(1) 领导者政治素质的基本内容;(2) 领导者法律素质的基本内容;(3) 领导者能力素质的基本内容;(4) 领导者道德素质的基本内容;(5) 领导者知识素质的基本内容;(6) 领导者身心素质的内容。

3. 简单应用:领导者提高和培养素质的基本途径。

4. 综合应用:当前领导者提高素质的基本方法。

（三）领导集体素质结构及其优化

1. 识记:领导集体素质结构的含义。

2. 领会:(1) 领导集体素质结构的特征;(2) 合理的领导集体素质结构的基本内容;(3) 领导集体素质结构优化的原则。

3. 简单应用:优化领导集体素质结构的途径。

4. 综合应用:当前中国领导集体素质结构优化的原则和方法。

第十章 领导方法

一、课程内容

（一）领导方法概述
1. 领导方法的含义。
2. 领导方法的特征。
3. 运用领导方法的重要意义。
4. 运用领导方法的基本原则。

（二）领导的思维方法
1. 辩证逻辑思维方法。
2. 系统性思维方法。
3. 战略性思维方法。
4. 创造性思维方法。

（三）领导工作方法
1. 基本领导方法。
2. 现代科学领导方法。

二、自学要求

1. 掌握领导方法的含义和特征，理解运用领导方法的重要意义，掌握运用领导方法的基本原则。
2. 掌握辩证逻辑思维方法的具体方法，掌握系统性思维方法的具体方法，理解战略性思维方法的特征，掌握改善战略性思维方法的途径，理解创造性思维方法的特征，理解创造性思维方法原理，了解基本的创造性思维方法。
3. 掌握基本领导方法的内容。
4. 掌握现代科学领导方法。
5. 本章重点：领导方法的特征；运用领导方法的基本原则；辩证逻辑思维方法的具体方法；系统性思维方法的具体方法；创造性思维方法原理；基本领导方法的内容；现代科学领导方法。

三、考核知识点及考核要求

（一）领导方法概述
1. 识记：领导方法的含义。
2. 领会：(1) 领导方法的特征；(2) 运用领导方法的重要意义；(3) 运用领导方法的基本原则。

（二）领导的思维方法
1. 识记：(1) 战略性思维方法的特征；(2) 创造性思维的特征。
2. 领会：创造性思维原理。

3. 简单应用:(1)辩证逻辑思维方法;(2)系统性思维方法;(3)改善战略性思维方法的途径;(4)创造性思维方法。
4. 综合应用:领导者思维方法的训练和应用。
(三)领导工作方法
1. 识记:(1)典型调查的含义;(2)抽样调查的含义;(3)普遍调查的含义;(4)系统领导法的含义;(5)信息方法的含义;(6)控制论方法的含义。
2. 领会:(1)基本领导方法的内容;(2)系统论方法;(3)信息论方法;(4)控制论方法。
3. 简单应用:(1)基本领导方法的应用;(2)现代科学领导方法的应用。
4. 综合应用:系统掌握基本领导方法和现代科学领导方法。

第十一章 领 导 艺 术

一、课程内容

(一)领导艺术概述
1. 领导艺术的含义。
2. 领导艺术的定位。
3. 领导艺术的特征。
(二)领导艺术的内容与形式
1. 领导授权艺术。
2. 领导沟通艺术。
3. 正副职合作的艺术。
4. 领导者运筹时间的艺术。
5. 驾驭会议的艺术。
6. 处理突发性事件的艺术。
(三)提高领导艺术水平的途径
1. 恪尽职守,保持领导艺术的先进性。
2. 运用现代技术,提高领导艺术的科学性。
3. 加强素质修养,增强领导艺术的创造性。
4. 总结实践经验,把握领导艺术的规律性。

二、自学要求

1. 掌握领导艺术的含义,把握领导艺术的定位,理解领导艺术的特征。
2. 了解领导授权的类型,掌握领导授权艺术要点;掌握领导沟通艺术的基本内容;掌握正副职合作的艺术;掌握领导者运筹时间的艺术;理解开会必须遵循的原则,掌握主持会议的技巧;理解突发性事件的特征,掌握处理突发性事件的艺术。
3. 掌握提高领导艺术水平的途径。
4. 本章重点:领导艺术的定位;领导艺术的特征;领导授权的类型;领导授权艺术要点;领导

沟通艺术的基本内容;正副职合作的艺术;领导者运筹时间的艺术;开会必须遵循的原则,主持会议的技巧;处理突发性事件的艺术;提高领导艺术水平的途径。

三、考核知识点及考核要求

（一）领导艺术概述

1．识记:领导艺术的含义。

2．领会:(1)领导艺术的定位;(2)领导艺术的特征。

（二）领导艺术的内容与形式

1．识记:(1)授权的含义;(2)刚性授权的含义;(3)惰性授权的含义;(4)模糊授权的含义;(5)口头授权的含义;(6)书面授权的含义;(7)突发性事件的含义。

2．领会:(1)领导授权的类型;(2)正副职的关系定位;(3)开会必须遵循的原则;(4)突发性事件的特征。

3．简单应用:(1)领导授权艺术要点;(2)领导沟通艺术的基本内容及其要点;(3)当好正副职的艺术;(4)领导者运筹时间的艺术要点;(5)主持会议的技巧;(6)处理突发性事件的艺术。

4．综合应用:中国领导者应该具备的领导艺术的要点。

（三）提高领导艺术水平的途径

1．识记:政客权术的含义。

2．领会:领导艺术与政客权术的区别。

3．简单应用:提高领导艺术水平的途径。

第十二章　领　导　作　风

一、课程内容

（一）领导作风概述

1．领导作风的含义及特点。

2．领导作风的本质。

3．领导作风的意义。

（二）领导作风的基本内容

1．思想作风:解放思想、实事求是、与时俱进。

2．学习作风:理论联系实际,学以致用。

3．工作作风:密切联系人民群众。

4．组织作风:坚持和执行民主集中制原则。

5．生活作风:廉洁奉公,艰苦奋斗。

（三）领导作风建设

1．不良领导作风的主要表现。

2．加强领导作风建设的途径。

二、自学要求

1. 掌握领导作风的含义及特点,理解领导作风的本质和意义。
2. 理解领导作风的基本内容,理解思想作风、学习作风、工作作风、组织作风、生活作风的基本要求。
3. 了解不良领导作风的主要表现,掌握加强领导作风建设的途径。
4. 本章重点:领导作风的特点;领导作风的本质;思想作风的基本要求;学习作风的基本要求;工作作风的基本要求;组织作风的基本要求;生活作风的基本要求。

三、考核知识点及考核要求

（一）领导作风概述
1. 识记:领导作风的含义。
2. 领会:(1)领导作风的特点;(2)领导作风的本质;(3)领导作风的意义。

（二）领导作风的基本内容
1. 识记:(1)思想作风的含义;(2)学习作风的含义;(3)工作作风的含义;(4)组织作风的含义;(5)生活作风的含义。
2. 领会:(1)思想作风的基本要求;(2)学习作风的基本要求;(3)工作作风的基本要求;(4)组织作风的基本要求;(5)生活作风的基本要求。

（三）领导作风建设
1. 领会:不良领导作风的主要表现。
2. 简单应用:加强领导作风建设的途径。

第十三章　领　导　绩　效

一、课程内容

（一）领导绩效概述
1. 领导绩效的含义。
2. 领导绩效的特点。
3. 领导绩效的基本内容。
4. 领导绩效的作用。

（二）领导绩效考评的意义和内容
1. 领导绩效考评的概念。
2. 领导绩效考评的类型。
3. 领导绩效考评的意义。
4. 领导绩效考评的内容。

（三）领导绩效考评的原则和方法
1. 领导绩效考评的原则。

2. 领导绩效考评的程序。
3. 领导绩效考评的方法。

二、自学要求

1. 掌握领导绩效的含义,理解领导绩效的特点,理解领导绩效的基本内容,理解领导绩效的作用。
2. 掌握领导绩效考评的概念,了解领导绩效考评的类型,理解领导绩效考评的意义,掌握领导绩效考评的内容。
3. 理解领导绩效考评的原则,了解领导绩效考评的程序,掌握领导绩效考评的方法。
4. 本章重点:领导绩效的特点;领导绩效的基本内容;领导绩效考评的内容;领导绩效考评的原则;领导绩效考评的方法。

三、考核知识点及考核要求

(一)领导绩效概述
1. 识记:(1)领导绩效的含义;(2)领导绩效的特点。
2. 领会:(1)领导绩效的基本内容;(2)领导绩效的作用。
(二)领导绩效考评的意义和内容
1. 识记:领导绩效考评的概念。
2. 领会:(1)领导绩效考评的类型;(2)领导绩效考评的意义;(3)领导绩效考评的内容。
(三)领导绩效考评的原则和方法
1. 识记:(1)目标对照法的含义;(2)比较考评法的含义;(3)统计分析法的含义;(4)自我述职法的含义;(5)模拟考评法的含义。
2. 领会:(1)领导绩效考评的原则;(2)领导绩效考评的程序。
3. 简单应用:(1)领导绩效考评的基本方法;(2)领导绩效考评的具体方法。
4. 综合应用:当前中国领导绩效考评存在的问题及其改进的方法。

Ⅳ 相关说明与实施要求

一、制定自学考试大纲的目的及其作用

课程自学考试大纲是根据专业考试计划的要求,结合自学考试的特点制定的,目的是对个人自学、社会助学和课程考试命题进行指导和约定。

课程自学考试大纲明确了课程自学的内容和深度、广度,规定了课程自学考试的范围和标准,是编写自学考试教材的依据,也是进行自学考试命题的依据。

二、课程自学考试大纲与教材的关系

课程自学考试大纲是进行学习和考核的依据,教材是学习掌握课程知识的基本内容与范围,教材的内容是大纲所规定的课程知识和内容的扩展与发挥。课程内容在教材中可以体现一定的深度或难度,但在大纲中对考核的要求一定要适当。

三、关于自学教材

《领导科学》,全国高等教育自学考试指导委员会组编,黄强、彭向刚主编,高等教育出版社,2011年版。

四、关于自学要求

自学要求指明了课程的基本内容以及对基本内容应掌握的程度。

属于自学要求中的知识点构成了课程内容的主体部分。因此,自学要求中的内容是自学考试考核的主要内容。自学要求中对内容掌握程度的要求,是依据专业考试计划和专业培养目标确定的。因此,自学考试将按自学要求中提出的掌握程度对基本内容进行考核。

自学要求对各部分内容掌握程度的要求,由低到高分为三个层次,依次为:了解、理解、掌握。为了有效地指导个人自学和社会助学,各章的自学要求明确了自学的重点。

本课程共4学分。

五、自学方法指导

1. 本课程涉及面广,内容丰富,对自学考试者来说有一定的难度。自学应考者应认识到本课程对提高自身素质,实现我国领导活动科学化、现代化的必要性和重要性,充分认识领导科学的丰富内容以及现代领导与管理的密切联系,在不断学习中逐步提高兴趣,同时要准备付出相当的努力,克服学习中遇到的各种困难,掌握领导科学的系统知识。

2. 一般知识学习与重点内容深入学习相结合。自学应考者应在全面阅读课本的基础上，掌握领导科学的一般理论和知识，识记应当掌握的基本概念、名词、知识和观点，并深入理解其内涵。自学应考者在阅读课本时，可以适当做些读书笔记，在课本上适当做些标记，标出关键词和主要内容，在全面系统学习领导科学一般知识的基础上，有目的地深入学习重点内容，以掌握重点、突破难点，切忌在没有全面系统地学习教材的情况下单纯孤立地去抓重点，甚至猜题押题。

3. 为了更好地理解领导科学的基本概念和原理，自学应考者应注意从基本事实和典型现象入手形成概念和规律，重视知识形成的方法、背景和思路，注意总结所学知识的来龙去脉，在理解上下工夫，在理解基础上进行记忆，切勿死记硬背。

4. 理论联系实际。本课程阐述的内容来源于领导工作的实践，与我国的领导工作密切相关。自学应考者在学习中应十分重视理论联系实际，把学习领导科学理论与分析我国领导工作的实践联系起来，特别是对我国现行领导工作中存在的问题以及我国领导体制改革的发展趋势应格外注意，以适应我国领导体制改革的发展，更深刻地领会教材内容，提高自己分析和解决实际问题的能力。

5. 注意收集与分析研究实际案例，这也是理论联系实际的具体化。历史上特别是现实中有许多领导成功或失败的实际案例，应有选择地收集并进行分析研究，这样既可加深对教材内容的理解与掌握，也能提高自己学以致用的能力。

6. 制定好自学计划，愉快学习。建议自学应考者制定出周密详尽的计划，每天安排好适量的自学任务，定时定量自学，有意识地督促自己在所安排的时间范围内完成自学任务，这样每天都会感到很充实。

7. 适当做一些典型习题和真题，以加深对领导科学内容的理解，熟练对领导科学知识的运用，巩固学习成果，了解领导科学自考命题的规律。

六、应考指导

1. 养成良好的生活习惯。首先要坚持运动，强身健心。健康的身心是做好任何一件事的前提和基础，每天适量的运动能使人保持积极乐观的心态。如果在考试期间因生病而影响发挥，岂不是得不偿失。其次，规律饮食。要保持良好的饮食习惯和膳食结构，不可偏食挑食，不可暴饮暴食，也不可饥肠辘辘。再次，保证充足的睡眠，不要熬夜，以保持良好的精神状态。

2. 放松心情，沉着应考。在考前复习阶段，自学应考者往往会产生信心不足、焦躁不安等不良的心理状况，为此，自学应考者首先可以用听音乐、唱歌、看电影、看小说等娱乐形式，转移自己的心理焦虑。娱乐很容易使人心情放松，缓解疲劳。其次，提前到考场，熟悉考场环境。自学应考者最好提前半小时到场，一方面可以熟悉考场周围的环境，放松自己考前心情，另一方面可以再回顾一下所学知识点，做到胸有成竹，增强自己的信心。再次，自我激励，做深呼吸。考前自我激励和做深呼吸是减轻心理压力行之有效的方法，告诉自己，这只是平时在家做练习题，以前可以做好，现在也一定可以的。最后，沉着应考。不慌不忙，保持一种平和的心态，尽自己所能，在考试中发挥自己的最佳水平。当然，积极准备是能够沉着应考的前提条件，只有在考前做了充分准备，才能做到胸有成竹，处变不惊。

3. 合理安排时间，保持卷面整洁。合理安排答题时间，千万不能在某一道题上耗费过多时间，遇到不会做的题目不要心慌，认真看题，读懂题目要考的知识点，实在做不出来，就做下一题。

卷面整洁非常重要,特别是对非选择题的回答,字迹要工整、清楚,不要写得太细长,字距适当,行距不宜过密。注意答题位置,不要随意更改答题位置。卷面赏心悦目有助于教师评分,教师只能为他能看懂的内容打分。

4. 采用正确的答题方法和技巧。正确的答题技巧能事半功倍。其中,做选择题有以下三种基本方法:一是回忆法,即直接从记忆库中提取要选择的内容;二是淘汰错误法,把选择题各选择项中错误的答案排除,余下的便是正确答案;三是猜测法,有时你会碰到一些拿不准或是超出你能力范围的题目,猜测可以为自学应考者创造更多的得分机会。对于非选择题,答案的组织首先要条目清晰、重点突出、主次鲜明。其次要分条、分点回答问题,即使题目没有要求分条、分点回答问题,自学应考者也应该有强烈的分条、分点答题意识。再次,每一道非选择题都有相应的采分点,要踩准这些采分点,自学应考者要具有很强的采分点意识。在每个采分点中,都会有决定得分的关键词,在答题时,就必须突出这些关键词。最后,简答题只要答到要点就行,不要展开论述。论述题、案例分析题既要答到要点,还要展开论述,但要把最重要的采分点写在前面,然后再展开论述。

七、对社会助学的建议

1. 社会助学的目的是帮助考生系统地学习本门课程,达到课程大纲规定的各项要求。社会助学者要熟知考试大纲对本课程总的要求和各章的知识点,准确理解各知识点要求达到的认知层次和考核要求,并在辅导过程中切实有效地帮助考生掌握这些要求,引导他们防止自学中的各种偏向,切忌随意增删内容和提高或降低要求。

2. 引导考生着重理解和掌握领导科学的基本概念及其应用,培养和提高自学应考者认识、分析和解决实际问题的能力,从总体上提高考生的思维能力和综合素质。社会助学者不应把自学应考者引向猜题押题,不应仅仅把通过考试作为辅导的唯一目的。

3. 社会助学辅导可依据本大纲所列的自学教材循序渐进。

八、关于命题考试的规定

1. 考试采用笔试,考试时间为150分钟,用蓝(黑)色圆珠笔或钢笔作答。

2. 本课程命题考试的范围为本大纲各章所列考核知识点规定的内容。命题要注意试题的覆盖面,并适当突出重点章节的内容,加大重点内容的覆盖密度。

3. 合理安排反映不同能力层次的试题。在一份试卷中对不同能力层次要求的分数比例约为:识记占20%,领会占30%,简单应用占30%,综合应用占20%。

4. 合理安排难度结构,做到难易适中。试题难易度分为易、较易、较难、难四个等级。每份试卷中四种难易度试题的分数比例一般为:易占20%,较易占30%,较难占30%,难占20%。

5. 本课程考试采用的题型主要有:单项选择题、多项选择题、简答题、论述题、案例分析题等。

6. 本课程考试满分为100分,达到60分者为合格,合格者得4学分,获得本课程的单科合格证书。

参 考 样 卷

一、单项选择题(在每小题列出的四个备选项中只有一个是符合题目要求的,请将其代码填写在题后的括号内。错选、多选或未选均无分。)

1. 社会主义领导的本质属性是(　　)
   A. 控制　　　　　B. 管理　　　　　C. 决策　　　　　D. 服务
2. 领导科学研究的基本问题是(　　)
   A. 领导者与客观环境的关系　　　　B. 领导者如何有效领导
   C. 领导者如何履行职能　　　　　　D. 领导者与被领导者的关系
3. 领导的基本职能是(　　)
   A. 调查研究　　　B. 预测规划　　　C. 沟通协调　　　D. 科学决策
4. 中国共产党执政后的最大危险是(　　)
   A. 科技落后　　　B. 脱离群众　　　C. 经验主义　　　D. 教条主义
5. 古人云:"不谋全局者不足谋一域,不谋万世者不足谋一时",这说明领导者应具有(　　)
   A. 指挥能力　　　B. 统筹能力　　　C. 组织能力　　　D. 决策能力
6. 面对突发公共事件,领导者所应采取的决策类型是(　　)
   A. 常规型决策　　B. 最优决策　　　C. 程序化决策　　D. 非程序化决策
7. 组织的最高决策层,由于工作复杂多变,其领导宽度是(　　)
   A. 宜宽些　　　　B. 宽窄没关系　　C. 宜随机安排　　D. 宜窄些
8. 诸葛亮作"隆中对",帮助刘备策划三分天下的大计,这属于(　　)
   A. 科学决策　　　B. 经验决策　　　C. 确定型决策　　D. 战术决策
9. 现代社会的人才总是处于某一具体的社会环境之中,这表明人才具有(　　)
   A. 创造性　　　　B. 历史进步性　　C. 社会性　　　　D. 专业性
10. 在新的历史条件下,中国共产党将人才的德才标准具体化为"四化",其中干部的首要条件是(　　)
    A. 革命化　　　　B. 年轻化　　　　C. 知识化　　　　D. 专业化
11. 如果领导者与其近亲或直系亲属在同一单位且具有从属关系或有监督关系,则应实行的人才使用制度是(　　)
    A. 任免制度　　　B. 奖惩制度　　　C. 交流制度　　　D. 回避制度
12. 领导者用人不疑的关键在于(　　)
    A. 领导者无条件地充分信任下属　　B. 领导者信任下属,获得下属的信任
    C. 下属无条件地充分信任领导者　　D. 领导者正确运用"疑"和"用"的手段
13. 思想政治工作的总方针是(　　)
    A. 表扬和批评相结合　　　　　　　B. 疏通与引导相结合
    C. 精神鼓励和物质鼓励相结合　　　D. 理论与实际相结合
14. 领导者通过向思想政治工作对象讲解有关理论和道理,从而使对方转变思想的方法

是( )
- A. 说理教育法
- B. 情感交流法
- C. 榜样示范法
- D. 个别引导法

15. 按照一个系统或单位的指挥、监督和控制方式划分,领导体制可分为( )
- A. 一体制与分离制
- B. 集权制与分权制
- C. 一长制与委员会制
- D. 层次制和职能制

16. 领导体制的核心问题是( )
- A. 组织结构形式
- B. 人员配置方式
- C. 权限划分模式
- D. 领导管理模式

17. 领导者素质形成和发展的物质基础是( )
- A. 文化知识素质
- B. 生理素质
- C. 能力素质
- D. 心理素质

18. 毛泽东1927年对湖南农民运动进行调查时所采取的主要方法是( )
- A. 种试验田
- B. 胸中有数
- C. 解剖麻雀
- D. 开调查会

19. 正确处理社会主义领导者与被领导者矛盾的根本方法是( )
- A. 调查研究方法
- B. 批评与自我批评方法
- C. 实事求是方法
- D. 群众路线方法

20. "村看村,户看户,群众看干部",这反映领导的指挥方式是( )
- A. 命令式
- B. 说服式
- C. 示范式
- D. 参与式

21. 不"惟上"、不"惟书",根据实际情况制定政策,领导者这种工作作风属于( )
- A. 密切联系群众
- B. 改革创新
- C. 实事求是
- D. 谦虚谨慎

22. 领导者关心群众疾苦,为群众排忧解难,这属于( )
- A. 工作作风
- B. 思想作风
- C. 生活作风
- D. 学习作风

23. 作为一切领导活动出发点和归宿的是( )
- A. 领导方法
- B. 领导目标
- C. 领导绩效
- D. 领导决策

24. 三国时期,马谡曾给诸葛亮出过许多好主意,于是诸葛亮命其挂帅镇守街亭,结果以大败告终,这说明领导者用人必须( )
- A. 引入公开竞争机制
- B. 用发展的眼光看待人才
- C. 不因其长而忽视其短
- D. 重大问题集体决策

25. 李山是某局业务科科长,在应该由他进行决策的许多问题上,他都去请示主管副局长并由这名副局长最后拍板。实际上,他们已经习惯了这种做法,并几乎成了一种惯例。从领导科学的角度看,他们的行为违背了( )
- A. 人尽其才的要求
- B. 职权与职责对等的要求
- C. 领导宽度的要求
- D. 职责绝对性的要求

二、**多项选择题**(在每小题列出的五个备选项中至少有两个是符合题目要求的,请将其代码填写在题后的括号内。错选、多选、少选或未选均无分。)

26. 我国领导的总原则是( )
- A. 党的基本路线原则
- B. 民主集中制原则
- C. 群众路线原则
- D. 系统整体原则

E. 实事求是原则

27. 我国人才选拔制度主要有( )
A. 选举制　　　　　B. 考选制　　　　　C. 荐选制
D. 回避制　　　　　E. 培训制

28. 我国领导体制改革必须遵循的原则主要有( )
A. 公正原则　　　　B. 法治原则　　　　C. 民主性原则
D. 系统性原则　　　E. 效率性原则

29. 合理的领导集体素质结构应具有( )
A. 梯次的年龄结构　B. 同一的气质结构　C. 相似的知识结构
D. 相等的性别比例　E. 互补的能力结构

30. 下列各项中属于领导综合影响力的是( )
A. 坚定的政治信念　B. 出色的领导能力　C. 渊博的理论知识
D. 高尚的道德情操　E. 多变的权力手腕

三、简答题

31. 社会主义国家领导者与被领导者的关系。

32. 领导者改革创新观念的基本要求。

33. 贯彻民主公开原则在领导活动中的意义。

34. 科学决策必须符合的基本标准。

35. 领导授权艺术要点。

四、论述题

36. 请结合领导科学的有关知识和原理,阐述党中央提出"人才强国"战略的重要意义。

37. 试论"一切从实际出发,调查研究"这一基本领导方法的意义和要求。

五、案例分析题

38. 一位老红军的困惑

一位老将军重新回到当年老革命根据地,了解到当地实际情况之后,向陪同他的当地领导干部发出了三问:"一是为什么现在交通条件好了,领导干部反而离群众远了？二是为什么领导干部文化水平高了,做群众工作的方法却少了？三是为什么群众生活好了,对领导干部的意见却多了？"

请运用领导科学的有关知识和原理,分析上述材料。

提示:(1) 老将军"三问"的现象,其原因是什么？

(2) 作为老革命根据地的领导干部,应该如何改善干群关系？

参考样卷答案

一、单项选择题

1. D   2. D   3. D   4. B   5. B
6. D   7. D   8. B   9. C   10. A
11. D   12. B   13. B   14. A   15. D
16. C   17. B   18. D   19. D   20. C
21. C   22. A   23. C   24. C   25. B

二、多项选择题

26. A、B、C、E   27. A、B、C   28. A、B、C、D、E
29. A、E   30. A、B、C、D

三、简答题

31．（1）是相互信任的关系；

（2）是相互促进的关系；

（3）是相互支持的关系；

（4）是相互转化的关系；

（5）是相互监督的关系。

32．现代领导活动从根本上说是创造性活动，这就决定了现代领导者要有改革创新观念。其基本要求是：

（1）认识改革创新的性质和目的；

（2）明确改革创新的价值和作用；

（3）坚定改革创新的立场和方向；

（4）始终保持解放思想、与时俱进的精神状态和思维方式。

（5）善于选择合理的改革策略和方法。

33．（1）民主公开原则，要求在领导活动中必须高度重视发扬民主，公开办事制度，公开办事结果，接受群众监督。

（2）在领导活动中贯彻民主公开原则，能够较好地体现出社会主义领导的本质就是服务；将有助于领导科学民主决策；有助于办事程序公开，便于群众民主监督；有助于提高领导效率。

34．（1）具有准确的决策目标；

（2）决策的执行结果能够实现确定的目标；

（3）实现决策目标所付出的代价小；

（4）决策执行后的副作用相对较少。

上述标准中，第一、第二条是是非标准；第三、第四条是优劣标准，符合这四条标准的决策，才是科学的决策。

35．授权对调动下属的积极性、培养锻炼干部和更好地完成群体目标有很大的作用。领导授权应坚持：

（1）围绕目标，明确要求；

（2）因事择人，视能授权；

（3）把握尺度，适度授权；

（4）尊重分工，逐级授权；

（5）民主监督，公开授权；

（6）强化责任，可控授权。

四、论述题

36．（1）在现代社会，人才问题不仅历来是各国经济和社会发展的一个带有全局性的重大问题，也是当今我国现代化建设面临的根本性问题。人才强国战略是党中央根据时代发展和国际国内形势，根据人才资源是第一资源这个科学判断而提出来的。

（2）所谓人才，是指具有时代所要求的思想道德品质，具备相当的文化知识，有较高的才能和专长，以自己的本领和劳动对社会发展做出较大贡献的人。

（3）人才是世界上最宝贵的财富，是创造物质财富和精神财富的带头者和推动者。人才是事业之本，能否正确地选才用人，关系到社会进步、国家兴衰和事业的成败，关系到我国综合国力和国际竞争力的强盛。人才是我国社会主义现代化建设的栋梁，正确地选才用人，对我国现代化建设的成功将起着关键作用。

（4）只有牢固树立人才强国战略思想，认真抓紧抓好人才队伍建设，才能为我国改革开放和社会发展提供强有力的人才和智力支持，推动有中国特色社会主义事业不断前进。

37．（1）调查研究是认识客观事物、寻找客观规律性的基本方法和实际过程。所谓调查，就是通过各种手段和途径，了解和掌握客观事物，全面系统地收集事物的情况，占有大量、可靠的第一手材料；所谓研究，就是对调查获得的材料，进行加工制作，找出客观事物的规律性。

（2）调查研究是马克思主义认识论在领导工作中的具体运用，是领导工作的首要任务，是领导者履行工作职责、实现领导目标的重要途径，是领导者应着力提高的一项基本技能。

（3）领导者要端正调查研究的态度；要认清调查研究的意义，增强自觉性；要明确调查研究的对象，深入实际；要正确对待基层的热情，甘当小学生；要坚持实事求是的原则，如实反映情况。

（4）领导者还要掌握科学的方法，调查的方法有典型调查、抽样调查、普遍调查、民意测验等；也要掌握研究的方法，对材料进行处理和辩证思考，得出关于事物的本质及其规律性的认识。

五、案例分析题

38．（1）① 一些领导干部忽视领导作风建设，在工作中官僚主义作风严重，以权谋私，不依法行政，甚至违法行政，脱离群众现象严重。

② 在市场经济条件下，一些领导干部和政府机关淡忘了"为人民服务"的宗旨，忽视了对人民群众的关心和照顾，只是一味强调经济发展，只图自己政绩，忽视社会协调发展，忽视人民群众根本利益，导致矛盾积压，干群关系紧张。

③ 随着市场经济的发展，领导干部文化水平虽然提高了，但是一些领导干部和机关的工作方法却没有完全从计划经济体制中摆脱出来，工作方法简单粗暴，以"父母官"自居，高高在上，冷漠敷衍。

（2）① 要以中国特色社会主义理论为指导，带领老革命根据地群众，艰苦奋斗，尽快改变落后面貌,为建设社会主义新农村而努力。

②要加强自己的领导作风建设,树立良好的风气,要始终坚持"立党为公、执政为民"的本质,全心全意为人民服务,自觉接受群众监督。

③要不断提高领导者素质,讲究领导方法,认真贯彻群众路线,努力克服脱离群众的现象。

对制定《领导科学自学考试大纲》的几点说明

《领导科学自学考试大纲》是全国高等教育自学考试委员会根据公共管理类专业考试计划组织制定的。

《领导科学自学考试大纲》的初稿由黄强（厦门大学教授）、袁明旭（云南大学教授）具体编写，由黄强、彭向刚修改定稿。

2010年7月，全国考委公共管理类专业委员会召开审稿会，对本大纲进行审定。参加本大纲审稿的专家有：张永桃（南京大学教授）、宁骚（北京大学教授）、范春辉（南京大学副教授）。张永桃教授担任主审。

全国高等教育自学考试指导委员会
公共管理类专业委员会
2010 年 7 月

全国高等教育自学考试指定教材
行政管理学专业(独立本科段)

领导科学

全国高等教育自学考试指导委员会组编
主编 黄 强 彭向刚

组编前言

21世纪是一个变幻莫测的世纪,是一个催人奋进的时代。科学技术飞速发展,知识更替日新月异。希望、困惑、机遇、挑战,随时都有可能出现在每一个社会成员的生活之中。抓住机遇,寻求发展,迎接挑战,适应变化的制胜法宝就是学习——依靠自己学习、终身学习。

作为我国高等教育组成部分的自学考试,其职责就是在高等教育这个水平上倡导自学、鼓励自学、帮助自学、推动自学,为每一个自学者铺就成才之路。组织编写供读者学习的教材就是履行这个职责的重要环节。毫无疑问,这种教材应当适合自学,应当有利于学习者掌握、了解新知识、新信息,有利于学习者增强创新意识、培养实践能力、形成自学能力,也有利于学习者学以致用、解决实际工作中所遇到的问题。具有如此特点的书,我们虽然沿用了"教材"这个概念,但它与那种仅供教师讲、学生听,教师不讲、学生不懂,以"教"为中心的教科书相比,在内容安排、编写体例、行文风格等方面已经大不相同了。希望读者对此有所了解,以便从一开始就树立起依靠自己学习的坚定信念,不断探索适合自己的学习方法,充分利用已有的知识基础和实际工作经验,最大限度地发挥自己的潜能,达到学习的目标。

欢迎读者提出意见和建议。

祝每一位读者自学成功。

全国高等教育自学考试指导委员会
2010年7月

目 录

第一章 绪论 ·· 41
  第一节 领导活动的历史演变 ·· 41
  第二节 领导科学的产生与发展 ··· 44
  第三节 领导科学研究的对象、范围和特点 ·· 48
  第四节 学习领导科学的意义和方法 ·· 51

第二章 领导与领导者、被领导者 ·· 56
  第一节 领导 ·· 56
  第二节 领导者 ··· 62
  第三节 被领导者 ·· 64
  第四节 领导者与被领导者的关系 ·· 67

第三章 领导的职能和原则 ·· 70
  第一节 领导的职能 ··· 70
  第二节 领导的原则 ··· 76

第四章 领导观念 ··· 83
  第一节 领导观念概述 ·· 83
  第二节 现代领导的基本观念 ··· 84

第五章 领导决策 ··· 100
  第一节 决策及其在领导工作中的地位 ··· 100
  第二节 科学决策的原则、程序和方法 ·· 105
  第三节 决策中的领导者 ··· 112

第六章 领导用人 ··· 119
  第一节 衡量人才的标准和领导选才用人的意义 ·· 119
  第二节 选拔人才的原则和制度 ·· 124
  第三节 使用人才的原则和制度 ·· 128

第七章 领导的思想政治工作 ··· 136
  第一节 思想政治工作及其对领导工作的重要意义 ······································· 136
  第二节 思想政治工作的基本内容 ··· 138
  第三节 思想政治工作的方针、原则和方法 ·· 143

第八章 领导体制 ··· 151
  第一节 领导体制概述 ·· 151
  第二节 领导体制的历史演变和类型 ··· 157
  第三节 我国领导体制的改革与完善 ··· 163

第九章 领导者的素质 ·· 169

第一节　领导者个体素质概述……………………………………169
　　第二节　领导者个体素质的基本内容……………………………172
　　第三节　提高和培养领导者个体素质的基本途径………………179
　　第四节　领导集体素质结构及其优化……………………………181
第十章　领导方法………………………………………………………187
　　第一节　领导方法概述……………………………………………187
　　第二节　领导的思维方法…………………………………………190
　　第三节　领导工作方法……………………………………………198
第十一章　领导艺术……………………………………………………206
　　第一节　领导艺术概述……………………………………………206
　　第二节　领导艺术的内容与形式…………………………………209
　　第三节　提高领导艺术水平的途径………………………………220
第十二章　领导作风……………………………………………………222
　　第一节　领导作风概述……………………………………………222
　　第二节　领导作风的基本内容……………………………………226
　　第三节　领导作风建设……………………………………………231
第十三章　领导绩效……………………………………………………236
　　第一节　领导绩效概述……………………………………………236
　　第二节　领导绩效考评的意义和内容……………………………240
　　第三节　领导绩效考评的原则和方法……………………………244
后记………………………………………………………………………251

第一章 绪 论

我国人民正积极投身于中国共产党所领导的建设中国特色社会主义的伟大事业,学习、研究领导科学,对实现这种科学领导和科学发展具有十分重要的意义。领导科学是以领导活动为研究对象的科学,其基本任务就是科学地揭示领导工作中合乎规律性的东西,从而形成关于领导活动的科学理论。因此,领导科学是搞好现代领导工作和推进事业发展的理论指南。

学习领导科学,首先需要了解领导活动、领导科学的产生和发展,领导科学的研究对象和特点,以及学习这门科学的意义。

第一节 领导活动的历史演变

领导科学研究的是人类领导活动。在人类和人类社会漫长发展的历史过程中,领导活动的内容、特征在各个时期有很大的不同。要了解领导科学是怎么产生的,有必要简略回顾一下人类领导活动的历史演变过程。

一、领导活动的产生

领导活动是与人类社会一起产生的,人类最初的领导活动在原始社会就有了。当时,生产力水平极端低下,人们为了生存,为了获得生活资料,就要自然地聚集在一起,"以群的联合力量和集体行动来弥补个体自卫能力的不足"。① 有人群活动,有联合集体行动,就需要有人进行指挥协调,就必须有领导活动。原始社会氏族、部落的首领,称为酋长,由本氏族、部落中最受敬重的长者、智者、贤者、勇者担任,他们负责指挥氏族、部落成员猎取食物,分配果实,主持祭祀活动,抵御野兽侵袭,保护氏族、部落安全等,这就是人类领导活动的发端。历史上把这种原始的自然领导制度称为"禅让制"。可见,领导活动是产生于人类的共同劳动和社会分工的。不过,与原始人征服自然的能力水平极低以及生产资料原始公有制相适应,那时氏族、部落成员之间是平等的关系,领导活动十分简单,只能采取原始的集体领导方式,并常常与图腾崇拜结合在一起。

二、领导活动的发展

原始社会解体,人类历史进入奴隶社会并发展到封建社会,这些社会以生产资料私有制为基础,产生出奴隶主和奴隶、地主和农民等根本对立的阶级。在这种情况下,领导指挥的职能一般是由生产资料的占有者行使,即奴隶主和地主是天然的领导者。他们自居为生来的统治阶级,掌握国家机器,掌握社会政治、经济、文化、军事等大权,一切由他们说了算,广大奴隶、农民只有依

---

① 《马克思恩格斯选集》第 4 卷,人民出版社,1972 年版,第 29 页。

附他们,俯首听命,承受沉重的劳动负担。因此,这时的所谓领导,实质上就是剥削阶级的专制统治,领导与剥削阶级的统治权力是紧紧结合在一起的。原来的"禅让制"的领导制度也被父传子的"世袭制"所取代。因此,奴隶社会、封建社会虽然在社会生产、科学技术上取得了很大的进步,但总的看来,始终属于小生产的格局。小生产条件下的手工操作,生产规模较小,社会联系不多,生产活动主要是依靠经验积累进行的。与此相适应的领导方式,也主要凭借领导者个人的经验、知识和才干。故这种小生产条件下的领导,又称为家长式的经验领导。

资本主义社会是从封建社会脱胎而出的,在这种社会条件下,私有制更进一步发展,社会生活中资产阶级和无产阶级两大阶级的对立尖锐化。资产阶级是国家的统治阶级,无产阶级处于被剥削被压迫的地位,因此,领导体现剥削阶级专制统治和奴役的实质并没有改变。但历史发展到资本主义时代,社会生产和科学技术突飞猛进地发展,生产规模越来越大,专业分工越来越细,社会联系越来越密切,大企业、大工程、大科学相继出现,小生产的经验领导已越来越有局限性,从而促使领导方式发生重大的变革。为适应社会化大生产和科学技术日新月异的发展需要,专家式领导、专家集团式领导等应运而生并逐渐普遍化,科学领导的产生已不可避免。

社会主义社会,实现了生产资料公有制,消灭了阶级剥削和压迫,劳动人民成了国家的主人,因而产生了全新的领导关系和领导制度。在社会主义条件下,要坚持无产阶级及其政党的领导地位,无产阶级、共产党的利益和广大人民群众的根本利益是一致的,不存在阶级专制统治和奴役的问题。在社会主义社会,领导者和被领导者只是社会分工的不同,是同志式的平等关系,党和政府的各级领导人,都是为人民群众服务的,都是人民的公仆。邓小平说:"什么叫领导?领导就是服务。"①这是对社会主义领导本质的论述。同时,社会主义的根本任务是发展社会生产力,不断地满足人民日益增长的物质生活和文化生活需要,更要适应现代化大生产和科技发展的客观要求,遵循领导活动的科学原理和规律,推进现代领导的科学化、民主化。邓小平也指出了"党和国家领导制度的改革"②问题,说明社会主义领导制度并不是完美无缺的,需要在改革中不断地自我完善。

三、现代领导发展的基本趋势

从原始社会领导的产生,到阶级社会领导的发展,再到社会主义社会领导的自我完善,可以看出,每一时期的领导活动,总是不可避免地受到当时物质资料生产方式、社会政治经济关系、科学文化水平以及人们的思想观念、道德标准等诸多因素的影响和制约。

但是,自从人类社会的发展进入资本主义社会以后,包括后来有些国家走上了社会主义道路,人类的古代领导活动也就发生了向现代领导活动的转变。随着生产的高度社会化和科学技术的飞速进步,现代领导者面对的是社会情况复杂,结构多样,发展迅速的新局面,传统的经验领导已很难适应社会形势发展的需要,必须逐步向现代的科学领导转变。现代领导越来越表现出如下的发展趋势:

(一)决策工作专门化

长期的人类领导活动中,决策与执行都是统一在一起的。二者分离的标志是"事业部制"的

---

① 《邓小平文选》第3卷,人民出版社,1993年版,第121页。
② 《邓小平文选》第2卷.人民出版社,1994年版,第320、343页。

产生。20世纪20年代美国通用汽车公司总裁斯隆在"经理制"的基础上提出"集中政策,分散管理",建立"事业部制",其实质是决策权与执行权的分离,即所有权与经营管理权的分离。斯隆也因此被誉为带来"组织革命"的"现代组织之父"。后来,西蒙进而提出"决策工作专门化"的论点,即一切形式的领导,都专门从事决策,而不是决策的执行与操作。

"决策工作专门化"与无所不管、事必躬亲的传统领导方式相比,其领导职能和任务在范围上虽然变得窄小单一,但由于决策工作所需要掌握的信息量大而多变,这给习惯于个人作出决策的领导者带来巨大的困难和挑战。在这种情况下,咨询机构就应运而生。

咨询、参谋自古有之,但古代咨询都是官方的自我咨询、内部咨询,其人员或机构都是官员或官方的下属机构。现代咨询除官方内部咨询外,还有非官方的外部咨询,即民间咨询,如美国兰德公司。在咨询建议的自主性、客观性方面,外部咨询优于内部咨询。

决策与执行分离,决策内部又有咨询与决策,即"谋"与"断"的分离。领导不再与管理混为一谈,领导活动有其特有的领域、规律。

(二)领导主体集团化

在小生产时代,政治上实行的是君主专制,"朕即国家";经济上实行的也是专制的"家长制"。在现代领导活动中,任何领域的领导主体都不再是一个人,而是一个集体,是由"硬专家"或"软专家"组成的集团。在西方,发展充分完备的股份制公司,由于股权的分散化,劳工和非股东专家进入决策集团,使得任何个人企图控制企业、实行个人说了算的家长统治几乎都是不可能的。美国通用汽车公司的股东有100万,但最大的股东也只占有总股的1%。日本松下公司创始人松下幸之助拥有公司的股票也不超过总股的3%。在这样的组织内,领导的集团化不只是趋势,而且是现实,这为决策的民主化科学化提供了可能。

(三)领导方式民主化

现代领导集团和传统的个人领导的界限,不是简单的人数多少的问题,而是集团内部权力如何分配的问题。权力垄断、权责脱节是专制统治的根本特征,而权力分享、权责一致是民主体制的根本特征。"事业部制"及民间咨询机构的出现,也是民主制的发端和主要表现形式。

民主化趋势的另一表现是监督的独立化。传统的监督机构都是决策部门的下属机构,只能看决策者的眼色行事。而现代的监督机构越来越要求不仅独立于决策机构之外,而且与之是平行的,甚至地位更高。除了独立的监督机构以外,还有社会舆论、消费者、政府部门和相关法律的监督。

领导方式的民主化必然要求法治化。近代以前的领导方式,主要是领导者以个人的意志理事治国,故简称"人治"。与现代社会的发展相适应,领导活动越来越需要克服其主观随意性,需要加强法制,切实做到"法治"领导。法治化必然成为一种维护民主、安定社会、提高领导绩效的现代领导方式。

(四)领导方法科学化

科学化趋势是相对于传统的经验领导而言的,表现在两个方面:一是遵循严格的程序。无论是制定还是实施决策,都有一定的程序。西蒙就是由于对"决策程序的创造性研究"而获得诺贝尔奖的。严格的决策程序是决策科学化的重要内容,而先定性后查证、边设计边施工等都是不科学或反科学的。二是运用科学的理论、技术和方法。如运筹学理论与方法、信息理论与方法、咨询理论与方法、决策理论与方法等。在领导活动中,由于方法不科学而走向负面的现象是经常发生的。例如，同样的调查研究，只因方法不同，获得的信息就可能完全不同。

以上现代领导的发展趋势，都为领导科学的产生和发展奠定了基础，为领导科学的对象、范围、职能、方法、艺术等提供了客观依据。

第二节 领导科学的产生与发展

人类领导活动几乎和人类历史一样悠久，它经历了一个漫长、复杂的演变过程，积累了丰富的经验，留下了许多有价值的思想。当人类历史和领导活动发展到一定的阶段，领导科学的产生就成为一种必然。领导科学是人类领导活动长期发展的产物。

一、应把领导活动作为一门科学来研究

应不应该把领导活动作为一门科学来研究？回答是肯定的。这是因为领导活动是人类一种特殊的重要实践活动，不仅领导活动实践需要一门科学，而且领导活动实践本身就包含着极其丰富的科学内容。各种科学产生、发展的历史表明，哪里有实践，哪里就有诞生科学的土壤和源泉。领导活动实践也不例外。从古到今，这种活动有千百万人参加，一般都关系着一个国家、一个地区、一个部门的全局工作和战略发展方向，虽然在不同历史时期、不同社会条件下，领导活动的具体特点会有所不同，但并不能否认它们有着共同之处。一切领导活动，都要受到一些共同的不以人们意志为转移的客观规律的制约。只有按照领导活动的科学规律办事，才能取得成功，如果违背规律，随心所欲，就只能导致失败。

领导活动之所以是一门科学，还由于它有其他领域所不能代替的特殊规律和科学内容。规律是事物内部本质的必然的联系，按其作用范围大小，有普遍规律、特殊规律之分。有人也承认领导活动中有规律有科学，但往往认为领导活动没有其自身的规律，不能成为一门独立的科学。他们把领导活动看得太简单了，以为什么人都可以干，这显然是不对的，也不符合事实。美国制造原子弹的"曼哈顿"工程就是一个典型的例子。造原子弹是爱因斯坦出面建议的，他当时又是世界科学的泰斗，但美国政府并没有选他作为工程领导，而是选择了物理学家奥本海默。事实证明美国政府的选择是正确的，几年之后原子弹爆炸成功，人类从此进入了原子能时代。原因就在于爱因斯坦虽然有卓越的科研才能，但却没有卓越的领导能力，怎能去领导几十万人的大工程？而奥本海默知识面广，善于团结人，有组织才能，因而被选中，并取得成功。这就说明，领导活动确实有其自身独特的规律和科学内容，这是其他活动所不能代替的。

领导活动之所以是一门科学，还由于它是一门高度综合的科学。和其他活动不同，领导活动的一个重要特征，是它的高度综合性，它的多因素和多功能的特点。领导活动几乎涉及社会生活的各个方面，既要解决人与人之间的关系，又要解决人与物之间的关系，解决人的活动与客观环境之间的关系。一个领导者，既要对重大问题拍板决断，又要做人们的思想政治工作；既要选拔、培养干部，又要科学管理好所负责的那个部门、单位；既要搞调查研究，了解本单位的实际情况，又要搞战略规划、科学预测，等等。有的专家计算，一个宇宙飞船总设计师要处理的因素是十的六次方，而一个教育部门首长要处理的因素是十的八次方。为了解决领导工作中的各种复杂问题，领导者就必须具备多方面的知识，就必须综合运用自然科学、社会科学的知识，如数、理、化、天、地、生和文、史、哲、政、经、法等，以及现代的方法论知识，如系统论、控制论、信息论等，还需要

在这些理论宝库中,有极其丰富的关于无产阶级政党和社会主义国家的领导者如何进行领导工作的精辟论述。只有坚持以马列主义、毛泽东思想、邓小平理论、"三个代表"重要思想和科学发展观为指导,才能正确认识和解决我国领导工作中的各种复杂情况和问题,才能把握领导活动的本质和规律,也才能正确阐明领导科学本身的许多理论、原则和方法。离开马列主义、毛泽东思想、邓小平理论、"三个代表"重要思想和科学发展观的轨道,很难说它是中国特色的领导科学。

其次,必须从我国现代化建设的实际出发,面对改革开放和现代化建设的实际。实践是科学产生的基础,又是推动科学前进的动力。建设中国特色社会主义事业正在一日千里地突飞猛进,领导的实践活动也在日新月异地发展,新情况、新问题层出不穷,这不仅要求各级领导者要不断提高领导水平,面对新问题做出科学的正确的决策,而且也要求领导者在实践的广阔天地中,不断做出新的创造,积累新的经验。领导科学是行动中的科学,应对这些创造和经验进行科学的总结并加以理论上的概括。这既是服务于现代化建设的需要,也是领导科学发展的生命力之所在。如果对我国现代化建设和改革开放的实际表现冷淡和消极,一讲领导科学,都是照抄西方,就建设不了中国特色的领导科学。

再次,必须继承和发扬我党的优良传统,认真总结我党的领导实践经验。中国共产党是领导中国革命和建设的核心力量。历史证明,党能代表中国人民过去、现在和长远的利益。在几十年长期艰苦卓绝的斗争中,中国共产党积累总结了一整套极其丰富的适合中国国情的领导经验。以毛泽东、邓小平、江泽民、胡锦涛为核心的历任中央领导人、政治家、革命家的大量著作,生动地记载了他们关于领导工作的论述和领导实践的经验。虽然党在领导革命和建设的实践中,有时也犯这样或那样的错误,为此付出了一定的代价,但是正反两方面的经验,都是我们的宝贵财富。我们应该认真总结和研究这些论述和经验,从中找出规律性的东西,加以系统化,用以丰富和发展领导科学。特别是党的十一届三中全会以来,党在领导我国人民建设中国特色的社会主义的伟大实践中,积累了许多新鲜的领导经验,促使各项事业蓬勃发展。建设具有中国特色的领导科学,就应该特别注意将这些行之有效的新鲜经验上升为领导科学理论,并将它运用到实践中去,使之得到完善和发展。如果脱离我们党几十年来形成的优良传统和丰富的领导经验,就谈不上建设具有中国特色的领导科学。

最后,必须有分析地借鉴国外和我国古代的领导思想。西方一些工业发达国家,经历了上百年组织大生产的实践,特别是经过半个多世纪的现代科学管理的实践,总结出许多有关管理和领导方面的经验。我们应该按照"洋为中用"的原则,注意对其进行学习、吸取和借鉴。我国历史悠久,有独特的文化传统,古代思想家又有许多关于领导方法和领导艺术的论述,对此也应该按照"古为今用"的原则,注意进行研究、批判、继承。但所有这些都不能脱离我国当前的实际情况,不顾条件,盲目照搬。我们既反对对西方和我国古代领导理论、方法一概否定、排斥,又反对全盘西化或复古主义。正确的态度应该是摒弃西方和古代领导思想中的糟粕,批判地吸收其中合理的适合我们需要的东西,并使它和我党在几十年斗争实践中积累的丰富的领导经验,特别是和当前现代化建设的实际结合起来。

我国千百万领导者,应该并且也能够在火热的现代化建设实践中边学习,边应用,边创造,边总结,为建设以马列主义为指导的、具有中国特色的领导科学做出自己的贡献。

三、学习领导科学的方法

理论与实践相统一，是我党一贯倡导的根本学风，也是学习领导科学的根本方法。

首先，要重视学习理论。要学习马列主义著作，这是领导科学坚持以马列主义基本原理为指导所必须的。要学习现代科学发展中涌现出来的新的学科和科学成果，如未来学、人才学、行为科学、系统论、信息论、控制论、运筹学、模糊数学等，这些现代科技成果对学习领导科学都是有启发作用的。要提高文化修养，广泛吸收国外和古代著作中有关领导的思想，这也是有很大借鉴作用的。

其次，要加强理论的应用，坚持理论密切联系实际。要全力总结我党的领导经验，联系我党的历史经验，特别是联系我党领导现代化建设的新鲜经验。要从我国国情出发，从我国的现代化建设的实际出发，以我们正在做的事情为中心，现实领导工作需要什么，我们就应该学习和研究什么。吸取和借鉴国外和古代的领导思想，也要同我们的实际结合起来，将其转变为对当前现代化建设有用的东西，有所取舍，不能生搬硬套。

学习领导科学还要注重以下几种重要的方法：

第一，实证方法，又称调查研究方法。这种方法是以实事求是的精神，通过实际的调查研究收集大量资料，并进行定性与定量相结合的分析与研究，本着具体情况具体分析的原则，探求领导的特点与规律。利用电子计算机等现代科技手段开展调查研究、进行信息处理，是这种方法的特征。

第二，历史方法。这种方法就是用历史的观点对领导活动进行观察与研究，注重考察领导和领导科学的起源、发展与演变的过程以及这一过程对社会的影响与作用，透过历史的轨迹，提升对领导规律的认识，达到以史为鉴的目的。但运用这种方法，要特别重视继承中华民族优秀的文化遗产，做到古为今用。

第三，比较方法。即研究任何一项领导活动都应从具体的社会形态出发，比较其在各种社会形态下的一般共同特点和在某种社会形态下的独有特点，进行中外、古今的比较，不同学派的比较等。通过比较，探寻实现科学、高效领导的途径。运用这种方法要特别注意不同对象之间的可比性。

第四，案例方法。这也是理论联系实际的具体化，这种方法的特点是以客观公正的立场与态度，对历史上特别是现实中领导成功或失败的实例加以收集与分析研究，从正反两个方面发掘案例的价值，丰富领导科学研究的内容，指导领导工作的实践。该方法的关键在于资料真实、全面，分析充分深入。

第五，系统方法。这种方法就是坚持把事物看做一个系统整体，并从其整体关系出发考察其中的各个组成部分。这个系统同时又处于社会环境的大系统中，并且本身又包括次级子系统。只有运用这种方法，才能兼顾整体与局部，处理好领导活动的内外部关系。

第六，借鉴方法。即注意吸收国外先进的领导经验。正如邓小平所指出："社会主义要赢得与资本主义相比较的优势，就必须大胆吸收和借鉴人类社会创造的一切文明成果，吸收和借鉴当今世界包括资本主义发达国家的一切反映现代化生产规律的先进经营方式、管理方法。"①

　　以上是学习领导科学的一些重要方法,此外,在领导科学的不同研究领域,还具有自身具体的研究方法,如生理研究方法、心理研究方法、行为研究方法、量化研究方法等。

---

① 《邓小平文选》第3卷,人民出版社,1993年版,第373页。

第二章 领导与领导者、被领导者

领导是人类社会的重要活动。领导者在领导活动中起主导作用,被领导者在领导活动中的地位与作用也日益显得重要。因此,了解领导的含义、属性、特征、基础、类型、作用,认识社会主义领导的本质属性,把握领导者与被领导者的性质、地位、作用及二者之间的关系,对于认识和掌握领导活动的规律,促进领导工作的科学化,具有十分重要的理论意义与实践意义。

第一节 领 导

领导是领导科学中一个最基本的概念和范畴,是研究领导活动的切入点和着眼点,也是进行领导科学研究的出发点和构成整个学科体系的基石。

一、领导的含义

领导是一种复杂的社会现象,人们对它的界定众说纷纭。大多认为领导主要是指领导是一种影响力,是一种活动过程,是领导者率领被领导者实现共同目标的行为过程,是上级促使下属按照要求进行有效活动的一门科学和艺术。

在汉语词义里,"领导"一词,是从"领"和"导"的本义引申而来的。"领",原指衣之领,引申为"率领",即领人、领策、领力。"导"原指疏通,引申为教训启发,即自导、指导、教导。"领"和"导"的组合,有身为表率而言,是训诲的意思。在英语词源中,有三个与"领导"有关的词汇:一是 lead,有领导、指导、统帅之意;二是 leadship,有领导、领导能力、领导关系之意;三是 management,有管理、经营、处理之意。从语义学角度来看,领导既是名词,又是动词。为了便于研究,我们将名词性领导确定为领导者,而将动词性领导确定为领导行为和领导活动。这里所讲的领导,主要是指领导活动。

从上可见,领导是指在一定的社会组织或群体内,领导者运用其法定权力和自身影响力,采用一定的形式和方法对被领导者施加影响并共同作用于各个客观对象,以实现预定目标的行为过程。以下分别对领导的属性、特征、类型和基础等进行分析。

(一)领导的属性

所谓属性,就是某一事物和其他事物发生联系时表现出来的性质。领导属性就是领导和其他事物发生联系时表现出来的性质。在阶级社会中,任何领导都具有"自然属性"和"社会属性"的二重性。

1. 领导首先是社会共同劳动和共同生活的自然需要。人们为了自身生存发展的需要而改造自然,不得不进行共同劳动、共同生活,为了使群体共同生活朝着有序化进行,群体活动的组织必然有分工协作。人类活动正是以群体活动为特征,以社会分工为基础的。在这种社会实践中,人们通过明确规定活动的目标及其实现的途径、方法和步骤,协调各种错综复杂的关系。正如马克思所说:"一切规模较大的直接社会劳动或共同劳动,都或多或少地需要指挥,……"①这深刻地阐明了领导活动的重要性。恩格斯也强调:"如果他们是工厂,……也就是说没有权威,就不可能有任何的一致行动。……请试试看,在没有领导,也就是没有权威的情况下让巴塞罗那的某个个人去进行生产!"②马克思还指出:"凡是直接生产过程具有社会结合过程的形态,而不是表现为独立生产者的孤立劳动的地方,都必然产生监督劳动和指挥劳动。"③"领导的自然属性的一般标志就是统一意志和一定的权力。"④领导的这种带领、引导、指挥、协调的属性,是由人类社会共同的群体劳动和生活需要的客观规律所决定的,是各个社会领导活动的共同的自然属性。

2. 领导活动不仅具有自然属性,尤其还具有社会属性。任何领导都在一定的社会中进行,因而必然受到社会制度的制约,受到生产资料的所有制形式的制约,受到社会生产方式的限制。究竟采取什么样的领导方式,归根到底应是由生产方式的性质决定的。领导活动不仅是社会生产力发展的需要,而且是生产关系的表现。生产资料所有制形式是生产关系的基础,它规定着生产过程中人与人之间的关系和产品分配方式,而人与人之间的关系集中表现为生产过程中的领导关系。这种由生产资料的所有制形式和社会生产方式决定的属性就是领导的社会属性。

领导具有自然属性和社会属性,并不意味着有两种领导活动,而是指同一领导活动的两个方面的表现,即领导的二重属性,其中社会属性占主导地位。领导的自然属性是对不同性质领导的提炼和概括,社会属性是领导的自然属性在不同时代和领域的具体、生动的体现。认识领导属性的二重性,可以防止片面的领导观。如果只看到领导的社会属性,忽略领导的自然属性,就会无视领导活动的一般规律,就会有碍于对国外先进领导理论、方法与技术的引进、吸收和借鉴;如果只看到领导的自然属性,忽视它的社会属性,就会不加区别、不加选择地照抄照套不同社会制度和不同国家的领导模式及经验,导致不良后果。我们只有全面地分析和认识领导的二重属性及其相互关系,才能科学地考察领导的本质。

在任何社会中,领导的社会属性决定着领导的本质。这是因为:① 领导的社会属性规定着领导的自然属性。例如,一切社会生产过程中的领导都具有指挥、协调等自然属性,但这些属性却是由不同社会形态、不同领导关系中领导者与被领导者之间的社会经济关系决定的。② 社会属性决定领导活动中主导要素得以形成。在领导活动中,领导者的出现,首先不是具有自然属性的资格,而是具有社会属性的身份。马克思在分析资本主义领导和管理的二重性时着重指出:"资本家之所以是资本家,并不是因为他是工业领导人,相反,他之所以成为工业的司令官。因为他是资本家。"⑤③ 社会属性规定着领导活动基本要素的相互关系。领导所具有的统一意志和权力的特征是由一定的社会经济关系、由领导的社会属性决定的;或者这种统一是建立在意志根本对立的基础上,权力是用强制和欺骗来维持;或者这种统一实现了被领导者的根本利益,它所拥有的权力与自愿的服从、民主管理协调一致。④ 社会属性不受自然属性改变的影响,仍然决定着领导的本质。例如,在资本主义生产的领导过程中,领导方式的自然属性的形式可以改变,

---

① 《马克思恩格斯全集》第23卷,人民出版社,1972年版,第367页。
② 《马克思恩格斯全集》第33卷,人民出版社,1973年版,第368页。
③ 《马克思恩格斯全集》第35卷,人民出版社,1974年版,第431页。
④ 孙立樵、冯致笺:《现代领导学教程》,中共中央党校出版社,2002年版,第51页。
⑤ 《马克思恩格斯全集》第23卷,人民出版社,1972年版,第369页。

资本家可以不直接进行监督劳动,而让经理、监工代行指挥,但这并没有改变其剥削、压迫的本质。

（二）领导的特征

领导是一个丰富的活动过程,既有认识活动又有实践过程,即领导认识和领导实践。应分别概括领导认识和领导实践的特征,以便更好地理解领导的含义。

1. 领导认识的特征。领导认识也是一种认识活动,具有认识的一般性,如客观性、主观能动性、社会历史性等。除此之外,它还具有以下五个特征。

（1）原则性。领导在一定社会中存在与发展,离不开政治、经济、文化环境。领导是属于上层建筑的重要部分,更易受上层建筑及意识形态的影响。在我国,领导认识的原则性,主要是指要坚持四项基本原则,贯彻执行党的基本路线、方针、政策,正确地解放思想,实事求是。

（2）超前性。领导是一种趋向未来的活动,总是建立在对世界科学预测的基础上。所谓超前性,也可称之为预见性,就是指领导者在决策、战略规划和确定发展方向等活动中,具有超前性的思维方式,能够比其他人站得高、看得远,提高决策的准确性、战略规划和发展方向的正确性。他们的思想能够反映历史发展的趋势,反映人民群众的愿望和要求。

（3）综合性。领导认识的综合性,就是指领导认识是一种多视角、多层次、多方面的知识的综合。这是由领导活动的综合性与领导环境的综合性决定的。领导是一种高层次的管理活动,层次越高,涉及因素越多。特别是现代社会越来越复杂,变化越来越快,社会各个方面的联系越来越紧,大科学、大工程、大企业具有广博性、多结构性、多分支性和综合性,现代的领导必须审时度势,总揽全局,眼观六路,耳听八方。在这种复杂多变的领导环境中,领导只能是一种高度综合的活动,这也就决定了领导认识必然是综合性的。

（4）创造性。领导认识的创造性是指领导者充分发挥主观能动性,形成新的概念和范畴,善于认识和把握事物的本质规律。列宁指出:"人的认识并不是简单、直接、完全的反映,而是一系列的抽象过程,这些概念和规律等等有条件地近似地把握着永恒运动着和发展着的自然界的普遍规律性。"① 领导认识是最能体现人的认识创造性思维本质的认识活动。如毛泽东把马克思主义普遍真理与中国革命相结合,形成了毛泽东思想;邓小平把马列主义、毛泽东思想与当代中国实际情况相结合,形成了建设中国特色社会主义理论。

（5）系统性。系统是各个因素相互联系、相互作用而具有一定功能的整体。领导活动是一个多因素、多方面、多层次的系统,包括领导者、被领导、群体目标和客观环境等。这些要素相互联系、相互作用,共同促进领导的发展。领导认识的系统性,要求领导者必须对工作进行有机的动态的系统分析,找出其构成的要素,分析各要素的作用,并发现各要素之间的联系。

2. 领导实践的特征。领导是一种特殊的实践活动,不仅具有一般社会实践的共性,而且具有它自己实践的七个特征。

（1）权威性。领导意味着权威,领导实践开展的前提和基础是具有权威性。无论是从领导过程来看,还是从领导结果来看,"权威性都可以说是领导的首要特性"②。领导权威是一种理性权威,因为领导活动是以理性为基础,以法律法规为依据的。恩格斯在《论权威》一书中指出:所

---

① 《列宁全集》第38卷,人民出版社,1956年版,第149页。
② 刘建军:《领导学原理——科学与艺术》,复旦大学出版社,2001年版,第20页。

谓权威,是指把一部分人的意志强加给另一部分人。它是以服从为前提的。据此,领导活动的权威性既来自合法性的确认,又来自其人格等的凝聚性要素的同化力。当然,权力并不等于权威,具有强制性的职位和权力仅仅是构成了领导权威的一个要素而已,领导活动的成功与否最终还要取决于人们对权威的接受。

(2) 依附性。领导实践不是领导者的独立活动,而是建立在其他社会实践之上,随着其他社会实践的变化而变化的。领导者的全部实践内容和一切具体形式,都要依附于其他社会实践,因而要以其他社会实践为载体,不能离开其他社会实践而单独存在。例如,大工业尚未出现时,也就没有大工业的领导实践;小生产的领导实践必然为现代化大生产的领导实践所代替。

(3) 目标性。领导实践的本质和目的在于实现目标。领导实践是一种目标取向的活动。目标是领导实践的起点和归宿,而且贯穿于领导实践的全过程,影响着领导实践的各个方面、各个环节。领导的全部职责就是制定和推行目标。"领导者的责任,归纳起来,主要是出主意、用干部两件事,一切计划、决议、命令、指导等,都属于'出主意'之类。"[1] "正确的领导,包括正确地决定问题,组织正确决定之执行,组织对于执行这种决定的情形之审查。"[2]

(4) 组织性。领导是一种组织活动。领导只能在组织中存在与发展。组织是领导的结构系统、活动空间及运行框架。组织与领导相互依赖、相互作用、相互促进。组织的存在是领导存在的前提和基础。组织发展变化了,领导也随之发展变化。领导是为组织服务的,同时也对组织产生反作用。正确的领导能够促进组织的发展,错误的领导会导致组织的退化甚至消失。所以,领导活动之于组织,如同新陈代谢之于生物躯体,是组织生存、发展且正常发挥作用的根本条件。

(5) 协调性。现代社会的高度复杂性与高度关联性,社会的各个因素联系日益紧密,要求领导必须具有协调功能。领导要协调各个层面的关系、各个环节的关系,特别要处理人与人之间的关系。关系理顺了,社会才能有序稳定地发展。在我国市场经济实践过程中,要特别处理好中央与地方的关系、政府与市场的关系、政府与企业的关系,还要协调好既得利益集团与非既得利益集团的关系、改革反对者与支持者的关系等。只有这些关系协调好了,改革才能顺利进行,改革的目标才能如期实现。

(6) 超脱性。由于领导是一种特殊的社会活动,是一种高层次的管理活动,领导实践必然具有超脱性。"超脱性既是领导工作中的一种间接性,也是一种超然性。"[3] 只有从根本上、全局上把握领导,才能从事务主义中摆脱出来,才能更好地发挥自己的职能,履行自己的职责。

(7) 服务性。领导就是服务,为人民服务,为群体成员服务,为公共使命和群众利益服务,是"领导活动的根本价值取向和归宿"[4],是领导活动的本质。领导的权力是人民授予的,只能用于为人民服务。坚持权为民所用、情为民所系、利为民所谋,为群众诚心诚意办事,尽心竭力解难事,坚持不懈做好事。

(三) 领导的类型

领导类型的划分,有利于进一步研究领导活动,也有利于针对不同的领导对象与领导环境,选择有效的领导方式,因为各种类型的领导有自身不同的规律。通过具体分析并综合各种类型

---

[1] 《毛泽东选集》第2卷,人民出版社,1991年版,第527页。
[2] 《周恩来选集》上卷,人民出版社,1980年版,第129页。
[3] 张伟超:《现代领导学》,湖南人民出版社,2003年版,第8页。
[4] 苏保忠:《领导科学与艺术》,清华大学出版社,2004年版,第9页。

的领导活动的具体规律,也会进一步认识、掌握和利用领导的一般规律。根据不同的标准,领导可以分为不同的类型。领导类型的划分是相对的,而不是绝对的。

以领导的历史进程为标准,可分为自然式领导、家长式领导、管理式领导和公仆式领导。以领导的行为方式和特征为标准,可分为原始简单领导、集权式领导、民主式领导、公仆式领导、专家式领导。以生产关系为标准,可分为原始社会的领导、剥削阶级社会的领导、社会主义社会的领导。以领导的工作领域为标准,可分为政党领导、行政领导、军事领导、企业领导等。以领导成员为标准,可分为个人领导和集体领导。以领导的层次为标准,可分为高层领导、中层领导、低层领导。"以领导关系为标准,可分为层级式领导、单线式领导、星式领导、轮式领导、网络式领导。"[1]以领导工作的重心为尺度,可分为以人为中心的领导、以事为中心的领导、人事并重式的领导。以领导所拥有的权力和影响来源为依据,可分为正式领导、代理领导、非正式领导。以领导手段为标准,可分为正向领导和负向领导。以上各个层面、各种各样的领导,形成纵横交错、庞大复杂的完整领导体系。这些领导类型划分的标准或依据不同,但划分的结果可能针对同一种领导,即一种领导可以具有多种类型。比如,一个高层领导既是集体领导,又是政治领导,也是人事并重式的领导。这就是说,对于领导,我们要从多个方面、多个角度加以认识。

(四)领导的基础

所谓领导基础,是指领导活动赖以存在并发挥作用的根本条件。领导基础主要表现为一种综合影响力,而影响力是指能够使别人服从或能改变他人思想、行为的力量。权力是一种重要的影响力,是领导履行职责必不可少的条件。领导者的权力来自两个方面,即由组织授予的外在权力和来自于领导者自身的内在权力。外在权力,即法定权力,或称职位权力,主要是指依据职位而产生的权力,包括奖惩权和各种法定职权等。它受法律保护,具有明显的强制性。内在权力,即个人权力,包括威信威望、模范感召权和专长权、参考权等。但权力并不是一种最有效、更不是唯一的影响力。因而要正确认识权力,运用好权力,防止权力异化。对权力的双重效应要有清醒的认识:一方面,权力可以带来威势,推进决策执行,实现自己想实现的目标;另一方面,权力也可以腐蚀人、贻害人。著名的哲学家罗素说过:"人类最大的、最主要的欲望是权力欲和荣誉欲。"列宁指出:"领导者应该主要不是靠权力,而是靠威信、毅力、丰富的经验、多方面的工作及卓越的才能。"[2]李瑞环也指出:怎样才能把领导的威信树立起来?一靠真理的力量,二靠人格的力量。著名管理学家孔兹认为,领导就是明智地运用激励方法加上能够唤起别人热情的品格。因此,领导的影响力的内容不仅要有权力,而且还应包括领导的品德、知识和才能这三种凝聚性影响力,以增强被领导者对领导者的服从感、信任感、钦佩感。

品德是领导影响力的重要因素。它包括政治方向和立场、理论素养、道德作风等方面。一个领导者如果没有正确的政治方向,纵有天大的才能,也不会给人民带来利益。坚定的政治立场,是领导者对阶级利益的绝对忠诚。这种忠诚,表现在政治信念和政治实践上。政治信念是一种强大的凝聚力。"我们过去几十年艰苦奋斗,就是靠用坚定的信念把人民团结起来,为人民自己利益而奋斗。没有这样的信念,就没有凝聚力。没有这样的信念,就没有一切。"[3]领导者要有坚

---

[1] 邱霈恩:《领导学》,中国人民大学出版社,2004年版,第76页。
[2] 《列宁全集》第6卷,人民出版社,1959年版,第212页。
[3] 《邓小平文选》第3卷,人民出版社,1993年版,第190页。

定政治信念,就必须具有较高的理论素质。理论素质是对理论的掌握程度和实际的应用水平。"无论对党还是对党的干部来说,理论上的成熟都是政治上成熟的基础。"①

领导者除了品德之外,还要具备相应的领导才能。领导者如果能力缺乏或低下,就难以对其周围产生重要的影响力,也就难以做出一些成绩或为人民办些实事,也就难以得到群众的拥戴。因此,领导者必须具备如下能力:善于从政治上考虑问题的政治洞察能力;善于集思广益、择善而从的决策能力;较强的组织管理能力;较高的交际协调能力;较好的语言文字表达能力;精通的专业能力;出色的科学思维能力,等等。

领导者具备这些能力,就要拥有渊博的知识。知识是能力的基础,又参与品德的铸造。这也是我们所说的"非学无以广知,非学无以明识,非学无以立德"。领导者要掌握多方面的能力,就要拓宽知识面,加大知识深度。领导者要在政治理论知识、历史知识、现代经济知识、领导和管理知识、法律知识、科技知识等方面多下工夫。

领导者具备了坚定的政治信念、出色的领导能力和渊博的知识,也就拥有了巨大的凝聚性和影响力,也就为领导活动打下了坚实的基础,为领导绩效奠定了良好的基础。

二、社会主义领导的本质属性

领导属性的一个深刻内容是领导的本质。领导本质,是领导者、被领导者与掌握生产资料的阶级之间的内在联系。领导的本质是通过领导属性表现出来的。认识领导属性有利于研究领导本质;而对领导本质的研究也有利于进一步认识领导属性。

历史的车轮已经进入21世纪,人们对于领导本质的研究始终未曾停止,理论上的推陈出新仍在继续。有人认为领导是率领和引导群众前进;有人认为领导是群众利益和意志的体现;有人认为领导是建立在民主基础上的权威;有人认为领导是为他性与开拓性的统一;有人认为领导是一种影响力或权力;有人认为领导是集中;有人认为领导就是责任;有人认为领导就是服务;等等。我们认为,以上关于领导本质的各种认识,都有一定道理,都在一定程度和方面反映了领导本质,只不过有的反映得不够全面。列宁指出:人们对事物的认识过程,是"从现象到本质,从不甚深刻的本质到更深刻的本质"。② 因此,必须进一步深化认识与研究领导的本质。

在社会主义社会里,共产党处于执政党的地位,领导人民实现当家做主。在政治上,实行人民民主专政;在经济上,实行以生产资料公有制为主体,多种所有制经济共同发展的经济制度;在文化上,建设有中国特色社会主义的文化。社会主义社会的政治、经济、文化条件决定了社会主义领导的本质就是服务。社会主义社会的领导,拥有相应的权力并承担相应的责任,但集中到一起,就是搞好服务。"领导就是服务",这是邓小平同志对现代领导本质特征最深刻最精辟的概括。服务是社会主义领导活动的中心内容,是各项领导活动的根本目的和行为准则。这是因为,社会主义社会的领导,作为上层建筑的内容,是为该社会的经济基础服务的,而作为生产关系的内容,又是为广大人民群众服务的。

服务是内涵丰富的概念,有指导性的服务、管理性的服务、事务性的服务等形式。

强调领导就是服务,就必须正确处理指挥员和勤务员、主人和公仆、教育者和学生的关系。

---

① 江泽民:《努力建设高素质的干部队伍》,《人民日报》,1996年6月24日。
② 《列宁全集》第55卷,人民出版社,1990年版,第191页。

必须划清资本主义国家所说的服务和社会主义国家所强调的为人民服务之间的界限。

社会主义的领导,肩负历史重任,指挥社会活动的运转。但这种指挥员的身份又是与勤务员的角色相联系的。社会主义领导的指挥虽然不完全等同于服务,但是,当好勤务员,全心全意为人民服务却是社会主义领导指挥的出发点和归宿,是衡量领导指挥得当与否的标志。指挥员和勤务员是一种辩证统一关系。领导的指挥职能,应该通过更好地为发展社会主义经济基础服务,为提高社会生产力服务,为不断满足人民日益增长的物质文化生活需要服务而体现出来。同样,社会主义的领导要当好勤务员,要尽到服务之责,又必须行使科学、有效的指挥职能。也就是说,社会主义领导的指挥是为了服务;社会主义领导的服务,又必须通过指挥来实现。

从领导要素角度看,领导就是服务,必须要处理好公仆与主人的关系。在社会主义社会里,任何领导都只能是社会的公仆,人民群众则是社会的主人。这种主仆关系是由社会主义领导的本质所决定的,是与服务的方向相一致的。这种主仆关系仅是相对领导活动中领导服务和指导的对象而言的。就其本身性质来说,社会主义社会的各级领导,都是社会主义的劳动者和主人,而且还应该是社会劳动者成员中的先进分子。只有这些从群众中产生出的杰出代表,才可能真正代表人民群众的利益,才能成为社会生活的组织者和创造者,为群众忠诚服务。因此,社会主义社会的领导者,既是人民的公仆,又是社会的"主人"。各级领导的这种"主人"身份,只是全社会的主人队伍中地位平等的一分子,决不容许他们成为凌驾于人民群众之上、骑在人民群众头上作威作福的官老爷。

领导的一个重要职能就是教育,要对广大群众进行宣传、动员、培养和训练,努力从各方面提高他们的素质。这一职能要求领导者必须善于领会上级的指示精神,及时向群众传达,带领群众贯彻党所制定的路线方针政策。领导者本身的品德、才能、知识也使其不仅必须而且可能当好一个教育者。但是,"教育者必须首先受教育"。领导者的工作方法应是"从群众中来,到群众中去"。领导要做好教育者的工作,首先必须甘当群众的学生。群众是真正的英雄,各级领导者都应该虚心向群众学习,充分吸取群众的聪明才智。

第二节 领 导 者

领导者是领导活动的基本要素之一,在领导活动中居于十分重要的地位。

一、领导者的含义

领导者是指在社会共同活动中,在一定的职位体系中担任一定领导职务的个人或集体。例如,在公务员职位体系中,担任副科长以上职务的公务员称为领导者,而科员、办事员则是被领导者。

(一)领导者的本质

领导者的本质是领导者与其他社会实践主体联系时所表现出来的属性,是领导者内在的固有属性。领导者的本质由其在社会活动中所处的政治、经济、文化等地位所决定,并随着社会形态的变化而变化。

所以,虽然在任何社会历史条件下,领导者与被领导者都是上下级,即领导与被领导的关系,但在不同的社会条件下,这种相同的关系有着显然不同的本质。在原始社会里,没有阶级,没有国家,领导者没有任何特权,手中的权力是"纯粹道德性质的",领导者与被领导者之间,既没有压迫与被压迫,也没有剥削与被剥削,领导者具有原始普通成员的性质。在阶级社会里,领导者占有生产资料,高居社会普通劳动者之上,广大劳动群众却一无所有,成为统治阶级的奴仆。所以,在阶级社会中,领导者的本质是广大劳动群众的统治者、剥削者、压迫者、奴役者。在社会主义社会里,领导者与人民群众的利益是一致的,领导者与人民群众是民主的、平等的、同志式的关系,人和人之间互助合作、团结友爱,人民是国家的主人,领导者是人民的公仆。社会主义领导的服务本质决定了社会主义领导者的性质和作用应当是当权者、负责人和服务员三位一体的有机统一。

(二) 领导者的特征

领导者的出现既是社会发展的必然产物,也是人类社会分工的必然要求。领导者一开始就以特殊的身份出现,并具备如下特征:

1. 拥有职权。领导者首先必须担任一定的职务,然后根据职务的性质、轻重赋予一定的权力。职务是领导者行使权力、履行职责的身份。任何社会的领导者要进行领导活动,都不能没有职务。只不过这种领导职务在不同的社会里,具有不同的性质,同时又因领导层次和活动领域的不同,具有不同的级别罢了。根据职权一致的原则,有多大的职务,就有多大的职权。领导者的职权是领导者从事领导活动的资格,它有以下性质:① 职权是组织赋予的,为实现组织目标的工作权力;② 职权有明确而严格的限制范围;③ 职权有客观内涵,与领导者的个人的主观特征无关。

2. 负有责任。依据权责一致原则,领导者的职权越大,其责任也越重。如果一个领导者仅有职权,而没有相应的责任,就会出现要么不领导、要么领导不好的消极现象。领导者负有领导责任,这是任何社会领导者所共有的特征,只不过社会不同,其本质各不相同罢了。一般来说,社会主义领导者的责任有以下几个方面的内容:① 政治责任。领导者必须积极贯彻党的路线、方针、政策,在政治上与党中央保持高度一致。② 工作责任。领导者必须保证本单位的工作任务的高效完成,对工作失误承担相应的责任。③ 法律责任。领导者必须在国家法律、法令和各级政府的法规、条例允许范围内工作,遵纪守法,依法办事。若有违法行为,需承担法律后果。

3. 提供服务。领导者之所以存在,是因为组织或群体的共同劳动、共同生活需要领导者的服务。这种服务包括指导性的服务、管理性的服务、事务性的服务等内容。每个社会中的领导者,都必须提供服务,这是共性。不过每个社会的领导者提供服务的对象、内容与方式有着本质的不同,这是个性。在社会主义社会,领导者必须全心全意为人民服务。从这个意义上说,领导就是服务。

4. 富于创新。这是领导者区别于普通社会成员的本质所在。一个人之所以能够当上领导者,重要的就是因为他具有很强的创新素质与能力,他能创造性地提出目标和推行目标,他能创造性地给被领导者提供服务,而且还能创造性地总结领导经验,将其上升为领导理论。当然,领导者的这种创新要以领导活动的实践为源泉。

5. 多重角色。一个领导者,不仅在社会中充当一般人所有的角色,而且还担任领导角色。管理学与领导学家亨利·明茨伯格把领导角色分成10种:名誉首脑、领导者、联络官、监督者、传播者、发言人、创新者、调解人、分配人、谈判人。所以,面对不同情景、不同对象,领导者必须扮演不同的角色,从而也就要求有相应的规范、态度、行为、方式与之相适应。

二、领导者的地位与作用

根据马克思主义认识论,主体是认识和实践对象性活动的发动者、实施者和责任承担者。主体性可概括为:① 自然性;② 主动性;③ 主观性;④ 创造性。据此,领导活动的主体只能是领导者,领导活动的主客体关系只能是领导者与被领导者的关系。否认各级领导者在领导活动中的主体地位,就是否认其相应的领导,这不仅使各级干部的积极性不能发挥,而且充分调动人民群众的积极性也将成为一句空话。当然,承认领导者是领导活动的主体,并不等于否认人民群众是社会实践活动的主体,因为领导活动与其他社会实践活动既有联系又有区别。

组织中的领导者,作为系统中的一员,"对于上级组织系统而言,应该积极加强执行力,对于本级组织领导系统而言,应该充分发挥作用力,对于下级组织系统而言,应该积极提高领导力"①。

领导者是领导活动的主体,在领导活动中发挥主导作用。首先,领导者在领导活动中居于中心地位。领导者在一定的环境条件制约下,由其职权和素质共同形成对所辖组织和人员活动的影响力。这种影响力的大小与领导者的职权和素质成正比。领导者以其高尚的品德、渊博的知识和高超的才能,产生巨大的吸引力和凝聚力,使被领导者坚定地团结起来,把分散力量积聚起来,为实现目标创造条件。德国一位军事家曾经说过:一支由狮子指挥的绵羊队能够打败一支由绵羊指挥的狮子队。这充分说明了领导者对事业成功与否所发挥的决定性作用。其次,领导者在领导活动中起发动作用。领导者代表群众的根本利益,进行科学决策,制定规划目标,发布指示命令,使领导活动处于动态状况。再次,领导者在领导活动中起统率作用。在领导活动过程中,领导者设置组织机构,进行科学决策,合理选才用人。当出现矛盾或偏差时,领导者根据组织目标,协调各种关系,不断修正、完善决策。"领导者在领导活动中的作用就是'领路'和'引航'。"②

第三节 被领导者

被领导者是领导活动中的又一基本要素。在领导活动中,被领导者发挥基础性作用。

一、被领导者的含义

被领导者是指在领导者的领导下,按照领导的意图,为实现组织目标,从事具体实践活动的个人或集团。被领导者相对于领导者而言,一般可分为两种类型:一是绝对被领导者,指在一切社会组织中,不担任任何领导职务和不承担领导责任,不掌握任何领导权力而完全接受别人领导的人,如普通的工农商学兵;另一类是相对被领导者,即相对于下级而言其是领导者,而相对于上级而言其又是被领导者,如省长领导下的市长、县长。从这个意义上说,那些握有一定权力的领导者,实际上又是某种条件下的被领导者,扮演着"领导者"和"被领导者"的双重社会角色。绝对被领导者和相对被领导者的总和就是人民群众。

---

① 李柏模:《略论组织中领导者的作用》,《武汉电力职业技术学院学报》,2007年第2期。
② 张晓峰:《领导者作用探源》,《哈尔滨市委党校学报》,2006年第6期。

（一）被领导者的本质

被领导者的本质是指被领导者在领导活动中表现出来的内在属性。它是由被领导者在社会中的政治、经济、文化地位决定的。不同社会中的被领导者有着不同的政治、经济、文化地位，也就有着不同的本质。

在原始社会中，生产资料实行原始的公有制，人与人之间的关系是平等互助的。被领导者和领导者只是分工的不同，并不是地位的差别。所以，氏族成员或部落成员是原始社会的主人。在阶级社会中，生产资料实行私有制，生产资料被统治阶级占有，被领导者没有或只有少量的生产资料，处于被剥削、被统治的地位。所以，阶级社会中的被领导者的本质就是被统治者、被压迫者。在社会主义社会中实行生产资料公有制为主体的社会制度，人民当家做主，国家的一切权力属于人民，人与人之间是平等互助友爱的关系，领导者的出现也只是分工的需要，只能为人民服务，成为人民的公仆和勤务员。所以社会主义社会的被领导者的本质是社会的主人。

（二）被领导者的特征

1．服从性。被领导者是在领导者的组织、指挥下进行社会活动的，被领导者要服从于领导者，这是古今中外任何组织都通行的原则。小到一个三人团体，大到整个社会，都需要有人在其中统御，其他人则要服从这种统御。否则，团体便无法存在，组织便会瓦解，领导也失去生存的组织基础。当然，在各国的社会中，服从的性质是不同的。在阶级社会里，服从是强迫性的服从，而在社会主义社会里，服从是自觉性的服从。

2．受动性。领导者在领导活动中发挥主观能动性，带动被领导者努力实现组织目标。依据分工，领导者负责带动，被领导者就应受动。带动和受动，双方缺一不可。有领导者的带动，才有被领导者的受动，同时，有被领导者的受动，才有领导者的带动。这是被领导者的受动性的外在依据。另外，这种受动性还取决于被领导者的个体素质的相对滞后性。虽然我们并不排斥"上"不如"下"的个别情况，也不否认被领导者大多有自己的一技之长和一个群体内各个被领导者的优点之和大于领导者，但是，一般来说，领导者总是比被领导者更具有威信，具有影响力、凝聚力和统御力。这也是被领导者受动性成为现实的内在依据。

3．对象性。领导者的一个重要特征是服务性，那么作为领导者的对应方，就具有领导者服务时的对象性。被领导者能够具有这种对象性，是由其在社会中的经济地位和政治地位决定的。如果被领导者不拥有国家权力，被领导者就只能接受剥削。在社会主义社会里，国家的一切权力属于人民，人民有权得到领导者的全心全意服务。领导者运用来自人民的权力为人民服务，将被领导者作为服务对象，是天经地义的事。反言之，被领导者既服从领导者的带动，又授予其权力，那么成为服务的对象，也是顺理成章的事。如果说在"受动"中被领导者处于被动地位的话，那么在"服务对象"上则由被动转化为主动，由义务转化为权利了。

4．源泉性。这是相对于领导者所具有的创新性而言的。被领导者是广大人民群众，是社会实践的主体。他们在实践活动中不断积累知识，总结经验，提出新问题。这些正是领导者开拓创新所需的知识、经验、智慧等。领导者开拓创新的思想、理论、计划、方案等不是凭空产生的，也不是领导者头脑中固有的。它主要来自两个方面：一是在学习和接受教育的过程中继承、借鉴或发展前人实践的产物；二是从广大人民群众的实践中直接"拿来"的，或是对其强烈愿望、意识意向、创作雏形等进行加工、整理、提炼而成的。所以说，被领导者是领导者开拓创新的基础，具有源泉性。

5. 不担任领导职务或担任较低领导职务。前者是针对绝对被领导者而言的,后者是针对相对被领导者来说的。绝对被领导者最明显、最直观的特征就是不担任领导职务。在现实生活中,我们判断一个人是否是领导者,就是以他是否担任领导职务、拥有领导权力为主要标准的。不担任领导职务的就是绝对被领导者,担任较低领导职务的,就是相对被领导者。有无职务,职务高低,在不同的社会里具有不同的含义。在剥削阶级社会里,它标志着人们所处的不同社会等级和层次。在社会主义社会里,它只意味着人们之间社会分工的不同。

二、被领导者的地位与作用

被领导者在领导活动中处于重要地位,并发挥着基础性的作用。

第一,被领导者是领导者的对应面。领导活动是领导者与被领导者相互关系的矛盾运动。这就是说,领导并不是领导者的单方行为,而是领导者与被领导者的互动行为。领导者与被领导者,好比一枚硬币的两面,没有了这一面,那一面也就不存在。领导者与被领导者相互依存,谁也离不开谁。

第二,被领导者起着产生与选择领导者的根本作用。领导者一般是从被领导者中成长起来的,领导者的基本素质、领导风格、领导方法与艺术,不可能没有它赖以产生的被领导者的特点,不可能不受这一群体素质的制约。古代的被领导者中无法产生现代的领导者;西方的被领导者中也出现不了像毛泽东、周恩来、邓小平这样的中国式领导人物。被领导者不仅是领导者得以产生的基础,而且还起着选择领导者的根本作用。随着我国人民民主的不断扩大,法律的不断健全,选举制、罢免制和监督制等的不断完善,被领导者既有对领导者的"事先选举权",即选举权,又有对领导的"事后选择权",即罢免权。

第三,被领导者对领导效能起决定作用。自己出主意由自己去做,这是操作;自己出主意由自己与别人一起干,这是管理;自己出主意由别人去干,这是领导。所以,领导目标与领导效能存在一个中间环节,即被领导者。如果这个环节不能起承前启后、联系左右的作用,那么领导目标就无法实现,领导实绩就无法获得。被领导者能否正确领会领导意图,认真贯彻领导决策,直接影响领导目标的实现,直接决定领导效能的高低。

因此,从上述意义上说,被领导者素质的高低、行为的好坏,直接影响着领导活动水平的高低。为了做好领导工作,使领导活动取得更大的成功,不但需要"好的领导者",而且需要"好的被领导者"。

什么样的被领导者才是"好的被领导者"? 根据社会主义社会的本质要求以及人与人之间平等、互助合作的同志式关系的要求,一个好的被领导者,应该具有清醒的政治头脑和参政议政的知识、能力,能够与领导者共同把握住社会主义领导的正确方向,脚踏实地地实现领导目标。

一是要服从领导。从根本上说,被领导者服从领导,是领导活动客观规律决定的。在理论上,领导者制定的方针政策是符合人民群众利益的,服从领导也就是服从真理、服从科学。具体地说,服从领导也是管理本身的需要。社会组织内一定的层次等级,按一定的方式衔接、组合成组织结构。领导者是组织管理的必然产物,履行自身的指挥、引导等职责,与之相对应的,就要求被领导者服从领导者的指挥、引导,共同实现组织的结构功能。被领导者不服从领导者指挥、引导,就是违背了自己所承认的组织目标和宗旨,就会破坏组织的力量,就要受到组织的纪律约束乃至惩罚。当然,被领导者的这种服从不是盲目的。一般地说,被领导者对领导者的服从,是以领导者的指示、指令必须合法,符合整体利益为前提的。

二是要支持领导。领导者在领导活动中占据主导地位,但被领导者并不是完全消极、被动的因素,而是达到一定群体目标的积极主动的力量。被领导者要积极地参与领导活动,领导者的一切意愿、决策,只有通过被领导者的行动才能实现,得不到被领导者的支持的领导者,办任何事情都不可能成功。被领导者对于本组织的关心程度,对完成本职工作的自觉性和主动性,被领导者的素质能力等,都直接决定领导者的效能。从领导者的产生来看,除了他个人的素质能力以外,在某种意义上,被领导者的选择也是十分关键的因素。从领导的工作方式看也是如此。领导者所作的决策要实现科学化、民主化,也不仅仅是领导者个人的事,也有赖于被领导者的积极参与。当领导者由于掌握情况不全面,或对于情况分析不当而作出错误的决策时,也要求被领导者从主人翁地位出发,积极提出批评建议,帮助领导者全面、及时、准确地掌握信息,修正不正确的决策,尽可能减少工作损失。

三是要监督领导。被领导者对领导的监督是社会主义民主的具体体现,是实现人民民主权利的一个重要内容,是使领导者保持公仆本色的有力措施。这种监督有两方面的内容:其一是看领导者是否切实按照党和国家的方针、政策履行职责;其二是对领导者的成绩和能力进行恰当的评价。对于优秀的领导者,应该建议上级委以重任;对于不称职和违反党纪国法的领导者,被领导者有权要求撤换和惩处。这种由下而上的监督与由上而下的监督相结合,保证组织目标的顺利实现。当然,这种监督必须是站在国家和人民利益之上,秉持客观公正、实事求是、与人为善的态度去实现。

第四节 领导者与被领导者的关系

正确处理领导者与被领导者的关系,是马克思主义领导科学的基本问题。这既是理论问题,又是实践问题。二者的关系如何,直接制约领导目标的实现程度,直接影响领导活动的运行状况。

领导者与被领导者的关系的内涵非常丰富,贯穿于领导科学的每一个范畴。在领导者与被领导者的性质、特征、地位、作用中,都不同程度地涉及二者的关系,如公仆与主人的关系、服务与对象的关系、创新与源泉的关系、主体与客体的关系、权威与服从的关系、主动与受动的关系,等等。

从性质上说,二者的关系也是一种对立统一的关系。二者的协调统一是我们追求的目标,但我们也不能忽视二者的冲突。领导者与被领导者之间的冲突行为,是上下级之间对立行为的激化。这种行为具有很大的直接性,是一方处于逆境而对他方的抗争行为,或是上下级双方全面或局部的矛盾激化。这是因为二者所处的地位不同,观察处理问题的角度不同,各自所代表的利益要求也不同,所以产生矛盾是不可避免的。领导者与被领导者之间的接触沟通由于受到层级限制的影响,遇到线路堵塞或传递失真的障碍,彼此也会产生误解与隔阂。如果体制上存在弊端,诸如统得过死、干预过多、职责不清、分工不明也都会引起矛盾冲突。当然,这种"冲突有可能是建设性冲突,也可能是破坏性冲突"[①]。这就要求我们分清冲突的性质,正确地对待它,及时妥善

---

① 戴卫平:《论领导者与被领导者的相互行为》,《黔西南民族师专学报》,2000年第3期。

地加以解决,并善于引导,使之成为组织活力的源泉。通过协调合作,化解矛盾,推动工作向前发展,使组织运行状态提高到一个新的水平。

领导者与被领导者之间的关系受到一定社会政治、经济、文化条件的制约。不同的社会条件形成不同的领导者和被领导者的关系,即使在同一社会中,随着政治、经济、文化的发展变化,领导者与被领导者的关系的内容也会发展变化。在我们社会主义国家里,领导者与被领导者只是分工的不同,他们的关系主要是:

(一)相互信任的关系

社会主义一切国家权力属于人民。人民在管理国家事务中,通过一定形式选举代表,确定组织活动的领导者;人民既是国家的主人,又是被领导者。而各个层级、各个领域的领导既是领导者,又是人民的公仆。他们在权力关系上同出一源,在根本利益上反映一致。因此,领导者与被领导者之间必须相互信任。他们的指挥服从关系也正是在此基础上产生的。领导者与被领导者由于在一个组织系统中所扮演的角色不同,心理上必然存在某种距离,为了将双方的心理距离调整到最佳状态,"应该注重在工作中的灵活多样,注重领导的方法和艺术,注重以理服人以情感人,加强信息沟通和相互理解"[①],促进彼此之间的信任。

(二)相互促进的关系

领导者被推选出来作为群众意志的代表者和组织活动的带头人,一般来说,要比被领导者站得高一些,看得远一些,要具备较好的领导素质。因此,领导者有许多品质与能力是值得被领导者学习的,被领导者要尊重、支持、服从领导者的正确领导。领导者即使有一些缺点与失误,被领导者也应该从事实出发,善于帮助领导者,促进其改善和加强领导工作。同时,领导者不仅要教育被领导者,也要向被领导者学习。获得领导地位并不意味着领导者绝对比被领导者高明。在领导活动中,领导者必须依靠被领导者,得到他们的爱戴和拥护,必须经常向被领导者学习,向专家或有经验的人学习,补充营养,促进工作,在工作中少犯和避免犯大的错误。

(三)相互支持的关系

领导者与被领导者是社会组织内部的不同分工。社会分工是社会进步的表现,社会分工是与合作联系在一起的。分工合作的关系也就是相互依赖、相互支持的关系。领导的本质就是服务。被领导者也要积极支持、帮助领导工作。这种相互支持既体现了组织活动的统一性,也体现了领导者与被领导者政治上的平等。

(四)相互转化的关系

对某个人来说,领导者和被领导者的地位不是固定不变的,更不是终身的。随着情况的变化,原先的领导者可以退位成为被领导者;而原先的被领导者在实践中锻炼成长,具备了领导者的条件,也就可以走上领导岗位。

(五)相互监督的关系

领导活动的重要作用是监督检查。这种监督是双向的,既有领导者对被领导者的监督,又有被领导者对领导者的监督。一方面,领导者比被领导者更容易接受新事物,形成新观念,采取新措施,同时领导者往往是全局利益的代表者,所以领导者要监督被领导者接受这种新事物、新观念、新措施,同时监督他们服从全局利益。况且,即使被领导者接受这种新事物、新观念、新措施,

---

① 王秀明:《论被领导者与领导者的信息沟通》,《理论探讨》,2002年第2期。

也有可能在执行过程中出现偏差与失误,所以,领导者必须始终对被领导者进行监督,以保证组织目标的顺利实现。另一方面,被领导者要对领导者进行监督,领导者必须接受这种监督。因为领导者拥有权力,而不受监督的权力容易产生腐败。"权力倾向于腐败,绝对的权力倾向于绝对的腐败。"而且,领导者不可能每一项领导工作都做得好,需要被领导者进行监督,提出批评与建议。最重要的是,被领导者通过监督,有权罢免"坏"的领导者。

第三章 领导的职能和原则

研究领导活动,重要的是把握领导的本质,而领导的本质是通过履行领导职能和运用领导原则体现出来的。领导职能是从事领导活动的基本前提,领导原则则是实现领导目标的根本途径。在社会主义条件下,无论哪一层次,哪一部门的领导,都应当明确领导的一般职能和原则,从而尽职尽责,努力做好本职工作。这对于促进领导工作的科学化,具有十分突出的作用。

第一节 领导的职能

领导职能,就是领导的职责和社会功能,它是领导本质的具体表现。无论何人,一旦走上领导岗位,担任领导职务,就负有一定的社会责任并发挥一定的社会功能。领导活动的多样性、层次性、复杂性,决定了领导的具体职能是多样的,并随着社会生产和领导活动的发展而处于不断演变之中。

一、领导职能在领导活动中的地位

领导职能在领导活动中占据着举足轻重的地位。

1. 领导职能是确定合理的组织机构,实现领导科学化的一个重要标志。所有领导者的领导活动都是在各式各样的组织中进行的,组织是实现领导职能的依托。领导者是组织系统的组织者和指挥者,是组织意志的体现者和组织利益的集中代表者,在组织中起着主导作用。组织的整体活动是领导活动的具体体现。领导者要行使领导职能,就必须建立精干高效的组织机构,从而才能实现领导活动的科学化。

2. 领导职能是领导活动科学化的依据。现代行政管理要求过程的科学化或程序化,而过程的科学或程序是客观的,是过程自身所固有的,而不是主观安排的。领导职能是领导活动过程自身内在规律的概括和反映,每项运行职能都是领导活动的一个重要环节,各项运行的职能之间相互制约,反映着领导活动各环节的先后顺序及其有机联系。按照领导职能来使领导活动正常运行,就能实现领导活动的程序化。

3. 领导职能的实现情况是检验领导活动结果的依据。领导职能能否得到充分发挥和完全实现,受到领导活动中的多方面因素的制约。因此,通过对领导职能实现情况的分析与核定,就能找出影响领导职能的问题所在。

二、领导的一般职能

关于领导的一般职能,由于国内与国外学者所持的观点相异,仍有不同的见解和主张。

美国著名政治学学者怀特就认为领导的职能包括:① 决定重要的政策;② 发布必要的命令

和指示;③协调组织的内部关系;④授权下级处理一般事务;⑤控制财务的运用;⑥工作人员的任免;⑦监督、控制并考核工作的执行;⑧处理对外的公共关系。

社会主义领导科学所研究的,则是从具体的领导职能中,抽象出社会主义领导的一般的共同的职能。社会主义领导职能的内容很丰富,正如刘少奇在《论党》中所指出的:"领导者与领导机关的职责,就是要实行正确的领导,就是要正确地了解情况,正确地抓住中心,提出任务,决定问题,正确地动员与组织群众来实行自己的决定,正确地组织群众来审查自己决定之实行的情形。而为要使这些事情都做得好,就必须向群众学习,必须实行从群众中来,又到群众中去的路线。否则,任何一件领导工作都是做不好的。"①这就很好地概括出了社会主义条件下领导的一般职能。具体来说,包括:

(一)引导

领导的具体任务就是为群众引路和导航,为此就要正确地规划目标、提出任务和制定实现任务的方法。这是领导者最基本的职能。

正确地规划目标是引导的核心。领导是为实现某种组织目标而开展的活动,目标应该看成是领导工作的起点。"没有一个长期的旨在取得重大成就的计划,就不能进行工作。"②作为领导,必须要有宏观的头脑和战略的眼光,考虑根本的、长远的问题,但领导工作效率高低的评定,最根本的还是看其是否能够正确的规划目标,把握前进的方向。

正确地提出任务是实现领导的中心环节。实际上,制定正确的奋斗目标与正确地提出任务是大系统与小系统、远期目标与近期目标的关系,有了正确的奋斗目标,就确定了前进的大方向,同时,还必须明确地提出任务指向。只有群众确实知道要做什么,引导才是具体的。

科学地制定领导方法是引导的重要内容。只有当群众不但知道需要做什么,而且知道应当怎样做的时候,引导才能落实。当然,领导工作的方法主要是指那些带有根本性质、普遍意义的方法,贯穿群众全部实践活动之中的基本方法。领导工作应当把主要精力放在把握制定政策的原则上,使政策的目标背景切实准确,政策的含义表达明确清晰,政策的内容连续系统。此外,领导工作还必须制订和建立一系列制度、章程,特别是岗位工作制度。

(二)指挥

指挥就是运用组织权责,发挥领导权威,推动下属为实现既定规划目标任务而努力。这是领导者权力的突出表现。指挥一般可采取命令、说服、示范等三种方式。

命令以强制性为后盾,是一种具有明显约束力的指挥方式,也是一种最常见的指挥方式。

命令的强制性特征在不同社会的领导关系中具有不同性质。在阶级对抗的社会里,指挥命令的强制性色彩不仅十分浓厚,有的甚至就是依靠赤裸裸的暴力来维持。社会主义领导关系建立在根本利益一致的前提之上,指挥命令具有被指挥者自觉自愿服从的基础。当然,这种自觉自愿并不是绝对的,领导工作必须凭借组织的、法律的力量以及手中掌握的奖励惩罚等各项权力来保证和推进指挥的实现。

命令的强制性特征在不同领域、不同时期,其范围和程度的效应也是不同的。在行政、军事、现代化生产等领域,要求国家公务迅速有效推行,要求军事行动当机立断处理,要求生产流程一

---

① 《刘少奇选集》上卷,人民出版社,1981年版,第354页。
② 《列宁全集》第40卷,人民出版社,1986年版,第151页。

环紧扣一环,特别是在一些突如其来、事关重大的关键时刻,如抗灾抢险,这些领域的工作性质,这个阶段的时间效应,使得命令的强制性特征十分突出,要求被指挥者有令必行,有禁必止,雷厉风行,不折不扣。而在其他一些领域,如社会团体、学术机构,在正常的生活环境中,命令的强制性色彩就可以淡薄一些,还可以和其他的指挥方式更多地结合起来使用。

指挥采取说服的方式,是指领导在布置任务时要能够晓之以理,做耐心细致的思想工作。毛泽东说过:"为着维持社会秩序的目的而发布的行政命令,也要伴之以说服教育,单靠行政命令,在许多情况下就行不通。"①周恩来也讲过:"领导群众的方式和态度要使他们不感觉我们是在领导,领导群众的基本方法是说服而不是命令。"②领导要能够倾听群众和下级的意见,可在某些问题上采取授权的方式,使工作富于弹性,允许下级在一定范围内根据实际情况相机处理。

领导表扬先进,推广经验;以点带面,典型引路;身先士卒,为人表率等等,则属于示范的方式。领导的示范作用常常是无声的命令,这种指挥方式,往往能取得突出效果。

(三)组织

组织就是按照目标合理设置机构,建立体制,分配权力,使用人员等,这是实现领导任务的可靠保证。领导工作的作用在于通过引导全体组织成员有效地领会领导的目标,通过组织功能的发挥,求得整体的最优化。

组织功能的有效发挥有赖于组织结构的合理配置,取决于组织结构内在要素的存在形式与组合方式。传统的组织结构,比较偏重于决策的执行这种单部位建制,这与经验型、封闭型的社会活动方式是相适应的。当代社会,社会分工不断演化,社会的各个组成部分的相互联系日趋紧密,这使得领导活动更加复杂,因而就要求组织结构是一个由决策、执行、监督、咨询、反馈五个部分组成的相互联系的网络系统,要求组织结构具有全方位的建制,并具有生机勃勃的应变能力。

组织的力量依靠权力来体现,而权力的授予又以任务为依据。因此,实现有效的组织功能,还必须设计好任务结构和配置好权力关系。领导必须根据总目标的要求,按照不同方面、不同层次对总任务加以分解,根据分解出来的具体任务设置相应的部门和单位,同时授予这些部门单位以相应的权力,明确规定它们应该履行的职责,做到分工合理,授权相当,使每个部门单位的职责任务与它们所统辖的范围相当。

领导的组织职能还体现在选才用人方面,这既是领导组织职能的基本内容,也是领导的根本任务之一。因为人是组织中最能动、最活跃的因素,是组织行为的执行主体。因此,选才用人的得失直接关系到事业的成败,组织职能的选才用人具有突出的战略意义。

组织行为犹如机器运转,每个部门都有明确的位置,每个部件都必须服从整体的需求,每个部件都必须遵循既定的程序,来不得半点差错。要使组织行为正常有序,组织功能有效发挥,就必须严格组织纪律,明确每一个机构、每一个成员的行为规范,应该做什么,不应该做什么,违反了怎么办。同时,还必须严肃地执行组织纪律,认真履行对违反组织纪律的惩戒措施,该批评的批评,该处分的处分。

(四)协调

协调就是领导者运用各种措施和手段,使其所领导的系统同外部环境之间以及系统内各部

---

① 《毛泽东选集》第5卷,人民出版社,1977年版,第369页。
② 《周恩来选集》上卷,人民出版社,1980年版,第131页。

分和组成人员之间通过不断、及时的调整,达到协调一致,相互配合,以便高效率地实现领导目标的行为。协调是领导的基本职能之一,贯穿领导活动过程始终。在当代,领导必须协调好各方面的关系,要懂"关系学",协调也要适应现代社会网络化管理的需要。领导协调的内容相当广泛,包括领导系统与环境的协调;领导系统各部门、各单位的协调;领导各项职能活动之间的协调;领导系统内外人际关系的协调等。通过协调,可以充分化解各种矛盾,增进组织内部团结,调动群众和基层单位的积极性,有效地提高工作效率。

领导协调一般有两种形式:其一,是通过积极的促进来达到新的平衡。由于某些部门或个人成绩突出,如先进分子提出改革创新并在工作中取得成效,使得各部门在工作进度上拉开差距。这种不平衡是新生事物的必然表现,代表着事物向前发展的方向。这时,领导的协调就必须旗帜鲜明地支持先进,积极采取各种方式、手段来鞭策后进奋勇直追,而不能为着强调平衡而因循守旧。其二,是通过严肃的纠偏来维护正常的秩序。组织中的某些部门或个人,从局部的利益出发来考虑问题处理问题,违反行为规范,破坏整体利益,给全局工作造成了损失,这是一种使事物向后倒退的行为。这时领导的协调就必须做到是非分明、认真负责、勇敢果断,坚定有力地消除这些破坏性的消极因素,保证事物有序发展,决不能为调和矛盾,姑息迁就。

一个优秀的领导者,应该善于协调,统筹兼顾。领导者不应为某一局部利益所左右,为暂时利益所吸引,而应坚持平等、公正、彼此尊重的原则;坚持顾全大局,求大同存小异的原则;坚持行政目标一致的原则。协调的目的就是要使各方面的工作有机配合起来,以取得更大的整体效益。协调要做到是非分明,协调应该是积极推动工作前进的协调。

(五)监督

监督,就是经常检查规划目标任务的执行情况,及时发现问题,纠正偏差,确保任务的完成。它是领导工作的一个重要环节,而且是目前比较薄弱亟待加强的环节。

监督本身不是目的,监督其实只是查明"偏差"和"干扰"的控制手段,它应寓于领导的全过程,哪里有领导活动,哪里就应有监督。实施有效监督,第一位的是确立标准,即衡量是非功过的尺度。没有公正的尺度,很难进行有效的监督。领导者的首要职责是制定标准。其次是深入调查。没有调查,或者没有正确的调查,不可能有正确的监督。在调查方面,领导者要广泛依靠群众,保证渠道畅通。在廉政建设中,新设置的举报中心,就是依靠群众、发动群众的好办法。领导监督方法是多种多样的,如实行报告制度,进行工作指导、辅导督导,组织专案调查等。

监督的原则应该是及时而有效的。毛泽东指出:"必须及时掌握工作进程,交流经验,纠正错误,不要等数月、半年以至一年后,才开总结会,算总账,总的纠正。这样损失太大,而随时纠正,损失较少。"[①]及时、准确、全面地把握组织活动情况,获得实际的执行情况与既定的执行要求之间的偏差信息,是监督工作有生机活力的标志,也是监督工作实质性的意义所在。否则,情况不明,信息不灵,处于盲目之中的监督就是有名无实的监督。在客观现实中,有些组织和人员喜欢歌功颂德,忌讳暴露弊端,对工作中的错误文过饰非。有些领导为维护自己的权力位置,报喜不报忧,对工作中的错误遮遮掩掩。这些错综复杂的关系阻碍了正常流向,在一定程度上破坏了监督工作。为防止这些现象的出现,要做好在组织上广开信息渠道和在人员选拔上严格素质标准这两方面的工作。

---

① 《毛泽东选集》第4卷,人民出版社,1991年版,第1286页。

（六）教育

教育就是对广大群众进行宣传、动员、培养、训练，从各方面提高他们的素质，改正错误。教育的内容十分丰富，主要包括帮助群众提高政治思想、科学文化、生产技能等方面的水平。一般可以将教育划分为政治思想教育和业务技术教育。

政治思想教育是实现领导决策的保证，尤其成为社会主义国家领导的重要职能之一。政治思想教育的目的在于解决人们的思想、观点、立场，即世界观的问题，它突出地表现为把共产主义思想理论体系变为广大人民群众的思想观点和行动指南，要把党的路线、方针、政策化为群众的自觉的行动。领导者应针对新情况和群众思想的变化，努力从内容、形式、方法等多方面切实改进政治思想教育工作。要继承我们党的思想政治工作的优良传统，同时正确吸取现代科学成果，探索新时期思想政治工作的规律，使思想政治工作科学化，而不能把思想政治工作简单地理解为组织学习、表扬批评；使思想政治工作社会化，形成全社会的思想政治工作网络；使思想政治工作信息化，并注重研究影响人们思想的种种信息；使思想政治工作现代化，充分利用现代化手段，增强思想政治工作的吸引力。

业务技术教育是帮助群众完成具体业务的保证。现代化生产条件下，科学技术发展呈爆炸性趋势，知识周期大为缩短，许多国家都十分重视在职人员的"继续教育"和"终身教育"。为了推动我国现代化科学技术的发展，加速现代化建设的进程，提高全民族的文化、科学、业务、技术水平具有重要战略意义。

总之，正确认识和确定领导的一般职能对充分发挥领导的作用具有重要意义。领导的一般职能规定了领导活动的方向，领导者只有在明确自身职责和功能的前提下，才能有所作为，而不致产生方向性失误。领导的一般职能也制约着领导活动的效能，领导职能发挥得好，领导效能就高，反之，领导活动效能就达不到良好的状态。

三、当代领导的基本职能

基本职能是贯穿于上述各种领导一般职能始终的职能，从总体上可归纳为三个方面：第一是科学决策；第二是选才用人；第三是思想政治工作。

（一）科学决策

从一定意义上说，领导工作的过程，也就是制定和实施决策的过程，或者说"领导就是决策"。科学决策是领导活动的最基本的职能。因为决策的正确与否，都直接关系着领导工作的成败与得失。所以对任何领导者来说，都面临着如何决策的问题。在社会主义市场经济条件下，决策更必须科学化，这是历史发展的客观要求。科学决策并不仅仅是"拍板"，而是一个由科学程序组成的过程。合理的决策程序是决策科学化的重要保证。

科学的决策还是一门综合的学问和技术。具体来说，决策要具有科学依据和现实条件，不能脱离实际，更不能凭空地、随意地进行决策，必须在国家大政方针指导下，投身实践，深入调查研究，广泛征集意见和建议，进行科学论证。要集思广益，走群众路线，充分发扬民主，发挥群众的才能和智慧。不仅如此，成功的决策还有赖于领导者本人的经验、学识、魄力，以及环境因素与科学的决策手段的结合。提高决策能力是各级领导者的当务之急。

当代科学决策的一个重要特点是领导者在进行决策工作时借助"外脑"的作用。各类思想库、智囊团等在领导决策中扮演着越来越重要的作用。智囊团的组建是实行民主与科学决策的一种具体形式。因此,必须善于利用众人的智慧。这就要求领导者要有一种民主的态度,一种实事求是的态度,以及一种不逃避责任的使命感。

领导者在科学决策中值得注意的是,一要善于审时度势,利用机遇;二要不仅实事求是,还要恰如其分,所谓有节,就是恰到好处;三要善于运用冲突,论证中的冲突有利于激发想象力,相反,轻易地"一致"却可能造成假象;四要具有自我否定的批判意识,这是充分发挥"外脑"作用的主观条件;五要善于评价,可以说,评价能力是决策的基础。

（二）选才用人

用人是领导者的一项重要工作。任何一项决策都需要具体的人来完成,这就关系到选用人才的问题。领导工作的成败在很大程度上取决于用人的得失。用人是一门学问,也是一门艺术。在当代,它是制度机制与领导者个人相互作用的结果。邓小平明确指出:"善于发现人才,团结人才,使用人才,是领导者成熟的主要标志之一。"[1]我国政治体制改革和经济体制改革的目的之一,就是要造就更多更优秀的社会主义建设人才。

领导者的选才用人,离不开干部人事制度的改革。通过改革,实行国家公务员制度,贯彻党政分开、政企分开和管人与管事既紧密结合又合理制约的原则,贯彻注重实绩、鼓励竞争、民主监督、公开监督的原则,造就德才兼备的人才。国家公务员制度要求制定法律和规章,对政府中行使国家权力、执行国家公务的人员,依法进行科学管理。凡进入公务员队伍,应当通过法定考试,公开竞争。他们的岗位职责有明确规范,对他们的考核按法定的标准和程序进行。江泽民在党的十五大报告中明确指出:"按照革命化、年轻化、知识化、专业化方针,建设一支适应社会主义现代化建设需要的高素质干部队伍,是我们的事业不断取得成功的关键。选拔干部,必须全面贯彻德才兼备原则,坚持任人唯贤,反对任人唯亲。"[2]党的十六大报告也指出:要"努力形成广纳群贤、人尽其才、能上能下、充满活力的用人机制,把优秀人才集聚到党和国家的各项事业中来"[3]。

现代人才观认为,凡具有一定的知识和技能,并能为社会的进步和发展服务的人,都是现代化建设需要的人才。需要注意的是,人才并不等于全才,事实上也不存在全才。在坚持"四化"方针的前提下领导者用人必须注意:① 能级、能质对应。能级即人才的能力高低层次,能质则指人才的不同素质类型。领导者要根据不同岗位对能级、能质的要求选用相应的人才,防止小材大用,大材小用,或用非所长。最好使人才处于稍稍"超载"状态,以激励并发挥潜能。② 优势定位。即把人才安置在有利于发挥其优势的岗位上,创造条件,使其实现其自身的社会价值,从而发挥其内在积极性与潜能。③ 结构优化。即各类不同人才配置得当,不仅消除内耗,而且获得最大效能。只有树立新型的人才观和用人观,才能真正做到不拘一格地使用人才。

用人艺术,从来不是技艺问题,它同领导者的素质密切相关。作为领导者,必须有强烈的求才欲望、积极的求才动机、深厚的爱才情感、果断的用人胆略、敏锐的识才能力和豁达的容才度量,要自觉消除用人的心理障碍,如妒贤嫉能、消极的心理定势、用旧框框看新人才、以自己的喜怒好恶评价人才、盲目地受所谓舆论左右去判断人才等,还要遵循人才成长规律,善于调动人才的心理因素,如善用其能而不论资排辈,善得人心而不依仗权势等。领导者还要注意创造有利于

---

[1] 《邓小平文选》第3卷,人民出版社,1993年版,第109页。
[2] 《江泽民文选》第2卷,人民出版社,2006年版,第44页。
[3] 《江泽民文选》第3卷,人民出版社,2006年版,第557页。

人才成长的社会心理环境,注意人才的心理保护。

（三）思想政治工作

思想政治工作也是贯穿领导活动始终的一项基本职能。思想政治工作中要"出主意"、"用好人",这本身就是领导的基本职能进一步的体现。"在建设社会主义和谐社会的新形势下,思想政治工作中的'领导属性'应该被重新认识,这也是新形势下思想政治工作的一种创新和落实。"①思想政治工作,就是以人为对象,解决人的思想观念、思想认识和政治立场问题,从而提高人们认识世界和改造世界的能力,动员人们自觉地为实现当前和长远的革命目标而奋斗的工作。任何一种领导活动,都是通过对人的领导,达到对世界的改造。从这个意义上说,影响人们思想、观点和立场的思想政治工作,必然要成为领导活动的中心环节。在这个过程中,思想政治工作必须常抓不懈。邓小平指出:"我们讲坚持四项基本原则,就需要经常用四项基本原则教育人民。"②

思想政治工作有其自身运动发展的客观规律。认识思想政治工作的特殊规律,掌握它的特点,从实际出发去做工作,是做好思想政治工作的必要条件。思想政治工作的规律性,体现在构成思想政治工作的一些要素的相互关系上。根据我们党进行思想政治工作的丰富经验,并参照心理学等现代科学的某些成果,正确处理好这些要素之间的关系,应做到:

1. 内容和方法必须适应被教育者的思想发展变化规律。一般必须与特殊相结合,否则,脱离被教育者的思想实际,思想工作就会变成无的放矢。思想政治工作的内容,在不同的历史时期有所不同。在我国当前形势下,思想政治工作就是用马列宁主义、毛泽东思想、邓小平理论、"三个代表"重要思想和科学发展观教育全党、全国人民,使之成为群众的强大思想武器。同样,思想政治工作的方法,也要适应被教育者的实际。

2. 依靠群众力量做好思想政治工作。思想政治工作具有广泛的群众性,是由无产阶级领导活动的性质决定的。不能把思想政治工作仅仅当做是领导者的事,而要看作是人民群众自己的事,要广泛发动群众都来做思想政治工作。依靠群众做好思想政治工作有两条途径:第一,通过广泛的宣传教育,形成文明的社会风气、正常的社会心理和健康的社会舆论,使错误的思想和行为受到社会的抵制和指责,正确的思想和行为得到公众的赞扬和效仿。这是依靠群众做思想政治工作的社会途径。第二,在一个单位里,充分运用人们自然形成的各种交往和关系,组织互相之间的思想帮助活动。这是依靠群众力量做好思想政治工作的个体途径。

3. 教育者必须先受教育。教育者(包括领导者和思想政治工作者)自身的思想、行为和能力状况,在一定程度上决定思想政治工作的成败。因此,教育者必须弄懂马克思主义的哲学、政治经济学、科学社会主义和党的路线方针政策,还要懂得一些社会学、心理学、教育学、管理学、逻辑学、美学的知识,并具有综合运用这些理论和知识的能力。

第二节　领导的原则

领导原则,就是领导者在进行领导活动的过程中必须坚持和遵循的标准和法则。它是实现

---

① 徐学俊:《思想政治工作的"领导属性"》,《理论学习》,2007年第6期。
② 《邓小平文选》第3卷,人民出版社,1993年版,第109页。

领导职能的根本途径,同时又是领导原理与理论在不同环境或条件下的具体体现。

人们改造世界的实践活动,不是盲目的,而是按照一定的原则进行的。正确的原则是人类活动的客观规律的体现。只有人们遵循的原则正确,符合客观规律,他们的活动才能达到预期的目的。领导活动也是如此,它不是领导者可以随心所欲的,同样需要遵循一定的原则。正确的领导原则,是领导活动的客观规律的体现。只有按照正确的领导原则进行领导活动,才能更好地发挥领导的作用,取得领导活动的预期效果。否则,要实现正确的领导是不可能的。因此,掌握和研究正确的领导原则,是做好领导工作的一个重要前提。

领导的原则很多,领导原则的内容十分广泛,根据实际需要可以分为总原则、基本原则和具体原则三大类。其中总原则和基本原则是领导活动的基本行为准则,也是社会主义领导科学着重研究的对象。这里仅从我国的实际情况出发,对社会主义条件下领导的总原则和基本原则作详细的阐述。

一、领导的总原则

我国领导的总原则,是指在我国领导实际情况中那些根本性和综合性的原则。它包括:

(一) 党的基本路线原则

党的十一届三中全会以来,在邓小平建设中国特色社会主义理论指导下,我们党形成了社会主义初级阶段的基本路线,这就是领导和团结全国各族人民,以经济建设为中心,坚持四项基本原则,坚持改革开放,自力更生,艰苦创业,为把我国建设成为富强、民主、文明的社会主义现代化国家而奋斗。"一个中心,两个基本点",是对这条路线的简明而准确的概括。所谓"一个中心"就是以经济建设为中心;"两个基本点"就是坚持四项基本原则和坚持改革开放。其中,坚持四项基本原则就是坚持社会主义道路、坚持人民民主专政、坚持中国共产党的领导、坚持马克思列宁主义毛泽东思想。四项基本原则是我国的立国之本,改革开放是我国的强国之路。必须特别强调,在我国的所有各项领导原则之中,这是必须首先坚持的最根本原则,也是由我国的国情所决定的。邓小平在其南巡重要讲话中曾经明确强调:这条"基本路线要管一百年,动摇不得",否则就"只能是死路一条"。[①]

(二) 实事求是原则

"实事求是"是毛泽东思想的根本出发点和活的灵魂,是邓小平理论中一条根本的思想路线和核心。作为一项领导原则,它主要是指领导者在进行领导工作的过程中,必须坚持从实际出发,积极探索领导活动的规律,努力提高领导工作的效能。其要求就是实事求是地从客观实际出发,把具有普遍指导意义的理论、原理、路线、方针、政策等,同当时当地的具体情况紧密地结合起来。党的十一届三中全会以来,我们的改革开放和社会主义现代化建设是全新的事业,我们的前人没有做过,其他国家也没有干过。在开创全新事业的过程中,我们只能以马列主义的基本原理为指导,一切从国情出发,在实践中学习,在实践中探索,在实践中提高。实践是检验真理的唯一标准,是检验我们的理论、路线、方针、政策是否正确的唯一标准。江泽民反复强调:"解放思想,实事求是,是建设有中国特色社会主义理论的精髓。"[②]解放思想、实事求是是统一的。只有解放

---

① 《邓小平文选》第3卷,人民出版社,1993年版,第370、371页。
② 《江泽民文选》第1卷,人民出版社,2006年版,第350页。

思想,才能达到实事求是;只有实事求是,才是真正的解放思想。我们的认识要随着历史的前进、时代的发展、实践的深化不断提高。领导者在任何时候都要坚持解放思想、实事求是的思想路线,都必须牢牢把握这个精髓。

(三) 民主集中制原则

民主集中制是我们党的根本组织制度和领导制度。所谓民主集中制原则,也就是在民主基础上的集中和在集中指导下的民主相结合的原则。它是马克思主义认识论和群众路线在党的生活和组织建设中的运用,也是无产阶级政党、社会主义国家和人民团体普遍采用的组织原则。民主集中制的民主,就是党员党组织的意愿、主张的充分表达和积极性、创造性的充分发挥;民主集中制的集中,就是全党意志、智慧的凝聚和行动的一致。民主与集中是对立统一的关系,它主要表现在领导者与被领导者、上级组织与下级组织、个人与集体、群众与组织等之间的相互关系上。

实行这种制度,就是要努力造成既有集中又有民主,既有纪律又有自由,既有统一意志又有个人心情舒畅、生动活泼的政治局面。民主集中制的基本内容包括:① 个人服从组织,少数服从多数,下级服从上级,全党服从中央;② 各级领导机关,除派出机关以外,均由民主选举产生;③ 各级代表大会产生本级委员会,各级委员会均向本级代表大会负责并报告工作;④ 上级组织要经常听取下级组织和群众意见,及时解决他们提出的问题;下级组织既要向上级组织请示和报告工作,又要独立地解决各自职责范围以内的问题;⑤ 各级组织都实行集体领导和个人分工负责相结合的制度,凡属重大问题,都要通过集体讨论后才能作出决定;⑥ 上下级组织要互相沟通,互通情报,互相支持、配合和监督,禁止任何形式的个人崇拜,保证领导者的活动处于组织和群众的监督之下,同时维护一切代表人民利益的领导者的权威。

(四) 群众路线原则

群众路线是我们党几十年来,领导全国各族人民进行革命和建设的根本方法和原则。毛泽东明确指出:"在我党的一切实际工作中,凡属正确的领导,必须是从群众中来,到群众中去。"① 这就是我们党的群众路线。

群众路线原则要求各级领导者要正确认识人民群众在历史活动中的地位和作用,树立人民群众是历史的主人和创造者的观点;要正确认识无产阶级领导者是人民群众和社会的公仆的本质,树立全心全意为人民服务和为社会服务的观点;要以群众的利益为准则,树立一切向群众负责的观点;要正确认识人民群众是人类历史发展前进的真正动力,树立相信和依靠群众的观点;要用正确的方法领导群众,最根本的是贯彻"从群众中来,到群众中去"的工作方法。

二、领导的基本原则

领导的基本原则,又称领导的一般原则,是反映贯穿在领导活动各个方面、具有普遍性的共同规律的领导原则。领导的基本原则主要有:

(一) 统一领导原则

统一领导原则要求领导活动在一定时期内必须有统一的意志、统一的目标、统一的行为规范。统一领导是领导的实质内涵,是领导活动成立的原因。

---

① 《毛泽东选集》第3卷,人民出版社,1991年版,第899页。

统一领导有两个方面的意思：① 组织体制应该坚持统一领导的原则。要处理好组织层级与职能部门的关系。上一组织层级不直接与下一组织层级的职能部门发生关系，上级组织逐级地向下级组织传达和布置任务，下级组织总负其责，并对其组织中的职能部门进行任务匹配。上一组织层级中的职能部门不直接与下一组织层级发生关系，上级组织的职能部门不能随意改变下级组织的决定命令。② 人员序列应该坚持统一领导的原则。一个下级人员可以在不同的工作中接受两个上级领导的命令，但在同一项工作中，一个下级人员只能接受一个上级领导的命令。同理，同一项工作可以由两个领导来指挥，但必须是对于两个不同的下级。

为了实现统一领导，还必须解决这样两种关系：第一，处理好集权和分权的关系。在这里，统一领导主要指在复杂的领导系统中，对于那些事关全局的指挥权和决断权必须集中把握，没有集权就没有统一。而对那些涉及局部的在下级职权范围内的则需要分权，没有适度的分权，只能是一潭死水的局面。第二，处理好原则性和灵活性的关系。统一领导要求在总的目标方向上和共同的行为规范上达到统一，并不是说事无巨细都要做到绝对一致。统一意志、统一目标、统一步调与因地制宜、各具特点、创造生机是相辅相成的。真正的统一领导应该是"统而不死"、"活而不乱"。

（二）分层领导原则

这就是要在领导系统中建立合理的层次系列，掌握适当的领导幅度，正确处理层次之间的关系。可以说领导层次的划分，是适应了领导活动客观规律的内在要求。

首先，分层领导由领导幅度所决定。每一个领导系统中领导幅度有多大，应划分为几个领导层次，应依具体情况而定，不同的领导系统中领导幅度是有所区别的。军队强调节奏鲜明、指挥迅速，领导幅度一般狭窄，"三三编制"就是一个典型的事例。现代化企业生产每个环节之间的联系十分紧密，企业中常有每一层次领导幅度应保持在 5—10 之说。而一些事业单位因其各个组成部分横向联系比较松散，领导幅度往往可以大一些，像一个综合性的大学，可以下设数十个系所和办公机构。

其次，分层领导与领导职能相适应。一个领导系统，上层领导的职能主要表现为进行大政方针、战略规划的决策，愈往基层，具体执行的职能就愈明显。进行合理的分层领导，将相同或相近的职能划分为一个层次，比较适应领导的不同职能的履行和发挥，保证取得最佳的领导效能。例如，企业划分为这样四个层次：经营层，确定企业大政方针；管理层，运用各种管理技术来实现经营方针；执行层，直接调动和组织人、财、物；操作层，从事操作和完成各种具体任务。

再次，分层领导应该促进领导工作的有效性。从领导的关系看，领导必须抓好本层次的事。上层领导对下层不要包办代替、越级处理。否则，必然顾此失彼，非但不能完成本职工作，还会限制下层积极性的发挥，阻碍下层工作的顺利进行。同时，下层也应该认真履行职责，不把自己职权范围内的问题无原则上交。

（三）系统整体原则

这一原则要求领导者用系统的观点去观察和处理问题，正确处理局部和整体的关系，形成最佳的整体效能。

系统论的基本思想就是整体性。整体效应的观点是系统论中最重要的观点。整体由相互联系的各个局部组成，单一的局部不能构成整体。但整体与局部的关系又是相对的，在不同的范围、不同的参考系数中，它们的位置是可以变化的。整体与局部是一种相互依存的关系。没有局部就没有整体,没有整体也就没有局部。整体不能排斥局部,否则局部机能坏死,整体也就残缺不全。局部也不能脱离整体,否则整体既被肢解,局部也就无法依存。

根据整体与局部的辩证关系,领导工作必须充分了解整体面貌与运动规律,包括整体构思、整体目标、整体步骤等等,使自身工作服从于更大范围的整体工作,围绕这一整体协同活动。领导工作必须关心照顾构成自身工作组成部分的各个局部工作,明确分工,善于放权,建立责任制,使局部充满活力。

领导工作最重要、最实际的工作就是要以战略的眼光处理局部问题,善于协调各个局部工作之间的关系,形成合理结构,发挥交叉关系,获得最佳的整体效应。现代领导工作是个多变量、多层次、多因素、纵横交错的主体网络,有着复杂的交叉效应。例如一座城市就是由电业、电话、供水、环保系统等设施共同组成的有机整体。领导工作必须协调好各个环节、各个要素,使之有机配合,发挥系统的整体效应。否则,各个部门彼此分割,相互拆台,如新建公房不配套,水电设施跟不上,市政维修单打一,这家铺路那家挖等现象发生,必然会影响城市建设的功能效应。

(四)权责一致原则

这一原则要求各级领导者都应具备一定的职务、权力、责任和利益,并使它们相互一致,努力做到事有人管,管事有权,权连其责,利益与成绩相关。

所谓职务,是指领导者处于一定的职位和由此产生的职能;权力,包括履行领导职能所需要的各种权力;责任,是领导者必须承担的与权力相对应的义务和履行义务的行为后果;利益,是指与职务相联系的一定的报酬形式。职务权力是实现有效领导的必要条件。

职务与权力分离,就会使领导出现工作"虚位"。职务所包含的职位只是表明领导所处的岗位,这个岗位所要完成的任务必须要依靠权力作为手段,要依靠权力所蕴含的力量来推行。如果一个领导者被明确了职务,却没有授予他相应的实际权力,使他有职无权而无法履行这个职位的职能。当然,要顺利履行职能,除了上级明确授予职权这个必要条件外,还要和领导者的品德素质、知识结构、经验类型、威信程度等一起构成充分条件。

权力与责任的分离是官僚主义产生与泛滥的基础。权力只是完成任务的手段,责任才是权力的本质内容。如果一个领导者没有明确应该承担的责任范围和后果程度,这就意味着其在行使权力过程中,无论是主观上的违法乱纪,还是客观上的工作失误,都没有什么约束和制裁,这种状况往往会成为工作中某些掌权者滥用职权、以权谋私等腐败现象滋生的根基,也是那些查无责任、不了了之的工作事故的原因。

职务与利益相脱离会使领导工作缺乏必要的动力。从某种程度上说,利益是一个人工作成绩、活动价值的体现。每个人从既得利益中不仅满足他的生活需要,而且从中看到了他对工作的贡献和作用,进而,既得利益又成为他工作向上的激励机制。按照社会主义按劳分配原则,领导比一般工作人员要完成更多的工作任务,承担更大的责任后果,也就应该给予相应的待遇。如果因片面强调领导的思想觉悟而忽视了他的利益要求,降低了待遇标准,就会在某种程度上改变他的工作态度,压抑他的工作热情,从而造成其敷衍塞责、办事拖拉的工作状况,降低工作效率。

(五)民主公开原则

这个原则要求在领导活动中必须高度重视发扬民主,公开办事制度,公开办事结果,接受群众监督。

在领导活动中贯彻民主公开的原则,能较好地体现社会主义领导的本质就是服务。在我国,人民是一切政治权力的主人,领导的权力运行规范必须服从于这一准则。领导者是人民的公仆,领导活动的宗旨是为人民服务。从人民主权的意义上说,公仆为了更好的服务,应该实事求是、坦然地向主人汇报工作。从社会分工的角度看,领导者与群众只不过是岗位分工不同,领导者从群众中来,应该反映群众的要求,代表群众的利益,除了人民群众根本利益以外,不应有其他个人私利。领导者与群众之间应该相互信任、相互了解,领导活动当然也应该光明磊落。

贯彻民主公开原则,将有助于领导决策。在决策制定过程中,通过各种形式、各种渠道,让群众评头论足,展开讨论,形成一种民主的气氛。集思广益、反复比较,最大限度地综合各个阶层、各个方面的意见,反映多数人的利益,增强决策的可行性。群众在了解了决策形成的方方面面,特别是知道了领导制定和执行决策的艰难之后,即使是在决策的制定和执行中出现一些失误,也会体触到其中一些客观性、历史性因素的制约,由了解而达成一定程度的谅解。通过民主公开这一渠道,还可寻求领导者与群众的心灵共振,加深领导者与群众的情感交流,有利于提高领导权威,促进领导活动目标的实现。

贯彻民主公开原则,办事程序公开,是群众对领导实行民主监督的前提。要监督,首先得知情。群众有权知道领导者做了些什么,是怎样做的,以此为据,群众才能够对领导行为进行功过评价,检查领导行为是否与群众利益相违背,是否有以权谋私、滥用职权、工作渎职的不法行为,才能够指出问题出在哪一个程序、哪一个环节,应该采取怎样的有效措施进行制止和制裁。

贯彻民主公开的原则,也是提高领导效率的一种行之有效的方法。从群众方面来看,了解岗位责任的性质要求,知道了工作制度的程序规范,对于自己应当办的事,心中有数,遵章办理,循序渐进,避免了盲目的周折和重复,能更好地配合领导完成工作。从领导方面看,公开了工作的步骤措施,释然了群众的疑惑不解,使得各就其位,知己知彼,领导者则可以从具体的事务中解脱出来,集中精力做领导应该做的事情。

(六)集体领导和分工负责相结合的原则

这主要指工作中重大问题要由领导集体讨论和决定,集体决定的事情就要分头去办,各负其责,失职者要追究责任。这个原则实际上是民主集中制原则的具体体现。

凡是涉及组织或团体的一切重大问题的决策,必须由领导班子的成员共同讨论,按照民主集中制少数服从多数的原则共同决定,不能由个人或少数人进行专断。它是民主集中制原则的重要方面,是民主领导的具体体现。它要求各级领导者:① 正确区别一般问题和重大问题,不可事无巨细一概交由集体讨论;② 集体领导必须与个人分工负责相结合,不能借口集体领导而无人负责,互相推诿扯皮;③ 上级领导不能借口集体领导,随便干预下级领导职权范围以内的事情。

实行集体领导必须同个人分工负责相结合,这是相辅相成、相互结合的同一问题的两个方面。集体是由个人组成的,只有充分发挥个人作用,集体领导才能有力量;只有个人分工负责,集体的决定才能最终落实。为了实现集体领导下的分工负责制,应该使每个领导集体成员有职有权有责。这样才能各负其责,相互配合,更加有效地实现领导活动的总体目标。实行分工负责也是民主集中制原则的一个重要方面。它便于对每个领导成员工作绩效进行评价和考核,有利于增强领导者的责任感和积极性,有效地防止和克服官僚主义。为此它要求各级领导者:① 必须明确每个领导成员的职责和权力范围,并根据工作岗位确定各自相应的政治、工作和法律责任;② 制定合理的考核标准,包括质量、数量标准以及时限要求等;③ 把考核结果和相应的奖惩措施结合起来,体现奖优罚劣原则;④ 分工负责必须以相互支持和配合为前提,以共同实现领导总体目标要求的任务为己任。

对上述领导活动的基本原则,必须坚持从实际出发,在实践中加以灵活运用。我们只有把从领导经验中总结出来的科学原则作为指导,发现具体领导工作中的特殊规律,才能有效地推进领导活动,把领导工作做得富有活力、更加出色。

第四章 领导观念

任何活动都是在一定观念的支配和影响下进行的。领导观念是领导者对领导活动的根本看法,影响和制约着领导工作的方向和水平。科学的领导观念是提升领导力的思想基础。在不同的社会形态及同一社会形态的不同发展阶段,领导者所秉承的领导观念应该是不同的。本章着重介绍一些我国现代领导者应该具备的领导观念。

第一节 领导观念概述

一、领导观念的基本内涵

观念,就是人们的思想意识。所谓领导观念,不是泛指领导者头脑中的一切观念,而是专指领导者对领导活动过程及其规律性的本质认识或反映。领导观念对领导者个人而言,是领导者开展领导行为的方向性指导,它同时影响被领导者的观念及行为,并进而影响全部领导活动的进程及效果。

领导观念是一个社会历史范畴,其形成是特定的社会历史条件的产物。它既带有社会政治、经济、文化的印记,又具体地受到人们主观心理特征的影响。所以,不同的历史时代具有不同的领导观念,并体现为不同的领导活动的内容、方式和方法。从根本上说,生产力的发展、社会生产方式的变革,是推动领导观念更新的原动力。

现代领导是一个复杂系统,这个系统从横向去考察,涉及很多领域;从纵向去考察,涉及许多层次;从时序去考察,又处于不断变革的状态之中。因而,现代领导观念也就包含很多不同层面的内容,如权力观念、法制观念、系统观念、服务观念、市场观念、人才观念、竞争观念、信息观念、时效观念、创新观念、开放观念等。

二、现代领导观念的基本特征

从根本上说,领导观念是人们思想观念中的一个组成部分,因为领导观念不能脱离时代特点和人们普遍接受的思想观念而独立存在。但是,领导观念也不能等同于普通人的观念,它具有与领导活动特点相适应的鲜明特征。

在社会主义条件下,领导的本质就是为人民服务,领导者要做人民和社会的公仆。这决定了社会主义的领导权威和人民群众当家做主的一致性,因此,我国各级领导者的领导观念具有以下基本特点:第一,以马列主义、毛泽东思想和中国特色社会主义理论为指导,坚持一切从实际出发,具备坚定的、鲜明的政治立场;第二,既要继承优良传统,又要充分体现时代精神,既要摒弃或改变那些已经过时的、错误的、落后的、腐朽的旧观念,又要树立符合时代需要的正确的、进步的新观念;第三,既要有中国的民族特色,立足本国与当前,又要面向世界与未来,适应建设中国特色社会主义任务的需要。

三、领导观念的重要作用

领导观念影响和制约着领导工作的方向和水平,对领导活动的影响和作用主要体现为以下几点:

第一,领导观念指导领导者的思维活动,制约领导思维活动的过程和结果。

领导观念为领导者的思维活动提供指导性的思想原则,规定着领导者思维的逻辑过程,影响着领导者看待问题、分析问题和解决问题的认知模式和实践模式,从根本上制约着领导者思维活动的过程和结果。在领导者的思维过程中,遵循正确的、先进的思想观念,有助于得到正确的、合理的思维结果,反之,得到的思维结果必然是错误的、不恰当的。另外,领导者已经形成的一些观念,会成为其进一步认识、分析和评价领导活动所遇到的问题的既有思想框架,并使其依据自己的思维方式去加工、处理所获得的信息。

第二,领导观念决定领导行为和领导方式,影响领导活动的成败。

领导观念一旦形成,就成为支配领导者行为的决定性力量,决定着领导者对领导方式的选择、工作目标的确定以及观察问题、处理问题的态度与方法等等。不同的领导观念决定人们采取不同的领导方式;决定人们在领导工作中确立不同的目标并选择达到目标的不同的手段;决定领导者在领导过程中观察问题的角度和处理问题的方法;决定领导者对人和事采取不同的评价尺度。

总之,有什么样的领导观念就会有什么样的领导行为和领导方式。反映客观实际和发展趋势的领导观念,将会对领导活动产生有利的促进作用,引导领导活动走向成功,反之,则会妨碍领导活动的顺利进行。

第二节 现代领导的基本观念

思想支配行动,观念引导行为。有什么样的领导意识就有什么样的领导模式,有什么样的领导观念就会产生什么样的领导行为和领导风格。所以,树立现代领导观念,是领导者做好领导工作的重要思想前提。

当今知识经济时代的特点是:知识不断创新,科学技术迅猛发展,高新技术迅速产业化,知识与人才成为竞争的主要资本;世界形势发生着深刻的变化,新的政治格局尚未形成,世界格局多极化和经济全球化加速发展;国家之间、组织之间、个体之间的竞争也随着时代的迅速变迁而愈演愈烈。这种时代的新变化对原有的领导观念提出了严峻的挑战,使得一些领导者感到旧方法不管用,新方法不会用,直接影响了领导工作的效果。当务之急,要实施正确的领导,必须首先树立全新的领导观念。

一、政治观念

(一)政治观念的基本内涵

政治观念是指领导者对国家、民族、阶级、政党、社会集团和社会势力等在国家生活和国际关系等方面的制度、政策、活动、作用及其相互关系的看法或意识。一句话,就是领导者对政治现象和政治本质的意识和看法。它是社会存在的反映,具有鲜明的阶级性。在我国,领导者树立清醒的政治观念,就是要树立马克思主义的政治观。马克思主义政治观认为:政治是阶级社会的产物,既不是从来就有,也不是永恒存在的,而是一种社会历史现象,是以政权为核心的阶级关系和人民内部关系的总和。

由于人们在不同时代面临的历史任务不同,加上不同历史观的影响,所以对于政治观念所强调的具体内容也就不同。当前,我国最大的政治就是建设中国特色社会主义,因此,政治观念集中表现为国家稳定和社会发展的全局与大局。领导者的政治观念,首先反映在坚持党的基本理论、基本路线、基本纲领,坚持解放思想和改革开放,推动科学发展,促进社会和谐。其次反映在坚持和维护人民民主专政的国家政权,坚持党的领导、人民当家做主和依法治国相统一,树立全局观念和大局意识,保障国家的长治久安和人民的根本利益。另外,政治观念还表现为政治文明意识。政治文明是政治进化或政治发展的过程与结果,包括国家政权的性质、政治制度的规范性、政治活动的透明度、领导干部行为的文明化等。

(二)领导者树立政治观念的必要性

领导者树立清醒的政治观念的必要性在于:

第一,发展社会主义市场经济需要与之相适应的政治观念。马克思主义认为,政治与经济是辩证统一的,经济决定政治,政治是经济的集中表现。在全面建设小康社会的中国,树立清醒的政治观念,坚持正确的政治方向,对我国经济建设具有重要的推动和保障作用。因此,坚持正确的改革方向和发展道路,坚定不移地沿着中国特色社会主义道路前进,必然要求各级领导干部树立正确的政治观念,保持清醒的政治头脑。

第二,全面贯彻执行党的基本路线需要正确的政治观念。党的十一届三中全会以来,在邓小平建设有中国特色社会主义理论指导下,中国共产党形成了社会主义初级阶段的基本路线,即"一个中心,两个基本点"。所谓"一个中心",就是以经济建设为中心;"两个基本点",就是坚持四项基本原则和坚持改革开放。其中,四项基本原则是我国的立国之本,改革开放则是我国的强国之路。这一党的基本路线是我国各项工作的根本指针,集中反映了我国当前最大的政治原则。因此,要全面贯彻执行党的基本路线,实现我国当前最大的政治目标,必然要求各级领导干部确立正确的政治观念,提高贯彻执行党的基本路线的自觉性和坚定性。

第三,密切党群干群关系需要树立清醒的政治观念。社会主义事业是千百万人民群众的事业,关系最广大人民群众的根本利益。改革开放以来,我国以经济建设为中心的社会主义现代化建设事业,取得了突飞猛进的、举世瞩目的伟大成就,但是在一些地方和部分党员干部身上也出现了党风和社会风气不正以及贪污腐败等不良现象,其中有些还相当严重,受到社会的普遍诟病。领导干部对待群众的态度问题实际上是政治问题。各级领导干部作为社会主义建设事业的组织者和指挥者,必须要以身作则,密切联系群众,倾听群众呼声,反映群众意愿,代表群众利益,维护群众权益,关心群众疾苦,解决群众困难,坚决抵制各种不正之风,依法惩处各种腐败现象,巩固人民民主专政的国家政权。

第四,坚持执政党的性质和宗旨需要树立正确的政治观念。执政党是掌握国家政权的政党,在政治权力中处于核心地位。中国共产党是我国人民民主专政国家政权的执政党,是我国社会主义革命和建设事业的领导核心。中国共产党是中国工人阶级先锋队,同时也是中国人民和中华民族的先锋队,其宗旨是全心全意为人民服务。党的先进性不仅是理论上的,更应该体现在实践上。所以,各级领导者在领导工作中必须切实坚持和充分体现执政党的性质和宗旨。只有每个党员干部都树立了清醒的马克思主义政治观,坚持执政党的性质和宗旨不变,才能真正巩固党的执政地位,保证共产党永不变色。

第五,做好对外工作,有效抵制和平演变,需要坚定的政治观念。改革开放是我国建设社会主义的重要举措,邓小平将其称为我国的"第二次革命"①,他从战略的高度、从政治的角度来思考和提出了这一决定中国未来命运的重大国策。但是在提出改革开放的同时,他也指出改革开放必须要坚持党的领导和社会主义制度,离开这一大的政治前提,改革开放就无从谈起。改革开放对内要坚持四项基本原则,对外要维护国家的主权,如此才是真正的对外开放。因为,伴随着西方国家先进技术和管理经验的引进,还有形形色色的西方价值观念的冲击,所以,只有树立坚定的马克思主义政治观念,才能抵御西方的和平演变。特别是各级领导干部,在做好对外工作、有效抵制和平演变的过程中更要保持清醒的政治头脑,在组织招商引资、开展对外经济合作和其他国际交往活动中,都要时刻牢记国家和民族的根本利益,自觉维护国家主权和民族独立。

(三)领导者树立正确的政治观念的基本要求

领导者树立正确的、清醒的政治观念的基本要求是:

第一,要坚持正确的政治方向,坚定不移地走中国特色的社会主义道路,为最终实现共产主义而努力奋斗。

第二,要坚持正确的政治立场,坚定地站在工人阶级、人民大众的立场上,甘当人民公仆,为人民掌好权、用好权,真心实意为人民谋利益。

第三,坚持正确的政治观点,自觉地运用马列主义、毛泽东思想和中国特色社会主义理论武装自己的头脑,用科学发展观与和谐社会理论统领党和国家各项工作的全局。

第四,坚持严肃的政治纪律,保持敏锐的政治鉴别力和政治敏感性。严肃的政治纪律,就是个人服从组织,下级服从上级,少数服从多数,全党服从中央,自觉克服地方保护主义和部门本位主义,维护中央权威和改革开放的全局与大局。敏锐的政治鉴别力,就是善于从政治的高度划清一系列重大界限,包括真假马克思主义的界限、真假改革的界限、对外开放与崇洋媚外的界限、从实际出发与地方保护主义的界限等等。政治敏感性是指在错综复杂的政治现象面前,在大是大非面前,提高区分善恶美丑的能力,做到反应迅速而不迟钝,头脑清醒而不糊涂,立场坚定而不动摇。

二、人本观念

(一)人本观念的基本内涵

从人类文化史上看,"以人为本"的思想源远流长。可以说,这是人类认识世界、人类自身以及世界与人类关系的一个带有总结性的论断,是人类智慧的一个结晶。我国自古以来就有"以民为本"的思想。早在先秦时期,大思想家荀子的"舟水说"就很典型。荀子曰:"君者,舟也;庶人者,水也。水则载舟,水则覆舟。"他把领导者与老百姓的关系比喻为"舟与水"的关系,指出水可以载舟亦可以覆舟,以此告诫统治者,要顺乎民意。当代中国共产党人继承了我国古代的民

---

① 《邓小平文选》第3卷,人民出版社,1993年版,第113页。

本思想,并注入新的时代内涵。党的十六届三中全会在《中共中央关于完善社会主义市场经济体制若干问题的决定》中正式提出了"以人为本"的概念,指出要"坚持以人为本,树立全面协调、可持续的发展观,促进经济社会和人的全面发展"。后来,胡锦涛在2004年3月10日的中央人口资源环境工作座谈会上的讲话中强调:"坚持以人为本,就是要以实现人的全面发展为目标,从人民群众的根本利益出发谋发展、促发展,不断满足人民群众日益增长的物质文化需要,切实保障人民群众的经济、政治和文化权益,让发展的成果惠及全体人民。"2006年4月胡锦涛在美国耶鲁大学的演讲中进一步指出:"坚持以人为本,就是发展为了人民,发展依靠人民,发展成果由人民共享,关注人的价值、权益和自由,关注人的生活质量、发展潜能和幸福指数,最终是为了实现人的全面发展。"从而将我国古代的民本思想上升到更高的层次,强调人的主体性,强调人是社会发展的目的,人是处理各种问题的出发点和归宿,反映在中国共产党的执政理念上就是坚持"权为民所用,情为民所系,利为民所谋"。

以人为本是关于发展的人本主义思想,是关于发展目的、发展主体和发展成果分配的高度概括,要解决的是为谁发展、依靠谁发展以及发展的成果由谁享有的根本问题。其核心要义是:作为执政党和政府来说要尊重人民主体地位,发挥人民首创精神,保障人民各项权益,坚持发展为了人民,发展依靠人民,发展成果由人民共享;作为各单位领导者来说,要坚持以人为中心,一切从人出发,把人作为观念、行为和制度的主体,善于理解人,真正关心人,努力帮助人,学会团结人和激励人,自觉地把人的解放和自由、人的尊严和幸福以及全面发展当做一切社会实践活动的终极关怀;作为主体的个人和团体来说,应当有公平、宽容、诚信、自主、自强、自律的自觉意识和观念。在当代中国,党中央提出"以人为本",目的就在于强调人既是社会发展的强大动力,更是社会发展的价值目标。

(二)领导者树立人本观念的必要性

第一,坚持以人为本是由领导工作中的主要矛盾决定的。

现代领导工作是一项比较复杂、特殊的综合性的社会活动,既有人的因素,又有物的因素,在现代社会条件下,还有信息、知识、科技水平和综合国力等因素,而且往往情况瞬息即变。然而无论怎样复杂多变,从本质上看,最根本的、具有决定意义的核心因素是"人"。人是社会发展的主体,是社会发展的推动力,也是社会发展的目的。物料要靠人去使用,技术要靠人去掌握,信息要靠人去搜集和处理,时间要靠人去支配和利用。所以,领导工作的首要任务就是要解决人与人之间的矛盾,正确协调人际关系,充分调动人的主观能动性。如果离开对人的正确指挥、协调和控制,就无法解决人与物、人与技术、人与工具等方面的矛盾,领导工作目标将会落空。由此可见,以人为本是社会发展的必然归宿,是领导者顺利开展领导活动必须遵守的基本准则。

第二,坚持以人为本是社会主义社会对领导者的本质要求。

社会主义制度是一种以人为本的社会制度,以人为本是社会主义社会对各级领导者的本质要求。在私有制为基础的社会里,任何领导者都具有双重身份:一方面是代表剥削阶级利益的领导者,另一方面是压迫广大人民群众的统治者。作为压迫广大人民群众的统治者,他们是不会重视人的因素的。比如,在奴隶社会,奴隶只不过是会说话的工具;在封建社会,农奴和农民不过是土地的附属物;在资本主义社会,工人虽然有一定的人身自由,但是他们仅仅是资本家统治下的靠出卖劳力谋生的雇佣者,物仍然统治着人。这种阶级对立的关系,决定了他们不可能真正从人的本质出发,不可能按人本身的活动规律来对待人。尽管资产阶级也已经意识到了人在生产经营等活动中的重要性,虽然在领导管理工作中也强调了对"人"的管理,但由于资本家与工人之间的阶级对立关系,他们不可能真正地把广大劳动者作为领导管理工作的主体。只有在社会主义社会,生产资料公有制从根本上消除了物对人的统治,使人真正成了社会的主人,领导者与被领导者之间有了共同的要求和利益,他们的关系也表现为平等的同志式关系。只有在这种情况下,领导者才能真正做到重视人的价值,维护人的尊严,满足人的要求,增进人的福祉,促进人的发展。

(三)领导者树立人本观念的基本要求

第一,强化为人民服务的理念。人是目的,人是一切工作的出发点。毛泽东提出"为人民服务",江泽民提出"立党为公、执政为民",胡锦涛提出"权为民所用,情为民所系,利为民所谋",这些论断都是"以人为本"理论体系的组成部分,都应当成为各级领导者的自觉认识和行动。工作中要始终坚持实现人民的愿望,满足人民的需要,维护人民的利益。

第二,坚定先人后事的立场。人是主体,先人后事。社会实践的主体是人,人力资源是第一资源,而且是最重要的资源。没有人,一事无成,没有人力资源是最大的贫穷。事业的发展依靠人,依靠人力资源的开发。有些领导者总是习惯于见物不见人,工作中习惯于伸手要房子,要设备,要经费,而从不认真研究队伍建设,尤其是不注重选才用人,不注重调动大多数人的积极性和创造性。在开展各项工作时,要坚持"先人后事"的原则,越是资源有限的时候,越要优先考虑和满足人的需要,尤其是人的生产生活需要,要始终高度重视民生关怀,优先满足民生需要,切实解决民生难题。

第三,坚持依靠关键人才的原则。要善于发现和依靠关键人才。意大利著名经济学家维弗雷多·帕累托(Vilfredo Pareto)在研究英国经济和社会时发现一个有趣的现象:20%的人占有80%的资源,创造和控制着80%的财富。后来,美国哈佛大学乔治·吉普夫(Geotge Kzipf)教授、管理学家朱伦工程师将这一发现概括为"二八法则"。他们继而发现,无论什么地方,总是20%的人决定企业的收入,20%的人决定一个公司的兴衰,20%的人决定着事业的进程。遵循这一法则,领导者要善于发现关键人才,无论是资源配置、条件改善、岗位津贴发放,还是其他无形价值的分配,都要根据效率优先、兼顾公平、按劳分配的原则,理直气壮地实施倾斜政策。实事求是地说,许多单位紧缺的并不是先进设备和其他基础设施,而是缺乏具有创新思维和创新能力的人才。著名企业TCL公司广泛散发招聘人才的广告,广告词是"将来,就有将来",十分耐人寻味。领导者树立人本观念,必须高度重视人才价值,发掘人才潜能,优化人才环境,鼓励人才创造,认真落实好"人才强国"战略。

第四,树立人尽其才的观念。人尽其才,各尽所能。领导者在重点依靠少数关键人才的同时,还要使所有人各尽其能。社会在分工中运行,事业在合作中完成。拿破仑曾经说过:"世界上没有无用的士兵,只有无能的将军。"领导者树立人本观念,就要千方百计调动人的积极性,克服消极性,引导盲动性,驾驭复杂性,鼓励创造性,努力做到扬长避短,因才施用,使人人有事做,事事有人管,各在其位,各尽其职,各负其责,各显其能。

第五,鼓励人才竞争的意识。激发潜能,消解惰性。达尔文的生物进化论发现了优胜劣汰、物竞天择的规律。这一规律也适用于人类社会。竞争才能有创新,竞争才能出优势,竞争才能有活力。美国学者劳伦斯·彼得(Laurence J. Peter)等在论述管理学的"金科玉律"时讲述了两个例子,来说明竞争才有活力的道理。一个是关于鲶鱼的效应。以前,挪威人从深海捕捞的沙丁所谓市场经济观念,是指领导者对市场经济要有正确的、深刻的、全面的认识。传统的观念认为,市场经济是资本主义经济的基本特征,计划经济才是社会主义的根本特征。这个传统观念束缚了我们几十年。党的十一届三中全会以后,邓小平领导我们党总结历史经验,在探索我国经济体制改革目标模式的过程中,创造性地提出了社会主义市场经济理论,实现了社会主义经济理论的重大创新,为我国经济体制改革由高度集中的计划经济体制向社会主义市场经济体制转变指明了方向。邓小平指出:"计划多一点还是市场多一点,不是社会主义与资本主义的本质区别。计划经济不等于社会主义,资本主义也有计划;市场经济不等于资本主义,社会主义也有市场。计划和市场都是经济手段。"

(二)领导者树立现代市场经济观念的基本要求

领导者树立现代市场经济的观念,主要包括:

1. 认清建立社会主义市场经济体制的客观必然性。我国实行社会主义市场经济体制有其客观必然性。首先,生产关系必须适应生产力发展水平是我国必须实行市场经济体制的根本原因。我国是在社会生产力水平相当低下的条件下建立起社会主义的,实践证明,由于缺乏市场经济以分散决策为基础的社会化大生产的锻炼,在生产力水平不发达的基础上建立起来的高度集中的计划经济已经不能起到促进生产力发展的作用,反而严重束缚了生产力的发展,使人民生活得不到有效改善,影响了社会主义制度优越性的充分发挥。其次,市场经济体制表现出来的优越性是我国建立社会主义市场经济体制的重要原因。虽然我国高度集中的计划经济体制在第一个五年计划期间,在启动工业化的过程中起了重大的作用。但是,随着经济和社会的不断发展,经济结构日趋复杂化,人民需求不断变化,计划经济体制的弊端越来越暴露出来:国家对企业统得过多过死,政企职责不分,企业丧失了自主权;排斥了商品生产、价值规律的作用;在分配上实行"大锅饭",搞平均主义;在所有制结构上,取向单一化,严重抑制了企业和广大职工的积极性、主动性和创造性。而市场经济体制是一种效率经济,在配置资源方面比计划经济更具有效率上的优势。市场的自主性、平等性、竞争性、开放性能够更好地推动资源的合理流动与分配,有利于提高资源的利用率,完善商品市场体系,从而促进经济的发展。建立社会主义市场经济体制,可以摆脱高度集中的计划经济体制对生产力发展的束缚,优化资源配置。再次,建立社会主义市场经济体制是我国改革开放实践发展的必然结果,也是我国深化经济体制改革的客观要求。建立社会主义市场经济体制的首要目标,是消除因缺乏有效竞争而形成的资源配置低效率的不良状况。市场经济对于现代化建设有巨大的推动作用。实践证明,只有坚持市场化改革方向,真正摆脱传统计划经济体制的束缚,建立起社会主义市场经济体制,才能进一步解放生产力、发展生产力。社会主义市场经济体制的建立与完善,有利于生产力的解放,有利于经济运行质量和效益的提高,有利于现代化目标的实现。最后,建立社会主义市场经济体制是我国经济融入世界经济全球化的需要。我国加入WTO后,国际国内两个市场开始全面对接。随着世界贸易组织规则的实施,国内企业将不再享有特殊的保护措施和优惠政策,必须与强大的国外竞争对手在同等条件下参与市场竞争,这给国内企业特别是国有企业带来了更大的竞争压力。我国经济要优化结构,提高效益,加快发展,参与国际竞争,就必须继续强化和充分发挥市场机制的作用。

2. 熟悉市场经济运行的基本规律,了解市场经济自身无法克服的缺陷。市场经济有其自身运行的基本规律,包括需求规律、竞争规律和价值规律等,领导者不能对属于市场能够自行解决的事情进行过分地干预,阻碍市场规律发挥应有的作用,影响市场的健康发展;市场经济是法制经济,经济主体受利益驱使展开竞争,必须依靠法律和制度等外在手段来规范竞争秩序,保障公平竞争。但是,市场并不是万能的,市场经济具有调节的滞后性、盲目性,不能自发实现社会公平分配等。这就需要对其进行有力的宏观调控和市场监管,在充分发挥市场配置资源的基础性作用的同时,需要依据客观规律,运用好经济政策、法律法规、计划指导和必要的行政管理,引导市场健康发展,维护社会的公正与公平,保障社会的协调发展。应该明确,在发挥市场基础性作用的前提下,加强宏观调控,这不仅是弥补市场失灵的一般要求,也是维持社会总供给与社会总需求的基本平衡,实现经济的协调发展和市场经济的平稳运行的必然要求,而且在我国当前市场发育不够健全的情况下,显得尤为重要。因此,建立和完善社会主义市场经济体制,必须健全宏观调控体系,充分发挥"看得见的手"与"看不见的手"的作用。

3. 明确社会主义市场经济体制的特性。了解市场经济特性,是强化市场经济观念的前提。平等性、法制性、竞争性、开放性是市场经济的基本特征。市场经济是一种自主经济、平等经济、竞争经济、开放性经济,具有经济关系市场化、企业行为自主化、宏观调控间接化、经营管理法制化等一般特征。社会主义市场经济,是与社会主义基本制度相结合的市场经济。它不仅具有市场经济的一般规定和特征,而且具有既不同于传统的社会主义计划经济,也不同于资本主义市场经济的鲜明特征:① 社会主义市场经济是在以公有制为主体的多种经济成分共同发展的条件下运行的,一切符合"三个有利于"的所有制形式都可以而且应该用来为社会主义服务,而资本主义市场经济是在私有制为主体的条件下运行的;② 社会主义市场经济要实现的最终目的是共同富裕这一社会主义原则,而资本主义市场经济必然导致私人资本的无限扩张和贫富的两极分化;③ 社会主义市场经济拥有坚强有力的国家宏观调控和国家的强大政治优势,以确保市场经济的正常和有序运行,能够把人民的当前利益与长远利益、局部利益与整体利益结合起来,更好地发挥计划和市场两种手段的长处,而资本主义的市场经济则不具备这些条件和优势,它们都相对地比较自由放任,是一种不受任何约束的自由的市场经济。2008年爆发的国际金融危机在某种意义上说就是资本主义自由市场经济发展的必然结果。

4. 明确完善社会主义市场经济体制的目标和任务。按照统筹城乡发展、统筹区域发展、统筹经济社会发展、统筹人与自然和谐发展、统筹国内发展和对外开放的要求,社会主义市场经济体制的目标主要是更大程度地发挥市场在资源配置中的基础性作用,增强企业活力和竞争力,健全国家宏观调控,完善政府社会管理和公共服务职能,为全面建设小康社会提供强有力的体制保障。其主要任务是:① 完善公有制为主体、多种所有制经济共同发展的基本经济制度。进一步转换国有企业经营机制,建立适应市场经济要求、产权清晰、权责明确、政企分开、管理科学的现代企业制度;鼓励、支持和引导个体、私营等非公有制经济的发展;建立健全现代产权制度,推动产权有序流转,保障所有市场主体的平等法律地位和发展权利。② 建立有利于逐步改变城乡二元经济结构的体制。深化农村改革,完善农村经济体制,健全农业社会化服务、农产品市场和对农业的支持保护体系;改善农村富余劳动力转移就业的环境。③ 形成促进区域经济协调发展的机制。④ 建设统一开放、竞争有序的现代市场体系。加快建设全国统一市场;大力发展资本市场和其他要素市场;建立健全社会信用体系;规范市场秩序。⑤ 完善宏观调控体系、行政管理体制和经济法律制度,转变政府经济管理职能。明确中央和地方对经济调节、市场监管、社会管理、公共服务方面的管理责权,着眼于确立制度、规范权责、保障权益;加强经济立法,抑制无序竞争和盲目重复建设,加强市场运行的规范性。⑥ 健全就业、收入分配和社会保障制度,保障劳动者的合法权益;维护社会公平,促进经济发展和社会稳定。⑦建立促进经济社会可持续发展的机制。

六、改革创新观念

（一）改革创新观念的基本内涵

所谓改革创新观念,是指人们对改革创新的总体看法和基本观点,具体说来包括:什么是改革创新、为何改革创新、为谁改革创新、怎样改革创新以及如何评价改革创新等基本观点。改革创新就是运用新的方法和手段,在原有结论和方法上做出改革的探索和贡献。改革创新观念是一切领导活动创新的先导。领导者只有树立了开拓创新观念,才能在开展领导活动的过程中形成广泛开放兼容、锐意开拓进取、大胆革新探索的思想意识,学会运用新理论,掌握新方法,发现新规律,适应新环境,解决新问题,实现新目标,达到新境界。

（二）领导者树立改革创新观念的必要性

第一,树立改革创新观念是践行科学发展观的必然要求。

发展观与改革观之间有着非常密切的联系。发展观决定并检验改革观;改革观体现并保障发展观。科学发展观坚持改革开放是实现科学发展的动力。党的十七大报告强调:要"毫不动摇地坚持改革方向,提高改革决策的科学性,增强改革措施的协调性……全面提高改革水平,着力构建充满活力、富有效率、更加开放、有利于科学发展的体制机制,为发展中国特色社会主义提供强大动力和体制保障"。可见,贯彻落实科学发展观,必然要求树立和坚持正确的改革创新观。

第二,树立改革创新观念是应对时代变革的客观需要。

不断地变化与永恒的变革是当今时代发展的显著特征。任何组织机构每时每刻都必须面对变化与变革的挑战。历史证明,任何国家、民族,如果闭关自守,故步自封,不具备改革创新的能力,要想发展和进步是不可能的。在知识经济条件下,比以往任何时候都需要领导者思想观念、思维方式的变革。那些获得巨大成功的企业家,如比尔·盖茨、李嘉诚、张瑞敏、柳传志等,无一不是在技术上、观念上、思路上善于创新的优秀人物。领导者如果闭关自守,故步自封,因循守旧,不敢改革,不能创新,那就不能适应时代的变化,最终将使组织在激烈的竞争中陷入重重危机。江泽民也曾指出:"创新是一个民族进步的灵魂,是一个国家兴旺发达的不竭动力。"改革意识和创新能力是知识经济时代领导人才的重要特征,也是一个国家综合国力和国际竞争力的决定性因素。因此,领导者需要具备开拓创新的胆识和能力,这也是变革时代对各级领导者最突出的要求。

第三,树立改革创新观念是社会主义现代化建设的迫切要求。

我国的社会主义现代化建设是独具特色、前无古人的。在进行现代化建设的过程中,新的事物和新的问题层出不穷,改革开放成为我国社会主义现代化建设的迫切需要和必然选择。通过改革来逐步完善和发展社会主义制度,通过改革来不断推动我国社会主义事业的发展,这一客观现实要求各级领导者必须敢于站在社会历史的最前沿,认真审视人类社会发展的历史轨迹,纵观时代前进的大趋势,充分认识自己的历史使命,树立改革创新的观念,排除各种经验主义、教条主义等消极影响和束缚,以"三个有利于"为标准,以科学发展观为指导,坚持解放思想,与时俱进,求真务实,锐意进取,不断创造新的业绩。

第四,树立改革创新观念是保证领导事业发展的不竭动力。

现代领导观认为领导是推动组织变革的力量。改革创新是领导活动的永恒主题,推动变革是领导行为的本质。领导者的作用就是发现变化、管理变化和创造变化。现代领导活动的重要内容就是引导各种变化朝着有利于实现组织目标的方向发展。领导者要创造有利于变革的环境,不断推动组织的发展。具有改革创新观念的领导者,往往能够高瞻远瞩,未雨绸缪,善于从多视角、多方位、多层面地探索解决问题的办法,并能随着情况的变化而改变和修正原来的决策,不断提高领导活动效能。

(三)树立科学的改革创新观念的基本要求

领导者要树立科学的改革创新观念,必须注意以下几点:

第一,认识改革创新的性质和目的。改革是中国的第二次革命。改革开放是党在新的时代条件下带领人民进行的新的伟大革命,目的就是要解放和发展社会生产力,实现国家现代化,让中国人民富裕起来,振兴伟大的中华民族;就是要推动我国社会主义制度自我完善和发展,赋予社会主义新的生机活力,建设和发展中国特色社会主义;就是要在引领当代中国发展进步中加强和改进党的建设,保持和发展党的先进性,确保党始终走在时代前列。这是前无古人的伟大事业。从改革与创新的关系来说,改革是创新的动力,创新是实现改革的途径。就创新的本质来说,它是人类特有的思维方式和认识能力、实践能力,是人类主观能动性的高级表现形式,是人类对已有的知识、经验、理论和方法等基于变化了的新情况、面对的新问题、设定的新目标而进行的自我超越,是推动民族进步和社会发展的不竭动力。领导与管理不同,领导推动组织变革,管理保障运行秩序;领导是在不确定性中做决策,管理是在确定中去执行。这种区别决定了领导者必须勇于创新,善于创新。当然,改革要有正确的立场;创新要有正确的方向。改革创新必须坚持以中国特色社会主义理论为指导,符合并坚持中国特色社会主义道路。

第二,明确改革创新的价值和作用。改革是发展的动力,创新是发展的源泉。近代以来人类文明进步所取得的丰硕成果,主要得益于科学发现、技术创新和工程技术的不断进步,得益于科学技术应用于生产实践形成的先进生产力,得益于近代启蒙运动所带来的人们思想观念的巨大解放。可以这样说,人类社会从低级到高级、从简单到复杂、从原始到现代的进化历程,就是一个不断改革创新的过程。不同民族发展的速度有快有慢,发展的阶段有先有后,发展的水平有高有低,究其原因,国家改革和民族创新能力的大小是一个主要因素。因此,江泽民曾经指出:"创新是一个民族进步的灵魂,是一个国家兴旺发达的不竭动力,也是一个政党永葆生机的源泉。"改革开放是我国新时期最鲜明的特点。改革开放极大地调动了亿万人民的积极性,使我国成功实现了从高度集中的计划经济体制到充满活力的社会主义市场经济体制、从封闭半封闭到全方位开放的伟大历史转折。正是在改革开放的推动下,今天,一个面向现代化、面向世界、面向未来的社会主义中国巍然屹立在世界东方。因此党的十七大报告明确指出:"改革开放作为一场新的伟大革命,不可能一帆风顺,也不可能一蹴而就。最根本的是,改革开放符合党心民心,顺应时代潮流,方向和道路是完全正确的,成效和功绩不容否定,停顿和倒退没有出路。"

第三,坚定改革创新的立场和方向。改革创新说到底是为了加快发展,为了增强人民福祉,为了提升综合国力。所以,改革创新的立场就是要站在最广大人民的立场上,明确改革创新是为了人民,改革创新要依靠人民,改革创新必须使人民得到更多实惠。一句话,改革创新就是为了实现好、维护好、发展好最广大人民的根本利益。人民群众不仅是改革创新的最终价值评判者,还是改革创新当之无愧、不可动摇的根本主体。因此,必须要把人民"拥护不拥护"、"赞成不赞成"、"高兴不高兴"、"答应不答应"作为衡量一切改革创新成败的标准。改革创新的方向就是坚定不移地走中国特色社会主义道路。中国特色社会主义道路就是在中国共产党的领导下,立足基本国情,以经济建设为中心,坚持四项基本原则,坚持改革开放,解放和发展社会生产力,巩固和完善社会主义制度,建设社会主义市场经济、社会主义民主政治、社会主义先进文化、社会主义和谐社会,建设富强民主文明和谐的社会主义现代化国家。这条道路之所以完全正确,之所以能够引领中国发展进步,关键在于它既坚持了科学社会主义的基本原则,又根据我国实际和时代特征赋予其鲜明的中国特色,是实现科学发展的根本保证。在当代中国,坚持中国特色社会主义道路,就是真正坚持社会主义,就是真正坚持科学发展观。一切改革开放和创新发展都不能偏离,更不能背离这一正确的方向。

第四,始终保持解放思想、与时俱进的精神状态和思维方式。解放思想就是打破习惯势力和主观偏见的束缚,研究新情况,解决新问题,使思想和实际相符合,使主观和客观相符合。解放思想本质上是人们在对待过去、现在与未来的关系中所表现出来的一种精神状态和思维方式,是广泛开放兼容、锐意开拓进取、大胆改革创新的思想意识。党的十七大报告将"继续解放思想,坚持改革开放"作为"推动科学发展,促进社会和谐,为夺取全面建设小康社会新胜利而奋斗"的一种良好的精神状态和思想保证提了出来,并且指出"解放思想是发展中国特色社会主义的一大法宝"。所谓与时俱进,党的十七大报告指出,就是党的全部理论和工作都要努力体现时代性,把握规律性,富于创造性。

第五,善于选择合理的改革策略和方法。一方面,要坚定不移地坚持改革方向,坚定改革的信心和决心,坚持用改革和发展的办法解决前进中的问题。另一方面,必须坚持循序渐进和从实际出发的原则,努力提高改革决策的科学性、改革措施的协调性以及改革结果的有效性。为保证改革决策的科学性,必须做到理论准备更充分、政策思路更缜密、方法步骤更慎重。对涉及发展全局的重大改革,要通过多种渠道和形式广泛集中民智,充分进行论证,反复进行协商;对专业性、技术性较强的改革,要认真组织专家论证、技术咨询、决策评估;对同群众利益密切相关的敏感性改革,要实行公示、听证等制度,扩大人民群众的参与度。还要建立改革决策失误的纠错改正机制,降低改革成本,提高改革效率。为增强改革措施的协调性,必须树立全局观念和运用战略思维,加强对改革的总体指导和统筹协调,统一改革思想、凝聚改革共识、协调改革思路、配套改革措施、规范改革行为、控制改革进程,保证各方面改革有机衔接、协调推进。为增强改革结果的有效性,必须改进深化改革的方式方法,提高组织实施改革的艺术水平。要坚持把改善人民生活作为正确处理改革、发展、稳定关系的结合点,切实把改革的力度、发展的速度和群众的可承受度统一起来,使改革进一步兼顾到各方面利益、照顾到各方面关切,始终得到人民的拥护和支持,从而保障改革的效果。创新也是这样,要接受2008年爆发的国际金融危机的教训,不能过度创新,不能无原则地创新,不能脱离具体国情条件创新。

七、政绩观念

(一)政绩观念的基本内涵

所谓政绩观念就是对领导干部或党政机关施政作为取得的成绩形成的总体看法和基本观点,具体说来,就是对什么是政绩、为谁创造政绩、怎样创造政绩以及如何衡量政绩等问题的基本观点。

科学发展观与科学的政绩观紧密相关。科学的发展观决定并引导着科学的政绩观;科学的政绩观体现并实践着科学的发展观。在发展观上出现盲区,往往会在政绩观上陷入误区;缺乏科学的政绩观,往往会在实践中偏离科学的发展观。正如高考决定着中学生的学习方式,政绩考核也是官员从政行为的"指挥棒"。因此,要贯彻落实科学发展观,必须树立和坚持科学的政绩观。

(二)领导者树立科学的政绩观的基本要求

第一,明确什么是政绩。政绩就是各级领导干部在马克思主义价值观指导下所形成的施政积极成果。中央提出用科学发展观统领党和国家工作的全局,因此,贯彻落实科学发展观的过程,就是创造成绩的过程。换句话说,政绩就是在领导科学发展、推动事业进步、促进社会和谐、满足人民愿望过程中施政作为取得的成绩。创造政绩是为了发展,是为了造福人民。我们讲的发展,是以经济建设为中心,经济社会的全面发展、协调发展和可持续发展;我们所讲的政绩,是为实现这样的发展而创造的政绩。中组部已经提出,要把发展思路是否正确,发展战略是否合理,能否处理好数量和质量、速度和效益的关系,作为考察领导干部是否树立了正确的政绩观的重要内容。当代共产党人的政绩,就是做得人心、暖人心、稳人心的好事实事,就是解决群众最关心、最迫切需要解决的问题,就是全面建设小康社会,促进人的全面发展。

第二,明确为了谁创造政绩。科学发展观强调"以人为本",认为党的一切奋斗和工作都是为了造福人民。要始终把实现好、维护好、发展好最广大人民的根本利益作为党和国家一切工作的出发点和落脚点,尊重人民主体地位,发挥人民首创精神,保障人民各项权益,走共同富裕道路,促进人的全面发展,做到发展为了人民、发展依靠人民、发展成果由人民共享。这是我们创造一切政绩的根本目的。有的干部说话办事不怕群众不满意,就怕领导不注意;不怕群众不高兴,就怕领导不开心。这是搞花架子、形式主义的形象工程、面子工程等屡禁不止的根源。还有一些干部,只抓那些容易出成果的"显绩",不啃"硬骨头";只做保险事,不探新路子;只关注局部利益,不顾及全局得失。他们树"政绩"的目的,是给自己留名,给自己立碑,为自己要官。这样的干部,不仅不能办事,也是靠不住的;这样的政绩,不仅对国家、对社会、对百姓毫无益处,最终也会毁了自己。

第三,明确看待政绩的标准。要用全面的、实践的、群众的观点看待政绩。所谓用全面的观点看政绩,就是既要看经济指标,又要看社会指标、人文指标和环境指标;既要看城市变化,又要看农村发展;既要看当前的发展,又要看发展的可持续性;既要看经济总量增长,又要看人民群众得到的实惠;既要看经济发展,又要看社会稳定;既要看"显绩",又要看"潜绩";既要看主观努力,也要看客观条件。所谓用实践的观点看政绩,就是重实干、办实事、求实效,各项政绩应该经得起实践检验和历史检验。所谓用群众的观点看政绩,就是倾听群众呼声,忠实履行全心全意为人民服务的宗旨,把实现人民群众的利益作为追求政绩的根本目的。衡量干部政绩,最根本的是看人民群众是否满意以及满意的程度。

第四,明确怎样创造政绩。创造政绩的根本途径是大兴求真务实之风。要将人民群众的眼前利益和长远利益结合起来,尊重客观规律,提高领导水平,脚踏实地工作,俯首为民办事。那种盲目攀比,追求高指标,铺摊子,上项目,留下一堆胡子工程的做法;那种"一个艄公一道河","新官上任三把火",热衷标新立异,贪大求奢,好高骛远,今天一个大规划,明天一个大思路,朝令夕改,使人无所适从的做法;那种只求本届有政绩,不给下届留财富,花光用光,急功近利,追求短期效益的做法等,不是造福,而是添乱;不是政绩,而是包袱。树立正确的政绩观,要求我们想问题、办事情、作决策,都要符合中国现阶段国情,符合客观规律,符合本地区、本部门、本单位的实际情况。必须坚持一切从实际出发,既要积极进取,又要量力而行,不追求脱离实际的高指标,不盲目攀比;必须坚持办实事,求实效,珍惜民力,不搞劳民伤财的"形象工程";必须深入实际,察实情,讲实话,不虚报浮夸,不做表面文章;必须立足当前,着眼长远,不急功近利。要淡泊名利,只有视个人名利淡如水,才能视人民利益重如山。现在一些不正确的政绩观及其表现,许多与我们现行的体制、机制和具体制度有关。要推进和深化改革,抓紧建立和完善政绩评价标准、考核制度和奖惩制度,以形成正确的政绩导向。总之,要把科学发展观作为政绩观的灵魂和指南;要把实现人民群众的利益作为追求政绩的根本目的;要把实现经济社会的可持续发展作为创造政绩的重要内容;要把重实干、求实效作为实现政绩的重要途径;要把党和人民的需求作为评价政绩的重要尺度。

第五章 领 导 决 策

　　领导的基本职能首先是决策。领导工作必须通过一系列的决策活动来实现。决策是整个领导过程的中心环节。决策的正确与否关系到领导活动的成败。我国社会主义现代化建设的发展,迫切需要决策的民主化和科学化。现代社会的政治、经济、文化和科学技术的发展,既对领导决策提出了更高的要求,又为决策的民主化和科学化提供了新的条件和手段。现代社会的领导者,必须学习科学决策的理论,运用科学决策的技术和方法,提高决策能力,实现从"经验决策"向"科学决策"的转变。

第一节　决策及其在领导工作中的地位

　　领导者必须懂得什么是决策、什么是科学决策,必须认识到决策在领导工作中的重要的作用。

一、决策的概念

　　所谓决策,其一般含义就是作出决定,是选择对策的决定。人类的活动离不开决策,人们在日常的生产、工作和生活的各个方面,总是会碰到各种各样的问题,总要对处理这些问题作出决定,也就是进行决策。决策活动体现了人类活动的主观能动性。人们在行动之前,总是首先要考虑应该做什么、如何去做,事先进行思考、设计、选择,形成某个行动方案、工作打算,然后行动。因此有人类就有决策,决策是人类的基本活动之一。个人要对个人的各种事情作出决定,这就是个人决策;而领导者则需要对自己所属的部门、组织和各种问题进行处理,作出决定,这就是领导决策。国家领导为解决各种重大的社会问题,要制定路线、方针、政策;一个地区、一个部门、一个企业单位的领导,要根据实际存在的问题,提出各种计划、方案、意见,这些都属于领导决策。总之,领导的工作离不开决策,离开了决策就不能开展工作。领导者要根据实际情况的变化发展,不断地作出各种决定,进行决策。

　　决策一般主要由决策者、决策目标、决策备选方案、决策环境、决策后果等要素构成。

　　第一,决策者。决策者即作出决策的个人和集体,在决策系统内处于核心主导地位,是决策中最积极、最活跃的因素。

　　第二,决策目标。决策目标是决策所要达到的目的。决策目标正确与否,直接影响和制约执行的过程、执行者的行为乃至工作全局。

　　第三,决策备选方案。备选方案是指可供决策者选择的方案,至少有两个或两个以上。单方案选择在决策学中被称为"霍布森选择",即意味着只有一个方案而无其他选择余地的决策。现代社会是一个开放的系统,在这一系统内各种问题相互交错影响。所以,决策者应充分考虑决的多种可能结果,制定相应的备选方案。

第四,决策环境。决策环境是指决策所面临的时空状态,即一切影响决策产生、存在和发展的因素的总和。一个决策方案能否顺利实施并达到预期目标,不仅取决于决策内部系统与决策本身,还直接取决于决策环境,受到自然环境、制度环境、文化环境以及技术环境的直接制约。

第五,决策后果。决策后果是指一项决策实施后所产生的效果和影响。任何决策的目的都是为了获得预期的结果。决策者必须对每一项决策可能产生的后果做到心中有底,并对不良后果采取必要的防范、补救措施。

人们作出各种决定,一般都不是任意的、盲目的。一个领导者对各种重大问题的决策,更必须是谨慎的,要做到审时度势,全面权衡,以便作出正确的决策。一般说来,决策活动具有以下几个基本特征:① 针对性。决策是人们为了解决一定的问题而作出的决定,所以决策是针对一定的问题,有的放矢提出解决问题的方法。没有问题,就无需决策。② 目的性。决策是人们有目的的行为,要按照某种目的进行方案的设计和选择。没有目的就无法决策。③ 实施性。决策总是同未来的实施行为联系在一起,决策是为了实施,行动就是决策的执行。④ 选择性。决策是人们对行动方案的对比选择,选择达到目标的具体途径。没有选择就没有决策。⑤ 优化性。决策追求优化,人们在同样的条件下,寻求以最低的代价、最优的效果,实现既定的目标。总之,决策就是人们就面临的问题所进行的目标确定、行动设计和方案选择的活动。

决策概念有狭义和广义之分。狭义的决策专指决策者对行动方案的最终选择,即通常所说的最终"拍板"。广义的决策是指把决策理解为决策者制定、选择、实施行动方案的整个过程。人们对行动方案的决定,不是一下子完成的,而是通过一系列的决策程序和活动来实现的。从提出问题、确立目标开始,进行方案的设计和评价,最后才选择方案。在实施的过程中,遇到问题时,还需要对原有方案进行个别修正,甚至在必要时还要进行追踪决策。决策方案的最终选择,是以选择前的各项工作为前提的,它是决策活动全过程的成果。所以一个领导者不仅要懂得如何选择方案,还必须了解决策活动的整个过程。

决策活动古而有之,决策的历史源远流长。古今中外许多杰出的政治家、军事家,表现了高超的决策艺术,留下了脍炙人口的决策范例。在我国古代历史上,汉高祖刘邦西入关中,约法三章,取信于民,楚汉相争得天下;诸葛亮作"隆中对",帮助刘备策划三分天下的大计;朱元璋采纳"广积粮、高筑墙、缓称王"的决策,巩固后方,立足长远,最终建立了明王朝。在我国汗牛充栋的史籍中,记载着许许多多宝贵的决策经验和思想,《孙子兵法》、《史记》、《资治通鉴》、《三国演义》中所包含的决策思想,至今为世人所借鉴。

古代的决策,通常来说属于经验决策的方式,它主要是凭借决策者个人的知识、才智和经验而作出的决策。决策是否成功,主要取决于领导者和个别高明谋士的认识和经验。所谓"眉头一皱,计上心来",就是经验决策方式的真实写照。经验决策是人类历史上最古老的决策方式,它的主要的特点是:第一,这种决策方式一般说来是个人的决策活动,主要依靠决策者个人的素质作出决策。第二,这种决策方式本质上讲是以决策者的经验为基础,所能处理的信息量有限,一般说来是一种定性不定量的决策。经验决策方式,与小生产时代是相适应的。这种决策方式也会产生出正确的决策结果,但是它有很大的局限性。依靠个人的有限经验、智慧,难以作出精确的分析判断,这样的决策盲目性很大。再则,它也缺乏连续性和规范性,个人的主观随意性极大,随着领导者的更替,对某个问题的决定可能随之而变。

当今社会状况发生了巨大的变化,社会化程度更高,社会组织的规模扩大,社会活动的变化加剧,社会的信息量剧增。在这样的社会条件下,各种需要决策的问题堆积如山,错综复杂,千变万化,决策的难度越来越大,决策的影响越来越广泛。传统的经验决策方式,已经难以适应现代社会的发展,这就必然要求从经验决策方式到科学决策方式的转化,要求领导决策的科学化。现代社会科学技术的发展,也为决策的科学化提供了更新的更可靠的方法和手段。系统论、控制论、信息论的出现,为科学决策提供了现代化的方法论。数学方法的大量运用,推动了决策方法的数学化、模型化,特别是电子计算机的广泛使用,给决策的定量分析创造了有利条件。心理学、社会学、逻辑学、组织理论的成就,为决策的程序、组织和行为研究提供了新的思路。

科学决策是现代的决策方式,它是同社会化的大生产相联系的。科学决策是决策者遵循科学的原则、程序,依靠科学的方法和技术所进行的决策活动。它的主要特点是:① 强调建立科学的决策体制,注重集体共同决策,注意依靠各种智囊团组织,注重各种专家的横向联系,形成合理的人才结构,共同完成某个决策活动。② 强调将决策建立在科学分析的基础上,广泛运用科学技术和方法,将定性分析和定量分析结合起来,确保决策的正确性和可靠性。

随着我国社会主义现代化建设的发展,各种新问题新情况不断出现,需要采取的各种重大的政治、经济、科技和社会决策越来越多。由于我国是一个在经济上和科学技术上比较落后,而发展又极不平衡的国家,这又增加了决策的复杂性和难度。几千年的封建社会和小生产经济的影响,直至今天,凭经验、拍脑袋、瞎决策的做法仍然司空见惯。现实迫切要求决策的科学化,要求各级领导掌握科学决策的方式。

二、决策的分类

决策的分类具有重要的意义。不同问题的决策,需要用不同的决策技术和方法去处理,必须由不同的决策者来承担。决策的分类有利于人们正确地分析、解决问题;有利于人们分清职责,各司其职。按照不同的划分标准,可以对决策分类如下:

（一）高层决策、中层决策和基层决策

依照决策者在管理组织中所处的地位不同,可以划分为高层决策、中层决策和基层决策。一个地区、一个单位的组织中的领导,通常分为三个层次:高层领导、中层领导和基层领导,他们在组织中所处的地位不同。高层决策是由高层领导集团作出的决策,其决策的性质属于战略决策和宏观决策,通常具有全局性、整体性的特征。中层决策是由中层领导集团作出的决策,大多属于战略决策和宏观决策,也有一部分属于战术决策和微观决策。中层决策必须服从高层决策。基层决策是由基层领导作出的决策,决策的性质一般属于战术决策和微观决策,是为了实现高层或中层决策而进行的决策。

（二）战略决策和战术决策

战略决策是关系到全局性、方向性的重大问题的决策,主要表现为制定路线、方针、政策及重大方案。它所涉及的范围大、因素多、关系复杂,通常是一种以定性为主的决策,一般采取非程序化的决策方式。战术决策是为了实现战略决策,解决某一具体问题而作出的决策。它是战略决策的延续和指令化,通常具有具体化、定量化的特点。

（三）最优决策和满意决策

最优决策是指决策者追求理想条件下的最优目标,选择最优方案的决策。由于现实中的条件更为复杂多变,寻求最优方案实现最优目标往往难以达到,甚至需要付出巨大的代价。在这种情况下,决策者往往以满意决策代替最优决策。满意决策是指决策者根据现实的条件,追求一种满意结果的决策。它以对现实条件的充分分析为基础,选择一种较为满意的方案,以期达到决策目标。这是美国著名经济组织决策管理大师赫伯特·西蒙(Herbert Simon)提出的一种决策理论。在现实的决策活动中,大量出现的是满意决策,而不是最优决策。

(四)程序化决策和非程序化决策

程序化决策又称常规型决策,是指行动中重复出现的例行的决策。解决这类问题的决策,通常是有法可依、有章可循。非程序化决策,又称非常规型决策,是指决策者对偶然发生的或首次发生的新问题所进行的决策。对这类问题的决策没有常规可循,需要认真调查研究、分析判断,寻找出适当的解决方法。领导者应把主要精力集中在非程序化的决策上,注意发现并解决各种新问题。

(五)确定型决策、不确定型决策和风险型决策

确定型决策是指提供给决策者选择的每个方案,只有一种确定的结果,这种结果又是事先可以准确知道的,决策者只要比较各方案的结果就可以确定最好的方案。不确定型决策是指提供给决策者的每个方案可能出现好几种不同的结果,而各种结果可能出现的概率又是未知的。风险型决策是指提供给决策者的每个方案可能出现几种不同的结果,但是各种结果可能出现的概率是已知的。风险型决策与不确定型决策的区别在于,是否事先知道每个方案的各种结果出现的概率。一般说来,确定型决策方案的结果确定,比较容易判断选择,风险型决策和不确定型决策,要冒一定的风险,是难度较大的决策。

三、决策的模式

了解决策模式,有助于我们更好地认识决策活动的过程,可以根据实际情况,采用适当的决策模式,以便作出良好的决策。

(一)理性决策的模式

理性决策的模式是随着现代管理理论的发展而出现的,它首先被广泛地运用于企业经营管理的决策中。理性决策模式强调决策必须严格依照科学程序进行,注意运用现代科学的手段、方法和技术来进行决策,注意决策过程中的定量分析,甚至不惜建立复杂的数学模型。这种决策的模式强调了决策的科学性和可操作性,将决策建立在可靠的量化分析的基础上,从而减少了决策的盲目性,有利于作出科学的决策。

理性决策模式的产生和广泛运用,使决策走上了科学化的轨道,具有许多优越性。但是,理性决策的模式作为一种理想的模式,是完全从规范的角度来研究决策问题的,它将决策看作是在理想的条件下选择能够实现最优目标的最佳方案的活动。由于它过于理想化,因而难以完全适应现实的决策问题,为此现代决策理论的创始人赫伯特·西蒙修正了这种模式,提出了有限理性决策模式。

西蒙的决策理论认为,现实中的决策者不可能获得有关决策问题的所有信息,其处理信息的能力是有限的;人们的决策行为受知识、经验、能力和个性等因素的影响,不可能完全理性地进行判断和选择。为此,他提出了著名的"满意标准"的问题,主张决策者以较为符合现实条件的满意目标来取代追求理想条件的最优目标。赫伯特·西蒙的有限理性决策模式,不是对理性决

模式的完全否定，而是一种扬弃、一种发展，是一种现实化了的有限理性的决策模式。

（二）渐进决策的模式

渐进决策模式是由美国的林德布洛姆提出来的。他认为决策过程并非完全是一种理性的过程，理性决策模式不能够适应现实决策过程中的实际要求。决策过程，与其说是一种程序化的科学化的理性过程，倒不如说是各种政治力量、利益集团相互作用、相互协调的渐进过程。

渐进决策模式把决策看作是对原有的决策逐步加以修改的渐进过程。根据实际的情况，决定原有决策哪些需要修改，哪些需要增加，进而给以适当的修正。这种决策模式的主要特点是：① 在决策问题的分析上，它认为人们的分析能力有限，不可能对与决策有关的所有问题作详尽分析，而是将分析集中在相关的主要问题上。② 在决策目标的确立上，它认为难以一下子直接建立起一种明确清晰的决策目标，而是要求确立起一种大致的方向，在沿着这个方向前进的过程中，能够灵活地调整每一步骤的目标。③ 在决策方案的设计上，它不要求对原有决策作一揽子改变的全新方案，而是要求对原有的决策作部分修正的变化较小的新方案。④ 在决策方案的最终选择上，它认为方案的最终决定并不是依靠科学理论和方法来进行的选择，而是现实的政治力量相互作用、相互协调的结果。

渐进决策模式注意到决策过程的连续性、稳定性和现实性，有其值得肯定的积极意义和合理价值。它把决策看做是前后衔接的不间断过程，从而有助于决策的连续性；它强调决策是个渐变过程，保持决策的相对稳定，有利于防止社会的动荡；它主张根据历史和现实的各种条件来进行决策，同理性决策模式相比，具有更强的现实性。但渐进决策模式也有其明显的局限性，突出表现在这种模式的保守性上，它具有墨守成规、维持现状的保守倾向。

（三）综合决策的模式

理性决策模式强调决策的数量化、技术化、程序化和最优化，从而使决策走上科学化的轨道，但却过于理想化了，它难以适应实际决策过程中的现实条件。渐进决策模式修正了理性决策模式的偏颇，却矫枉过正，把决策仅仅看做是渐进的修正，这就过于保守了。美国哥伦比亚大学社会学教授埃泽奥尼又提出了综合决策的模式，它结合了理性决策和渐进决策模式的长处，同时又克服了二者的短处。

综合决策的模式认为，当社会环境没有剧烈变化，原有的政策无需重大变动时，就应更多地利用渐进决策模式的原则和方法，减少实际分析问题的范围和内容，找出那些影响问题的最重要的因素进行分析，作出变化较小的新决策，以便保持政策的稳定性和连续性。但是，即使在这种情况下，也应采用理性决策的一些原则和方法，对一些关键因素进行系统深入的科学分析，力求制定出科学的决策。而当社会环境发生剧烈变化，原有的政策需要作出相应的变化时，则应更多地利用理性决策模式的原则和方法，理性决策的因素就应当增加，对相关问题分析的广度和深度就应当增强，保证决策的科学性。当然，就是在这种情况下，也应保留渐进决策的一些原则和方法，没有必要无限度地扩大问题分析的范围和程度，没有必要去追求过于理想化的却不符合现实的最优方案。总之，综合决策的模式主张综合利用理性决策和渐进决策的原则和方法，这是具有更大弹性的决策模式，更能适应实际情况的需要。

四、决策在领导工作中的地位

决策在整个领导工作中具有十分重要的地位和作用，决策是领导者首要的基本职能。

任何领导工作都离不开决策。领导包括了政治、经济、军事、科技、文化等各个部门的领导，又包括了高层、中层、基层等各个层次的领导，无论是哪一部门、哪一层次的领导，都需要对自己权限范围内的各种问题作出处理决定。领导离不开决策，从这个意义上说，没有决策就没有领导。

决策是贯穿领导过程始终的活动。领导工作是发现问题、解决问题的过程，而发现问题、解决问题，实质上就是一个不断制定决策、执行决策的过程，是一个决策—执行—再决策—再执行的循环往复的过程。领导过程可以看作是由许多决策组成的连续不断的链条。

决策是领导者履行各项职能的基础。领导的责任在于制定战略、拟定规划、确定政策、组织管理、使用干部，而履行这些职能是以决策为基础的。也就是说，制定战略，确立怎样的战略目标，通过什么样的途径来实现这种战略目标，需要科学的决策；拟定规划、确定政策、组织管理、使用干部也都需要进行决策。

决策的正确与否关系到领导事业的成败。所谓领导就是领导者带领、引导被领导者实现某个目标、完成某种事业的活动过程，而领导者的决策就规定了事业的发展方向，规定了达到目标的途径和措施，因而它就成为行动的指南和准则。正确的决策引导革命和建设事业的胜利前进，错误的决策导致革命和建设事业的失败倒退。我们党的历史经验教训已经充分地证明了这一点。党历史上有过几次重大的错误决策，几乎断送了中国革命，而以毛泽东为首的党的领导集体的正确决策，如"建立农村根据地，农村包围城市"、"抗日民族统一战线"等正确决策，引导了中国革命的胜利。新中国成立以后，"大跃进"的决策失误，造成了数以千亿的重大损失，"文化大革命"的错误决策，更是误国殃民，祸及子孙。而党的十一届三中全会以来的一系列正确决策，使我们国家日益走向繁荣富强。

现代社会的变化，我国社会主义建设事业的发展，对领导的决策提出了更高的要求。在纷繁复杂的社会整体中，往往会"牵一发而动全身"，在这样的条件下，决策的难度更大了，决策的重要地位也更突出了，"一着不慎，满盘皆输；一着占先，全盘皆活"。作为现代社会的领导者，其基本职能首先是决策，这是领导工作的关键环节。决策水平的高低是检验领导水平的一个主要标志。

决策是领导的基本职能，领导者都必须学习并掌握好科学决策的理论和方法，提高决策的民主化和科学化的水平。我们的领导者队伍，还比较缺乏现代决策科学的知识，离决策科学化的要求尚有差距。用科学的决策理论和知识武装每位领导者，具有重要的现实意义。

第二节　科学决策的原则、程序和方法

决策的民主化和科学化是现代社会发展的必然要求，是我国社会主义现代化建设的需要。作为现代社会的领导者，只有掌握科学决策的原则、程序和方法，才能保证决策的科学性。

一、科学决策的原则

科学的决策一般说来必须符合以下四个基本标准：

第一，具有准确的决策目标。任何决策都是为了实现某种目标，决策目标是决策的前提，制订准确的决策目标是科学决策的首要前提。准确的决策目标有两点要求：第一是正确。目标错

了,一切皆错,错误的目标,必然导致决策的失败。第二是明确。决策目标过于笼统抽象、模模糊糊,势必给决策过程造成困难,影响决策方案的设计、评估和选择。

第二,决策的执行结果能够实现确定的目标。在决策目标正确的前提下,衡量某个决策是否成功,就要看决策方案的执行后果,如果能够真正实现原定的决策目标,那就是正确的决策。决策的执行结果一般有三类情况:第一类是与决策目标背道而驰的,第二类是部分达到目标的,第三类是能够实现决策目标的。只有出现第三类情况的决策才是科学的决策。

第三,实现决策目标所付出的代价要小。为了达到既定目标,决策方案的执行总是要耗费人力、物力、财力、时间,然而所付出的代价的大小是不一样的,付出代价较小的决策为科学的决策。

第四,决策执行后的副作用相对较小。由于客观世界本身具有复杂的联系,因而决策执行的结果,除了达到决策所期望的目标外,还会产生一些消极的影响,也就是副作用。科学的决策要求副作用相对比较小,如果副作用太大,结果就会得不偿失。

如果决策的结果符合上述四条标准的话,那么就可以称得上是科学的决策,或者说这个决策是成功的、正确的。在上述标准中,第一、二条是是非标准,第三、四条是优劣标准。

科学决策必须遵循下列几条基本的原则:

(一) 客观原则

客观原则是科学决策的首要原则,其他原则都从不同的方面体现了决策的客观性原则。决策是人们设计和选择行动的活动,是同决策者的世界观、价值观、进取心、责任感紧密联系的。决策活动充分体现了人的主观能动性,但这决不意味着决策是主观任意的。科学决策首先要求坚持实事求是的思想路线,从客观实际出发,准确把握决策对象的发展趋势、客观规律,这样才能作出符合客观实际情况的判断和选择。

(二) 信息原则

信息是决策的基础,决策的过程就是信息的输入—处理(决策)—输出(执行决策)的过程,决策的科学性是同信息的准确性、及时性、适用性成正比的。科学决策要求掌握决策所需要的充足的信息,缺乏及时、准确、适用的信息,领导就无法作出明确的决策,信息不灵势必导致决策的失误。现代社会的发展变化,带来了大量惊人的信息,而电子计算机的出现和发展,又为人类处理各种信息提供了有力的工具。只有掌握了充足信息的领导者,才能在激烈的竞争中,掌握决策的主动权。

(三) 预测原则

科学的预测是科学决策的前提。因为决策是对未来行为的决定,所以就必须事先预测未来的各种情况和趋势,这样才能作出科学的决策。科学的预测为决策提供了社会、经济、科技等各方面发展趋势的信息,从而为领导的正确决策提供了客观的依据。日本丰田汽车公司过去曾经注意到中东石油危机,预测到能源危机势必影响到汽车市场的发展,只有省油、廉价、污染少的小型汽车才能畅销。为此他们采取了相应的新决策,取得了汽车市场竞争中的领先地位。因此,在决策过程中,必须在正确理论的指导下,运用各种科学技术和方法,通过对信息资源的分析处理,对事物未来的发展趋势作出预先的推测和估计。

(四) 程序原则

这是区别于传统经验决策方式的一个重要方面。在传统的决策体制中,缺乏严格的决策程序,凭经验盲目拍板的事屡见不鲜,这样往往造成决策失误。科学决策就要按照科学的决策程序一步一步地进行,不能随意颠倒。决策的基本程序是:① 明确问题,确立目标;② 集思广益,拟订方案;③ 分析评估,选择方案;④ 实施决策,反馈修正。这些程序,是在总结决策活动的经验教训的基础上建立起来的,有其合理性,必须严格遵守。比如只有在对问题的诊断分析后,才能以此为依据去确立目标。而在目标确立之后,才能去寻找解决问题达到目标的方案。如果是问题不明、目标未定就去设计方案,就违背了决策程序原则。

(五)可行原则

可行原则就是要求对决策方案进行充分的可行性研究,只有在可行性分析论证的基础上,才能进行最终选择。可行性研究是运用科学的手段和方法对决策方案在政治上、经济上、技术上的合理性进行综合的分析和论证,从而使决策建立在科学的基础上。特别是重大的决策问题,包括诸多的复杂因素,只有通过全面的综合的可行性研究,才能得出方案是否可行的结论。国内外的经验教训表明,凡是经过可行性研究的决策项目,成功的多,失误的少,反之,贸然决策就会冒很大的风险,甚至造成巨大的损失。

(六)选优原则

决策就是对行动目标和方案的设计和选择。没有选择,就没有决策。只有一种方案就无法对比选择。所以科学决策要求遵循选优原则,要求在各种方案之中对比选择。多方案选择是现代决策的一个重要特点,方案的优与劣,要经过比较才能鉴别,必须制订一定数量和质量的备选方案,从多种方案中对比选优。比如20世纪60年代初,古巴导弹危机时,美国制订了六个可供选择的方案:① 无所作为;② 施加外交压力;③ 同卡斯特罗谈判;④ 全面入侵;⑤ 空袭损毁导弹基地;⑥ 封锁海面。最后,肯尼迪政府选择了第六个方案,迫使苏联撤出导弹。在实际工作中,许多领导者不懂得决策需要选择,往往只有一个方案就轻率地拍板实施,而一个方案是无法对比判断优劣的。

(七)"外脑"原则

现代决策的一个重要特点,是"谋"与"断"的相对分离,由此出现了由各种专家组成的智囊团,它们成为领导决策不可缺少的"外脑"。现代决策就要充分发挥智囊团的"外脑"作用。随着现代社会的经济、文化、科学技术的高度发展,情况瞬息万变,摆在人们面前的复杂因素众多,仅靠领导者是难以单独作出决策的,因此辅助领导决策的各类智囊团应运而生。目前各类智囊团已遍及世界,咨询机构数以万计,他们在决策科学化中有效地发挥了参谋咨询的作用。

二、科学决策的程序

科学决策要遵循科学的决策程序,决策程序又叫决策过程或称决策步骤。决策程序是决策民主化和科学化的外在表现和核心内容。科学的决策程序主要包括以下四个环节:

(一)明确问题,确立目标

明确问题,确立目标是决策活动的起点,是决策过程的第一个步骤。准确的决策目标是科学决策的首要标准,目标错了,一切皆错。而决策目标又是根据问题来确定的,因而弄清问题又是确立决策目标的基本前提。决策活动首先就是从发现问题开始的,就是要找出问题,认识问题,解决问题。要了解问题的性质及其症结所在,就要对问题进行诊断和分析。首先要界定问题,准确查明问题产生的时间、地点、范围、程度和性质,把问题搞清楚。为了真正明确问题,就要寻找出问题产生的原因,只有找到问题产生的原因,才能够确立有的放矢的决策目标,找出问题解决的办法。一方面可以通过纵向分析,由表及里,由浅入深,寻根究底,从表层原因背后找到问题发生的根本性原因。另一方面,也可以通过横向分析,从问题发生的多种原因中,找到问题发生的最主要的原因。只有确实发现问题发生的根本原因和主要原因,才能为后面的工作打下良好的基础。领导者对问题的诊断和分析的正确性,取决于三个因素:一是与该问题相关的信息必须准确完整,二是要掌握诊断、分析问题的科学方法,三是要有正确的指导思想。只有坚持马克思主义的立场、观点、方法,一切从实际出发,才能对问题作出实事求是的客观分析。

在明确问题的基础上,才能确立目标。决策目标是决策者为了解决问题,希望达到的一种结果。决策目标是设计方案的方向,是判断决策方案优劣的标准。目标的准确与否,直接关系到决策活动的成败。决策目标的制订必须满足下列几条检验准则:① 目标是有的放矢的,具有针对性。针对所存在的问题,切中了问题的要害。② 目标是具体的,具有衡量目标的具体标准。能够数量化的目标必须规定明确的数量界限,如产量、利润、人数等。对于较抽象化的目标,要采用目标分解的办法,把抽象的总目标转化为便于数量化的小目标。目标还必须有实现的确定期限和有关的约束条件,目标还必须是单义的。③ 目标是系统的。有的决策问题比较复杂,存在多个目标,这就要从系统性原理出发,着眼整体,全面考虑多个目标的主次、先后等相互关系,建立起层次结构分明的目标体系。④ 目标是切实可行的。决策目标是否可行,取决于实现目标所需要的条件。决策目标必须建立在现实条件的基础上,而不能凭空设想,盲目冒险。美国前总统尼克松任职期间,曾提出消灭癌症的目标,为此集中了大批人才,花费了大量的资源,终因条件不具备而无法达到目标。⑤ 目标是符合规范的。决策目标必须符合国家的法律和党的政策,也要符合社会主义的道德规范,任何损人利己、损公肥私的决策目标都是不允许的。

(二)集思广益,拟订方案

决策目标确定之后,就要解决如何达到目标的问题,决策进入第二阶段:集思广益,拟订方案。拟订的方案是准备提供给领导者最终抉择的,因此又称为备择方案,它的数量和质量直接影响到最终的决策结果。备择方案必须具有齐全性,即尽可能把各种方案拟订出来,以免漏掉最佳方案,这是保证最后选择最优方案的重要条件。备择方案还要求排斥性,即所拟订的方案之间具有原则性的差异并且互相排斥。所谓互相排斥,就是执行了甲方案就不能同时执行乙方案。如"引滦入津"工程的南线方案和北线方案就是完全相反、互相排斥的方案。对于综合性的决策来说,一般要设计三至五个方案,或者更多。

简单的决策问题可以直接设想几个备择方案。而较为复杂的决策问题,往往难以直接形成可供选择的几个方案,通常可以分两步走:第一步是轮廓设想,第二步是细部设计。

轮廓设想阶段,要从不同的角度、不同的途径,提出各种各样的方案,这样才能保证不遗漏掉所有可能的方案。这时候提出的各种方案,可以仅仅是一种思路,而不必过多考虑细节,因为过多考虑细节,倒会束缚人们的思路。充分发挥创新精神,开阔多种思路,是这一阶段的主要特点。可以应用各种科学思维的方法,来打开思路,提出方案设想,比如逻辑方法、数学方法、资料搜集法等。轮廓设想的关键在于创新,发挥人的创造性思维,运用各种创新技术。

轮廓设想时产生的方案,只有经过进一步的精心设计之后,才能提供给领导者作最终的选择。轮廓设想时可能产生大量的方案,需要先进行初步的筛选,淘汰掉一些明显不可行的方案,而留下三至五个比较理想的方案作精心的细部设计。如果说轮廓设想阶段需要的是大胆的创新精神和丰富的想象力,那么细部设计则需要的是实事求是的精神、冷静的分析和严格细致的论证,这些正是这个阶段的显著特点。细部设计主要包括以下两个方面的工作:一是确定方案的细节,充实方案的具体内容,使得每一方案具体细致;二是估计方案执行的结果,通过预测估计各种条件的可能变化,预计出各种条件下备选方案的效果,既要充分估计方案实施带来的效益,又要估计其可能产生的风险和副作用。

(三)分析评估,选择方案

分析评估,选择方案是决策过程的关键步骤。对方案进行准确的评估和选择,要看其是否能够实现决策目标,这是衡量决策方案优劣的第一条标准,也是最主要的标准。因为决策的目的就是为了实现某个目标,所以能够最好地实现决策目标的方案,应看做是最佳方案。在同样实现决策目标的前提下,评选决策方案时,还应考虑以下几个因素:实施的方案所付出的代价大小;所承担的风险大小;所产生的副作用大小。虽然上述几点是衡量决策方案的共同标准,但是在实际的决策过程中,由于受到客观实际条件的限制,很难简单地确定哪个方案就是最优的。有的方案可能会最大限度达到决策目标,但是代价大,风险大;有的方案并不能最大限度达到决策目标,却代价小,风险小。这就需要决策者全面考虑与权衡,既要考虑到成功的和有利的因素,又注意到不利的因素和失败的风险,谨慎选择。正是因为这种情况,现代决策理论的创始人赫伯特·西蒙提出,以"满意标准"代替"最优标准",即追求达到一个可满足的现实性有限目标,而不是盲目要求完全达到绝对的最优目标。当然这并非否认决策的优化,而是强调在一定允许条件下的优化。盲目追求最优化,就可能因为现实条件的限制而造成决策失误。

(四)实施方案,反馈修正

决策方案的实施,是决策过程的最后一个环节。决策是行动的选择,行动是决策的执行。在实施阶段主要应做好以下几个方面的工作:

1. 编制实施计划,把决策具体化。决策方案并不等同于实施计划,没有具体的实施计划,就无法很好地实施决策方案。编制实施计划,必须规定和安排方案实施中的具体措施、工作期限、责任范围、目标指数等等,最好是能安排出系统有序的计划图表。在决策方案选定之后,还要做好潜在问题的防范分析,预计可能出现的潜在问题,并制订出有关的预防措施和应急措施,将这些措施落实到方案的实施计划中去。

2. 组织实施力量。为了圆满地实施决策方案,必须组织起方案所需要的人力、物力、财力,这是实施方案所必需的物质保障。要使人力、物力、财力能够适应决策实施阶段的要求,既要保证需要,又要防止浪费。

3. 落实实施责任,建立严格的责任制。为了确保决策方案的有效实施,必须建立有关组织和人员的责任制,明确分工,授予实施决策的必要权力,规定明确的责任范围,这样才能协调一致,防止扯皮,杜绝互相推诿的"踢皮球"现象。

4. 建立反馈系统,及时检查发现决策方案实施中的问题。为了确保决策方案的有效实施,有必要建立检查和监督制度,及时地检查、报告方案实施中的问题,迅速反馈,及时纠正,以有利于决策目标的实现,甚至有时还要进行追踪决策。

追踪决策是在主客观条件发生重大变化,或发现原有决策有重大失误、决策目标无法实现的情况下,对原有决策目标或方案进行根本性修正的一种决策。追踪决策与一般的决策修正不同,一般的决策修正是对原有决策方案的某个部分进行局部的补充或修正,追踪决策是带有根本性的重大调整的新决策。追踪决策是为适应主客观情况的重大变化而对原有决策进行的根本性调整,它是战略性的转移,而并非决策的崩溃,是科学决策中的正常现象。追踪决策包括四个方面的特征:第一,回溯分析。对原有决策的产生机制和产生环境进行客观分析,找出失误所在并找到原因,以便采取有效对策,使追踪决策建立在客观现实的基础上。第二,非零起点。追踪决策面临的对象和条件,受到原有决策已经实施的影响,投入了相当的人力、物力、财力等资源,各种状况发生了变化,这就是非零起点的特征。因此,进行追踪决策既要果断,又要慎重。第三,双重优化。追踪决策的方案选择,不仅要优于原有方案,而且要在许多新方案中对比选择最优化的方案。第四,心理效应。由于追踪决策是在原有决策已经实施了的条件下进行的,改变原有决策会给人们造成心理上的影响,包括各种利益关系和情感关系,这种心理影响又会反过来影响追踪决策的进行,这种现象叫做"心理效应"。这种心理效应有的对追踪决策有正面的作用,有的则有负面的影响,对于前者要善于加以利用,对于后者要尽量防止和避免。

三、科学决策的方法

科学决策要求领导者掌握科学的决策方法,科学的决策方法是决策成功的重要保证。下面介绍几种典型的决策方法。

(一) 德尔菲法

德尔菲法是20世纪60年代初美国兰德公司的专家们为避免集体讨论存在的屈从于权威或盲目服从多数的缺陷提出的一种定性预测的情报分析方法。德尔菲是古希腊城名,相传城中阿波罗圣殿能预卜未来,德尔菲法因此得名,它代表一种超高的预测技术。在我国更习惯于将德尔菲法称为专家预测法,在确定型决策中用得较多。

德尔菲法本质上是一种反馈匿名函询法。其具体做法是采用匿名通信和反复征询意见的形式,通过书面的方式向专家们提出所要预测的问题,得到专家们不同意见的答复后,将意见集中整理和归纳,然后又匿名反馈给专家,再次征询意见和反馈。被征询的专家在互不知晓、彼此隔离的情况下不断交换意见,经过多次循环,最终得到一个比较一致的预测结果。德尔菲法是一种利用函询形式的集体匿名思想交流过程。它有区别于其他专家预测方法的三个特点:第一,匿名性。从事预测的专家彼此互不知道其他有哪些人参加预测,他们是在完全匿名的情况下交流意见的。第二,多轮反馈性。小组成员的交流是通过回答组织者的问题来实现的。它一般要经过若干轮反馈才能完成预测。第三,最终结论的统一性。预测过程必须经过几轮的反馈,使专家的意见逐渐趋同。

德尔菲法的具体实施步骤如下:

1. 组成专家小组。按照课题所需要的知识范围,确定专家。专家人数的多少,可根据预测课题的大小和涉及面的宽窄而定,一般不超过20人。

2. 向所有专家提出所要预测的问题及有关要求,并附上有关这个问题的所有背景材料,同时询问专家的其他相关要求。然后,由专家做书面答复。

3. 各个专家根据他们所收到的材料,提出自己的预测意见,并说明自己是怎样利用这些材料并提出预测值的。

4. 将各位专家第一次判断意见汇总,列成图表,进行对比,再分发给各位专家,让专家比较自己同他人的不同意见,修改自己的意见和判断。也可以把各位专家的意见加以整理,或请身份更高的其他专家加以评论,然后把这些意见再分送给各位专家,以便他们参考后修改自己的意见。

5. 将所有专家的修改意见收集起来汇总,再次分发给各位专家,以便作第二次修改。逐轮收集意见并为专家反馈信息是德尔菲法的主要环节。收集意见和信息反馈一般要经过三四轮。在向专家进行反馈的时候,只给出各种意见,但并不说明发表各种意见的专家姓名。这一过程重复进行,直到每一个专家不再改变自己的意见为止。

6. 对专家的意见进行综合处理。德尔菲法的优点是能充分发挥各位专家的作用,集思广益,把各位专家意见的分歧点表达出来,取各家之长,避各家之短,科学性较强。德尔菲法的主要缺点是过程比较复杂,花费时间较长。

(二) 头脑风暴法

头脑风暴法出自"头脑风暴"一词,最早是精神病理学上的用语,现在用来表示无限制的自由联想和讨论。其目的在于产生新观念或激发新设想。

头脑风暴法又称专家会议决策法,或智力激励法,是指依靠一定数量专家的创造性逻辑思维对决策对象未来的发展趋势及其状况作出集体判断的方法。它采用会议的形式,引导每个参加会议的人围绕某个中心议题,广开思路,激发灵感,毫无顾忌地发表独立见解,并在短时间内从与会者中获得大量的观点。

头脑风暴法的特点是:充分发挥若干专家所组成的团体宏观智能结构效应,在会上通过专家之间的信息交流和相互启发,引发思维共振,从而达到在较短的时间里取得更多新创意的效果。

头脑风暴法是一种激发个人创造性思维的方法,运用这一方法必须遵循下列原则:

1. 自由畅言。参加者不受任何条条框框限制,广开言路,从不同角度、层次、方位,大胆地展开想象,尽可能地标新立异,与众不同,提出独创性的想法。

2. 强调数量。头脑风暴会议的目标是获得尽可能多的设想,追求数量是它的首要任务。参加会议的每个人都要抓紧时间多思考,多提设想。设想的数量和质量密切相关,产生的设想越多,其中的创造性设想就可能越多。

3. 禁止评论。必须坚持当场不对任何设想作出评价的原则,既不能肯定某个设想,也不能批评、否定某个设想,也不能对某个设想发表评论性的意见。一切评价和判断都要延迟到会议结束以后才能进行。因为会上评判会约束与会者的积极思维,影响自由畅想,影响创造性设想的大量产生。

4. 相互借鉴。每个与会者都要从他人的设想中激励自己,从中得到启示,或补充改进他人的设想,或将他人的若干设想综合起来,提出新的设想等。

头脑风暴法可分为直接头脑风暴法(通常简称为"头脑风暴法")和质疑头脑风暴法(也称"反头脑风暴法")。前者是指专家群体决策尽可能激发创造性,产生尽可能多的设想的方法;后者则是指对前者提出的设想、方案逐一质疑,分析其现实可行性的方法。

经验表明,头脑风暴法可对所讨论问题通过客观、连续的预测和分析,产生既有创意又切实可行的方案,因而在决策中得到了较广泛的应用。当然,头脑风暴法实施的成本(时间、费用等)较高,还要求参与者具有较好的素质。

(三) 决策树法

决策树法是风险决策的基本方法之一。风险决策是对未来即将出现的各种状况的概率进行判断,是一种对未来状况可能性的反应。它依据不同概率制定不同的方案,每一种方案都有一定的风险,又称为概率分析决策方法,即是一种有序的概率图解法。它根据逻辑关系将决策问题绘制成一个树形图,按照从树梢到树根的顺序,逐步计算各结点的期望值,然后根据期望值准则进行决策。决策树由决策点、方案分枝、自然状态点、概率分枝和结果点组成,如下图:

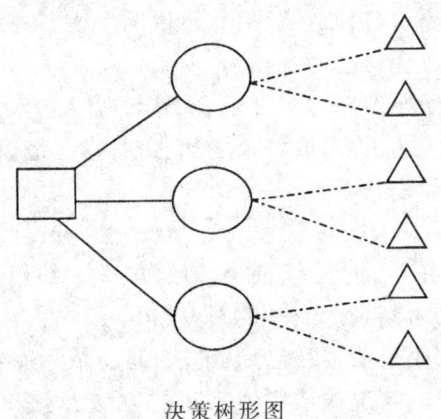

决策树形图

图形说明:方块"□"表示决策点,从它引出的实线表示方案分支;圆圈"○"表示方案点,也称自然状态点,从它引出的虚线称为概率分支,分支数即为可能出现的自然状态数;三角"△"表示结果点,也称末梢,表示每一方案在相应状态下的收益值或损失值。

决策树法的步骤为:① 根据决策问题绘制决策树;② 计算概率分支的概率值;③ 计算各概率点的收益期望值,确定最优方案。

决策树法比较直观,把决策过程简要的勾画出来,便于决策者有顺序、有步骤、有逻辑地进行决策,它既可用于单阶段的决策,也可用于多阶段的决策。

(四) 试验决策法

试验决策法是针对一些新出现而且重要的问题,在没有经验、不能确切评价各备选方案、无法对方案进行最优抉择的情况下采用的方法。它通过对几种方案进行典型试验,在试验过程中总结经验,正确分析出现的各种问题及新情况,经过试验之后,再对各个方案进行系统全面的比较评价,从中选优。这种方法受到各种客观条件的限制,特别是对一些重大复杂问题的决策的试验,受到人力、物力、财力、自然条件、时间等各方面的制约。但是现代科技的发展,尤其是电子计算机技术的发展,可使得试验在虚拟的"时空"中进行。通过现代数学方法和电子计算机技术,对问题环境进行模拟,建立一个或多个与所研究对象的结构、功能相似的微型模型,利用不同的模型预测决策方案可能产生的后果,并对各个方案的效益进行比较分析,为领导者提供决策的依据。

第三节 决策中的领导者

领导者在现代决策体制中处于主导地位,要明确自己在决策活动中的重要职责。

一、现代决策体制

决策体制是由承担决策的机构和人员所组成的组织体系,是决策活动得以进行的组织形式。

现代决策体制形成了以决策中枢系统(简称决策系统)为核心,以决策的信息系统居外围,决策的智囊系统居于二者之间的组织结构形式。在现代决策体制中,领导者处于核心地位,是决策活动的组织者,又是决策方案的最终决断者。

由三大系统构成的决策体制,是随着现代决策的科学化而逐步形成的科学决策体制。古代的决策体制,是个人式或称为家长式的决策体制。在这种决策体制中,决策是由首领、长官个人包办的,即使有个别的军师、谋士之类的智囊人物替决策者出谋献策,也只是某些个人的参谋作用。这种仅凭个人的才智和经验、个人的感情和好恶进行决策的体制具有很大的局限性。随着现代社会的发展,决策的复杂性、困难性大大增强了,任何卓越的领导人单凭个人的智慧,也难以掌握剧增的信息,难以应付错综复杂的决策,于是产生了决策的信息系统、智囊系统和中枢系统的分工,它们相对独立,各负其责,又密切配合,协调一致,共同完成决策活动。现代决策体制有两大特点:第一,决策中的"多谋"与"善断"相对分工,智囊系统的主要任务是参谋咨询,负责设计可行方案,中枢系统则负责作最后的方案选择。第二,决策制定与执行相对分工。重大问题的决策集中于核心领导者,由其选择方案,作出决定,而一般领导者则负责决策方案的执行。

(一)决策的信息系统

决策的信息系统,是由掌握信息技术的专门人才组成的,它专门从事收集、统计、贮存和传递等信息处理活动,为决策提供情报信息资料。信息是决策的基础和依据,没有信息,决策就寸步难行。而现代社会信息大幅度膨胀,传统的手工处理资料的方式已经难以适应现代决策的需要,因而产生了现代化的信息科学和信息技术,有了广泛利用电子计算机的管理信息系统。信息系统在决策中发挥着重大的作用,如果把决策者比作有机体的大脑的话,那么信息系统就是这个有机体的神经系统,它为决策提供必要的情报、数据和资料,为决策服务,保证决策的科学化。随着现代社会的发展,决策对信息的要求越来越高,科学化的高技术水平的信息系统才能适应决策的需要。

(二)决策的智囊系统

决策的智囊系统,是由各种专家组成的参谋咨询机构,它集中了专家们的集体智慧,运用科学的方法和技术,为决策提供咨询意见和方案,帮助领导决策。

决策智囊的产生由来已久,我国历代都有一批"谋士"、"军师"、"幕僚",就是替统治者出谋献策的智囊人物。由于社会化大生产的复杂化,现代社会的决策往往涉及多种领域,需要多种科学知识,需要专门的科学手段来处理,光靠领导者是难以作出科学的决策的。因此,拥有各种专家的智囊团就迅速发展起来了,各类"思想库"、"头脑公司"蜂拥而来。美国兰德公司就是一个著名的智囊团,它在美国政府的决策方面起到了很大的作用,扮演了重要角色。现代智囊团虽然脱胎于古代的智囊制度,却与之有本质的区别。首先,古代的智囊人物是以个人的足智多谋为决策者献计献策的;而现代的智囊系统则注重发挥集体的智慧,它把具有不同知识结构、不同经验的专家集中在一起,相互补充又相互启迪,构成一种合理的智囊体系,为领导的决策服务。其次,古代的智囊人物一般隶属于某个领导人,对主人忠心耿耿,不免看主人的脸色办事;而现代智囊系统是相对独立自主的机构,能够自由地客观地提出自己的意见。可以看到,现代智囊系统具有集体性、科学性、相对独立性三大特点。决策的智囊系统是辅助领导决策的机构,在现代决策体制中占有特别重要的地位,在决策中发挥着重要的作用。能否发挥好现代智囊系统的作用,是判断科学决策还是经验决策的一条重要标志。

（三）决策的中枢系统

决策的中枢系统，是由拥有决策权的领导集体和个人所构成的，它是现代决策体制的核心。信息系统为决策提供必需的信息，智囊系统为决策作各种科学分析并制订各种方案，中枢系统则领导决策活动的全过程，并最终选择方案。决策中枢系统具有权威性，因为它通常是由具有一定职权的领导者所组成的，只有它才在决策活动的过程中，享有拍板定案的决策权力。决策中枢系统还具有主导性，主导着决策活动的全过程。虽然决策活动是由信息系统、智囊系统和中枢系统共同完成的，并且各自具有相对的独立自主性，但是只有决策的中枢系统处于主导地位，决策中枢系统的主体就是各个部门、各个层次的领导者，他们主导着整个决策活动的进行。在决策活动中，领导者的主要职责是：

1. 考虑决策目标的确立。领导者必须具备发现问题的敏锐眼光，善于从复杂多变的状态中抓住关键问题，并针对问题所在，提出符合标准的准确目标。

2. 组织决策方案的制订。领导者需要及时地提出有关决策课题，挑选熟悉这一课题的专家，组成高水平的智囊团，并为他们的工作创造优越的环境，提供有关的资料经费和条件，以便能尽快地设计出质量高的备选方案。

3. 负责决策方案的抉择。现代领导者既要勇于抉择，又要善于抉择，必须具有决断的魄力。面对大量的问题，需要领导者敢于及时作出正确的抉择，犹豫不决，模棱两可就是失职。

4. 领导决策方案的实施。随着现代决策体制的发展，决策与执行已相对分离。在实施方案过程中，领导者的责任不在于事无巨细的管理，而在于总体上的指导、控制、协调、监督，以保证决策方案的执行能够按照正确的决策顺利进行。

二、领导者的抉择

分析评估、选择方案是决策过程中最重要的步骤，而对决策方案的正确抉择，是领导者在决策活动过程中最重要的职责。

（一）抉择方式

领导者对决策方案的抉择有集体抉择和个人抉择两种方式。

1. 集体抉择是由具有决策权的领导集体共同作出抉择的一种方式。具有决策权的全体人员，以多数通过的形式，作出选择方案的决定。参加抉择的每个人不论其职位高低，都只是以个人成员的身份发挥作用，而无特殊权力，即使是领导集体的负责人，也只是起"主持人"的作用，最终以少数服从多数的原则，确定决策方案。这种决策方式适用于法律、路线、方针、政策等重大问题上的决策，一般采用委员会的领导体制，如我国的各级人民代表大会，通常都采用集体抉择的方式。集体抉择的最大优点是能够集思广益，充分发挥集体的智慧，利用集体的经验和知识，避免个人意见的片面性和局限性，从而有利于提高决策的成功率和科学性。集体抉择也有利于做到协调一致，因为集体决策并不只是一个少数服从多数的组织形式的问题，而且是相互讨论统一认识的过程，这样就有助于决策作出后全体一致、同心同德、协调行动，保证决策方案的顺利执行。集体抉择的主要缺点有两方面：第一是速度慢，有时议而不决，贻误时机；第二是职责不清，因为每人分担一份责任，往往会导致互相推诿，无人负责。

2. 个人抉择是由具有决策权的个人作出抉择的一种方式。具有决策权的领导者个人有决断权，并对后果负责。在一般的事务性工作中，以领导者的个人抉择方式为好，比如我国各级行政部门的首长负责制,在决策上通常是采取个人抉择的方式。个人抉择方式的优点是责任明确,抉择迅速。采用个人抉择方式时,由于抉择权高度集中于最高首长手中,个人对抉择后果负完全的责任,责任十分明确,因而就可以避免互相推诿、来回扯皮的现象。领导者有权迅速作出某种判断,也就避免了争论不休、议而不决的情况发生,从而提高了办事效率。在情况瞬息万变的现代社会,个人抉择通常比集体抉择速度快,反应灵敏,行动迅速,有很大的优势。个人抉择的缺点主要是:第一,个人抉择难免受个人知识、经验的限制,"智者千虑,必有一失";第二,个人抉择容易造成个人专断,如果决策者思想不好,就会滥用权力,营私舞弊。因此必须有健全的制度制约和监督,保证个人抉择有法可依,依法进行,避免权力的滥用。

集体抉择和个人抉择的方式,各有长短,各有其适应性。现代社会的复杂性,要求决策时集思广益,深思熟虑;而现代社会的多变性,又要求决策时迅速果断,反应灵敏。采用何种决策方式,应根据实际的问题和情况来确定,把这两种方式有效地结合起来,用其所长,避其所短。

(二)对领导者抉择的基本要求

如果领导者对决策方案的最终抉择是错误的,那就意味着决策的失败,使抉择前所做的工作前功尽弃。领导者对决策方案的选择,不仅要有合理的评选标准和科学的评选方法,而且要符合一些基本要求。

1. 时效性。在一定的时间内,某个方案可能是最佳方案,而超过了一定的限度,就可能成为不佳方案。所以,领导者面临选择时,必须尽力抓紧时机,当机立断,及时抉择。迟疑不决,当断不断,反受其乱。在当今社会变化加剧的情况下,决策具有更强的时效性,迅速而准确地抉择,是对领导者抉择的一条基本要求。

2. 系统性。领导者对决策方案的抉择必须从系统论的观点出发,追求整体最佳的决策目标,要考虑决策所涉及整个系统和相关系统的相互联系及相互作用。由于局部和整体的利益并不总是一致的,从局部看是好的,从整体看不一定是好的,所以对决策方案的选择就必须服从整体最佳的原则,处理好局部和整体的关系。只顾局部,不顾整体,就会顾此失彼,无法作出最好的抉择。

3. 民主性。决策的科学化和决策的民主化是不可分的,决策活动的全过程都应遵循民主化的原则。领导者对抉择方案的选择,必须建立在民主化的前提下。无论是集体抉择,还是个人抉择,都应符合民主性的要求,在决断前应广泛听取各种意见,兼听则明,偏听则暗,在正反两方面意见的比较权衡中,作出正确的抉择。主要领导者必须尊重每一个人的意见,搞"群言堂",不搞一言堂,充分发扬民主,防止以个人的决定代替集体的抉择。

4. 合法性。各种决策所必经的法定程序必须严格遵守。某种决策由谁参与,由谁审查,由谁批准,必须按有关的法规、制度去办理,违反法定程序的抉择是非法的、无效的。领导者的抉择实际上体现了一种职权,这种权力是由法律规定的,具有一定的权限范围,超越法律规定的权限范围的决择也是非法的,是不允许的。合法性还指选择的方案的内容必须符合法律规定,尽管有些方案能够给本地区、本部门、本单位带来可观的经济利益,但是只要它是违背法律的,都应当坚决否定。

5. 灵活性。决策不仅是一门科学,还是一门艺术,决策上的灵活性就体现了决策的艺术性。要灵活地运用决策技术和方法,因人因地因时制宜。对不同的决策问题的抉择要做不同的灵活处理:对确定型的决策方案,要坚决果断,及时定夺,争取最佳效果;对风险型的决策方案,要考虑选择最有希望的方案,并留有余地,准备好应变方案;不确定型的决策方案,风险性最大,要边试验,边前进,采取"摸石头过河"的决策方法,步子不宜太快。

领导者抉择最佳方案的能力,取决于领导者决策水平的高低,取决于领导者的自身素质。为了提高决策水平,领导者要有不断创新的进取精神,要有渊博的学识和丰富的经验,要有缜密新颖的思维方式,还要有当机立断的魄力。这样才能多谋善断,准确抉择。

三、领导者与智囊团

智囊团是领导者在决策过程中不可缺少的依靠力量,充分发挥智囊团的作用,是领导者进行科学决策的重要保证。

智囊团在决策中的作用,就是要填补领导职责与其能力的差距,充当领导的"外脑"。从决策的复杂性看,当今社会的许多决策问题,往往涉及政治、经济、科技、文化、军事、社会等众多领域,领导者就是博学多才,也不可能精通各个领域的专门知识,因而无法仅仅依靠自己的知识、经验轻易作出决策。集中了各类专家的智囊团,借助众人的头脑,构成一种互相补充的合理知识结构,弥补了领导者知识、经验的不足,为决策提供参谋咨询服务。从决策的时效性看,由于现代社会的急剧变化,决策的时间已经大为缩短。领导者从事战略思考的时间越来越短,各种信息瞬息万变,要求及时反应,迅速决策。在这种条件下,领导者无法在短时间内仅靠个人就对决策问题作出系统详尽的分析思考,而必须依靠智囊团对各种问题进行精细的分析,严密的论证,才能避免决策的失误。

各级领导者必须在思想上重视并充分发挥智囊团的作用。为此,还必须从组织上健全决策的智囊系统,扶助智囊机构,挑选优质的智囊团成员,使之成为一个名副其实的智囊团。智囊团作用的大小,力量的强弱,主要取决于智囊团成员的质量。智囊团成员必须具备以下基本条件:① 应当是博才的专家,是既有一门专业知识,又是学识渊博、思路开阔、目光敏锐的人。② 应当具有服从科学、服从真理、服从事实的品质,而不能是看着领导的眼色行事、报喜不报忧的人。此外,应当注意到把不同知识结构、不同经验的专家集中在一起,相互补充,相互启迪,形成一个有利于决策的专家群体。

在决策过程中,领导者应该在以下几个方面发挥好智囊团的作用:

1. 对决策问题进行科学预测。现代智囊团往往具有广泛的情报信息来源,拥有多种学科的分析专家,掌握着现代化的科学方法和技术,因而有能力运用科学手段,对事物的未来状况作出比较准确的估计。领导者在决策前就应将有关预测课题交给智囊团,并在科学预测的基础上进行决策。

2. 对决策方案进行具体的设计,并对其进行详细的分析论证。决策方案的具体设计是一项技术性很强的工作,领导者的职责在于组织决策方案的制订,而不是完全由自己来设计具体方案。方案的设计及其详细的分析论证,通常由智囊团来完成。

3. 对决策问题的有关方面进行咨询。领导者在决策过程中,难免会碰到自己难以处理的重大问题,应当就这些问题向智囊团征求意见和建议,必要时召集专家进行"会诊",找出问题的症结,寻找解决问题的途径。咨询实际上是领导者和智囊系统密切配合的过程。

4. 对决策的实施情况进行反馈分析。决策方案的实施过程中,智囊团可以起到一个信息反馈系统的作用。对方案实施过程中的信息进行分析,并就反馈分析的问题提出应付的对策,及时提供给领导者,以便进行决策修正,使得决策进一步完善。

智囊团与领导者的关系是"多谋"与"善断"的关系,二者相辅相成而不是相互取代。一方面,领导者必须保证智囊团的独立研究,甚至允许其唱对台戏,而不把个人的意见强加给他们,更不允许领导已经作出结论,而只让智囊团论证自己结论的正确性。现代智囊团具有相对独立性,对问题的分析论证应以客观事实为依据,从客观情况得出科学的结论,而不必看领导眼色行事。另一方面,领导者又不能让智囊团代替自己决策,不能完全为智囊团的意见所左右,不能让他们代替领导者选择方案。这是因为,智囊团虽然是依据科学技术和方法来分析论证问题的,但实际决策中往往包含了无法计量的价值标准,是不能仅仅依靠知识、技术来衡量的,需要领导者的决断,这是其一。其二,智囊团对方案的分析设计,往往是从理想条件出发的,可是现实又并非那样理想化,凭领导者的经验和直觉可能会选择出较为满意可行的决策方案。总之,智囊团与领导者应是各负其责,相互补充,相互配合,共同保证决策的科学性。

四、领导者的危机决策

现代社会风云变幻,矛盾重重,是一个"风险社会",任何一个领导者都随时面临危机的挑战和压力,都有可能处于危机事件的影响之中。罗森塔尔(Rosenthal)认为:危机就是一个社会系统的基本价值和行为准则架构受到了严重威胁,在时间压力和不确定性很高的情况下,决策者必须对其作出关键决策的事件。一般而言,危机具有突发性、紧急性、威胁性、不确定性、时间有限性、处理的非程序性等显著特征。9·11事件、SARS危机、禽流感危机以及一系列大大小小的安全生产事故的发生,将如何应对危机、增强领导者危机决策能力提上了议事日程。危机决策是衡量领导者能力的一个重要指标。

危机决策也称非常规决策,这是相对于常规决策而言的,是指决策问题罕见,或者决策环境变化无常,难以事先确定解决方案的非程序化的决策。通俗地说,危机决策就是在有限的时间、资源、人力等约束条件下完成应对危机的具体措施,即一旦出现预料之外的某种紧急情况,为了不错失良机,而打破常规,省去决策中的某些"繁文缛节",以尽快的速度作出应急决策。[1]

危机决策有如下几点要求:

1. 快速果断。危机通常是突发事件,常常是来势猛,发展速度快,把握变化趋势难度大。处理及时得当,事件能够得到妥善解决;处理不好或贻误时机,则可能扩大突发危机的范围,甚至可能失去对全局的控制,造成更加严重的损失。危机决策的首要目标是控制危机的扩大,尽可能地保护人们的生命财产安全。因此,从事态的控制、症结的寻找到决策方案的实施,都要求领导者当机立断,快速反应,果断行动,不能犹豫不决,贻误时机。这是危机的时效性要求,也是危机决策的显著特征。

2. 高效准确。危机决策要求稳、准,富有成效。危机情况下的决策时间紧迫,信息缺乏,资源有限,技术稀缺,要作出准确的决策,这就对领导决策水平提出很高的要求。准确的决策,找准了危机的要害症结,实施后可以收到"立竿见影"的效果,迅速恢复正常的社会秩序。相反,错误的决策,不能"对症下药",即使决策速度再快,也无助于危机的处理,甚至会扩大危机,加重损失。所以,领导者在危机决策时,既要迅速及时,又必须慎重行事,周密分析,作出准确高效的

---

[1] 薛澜,张强,钟开斌:《危机管理》,清华大学出版社,2003年版,第164页。

决策。

3. 非程序性。危机常常使领导决策环境发生急剧变动,无法全面准确地掌握决策信息,增加领导决策的不确定性。在这种情况下,采用常规性的决策程序和方法是很难及时有效地解决问题的。危机的处理是一种非程序化决策,在决策程序、方法上需要灵活权变,突破常规,由主要领导者最大限度地集中决策信息和资源,依靠领导者的个人经验和知识,简化程序,减少决策环节,迅速作出决策并付诸实施。比如采取领导者现场办公的形式。

领导者在危机决策中占主导地位,面对危机,进行适当的危机决策,必须做到:

首先,要主动积极,镇定自若。突发事件的出现,对当事人的心理会产生相当的冲击,表现在绝大多数人心绪不稳,思想混乱,这是非常正常的现象。作为领导者就要保持冷静,处乱不惊,沉着应付,临危不惧,要有"泰山崩于前而色不变"的大将风度,主动承担责任,积极调查,弄清事件的真相,对症下药进行决策。领导者主动积极、镇定自若可以稳定情绪、激发思维,有助于决策者从复杂纷乱的环境中迅速找到问题的关键;同时也能减轻人们的心理压力,帮助其他人稳定心境,共同应对危机。

其次,要迅速果断,协调合作。在危机决策过程中,由于事态的突发性、严峻性及决策要求的高时效性,领导者根本不可能有充分的时间和条件去广泛征求意见。领导者要抓住主要矛盾,不纠缠于细枝末节,雷厉风行,果断决策,迅速处理,避免事态的进一步扩大。尽管如此,领导者还应在条件允许的范围内尽可能地收集信息,征求有关方面的意见,并保持决策群体的充分沟通、协作。

最后,要富有创意,灵活应变。由于危机事件是突然发生的,往往无章可循,总是通过偶然的形式出现,令人措手不及,因此,突发危机时,领导者的大胆创造、及时处理显得特别重要。领导者必须考虑各方面的条件和因素,因人因地因事制宜,采取机动灵活、超乎常规的程序和办法,同时领导者要不断更新决策方法和技术,有效利用各种先进的决策技术和方法,并在实践中灵活、合理地运用,以提高决策的科学性。

危机也意味着契机。领导者能有效地处理危机,就获得了展现其领导能力和才干的机会,可以获得更高的权威,也有利于在今后的工作中推行新理念,推动组织的改革和进步。

第六章 领导用人

选拔人才和使用人才,是现代领导的一项重要职能。能否正确地选才用人,是领导成败的关键,是关系到国家兴衰和事业成败的大事。胡锦涛在党的十七大报告中指出:"不断深化干部人事制度改革,着力造就高素质干部队伍和人才队伍。"[①]李源潮也提出,要充分发挥人才的第一资源作用。[②]

第一节 衡量人才的标准和领导选才用人的意义

领导活动的有效性在一定意义上取决于领导选才用人的正确性。凡有作为的领导者同时也是一个善于选才用人的领导者。正确地把握人才的含义及其特点,是准确地选才用人的前提之一。

一、人才的特点与类型

历史的活动首先是人民群众的活动,正是千千万万人民群众的实践活动,创造了历史,并推动历史前进。但是,这一观点并不抹杀人与人之间的差别,主要有政治思想上的差别、智力和体力的差别、知识结构的差别等。正是这些差别的存在,形成了不同人之间的不同能力。人的能力有类别之分,例如一些人具有较强的记忆能力,另一些人具有较强的表达能力或理解能力;人的能力也有高低之分,例如一些人善于发明创造,另一些人只能人云亦云。正是由于人们存在着这些差别,从而使一部分有特殊才华的人从人群中突出出来。他们对社会的发展有着特殊的贡献,因而常常被称为"人才"。

人才或称之为"人",或称之为"才",例如《史记·夏本纪》上说:"于是帝尧乃求人,更得舜。"又如曹操在《求贤令》中说:"唯才是举,吾得而用之。""人才"作为一个专门术语,在古代至少是从以下意义上使用的:① 相貌。如《三国演义》中说:"马超纵骑持枪而出,狮盔兽带,银甲白袍,一来结束非凡,二来人才出众。"我们现在说某人是"一表人才",也是从这个意思而言的。② 才能。如王充《论衡·累害篇》中说:"人才高下,不能钧同。"人才,即指有才能的人。

(一)人才的特点

根据近年来领导科学和人才学研究的成果,所谓人才,是指具有时代所要求的先进的思想道德品质,具备相当的文化知识,有较高的才能或专长,以自己的本领和劳动对社会发展作出较大贡献的人。人才具有如下基本特性:

---

① 胡锦涛:《在中国共产党第十七次全国代表大会上的报告》,《人民日报》,2007 年 10 月 24 日。
② 李源潮:《充分发挥人才在科学发展中的第一资源作用》,《人民日报》,2008 年 12 月 27 日。

1. 创造性。创造性是现代人才最基本的特征之一。一般说来，凡能称得上人才的人，应该是为社会发展和人类的进步进行了创造性劳动，在某一领域、某一行业或某一工作上作出了较大贡献的人。马克思、恩格斯、列宁、毛泽东、邓小平是人才，因为他们创造和发展了为无产阶级谋福利的理论，并领导人民进行了伟大的革命和建设实践。祖冲之、张衡、爱因斯坦是人才，因为他们在科学技术上作出了重大发现或发明。当然，创造有大小之分，人才有伟大和一般之分。那些作出划时代的重要创造性劳动的人是伟大的人才，但是对那些在某一领域有所创造、有所发现的人，也不能排除在人才之列。正是千千万万的一般人才的创造性劳动，构成了整个人类社会的创造性劳动。

2. 历史进步性。创造性是人才的一个最基本的特征，但不能反过来说凡是具有创造性的人都是人才。人才是一定历史时期一定阶级的人才。判断是否为人才还要有一个重要标准，这就是看他的创造性劳动是否推动历史进步。凡是其创造性劳动对人类社会的发展和历史的进步起推动作用的，方能谓之人才，否则即使作出了什么与众不同的新花招，也称不上人才。例如南宋时代的秦桧，投降卖国，两任宰相，前后执政19年，以"莫须有"的罪名害死民族英雄岳飞，这也不失为一种"创造"。但他这种"创造"是逆历史潮流而动的，因而不能称之为人才。

3. 社会性。人才必须生活在特定的社会环境之中，离开社会存在的人才是没有的。人才所从事的创造性劳动无论从性质还是从规模而言都受到当时当地的特定社会条件的限制。我国古代名医华佗发明了"麻沸散"，能够为需要进行手术的病人解除痛苦，但是他不可能像现在的医生一样用激光技术对病人进行手术治疗。这就是因为当时社会历史条件限制的缘故。

4. 专业性。现代社会发展的高速度和社会结构的复杂性以及人类知识的密集度，要产生全才是不可能的。因此，现代人才总是某一方面或某一领域、某一专业的人才。

5. 相对性。人才是从相对的意义上而言的，主要表现在两个方面：其一是说人才与非人才是相对的。某人在某一领域是非人才，但在另一领域则是人才；相反，某人在某一领域是人才，但在另一领域则不是人才。例如，一个文学家去从事原子弹的研究工作，无论如何是不能成为人才的。其二是说在杰出人才与重要人才之间、重要人才与一般人才之间也没有绝对分明的界限，他们的区分也只能是相对的。

（二）人才的类型

人才广泛地分布于社会的各个领域。所谓"七十二行，行行出状元"。由于现代社会科学技术的发展，劳动分工越来越细，今天的职业领域远远超出了七十二行。不论哪一个领域，都有其特殊的人才。人才既然是广泛的，就必然是多样的。可以将人才大致分为如下几种类型：

1. 依据人才所从事的工作性质不同，将人才分为理论型人才和实践型人才。理论型人才是指从事理论研究并对某一理论观点、体系有所创造和贡献的人，如思想家、科学家等。实践型人才是指从事生产实践、社会实践和科学实验并在三大实践中作出一定贡献的人，如工程师、社会活动家等。理论型人才所创造的理论成果，能对实践型人才的生产实践、社会实践和科学实验起指导作用。但是，也只有通过实践型人才把理论应用于实践，才能对社会的发展产生促进作用。

2. 依据人才自身素质的不同，将人才分为发现型人才和再现型人才。发现型人才是指那些善于发现尚未认识的规律、提出新观点、想出新办法、作出新发明的人才。例如，马克思作为杰出人才，最主要的贡献就在于他发现了资本主义社会的产生、发展、灭亡的规律和剩余价值学说。牛顿的伟大在于他第一个发现了物理学上的有关规律，即牛顿定理。爱因斯坦发现了相对论，从而使他成为杰出人才。再现型人才是指那些善于用形象的手法将一定的理论、观点或社会现实表现出来的人才,如文学家、艺术家。无论是发现型还是再现型人才,他们都离不开创造性思维的活动。发现是一种创造,再现也是一种创造。两者的区别在于:发现主要是以理性思维的形式出现的;而再现则主要是以形象思维的形式出现的。

3. 依据人才在社会活动中发挥的作用不同,将人才分为组织型人才和操作型人才。组织型人才是指那些具有较强的组织能力、善于动员群众和组织群众的人才,如政党领袖、国务活动家、学校校长、医院院长等。操作型人才则是指那些具有相当业务能力,在某一专业领域学有所长或善于从事某一方面工作的人才,如秘书、医生、工程师等。组织型人才十分重要,缺乏组织型人才,社会群体就不可能有效地组织起来,社会活动就无法进行。但是,如果缺乏大批的操作型人才,组织活动也难以达到有效的目标。

二、衡量人才的标准

所谓衡量人才的标准,就是指衡量是否属于合格人才的标尺或准则。这个标准,简言之,就是德才兼备。所谓德,是指思想道德品质,主要是就政治思想素质而言的;所谓才,是指才能和智慧,主要是就业务素质而言的。德才兼备,就是指一个合格的人才,既要具备一定的政治思想素质,具有较好的道德品质的修养,又要具备一定的业务素质,具有较强的才干和专业知识修养。

"德才"是一个历史的范畴,不同社会、不同阶级对"德才"的理解是各不相同的。就德而言,封建地主阶级的道德标准与资产阶级的道德标准就存在着明显的区别。我国封建社会对人才的最高道德标准是"君臣、父子"、"君要臣死,不得不死;父要子亡,不得不亡"。如果臣敢犯君,显然是逆德的。在资产阶级看来,人才的最高道德标准应该是尊重人权和个人奋斗,并以个人主义取而代之。但是,由于他们都属于剥削阶级,因而他们所提倡的道德标准都是为了维护剥削阶级的统治。无产阶级作为一个代表历史进步方向的先进阶级,他们有着与剥削阶级截然不同的人才道德标准。

在中国社会主义条件下,人才的"德才"标准有了根本的变化。所谓德,最主要的就是坚持马列主义、毛泽东思想、邓小平理论、"三个代表"重要思想和科学发展观,其核心内容就是坚持中国特色的社会主义,坚持中国共产党的领导。具体地说,就是坚持正确的政治方向,忠实执行党的路线、方针、政策,党性强,作风好,敢于坚持原则,善于团结同志,密切联系群众,全心全意为人民服务,为发展生产力,为社会主义事业作出积极贡献。

所谓才,就是要有为人民服务、为人民造福的本领和才干,具有现代科学文化知识,熟悉和精通自己的业务,有专业知识和能力。在新的历史条件下,中国共产党将人才的德才标准具体化为"四化",这就是干部的革命化、年轻化、知识化和专业化。

革命化,就是要求干部树立坚定的共产主义信念和理想,要坚持四项基本原则,贯彻执行党的路线、方针和政策,在思想上、政治上同党中央保持高度一致;要认真学习马列主义、毛泽东思想和中国特色社会主义理论体系的基本观点,并善于运用这些基本观点分析问题和解决问题;要有坚强的党性,讲政治、讲大局,对党的工作有高度的责任心和政治责任感,有埋头苦干的实干精神;要有实事求是、密切联系群众的优良作风,能够开展批评与自我批评,坚持原则,遇到困难时能挺身而出,同一切不正确的思想和行为作斗争;要严格遵守党的纪律和国家的法律,有坚强的组织性和法制观念。革命化是干部的政治标准,是干部年轻化、知识化和专业化的前提条件。

年轻化，主要是指干部应当年富力强，精力充沛，能够担任繁重的工作。老干部久经考验，经验丰富，是党的宝贵财富。但我们的事业是千秋万代的事业，没有千百万年轻的干部，就有可能出现后继无人的现象。年轻干部精力旺盛，工作干劲大，在改革开放的新时期，更能担负起开创新局面的繁重任务。当然，干部的年轻化不是无条件的，并非越年轻越好。

知识化，就是要求干部必须学习和掌握一定的现代科学文化知识。充实和更新知识，才能适应社会主义现代化建设的需要。在使用和提拔干部时，应把学历和学习成绩同工作经历、工作成绩一样作为重要依据。只强调学历而忽视一个人的实际知识水平是错误的；但是如果借口反对唯学历论而不强调干部的知识、学历和学习成绩，则同样是错误的。

专业化，就是要求干部必须具有本行业的专业知识和业务能力。建设现代化没有专业知识是不行的。各条战线都有各自的专业知识。只有工作热情，没有专业知识，工作抓不住关键，做不出应有的成绩。不懂业务，在那里瞎指挥，更会造成危害。我们一方面应选拔一批专业技术人才充实领导干部队伍，另一方面应号召领导干部努力学习专业技术，逐步成为自己所领导的行业的专家。领导干部既应该是"通才"，当然，不能当"万金油"，又应该是"专才"，成为某方面的行家里手。

干部的革命化、年轻化、知识化和专业化是紧密地联系在一起的。它们的关系是辩证统一的关系。一方面，应该看到这四者的区别，既不能用革命化来代替其他"三化"，也不能用其他"三化"来代替革命化。就是知识化与专业化也是有严格区别的，也不能相互代替。另一方面，也必须看到它们之间的密切联系，看到四者是一个统一的整体。其中，革命化是干部的首要条件，没有革命化就不能坚持正确的政治方向，不能全心全意为人民服务。但只有革命化，没有干部的年轻化、知识化和专业化，也不能适应社会主义现代化建设事业的需要。在干部的"四化"标准中包含了德才的统一。因此，对人才标准必须把德才看成一个统一体，二者不能割裂，不能偏废。既要反对重德轻才的倾向，也要反对重才轻德的倾向。

人才的标准问题是领导选才用人的核心问题。有怎样的人才标准，就会有怎样的选才用人的路线。这也是有关党的干部路线和组织路线的大是大非问题。胡锦涛在党的十七届中央纪委三次全会上强调："我们党的干部标准是德才兼备、以德为先，德的核心是党性。"领导者只有从德才兼备的人才标准出发，才能真正选拔到优秀人才，才能把我国的社会主义现代化建设事业推向前进。

由于人才标准的不同，便形成了任人唯贤与任人唯亲的两条根本对立的人才路线。所谓任人唯贤，就是按照德才兼备的人才标准，选拔任用那些道德品质好并且有才干的人，这是中国共产党历来主张的人才路线，即干部路线。所谓任人唯亲，就是按照同自己的关系是否密切、感情好不好的标准来选拔任用人才，而不管其德才如何，这是宗派主义的人才路线。如果遵循这条路线，就必然反对德才兼备，而主张以"派"画线，以"亲"画线，即以是否属于自己的"宗派"或"关系网"为人才标准。必须反对以"派"画线，以"亲"画线的任人唯亲的人才路线，坚决贯彻任人唯贤的人才路线。

三、选才用人对于现代领导的重要意义

选才用人是领导活动中的重要内容。所谓选才，就是指正确地选拔人才；所谓用人就是指合理地使用人才，即把每一个人安排在一个恰当的位置上，让其充分发挥应有的作用。历代统治者

们对选才用人都十分重视,将这门学问称之为用人之道。在中国封建社会中,无论是汉代的"举孝廉",还是魏晋的"九品中正制"和隋唐开始的"科举制",对于巩固封建地主阶级的政权都起了十分重要的作用。

无产阶级自建立自己的政权起,就十分重视选才用人,认为它对于巩固无产阶级的政权和进行社会主义革命与社会主义建设,具有十分重要的意义。列宁指出:"我们得出结论,目前的关键在于人,在于挑选人才。"①他告诫全党:如果不抓住这个关键,就要犯政治错误,就要使整个经济建设受到挫折。他号召要吸收数十万的有用人才来为社会主义建设服务。中国共产党也一直十分重视人才的选拔和使用。毛泽东指出:为了建设社会主义,工人阶级必须有自己的技术干部队伍,必须要有自己的教授、教员、科学家、新闻记者、文学家、艺术家和马克思主义理论家的队伍。进入改革开放的新时期以后,邓小平指出:"要善于选用人员,量才授予职责。要发现专家,培养专家,重用专家,提高各种专家的政治地位和物质待遇。"②胡锦涛在党的十七大报告中也指出:"坚持正确用人导向,按照德才兼备、注重实绩、群众公认原则选拔干部,提高选人用人公信度。"③

(一) 人才是世界上最宝贵的财富,是创造物质财富和精神财富的带头者和推动者

毛泽东曾经指出:在世界一切事物中人是最宝贵的,有了人,什么人间奇迹也可以创造出来。人间奇迹包括物质财富和精神财富在内。按照历史唯物主义的观点,物质财富和精神财富的创造者是劳动人民。而人才就其主体而言,也属于劳动人民的一部分,而且是其中的精华部分。他们在创造财富的过程中,起着带头和推动作用。从物质财富的创造看,实践型的人才,如王铁人、王崇伦等劳动人民出身的人才,本身就是创造物质财富的带头人;发现型、理论型的人才,如李四光、钱学森、钱伟长等科学家,他们的科学发现则对物质财富的创造起着极大的推动作用;组织型的人才,如企业的厂长、经理等,则对物质财富的创造起着组织、指挥、管理的重要作用。从精神财富的创造看,人才则是精神财富的直接创造者。我国社会主义建设经验告诉我们,要在我国创造高度的物质文明、精神文明、政治文明和生态文明,就必须正确地选才用人。

(二) 人才是事业之本,是否正确地选才用人关系到社会进步、国家兴衰和事业的成败

历史的经验告诉我们:任何社会,如果养成了正确选才用人的风气,充分发挥人才在社会各个领域的作用,社会就会进步。一个国家,如果建立了一种正确选才用人的制度,能够做到人尽其才,才尽其用,这个国家就会兴盛;否则就会衰亡。任何事业,只有有其合格的人才而为之,并充分发挥人才的作用,才有可能获得成功;否则就有可能失败。每一种社会制度在它刚刚建立之初,由于那时的统治阶级还是革命的、新兴的阶级,因而他们还是比较注意选才用人的。例如,我国西汉开国皇帝刘邦,他之所以能战胜项羽,并使汉朝得以巩固,与他善用人是分不开的。他曾说过:"运筹帷幄之中,决胜于千里之外,吾不如子房。镇国家,抚百姓,给馈饷,不绝粮道,吾不如萧何。连百万之军,战必胜,攻必取,吾不如韩信。此三者,皆人杰也。"但是,当剥削阶级社会发展到一定程度的时候,其内部机制开始腐朽,"任人唯贤"为"任人唯亲"所取代,这个社会便开始走下坡路,直至灭亡。这个例子不但说明了社会的发展与用人的关系,也说明了国家的兴衰和

---

① 《列宁选集》第4卷,人民出版社,1995年版,第693页。
② 《邓小平文选》第2卷,人民出版社,1994年版,第151页。
③ 胡锦涛:《在中国共产党第十七次全国代表大会上的报告》,《人民日报》,2007年10月24日。

事业的成败与用人的关系。

（三）人才是我国社会主义现代化建设的栋梁,正确地选才用人对我国现代化建设起着关键作用

党的十一届三中全会以后,我国进入了以经济建设为中心的改革开放的新时期。这是一项空前而伟大的事业,面临的困难十分艰巨,完成的任务纷繁复杂,没有千千万万人才的共同努力是不可能完成的。因此,现代领导者必须正确地选才用人,做到人尽其才,才尽其用。实践证明:凡是注重选才用人,社会主义建设事业就会兴旺发达;凡是忽视人才的作用,则社会主义建设事业就要遭受挫折。十年"文革",不知摧残了多少人才,也不知给社会主义建设事业造成了多大损失。在社会主义现代化建设的过程中,如果领导者再不注意人才的作用,忽视正确选才用人的意义,有中国特色的社会主义现代化建设事业就难免会遭受挫折。正如江泽民所指出:"按照革命化、年轻化、知识化、专业化方针,建设一支适应社会主义现代化建设需要的高素质干部队伍,是我们的事业不断取得成功的关键。"①

当今社会已进入知识经济时代,经济的发展和现代化建设更加依赖于人才的积极贡献。一个有所作为的领导者应该努力学会选才用人的学问,真正做到正确地识别、选拔和使用人才。只有知人善任,才算得上一个称职的领导者。

第二节 选拔人才的原则和制度

领导选才用人是一个过程,只有先选才,然后才谈得上用人。欲要善任,须先知人。所谓人才选拔,是指领导者依据一定的人才标准,考察、识别和挑选人才的过程。正确的选才原则和合理的选才制度,是有效地选拔人才的重要保证。

一、人才选拔原则

所谓人才选拔原则,也可称为考察识别人才的原则,或称为知人识人的原则,它是领导者考察识别人才的基本准则。在考察识别人才的过程中,这些原则起着指导领导者行动的作用。领导者只有坚持正确的考察识别人才的原则,才能正确地发现人才和选拔人才。

毛泽东指出:"不但要看干部的一时一事,而且要看干部的全部历史和全部工作,这是识别干部的主要方法。"②这里所说的就是考察识别干部的基本原则,也是考察识别人才的基本原则。它告诉我们,在考察识别人才时,必须坚持全面的、历史的、发展的观点,即在整个工作的过程中应该用辩证法的眼光去考察识别人才,而不是用形而上学的、孤立静止的观点去考察识别人才,不能把考察对象的任何一个方面绝对化。从这个总的、最基本的原则出发,还必须遵循以下几个原则:

（一）察言与观行相结合的原则

在考察识别人才时,既要看他说了些什么,又要看他做了些什么,但主要应该看他做了些什么。一个人的道德品质和智慧才能总是要通过一定的方式表现出来的。具体的表现方式千差万

---

① 《江泽民文选》第2卷,人民出版社,2006年版,第44页。
② 《毛泽东选集》第2卷,人民出版社,1991年版,第527页。

别,但归纳起来,不外乎两大类:一类是言语,一类是行为,其中最重要的又是行为。有的人花言巧语,能说会道,表面看来聪明过人,但观其行,发现他或者两面三刀,或者无所作为,这种人实际上既无德又无才。相反,有的人言语不多,但勤勤恳恳,且善于动脑筋,长于创造发明,工作有成绩,事业有成就,这种人是真正的实干家。相对于"言"来说,"行"更为重要。这种"行",主要表现于实绩。实绩的大小,是衡量人才的主要依据。

(二)考察历史与考察现实相结合的原则

在考察人才时,有必要对考察对象的全部工作情况和表现,包括过去的和现在的工作情况和表现作一个全面而又深入的考察。一个人过去的即历史上的工作情况和表现是其德才在过去的表现,而一个人的现在则是从过去发展而来的。为了全面地认识一个人是人才或不是人才,有必要对其历史进行考察。然而,人又是发展的,过去好不等于现在好,过去不行不等于现在不行。因此,不仅要考察人才的过去,而且要特别注意他目前的工作情况和现时表现。对历史的考察主要是起参照作用,而决定一个人是否为人才的关键因素是人的现时表现。因此,考察工作的重点要放在现时上,以现时表现为主。

(三)发现人才的长处与认识人才的短处相结合的原则

任何人都不可能是十全十美的,金无足赤,人无完人。如果认为既然是人才,就不应该有缺点,或者说既然某人有缺点,就不可能是人才,这都不是辩证法,而是形而上学。任何事物都是一分为二的,人才也不例外,既有优点,也有缺点。领导者对其优点要认识够,对其缺点要认识透。值得注意的是:第一,对于考察对象的长处和短处,一定要实事求是,切忌走极端,即说某人好就完美无缺,说某人坏就一钱不值。第二,在考察人才的长处与短处时,对短处必须充分认识,但同时必须以考察长处为主。如果只注意人的缺点和错误,甚至对优点和成绩视而不见,永远也发现不了人才。

(四)组织考察与群众评议相结合的原则

对人才的考察,主要有如下两个途径:一是组织考察,即由组织或人事部门对人才进行一一的考察,对每个人写出组织鉴定或决定是否任用;二是通过群众对人才进行评议,写出群众评议意见,或开展民意测验,收集群众对干部的意见,或动员群众,由群众推荐人才、决定去留。必须把这两个途径结合起来,并应充分重视群众评议。为此,一方面要打破只对人才进行组织考察的"封闭式"做法,让人才置于群众的监督之下,抵制选才用人的不正之风;另一方面也要反对脱离组织,随意对人才乱说一气的无政府主义,对于群众评议也要有组织地进行。

为了有效地贯彻以上原则,选拔人才还必须正确处理以下关系:

第一,正确处理资历与能力的关系,反对论资排辈,大胆选拔新秀。挑选人才,资历固然重要,因为资历较长的人比起资历较短的人来说,经验要丰富一些,而经验的多少也是形成能力的一个因素。但是,促使能力形成的因素是多方面的,除经验外,还有知识、性格、气质、思维等等。因此,综合起来考察,并非所有资历长的人都比资历短的人能干。在青年人中,虽然总的来说资历较短,但能干的大有人在。如果论资排辈,就会对他们中的人才视而不见,就会压抑他们发挥自己才干的积极性。所以,在考察识别人才时,既要以资历作参考,又必须反对论资排辈,注意从青年人中挑选出类拔萃的人才。从我国省委书记的成长路径来看,并不看重他们学历的专业背景,而更多地考察他们资历与能力。一般说来,他们要有近20年学习、35年左右工作中逐步构筑起的知识基础和能力素质。他们履行好自己的职责,必须具备政治鉴别能力、大局掌控能力、战略思维能力、知人善任能力以及形象塑造能力。①

第二，正确处理知识分子和人才的关系，既不能把知识分子与人才等同起来，又要克服轻视知识、轻视知识分子的种种偏见。中国共产党历来重视知识分子，在中国革命和社会主义建设过程中，注意发挥知识分子的作用，但也在知识分子问题上犯过错误。党的十一届三中全会后，在大胆使用知识分子方面做了大量工作。人才与知识分子之间存在着密切联系，一个毫无知识的人是称不上人才的，人才必然是一个具有相当知识的人。但不是所有的知识分子都是人才。有些人称得上是知识分子，但由于其或缺乏创造性，或缺乏道德责任感，就很难称得上是人才。当然，把知识分子与人才对立起来更是错误的，这必然会导致轻视知识、轻视知识分子。当今正处于知识经济时代，必须十分重视发现知识分子中的人才，充分发挥知识分子的作用。江泽民指出："知识分子作为工人阶级队伍中主要从事脑力劳动的一部分，在社会主义现代化建设中发挥着不可替代的作用，承担着重大的社会责任"，"今天，没有知识分子的参加，建设和改革的胜利更是不可能的"。②

第三，正确处理学历与水平、实践经验与文化程度的关系，既要反对以学历论人才，也要反对以经验论人才。学历与水平也是辩证统一的关系。一般说来，学历高的人比学历低的人水平要高些，但并不是绝对的。有些人虽然学历不高，但在工作中勤于自学，也有可能达到较高水平。毛泽东曾经赞扬过的萧楚女就是如此。相反，有些人虽然学历较高，但工作以后不再努力，靠吃老本，时间久了，知识老化，水平也就低了。因此，考察识别人才，应以学历作参考，重在考察实际水平，以实际水平取人。实践经验与文化程度的关系要复杂得多。我国目前有些领导干部，由于种种原因，虽具有一定的领导经验，但文化程度偏低，不大适应现代化建设的需要。应该动员、鼓励、帮助他们补课，通过再学习来提高文化程度，不行的应予以调整。同时，对于文化程度较高且有一定领导能力的人，即使暂时经验尚欠丰富，也要加以大胆提拔任用。总之，要真正做到从人民的利益出发，选贤才，识能人，造成人才涌现的新局面，把真正优秀的人才选拔到领导岗位上来。

二、人才选拔制度

正确地选拔人才，除了需要一整套选才的标准和原则外，还必须建立一套相应的选拔制度。所谓人才选拔制度，是指领导者或领导机关在选拔人才的过程中必须遵循的程序和规章。我国目前实行的选拔制度主要有：

（一）选举制

选举制是指通过群众投票表决选拔人才的一种制度。选举是国家政治生活中的一种民主形式，也是民主选拔人才的一种重要制度。它是基于这样的理论：人民是国家的主人，领导者是为人民服务的，只有让群众选举自己的领导人，才能保证人民群众的主人翁地位。选举制度有两个特点：一是保证选举人有选择权；二是保证被选举人有竞争性。选举制度的内容主要是对选举人和被选举人资格、选举程序和方法、选民和当选人员关系的规定。选举一般采用无记名投票的方式，具体形式有两种：一是等额选举，即经过预选产生候选人，候选人数与应选人数相等，然后进

---

① 《解析31位省委书记成长路径》，http://news.sina.com.cn/c/sd/2009-12-01/132819165440.shtml
② 《江泽民文选》第1卷，人民出版社，2006年版，第124、125页。

行正式选举,候选人得票超过相关数即为当选。这种方法难以充分体现上述选举制度的两个特点,因此它是一种有局限性的选举。二是差额选举,即采取候选人数多于应选人数的办法进行选举。它充分体现了选举制的特点,选举人可以在选举中有所选择,好中选优,把自己认为最满意的人选进领导机关。它有利于发扬民主,更好地体现选举人的意志,保证选举人依法行使自己的民主权利。

选举必须严格依照宪法和有关专门法规进行,必须依法保障选举人和被选举人的民主权利。选举人有了解候选人情况、要求改变候选人、不选任何一个候选人和另选他人的权利。任何组织和个人不得以任何方式强迫选举人选举或不选举某个人。对于破坏选举的人,必须依法查处。

选举制较好地体现了选拔人才的民主性和法制性,是依法民主选拔人才的一种好形式。但是这种制度也只能在一定范围内(主要是对重要领导人的选拔)采用。因为选举需要消耗较多的人力、财力和时间,如果对所有人才的选拔都采用选举制,既没有必要,也不可能实现。例如,关于专业技术人才的选拔就不宜采用选举制。因此,领导者要善于学会运用选举制,尽量通过民主和法制的形式选拔人才;但是又不能滥用选举制,只能将选举制用到其适用的地方。

(二)考选制

考选制是指通过公开考试,根据成绩选拔人才的一种制度。这种制度萌芽于中国古代的科举制度,已经历了上千年的发展历史,为当今世界上许多国家所采用,各国的文官制度就是在此基础上发展起来的。在我国的人事制度改革中,最初对部分管理人才和专业技术人才的选拔采用了考选制。考试的形式多种多样,有笔试、口试等。采用考选制选拔人才,一般面向社会,考试前向社会公开发布报考条件和考试、录用程序,凡符合条件者均可报名,通过考试考核后,择优录用。这种方法有许多优点,选用人才具有明确、客观、统一的具体标准,实行公开、公正、平等的竞争原则,使应考者能根据自身条件和个人兴趣选择职业,用人单位能根据一定标准选拔所需的合格人才。对坚持德才兼备的人才标准,反对人才选拔过程中"走后门"的不正之风和个人说了算的一言堂,以及少数人凭印象取人的主观主义,也具有十分重要的意义。目前我国政府在一些更高层次的领导或管理人才选拔上也部分地采用了考选制,如部分省市实行的副处级、副厅级竞争上岗中,就采用笔试、面试、组织考察等程序进行选拔。当然,这种制度也不是万能的,它主要适用于选拔初、中级人才或部分高级人才,对于很多高级人才的选拔,很难凭一两次考试来决定。

(三)荐选制

荐选制也称推荐选拔制,是通过推荐的办法来选拔人才的一种制度。这种制度在我国古已有之,中国共产党在长期的人才选拔过程中主要采用这种制度,它在人才选拔中长期占有主导地位。

荐选制在具体的操作方面表现为三种形式:一是自荐制,即自己推荐自己,由领导者或人才选拔机关按照具体的人才标准通过考察决定自荐者是否是人才。古代所谓"毛遂自荐"即是。二是他荐制,即由他人推荐某人为备选人才,由领导者或人才选拔机关按照具体人才标准通过考察决定其是否是人才。古代所谓"伯乐识马"即是。在这种形式下,推荐人往往是一些德高望重的领导者或专家,他们被谓为"伯乐",而被推荐者一旦当选,则被谓为"千里马"。三是群众推荐制,即发动群众,由群众推荐某人为备选人才,由领导者或人才选拔机关按照具体人才标准通过考察决定其是否是人才。这种形式是由中国共产党在长期的人才选拔过程中创立的一种新形式,它是民主集中制的原则和领导与群众相结合的工作方法在人才选拔过程中的具体体现。

荐选制的优点是能够把人才推荐者和人才选拔者两方面的主观能动性有机地结合起来,在各种具体制度健全的条件下,既有利于发挥人才推荐者的积极性,为人才选拔机关广荐人才;同时,由于人才的选拔必须经过选拔者或选拔机关通过考察后才能确定,这就有效地防止了"非人才"进入"人才"队伍,保证了人才选拔的质量。但是,这种制度也有不足。一是人才选拔的范围受到限制,不能让所有有才华的人进入人才选拔者的视野。在这种制度下,人才选拔机关的选拔对象仅仅局限于被推荐者,对于那些尚未被推荐者即使才华横溢,也被排除在选拔对象之外,这就会出现人才"漏选"现象。二是人才选拔缺乏硬性的客观标准,有可能使一些"非人才"进入"人才"队伍。人才推荐者在推荐人才时往往带有主观好恶,而不一定是根据某种硬性的客观标准。而某些人由于善于讨好推荐者,如果推荐者缺乏公正,甚至"荐人唯亲",也可能将这样的人荐为人才。三是人才选拔缺乏程序化和法制化,"人治"的特点较为明显,人才选拔的客观性和公正性很难有制度上的保障。随着我国人才选拔制度改革的不断深化,这种人才选拔制度将越来越退居次要地位。

总之,人才选拔制度是由各种具体制度组合而成的一种多层次、多结构的体系。每一种具体制度都有其自身特定的适用范围。各种制度之间既相互区别,又相互联系,既可单独使用,又可结合使用。在具体的人才选拔过程中,应根据工作需要和人才类型来确定具体的人才选拔制度,也可以是各种制度的综合运用。李源潮认为:"公开选拔、竞争上岗,是干部群众认为近年来最有成效的选人、用人改革措施。并且要完善差额选拔干部办法,推行差额推荐、差额考察、差额酝酿,探索差额票决,进一步扩大民主,促进好中选优,要提高竞争性选拔干部的质量。坚持'干什么、考什么',把考试和考察更好地结合起来,全面准确地了解干部的德才表现和工作实绩。"①

第三节 使用人才的原则和制度

人才的选拔和人才的使用是领导管理活动中两个相互联系、不可分离的基本环节。选拔人才的目的是为了使用人才,而合理地使用人才则是选拔人才的归宿。所谓人才使用,是指领导者合理地任用和管理人才的过程。为了合理地使用人才,领导者必须掌握基本的用人原则,遵循必要的用人制度。

一、人才使用原则

人才使用原则是领导者合理地任用和管理人才所必须遵循的基本准则。它指导着领导者任用和管理人才的行为,贯穿领导用人的全过程。主要有:

(一)量才用人、职能相称的原则

这条原则的基本要求是:根据人才能力的大小,给予适当的职位。按照德才兼备的标准,凡是称得上人才的人,都应该具有不同于一般人的才干。但在人才群体中,每个人才的能力也不是相等的,而是有大小、高低之分。因此,领导者要合理地使用人才,不仅要能将人才与非人才区别开来,而且还要善于区分能力较大的人才与能力较小的人才。一般说来,职位的高低或重要性与人才能力的大小成一种正比例关系。职位越高或越重要,越是要求担任这一职位的人才具有较

---

① 李源潮:《坚持民主公开竞争择优,推进干部人事制度改革》,《学习时报》,2009年11月20日。

大的能力。按照量才用人、职能相称的原则,能力较大的人才应该安排在较高的或较重要的岗位上,而能力较低的人才则应安排在较低或较次要的岗位上。否则,一个人本来只能挑50公斤,硬要他挑100公斤,致使本来有一定才能的人也显得是无才之辈了。相反,对于那些能挑100公斤的人如果只给他50公斤的担子,则又不能充分发挥其才能,甚至会埋没他的才能。

（二）扬长避短、各尽所能的原则

现代人才往往是指某方面的人才,领导者应善于区分具有此种能力的人才与具有彼种能力的人才,应将具有不同性质能力的人才安排在不同性质的岗位上,否则,把一个具有甲种性质能力的人安排在一个具有乙种性质的岗位上,如同把一个具有文学创作能力的人安排在一个飞机设计的岗位上一样,即使是人才也无法发挥作用。金要赤足,人要完人,这是不可能的。人才也是优点和缺点并存,长处和短处并存。领导者应该将人才安排在适合于发挥其长处的位置上,以便充分发挥其作用,要尽量避免乱点"鸳鸯谱"。例如,有的人善于出谋献策,但不善于交际;有的人社交能力强,但在谋略方面缺乏深谋远虑。对于这两种类型的人才必须分别安排在与其自身素质相一致的位置上,才有可能充分发挥作用。前一类人适合做领导的参谋,后一类人则适合于搞公共关系。如果叫前一类人搞公共关系,后一类人当参谋,那就很难说他们是人才了。对人才的使用,只有用其所长,避其所短,才能使人才尽其所能,发挥其应有的作用。

（三）用人不疑、疑人不用的原则

领导者要发挥人才的作用,就必须充分调动人才自身的积极性。领导者对自己所使用的人才给予充分的信任感,才能最大限度地发挥人才的积极性。领导者使用某一个人,就不能毫无根据地怀疑这个人,而必须充分地相信他,放手让他去工作。如果你觉得这个人这也不行,那也办不好,甚至对他存有戒心,那么你干脆就不要使用他。用人不疑的关键在于领导者充分地信任自己的下属,并使下属感觉到领导者对自己的信任,这就是所谓的信任感。这种信任感是一种巨大的激励力量:第一,它使下属产生心理上的安全感,增强工作的自信心,能够去大胆独立地进行工作;第二,它使下属对组织产生归属感和认同感,自觉地与组织的其他人员保持一致,为维护组织利益而努力工作;第三,它使下属产生责任感,极大地激发下属的主动性和创造性,增强其克服困难的勇气和力量。相反,如果领导者对人才既用又疑,这必然会使其下属失去安全感、认同感和责任感。猜疑或者使领导者顾虑重重,事事不放心;或者使下属提心吊胆,得过且过。这既不能造成一种和谐的工作环境,更不能充分发挥人才的应有作用。当然,用人不疑并不是说领导者对所用之人不要加强监督。为了防止所用之人变质,领导者加强对下属的监督是十分必要的。

（四）合理搭配、整体效能的原则

人才作用的发挥,离不开人才群体的整体效能。人才不是孤立的,只能在群体中发挥作用。因此,建立合理的人才结构,是发挥每一个人应有作用的关键。领导者在使用人才时,要将不同类型的人才进行合理搭配,让其相互补充,相互启发,形成人才的最佳效能。在一个人才群体中,需要有不同层次、不同专业、不同年龄、不同气质的人才。在这些人才中,就某一个具体的人而言,他的能力是有限的,但是由于他置身于一个合理的结构之中,他在这个集体中所发挥的作用往往大于他单个人所独立发挥的作用。由此推之,一个结构合理的人才群体的整体效能,往往大于这个群体中个人所发挥的效能之和。这就是系统论中的"整体大于部分之和"的原理。相反,如果人才结构不合理,其整体效能就会小于个体效能之和,即"整体小于部分之和"。

（五）五湖四海、宽以容才的原则

要根据德才兼备的人才标准,坚持任人唯贤的人才路线,广纳贤才,不管其与领导者的关系是否亲密,是否同宗、同派,只要有德有才便用。这就要求领导者要有宽阔的胸怀,容人纳贤的气魄和度量。如果领导者胸怀狭窄,妒贤嫉能,他就不会广纳贤才,选贤任能,而只能是"武大郎开店,高我者莫用"。到头来,他手下必然是一些只会阿谀逢迎、无德无能的庸才,这样的领导必然以失败而告终。相反,领导者若能宽以容人,举贤荐能,他周围必然是人才济济,并以下属之长补自己之短,终究成就事业。宽以容人首先要容人之长,敢于用那些才能比自己强的人。其次要容人之短,不要因为某人有什么缺点和错误就看不到他的长处而不予任用。再次还要容人之言,作为领导者对下属的言论不能只听顺耳的,如果有人敢讲逆耳之言就难以容忍,那是不好的。"忠言逆耳利于行",应该敢于使用讲真话、讲逆耳之言的人。

(六)合理流动、适才适所的原则

合理使用人才,充分发挥各类人才的作用,就必须做到人尽其才,才尽其用,纠正和避免学非所用、用非所学的现象。为此就要有组织有计划地进行人才交流,互通有无,使人才能够到最适合于自己的岗位上发挥作用。这有利于发掘人才潜力,更合理地使用人才。由于我国经济发展不平衡,人才管理制度还不够完善,人才结构不合理,对人才的使用也不尽合理,人才的分布也存在不合理的状况。一方面,各地区、部门、单位需要大量专业对口的优秀人才,人才"供不应求"的矛盾十分尖锐;另一方面,某些地方、部门和单位又存在着浪费人才和积压人才的现象。现实矛盾迫使我们必须加快人事制度的改革,搞好人才的合理流动。对人才既不能采取"关在笼子闲着不放"的"卡"的办法,也不能采取"不让外人来抢饭碗"的"保"的办法。人才的合理流动既有利于领导者对人才的合理使用,也有利于人才自身的健康成长。

(七)爱护人才、关心帮助的原则

领导者要合理地使用人才,必须爱护人才,关心人才,帮助人才。第一,要指导他们,让他们放手工作,使他们敢于负责,在自己的本职岗位发挥最大的积极性;第二,要提高他们,给他们以学习和锻炼的机会,使他们在政治上、理论上和工作能力上不断提高;第三,检查他们的工作,帮助他们总结经验,发扬成绩,吸取教训;第四,对他们的错误予以正确对待,既要严肃批评,又要说服教育,真正做到"惩前毖后,治病救人",帮助他们改正错误,放下包袱,继续前进;第五,关心他们的困难,体贴他们的疾苦,对他们的生活予以必要的照顾。邓小平指出:"对那些真正有本事的人,要放手提拔,在工资级别上破格提高。"[①]对人才的爱护、关心和帮助,一方面能使大批的人才不断涌现出来,为社会主义现代化建设服务;另一方面对人才的工作热情是一种巨大的激励,能极大地调动人才的积极性,使他们的作用得到最大限度的发挥。

(八)重视培养、用养结合的原则

"养兵千日,用在一时"。没有对人才的培养,就谈不上对人才的合理使用。凡是知人善任的领导者,都十分重视人才的培养。中国共产党十分重视对人才的培养工作。在革命战争年代极其艰苦的条件下,创办了各种培养人才的学校和培训班,培养了大批人才。新中国成立以来,党和国家为培养社会主义建设所需要的各类人才作出了巨大的努力。邓小平指出:"有计划地对大批干部、工人进行正规教育,提高他们的政治水平、文化水平、技术水平、经营管理水平,就是

---

① 《邓小平文选》第3卷,人民出版社,1993年版,第17、18页。

一种能够收到很好效果的智力投资。"①养和用的关系是:养是用的前提,只有先培养出人才,才有人才可用;用是养的归宿和目的,如果只养不用,则培养的人才就无法发挥其应有作用。因此,只有养用结合,才能达到人才济济、各尽所能的目的。

总之,现代领导者使用人才时要有爱才之心,识才之眼,求才之渴,用才之能,容才之量,护才之魄,举才之德,育才之责。领导者知人善任是领导成功的关键。

二、人才使用制度

人才使用制度是指领导者或领导机关在使用人才的过程中必须遵循的程序和规章。科学的人才使用制度对于实现人才使用的科学化、合理化,防止和避免用人上的重大失误,发挥着重要作用。

（一）任免制度与培养制度

任免制度是任职制度和免职制度的总称。对人才的使用必须给予人才一个适当的职位,这就是任职。有关人才任职的程序和规章,则称为任职制度。相反,对人才已有职位予以免除,就是免职。有关人才免职的程序和规章,则称为免职制度。

人才的任职制度,在我国主要实行选任制、委任制和聘任制。

选任制是在选举制基础上形成的一种任用人才的制度。它是依照法律程序,通过群众或群众代表投票表决选拔人才并加以任用的一种制度。它是国家政治生活的一种民主形式。选举时一般采取无记名投票的方式,既可实行差额选举,也可实行等额选举。选任制的优点是民主性强,能够较好地反映群众的意愿。但这种制度也只能在一定范围内采用,主要是对主要领导人的任用,对专业技术人才的任用就不一定适宜。

委任制,又称任命制,是指有任免权的领导机关或领导者按照人事管理权限对人才授予一定职位的一种制度。这种制度在我国党政干部的任用过程中,具有较长的历史。按照我国目前实行的《中华人民共和国公务员法》规定,国家公务员职务的任免方式之一是委任制。这种制度的优点在于:权力集中,责任明确,任命程序简单明了。因此,这种制度比较适应于高度集中的领导体制。在革命战争年代,运用这种制度任用人才,对于保证党对干部的集中领导起了重要作用。委任制也有其不足之处,主要表现在民主监督和依法办事的程序不完善,在任命干部时难免出现感情用事和一言堂的人治现象,造成用人不当。

委任制在我国长期的发展过程中,形成了一系列行之有效的具体原则:① 先考察后任命的原则。为了了解和熟悉人才,必须在委任前对其进行认真的考察,包括组织考察和群众评议,特别要强调走群众路线,要认真倾听群众的意见。② 工作需要与个人专业特长相结合的原则。在任命人才时,既要考虑到工作的需要,又要考虑个人的专业特长,把二者结合起来,尽可能把每个干部安排在适当的岗位上,用其所长,避其所短,使他们各得其所,各尽其能,最大限度地施展其才干。③ 集体讨论决定的原则。人才的任免和调动,必须由集体讨论决定。按照我国现行体制,干部的任免权一般由党的组织部门和政府的人事部门行使。有些领导者(如厂长、经理)有权任命职权范围内的干部,但也不能个人说了算,正式任命前必须交由集体讨论。④ 严格审批程序的原则。凡由上级任命的干部,下级单位必须写出书面呈请报告,说明所报干部的拟任职务

---

① 《邓小平文选》第2卷,人民出版社,1994年版,第361页。

及其理由,经上级审批后方可任命。

聘任制是指用人单位运用合同形式对通过考试考核招聘的人才予以任用的一种制度。其基本内容是:① 根据工作需要和人才标准,明确规定应聘条件,并予以公布,实行公开招聘;② 对应聘人进行考试考核或考察,符合条件者才能聘任;③ 招聘者与应聘者双方签订合同,规定双方的责、权、利及任期。在这个过程中,必须按照正常的录用、调动手续,经过主管部门批准,如聘任的是在职人员,应与被聘任人员的单位进行协商,经同意后办理。合同期满后可根据双方意愿终止聘任或续聘。

在我国,聘任制是在新时期人事制度改革过程中涌现出来的一种新的尝试。目前已从对基层干部(最初主要是农村乡、镇干部)的聘任合同制度发展到对专业技术干部的聘任制,进而发展到对一部分副厅级干部实行聘任制。这种制度的优点在于:开拓了人才能进能出的渠道,有利于消除人事制度上长期存在的"铁饭碗"、"大锅饭"、"终身制"等弊病;有利于鼓励竞争,推动了人才的合理流动;扩大了单位选才用人的自主权,有利于人才的发掘和选用。但是,这种制度也有其弱点,这就是容易造成受聘者的短期行为。

免职制度也必不可少。有任职必有免职,二者是相辅相成的。免职与任职一样,是一种正常现象。以国家公务员为例,按照《中华人民共和国公务员法》的规定:① 选任制公务员在选举结果生效时即任当选职务;任期届满不再连任,或者任期内辞职、被罢免、被撤职的,其所任职务即终止。② 委任制公务员遇有试用期满考核合格、职务发生变化、不再担任公务员职务以及其他情形需要任免职务的,应当按照管理权限和规定的程序任免其职务。正像任职需要制度化一样,免职也需要制度化,以避免在免职过程中的"长官意志"和主观随意性,保障人才供职的正当权利,使他们的才能得到充分发挥。

根据用养结合的原则,对人才还要加以培训,以不断提高他们的政治觉悟和业务水平。因此,培训制度,也是必不可少的。

培训制度是对人才进行政治理论、科学技术和专业知识的再教育和训练的一项制度。培训的方式主要有职前培训和在职培训。职前培训是指在担任职务之前的培训,在职培训是指在任职期间的培训。在职培训又可以分为脱产培训、半脱产培训和业余培训三种。脱产培训是指在任职后抽出一段较长的时间(如半年至两年)暂时离岗,去专门接受教育或训练的一种方式;半脱产培训是指在任职期间坚持上岗,但每周或每天抽出一定时间接受教育或训练的一种形式;业余培训是指任职期间坚持按时上岗,只允许利用业余时间接受教育或训练的一种培养方式。领导者应该重视人才的培训工作,但对在职人员的培训,应尽量减少脱产培训,有计划地安排半脱产培训,提倡和鼓励业余培训。

(二) 考核制度与奖惩制度

考核制度是对一定职位的人才的道德品质、工作能力、工作态度和工作成绩进行考察、审核和评价的一项制度。健全人才考核制度,也是正确地使用人才的基础。考核人才的目的,是为了全面正确地了解和掌握人才的思想政治情况,及其业务水平和工作能力,分清被考核者的功过是非,做到合理公正地使用人才。还要根据每个人才的实际情况,有计划有目的地给予必要的奖励和惩罚,以鼓励先进,鞭策后进,加强责任心,促使他们更加尽职尽责地搞好本职工作。

人才考核的标准必须与选才用人的标准相一致,用德才兼备予以衡量。考核的内容主要包括以下五个方面:一是考德,考核人才的政治立场和思想品质;二是考能,考核人才的业务能力、管理经验和领导水平;三是考勤,考核人才的工作态度和出勤情况;四是考绩,考核人才的工作成绩和工作效率;五是考廉,考核人才的廉洁情况和自律情况。其中最重要的是考绩和考廉。如果工作平庸,做不出成绩,就算不上什么人才。但是,如果工作虽有成就却不廉洁,这样的领导者只能祸害国家和社会。考核的具体方法很多,如个人判断法、工作标准法、考核评议法等。中国共产党总结出了一系列对人才考核的方法论原理,这就是领导考核与群众评议相结合,平时考察与定期考核相结合,仍对今天的人才考核具有重要的指导作用。

奖惩制度是指对有突出成绩或有特殊贡献的人才给予物质利益或荣誉,以资鼓励,并对犯有错误的人给予必要的惩处以示教育或训诫的一种制度。奖惩的目的是为了充分发挥人才的积极性,不断鼓励人才的创造性,增强各个岗位人才的责任心和荣誉感,发扬正气,打击邪气,提高工作效率,保证各项工作的顺利完成。任何一个单位,如果是非不清,功过不分,赏罚不明,有功者得不到应有的奖励,有过者得不到应有的惩罚,势必会挫伤人才的积极性和创造性,就难以充分发挥人才的作用。

奖励的方式主要有荣誉奖励、物质奖励和晋升奖励。具体做法有:记功,发给奖状、奖章,发给奖品、奖金,升级、提薪,通令嘉奖等。奖励的基本原则是以精神奖励为主,并把精神奖励与物质奖励结合起来。邓小平指出:"革命精神是非常宝贵的,没有革命精神就没有革命行动。但是,革命是在物质利益的基础上产生的,如果只讲牺牲精神,不讲物质利益,那就是唯心论。"①

奖励必须与惩罚结合起来,有奖必有惩。惩罚的方式主要有三种类型:党纪处分、政纪处分和司法处理。要视其错误的性质和情节的轻重,采用适当的惩罚方式。

奖惩必须分明、恰当和及时。无论是奖是惩,都要有一定的标准作为依据。滥奖滥罚,必然产生严重的消极后果。只有当奖必奖,当罚必罚,才能起到积极作用。

(三)交流制度与回避制度

交流制度是指对人才实行有计划有步骤的定期交流的一项制度。人才交流包括领导人才的交流和科技人才的交流。领导人才长期在一个地区、部门工作,既有有利的一面,也有不利的一面。有利的是,熟悉情况,便于开展工作。不利的是,长期在一地工作,使其视野受到限制,容易安于现状,不思进取;老同事、老朋友、老部下越来越多,容易结成关系网,既难于秉公执法,也容易形成"一言堂"。因此,各级领导部门必须有计划有步骤地开展人才交流,避免主要领导人才长期在一地工作,以便开阔他们的眼界,提高他们的领导水平。同时,也有利于冲破各种关系网,扫除产生独断专横的官僚主义的环境,为领导作风的民主化和为政清廉提供制度上的保障。

回避制度是指领导者的近亲或直系亲属不得与领导者在同一个单位做有从属关系或有监督关系的工作的一种制度。事实证明,如果夫妻、父子、母女或其他亲属在同一个单位工作,特别是他们之间在工作上具有领导或监督关系的情况下,就容易产生各种弊端,例如,任人唯亲,拉帮结派,使内部关系复杂化等。因此,有必要建立和完善回避制度,即凡是领导者的亲属,一般都不得与该领导者在同一个单位工作;凡是处理领导者的亲属在工作关系上的问题(如提干、提薪或纪律处分等)时,领导者均不得插手,必须由有关部门按照政策和法规、法律进行处理。回避制度在我国古已有之,目前一些发达的资本主义国家也已经建立了一整套完善的回避制度,它已成为西方文官制度的一个重要组成部分。中国共产党的十一届三中全会后,我国已开始改革干部制

---

① 《邓小平文选》第 2 卷,人民出版社,1994 年版,第 146 页。

度,并把建立回避制度作为改革的一项重要内容,这有十分重要的意义。

(四)职务升降制度与辞职辞退制度

职务升降是指领导者或领导机关在使用人才的过程中对人才予以晋升职务或降低职务的过程。晋升职务是一个从低职到高职的过程;降低职务则是一个从高职到低职的过程。所谓职务升降制度就是对人才予以晋升职务或降低职务的程序和规章。对人才的职务晋升,首先是因为工作的需要。当某一个职位出现空缺时,就需要用另一个人予以补充。一般说来,如果这个空缺是一个较高的职位,就需要从一个较低职位的人才群中挑选一个予以补充,为了把这个人充实到所需要的职位,就需要对这个人的职位予以晋升。同时,对被使用的人才予以职务晋升,也是一种激励机制。领导者或领导机关通过对人才的职务晋升,可以鼓励人才奋发向上、努力工作。因此,职务晋升同样应该坚持德才兼备、任人唯贤的原则,特别是应注重工作实绩,以此作为人才是否晋升的主要条件。职务晋升必须按程序进行,主要有:① 民主推荐,确定考察对象;② 组织考察,研究提出任职建议方案,并根据需要在一定范围内进行酝酿;③ 按照管理权限讨论决定;④ 按照规定履行任职手续。

降职有时也是因为工作的需要,如在机构改革过程中,由于机构数量总体上减少,一些原来担任较高职务的人才可能需要"高职低就"。虽然其原有级别不变,名义上也不叫降职,但实际上是职务下降了。在多数情况下,降职的发生是由于担任现职的人才不胜任本职工作,或者不称职。降职也必须按程序进行。

辞职是指任现职的人员根据本人意愿,依照一定的法定程序辞去现任职务,并解除或部分解除与原单位职务关系的行为。辞退则是指用人部门或单位根据法律规定,在一定条件下解除其与工作人员关系的行为。有关辞职辞退的程序和规章,则称为辞职辞退制度。

辞职是人才的一项权利,除在特别部门(例如国家机密部门)工作的人才外,绝大多数人才均享有这项权利。但辞职并非不受任何限制,必须依法定程序进行。同时辞职者还必须承担相应的法律后果。同样,辞退也是用人单位的一项权利,用人单位对于不适用的人才有权予以辞退。但人才一旦进入某个单位,便与这个单位形成一种法定关系,任何单位对其人员的辞退均不能是随意的,而必须依法定程序进行,并承担相应的法律后果。

《中华人民共和国公务员法》引入了公务员引咎辞职和责令辞职制,即所谓的"问责制",规定领导成员因工作严重失误造成重大损失和恶劣社会影响的,或对重大事故有领导责任的,应当引咎辞职;领导成员应当引咎辞职的或因其他原因不再适合担任现任职务的,本人不提出辞职,应当责令其辞职。此举使得在选人用人中有效地引进竞争激励机制,规范党政领导的正常流动,推进领导干部能上能下、能进能出,扩大了党员和群众对干部选拔任用的知情权、参与权、选择权和监督权,有力地推动了扩大民主等各项改革措施的落实。2004 年至 2007 年,全国自愿辞职、引咎辞职和责令辞职领导干部共有 6 824 人,其中引咎辞职 305 人,责令辞职 1 204 人,而县处级以上领导干部有 245 人。

(五)任期制度与退休制度

任期制度是指在领导机关或企事业单位中,某些职位的工作人员,在职工作的时间有一定限制,任期届满后其职务、职权、职责自然取消。它是"终身制"的对称。我国过去存在干部职务终身制,凡担任了领导职务和较高级的专业技术职务以后,不管年龄、健康状况和工作成绩如何,只要不犯大的错误,就很难变动和解除他们的职务。这种干部职务终身制造成了机构臃肿,领导班子和较高职级的专业技术干部队伍年龄老化和脱离群众、不思进取、能上不能下、能官不能民的不良现象,群众对此意见很大。任期制避免了终身制的上述弊端,可以促使任职人员在有限的任职期间,最大限度地发挥其工作的积极性和主动性,努力为人民作出更大贡献。

退休制度是指担任一定职务的人才或工作人员到了一定年龄并服务一定年限后退职休养的一种制度。我国在改革开放前,为了鼓励一部分老干部退下来,以有利于新老交替,还实行了一种离休制度。离休与退休的区别在于:离休是退休中的一种特殊待遇,只有建国前参加革命、符合规定条件的干部才能享受。按照规定,对离休干部实行基本政治待遇不变,生活待遇略为从优的原则。退休则是所有公职人员(包括国家企事业单位的一般职工)均可享受的一种待遇。退休后,国家根据其工作年限和贡献大小,给予一定数额(一般低于在职时的报酬)的退休金,以维持其生活。

实行离退休制度,是为了保证社会主义建设事业后继有人的需要。人的生命是有限的,从生到死是不可抗拒的自然规律。老同志到了一定的年龄或健康状况不适宜继续担任工作的时候,就应当离休或退休,让年富力强的同志接替工作。只有这样,才能保证人才的更新和交替,才能保证我国社会主义事业的兴旺发达。

同时,国家还对公务员离职从业作了严格的回避规定:不管公务员由于退休还是其他的原因离开公务员队伍以后,领导成员在三年内,其他公务员在两年内,不得从事与原来掌管的权力、分管的业务有直接关系的营利活动。这样的制度设计不仅有利于规范公务员的行为,也强化了对官员在职时的权力制约。

总之,用人制度是用人标准和原则的具体运用和制度化。领导者为了有效地用人,必须从建立制度和完善制度入手。只有通过建立一系列具体的用人制度,并使之在实践中加以完善,并通过这些制度的作用,才能选准才、用好人,最大限度地发挥人才的积极性和创造性,使人才队伍充满生机和活力,以便更好地为现代化建设贡献力量。

第七章 领导的思想政治工作

思想政治工作是中国共产党在长期的领导工作中形成的优良传统。现代领导者必须树立思想政治工作的新观念,创造思想政治工作的新方式,探索思想政治工作的新格局,使之更好地为社会主义现代化建设服务。

第一节 思想政治工作及其对领导工作的重要意义

思想政治工作是现代领导的一项重要职能,领导者必须弄清思想政治工作的含义,特别是要把握在社会主义市场经济条件下思想政治工作的新特点,深刻理解思想政治工作对于领导工作的重要意义。

一、思想政治工作的含义与对象

在领导活动中,领导者必须对被领导者的行为进行正确的引导。然而,人的行为并不是孤立的,它受人的需要、动机、意志等的制约,受人们的思想的制约。人的行为是一种有目的的活动,这是人的行为与动物本能活动的本质区别。领导者要对人们的行为进行正确引导,首先必须使人们具有正确的思想观念,而这只有通过有效的思想政治工作才能达到。

思想政治工作就是做人的工作,它是以人为对象,帮助人们确立正确的立场、观点、方法,提高人们认识世界和改造世界的能力,动员人们自觉地为实现当前和长远的目标而努力奋斗的工作。任何工作都有其特定的对象,工人的工作对象是机器、原材料和半成品,农民的工作对象是土地,思想政治工作的对象是人。但是,以人为对象的工作,并不是思想政治工作所独有。一般说来,所有的教育工作都是面对人,以人为对象的;医务工作也是为人服务,以人为对象的。思想政治工作与教育工作、医务工作的区别不在于对象的不同,而在于目标和功能的差别。教育工作的目标是使其对象即学生增加知识,其功能是传授知识;医生的目标是使其对象即病人消除疾病,其功能是治病;思想政治工作的目标是帮助人们确立正确的立场、观点、方法,提高人们认识世界和改造世界的能力,动员人们自觉地为实现当前和长远的目标而努力奋斗,其功能是对人们进行思想教育和有效的激励。从一定意义上说,思想政治工作者也是医生,不过他所医治的不是人身体上的疾病,而是人们通常所说的"思想病"。当然,一个好的思想政治工作者不应该以"医病"为主,而应该以"防病"和"激励"为主,以达到正确引导的目的。

思想政治工作作为一种实践活动,是由进行思想政治工作的领导者作用于思想政治工作的对象的一个动态过程。活动的主体是领导者,而客体则是作为思想政治工作对象的被领导者。实际上,作为领导者主体所从事的是一种改造他人的主观世界的活动,并且通过改造他人的主观世界而最后达到改造客观世界的目的。

思想政治工作有其不同于其他工作的客观规律性,只有按客观规律办事,才能做好思想政治工作。从这个意义上说,对思想政治工作的研究是一门专门的学问,是一门科学。思想政治工作要研究和探讨的是思想政治工作实践活动过程中的客观规律。这些客观规律有两个方面的内容:一是关于人们思想和行为活动变化的规律;二是关于领导者对被领导者进行思想政治教育和工作的规律。只有全面认识这些客观规律,并把它加以系统总结,上升到理论高度,形成一个完整的科学体系,才能使思想政治工作理论成为一门科学。

思想政治工作是中国共产党的优良传统。在社会主义市场经济条件下,进一步加强对思想政治工作的科学研究,显得特别重要。这是因为,目前我国正处于由传统社会向现代社会的转型时期,无论是经济、社会,还是政治都发生了一系列新的变化,如果人们的思想跟不上客观现实的变化,一些人就会对现实不理解,产生模糊认识,甚至会出现思想混乱。因此,领导者不但不能削弱思想政治工作,而且必须进一步加强思想政治工作,坚持两手抓,一手抓物质文明建设,一手抓精神文明建设,并且两手都要硬。

二、思想政治工作对领导工作的重要意义

社会主义的领导工作,从根本上就是要团结和动员广大人民群众,积极投身社会主义物质文明、精神文明、政治文明、生态文明的建设,为实现党在现阶段的总任务和总目标而奋斗,这都离不开有效的思想政治工作。思想政治工作在整个领导工作中占有重要地位,发挥着重要作用。

(一) 思想政治工作是领导者在领导工作中用以提高人们的思想觉悟、调动人们建设社会主义积极性的一种重要手段

人们的行为是受思想支配的。人们思想觉悟的高低,直接影响人们积极性的发挥,影响人们完成各项任务的行为。思想政治工作,从一定意义上讲,就是要调动人们工作的积极性。要调动人们的积极性,就要依据人们思想和行为活动的规律以及人际关系的变化规律来做思想政治工作。

激发或影响人们积极性的因素有内因和外因两大部分。内因主要是指人们的世界观、人生观和价值观。人们的世界观、人生观和价值观正确,就能自觉地主动地发挥积极性。而它一旦形成,就会持久地影响与支配人们的行动。外因主要是指现实生活中的各种客观的实际因素,有生产建设和物质生活等物质因素,意识形态等精神因素,政治路线、方针政策、民主法制等政治因素,社会交往、人际关系以及家庭环境、亲属关系和朋友关系等社会因素。除此之外,还有一些偶发因素,一些偶发性事件在一定时期内可以不同程度地影响人们的思想情绪和工作积极性。唯物辩证法告诉我们,内因是变化的根据,外因是变化的条件,外因通过内因起作用。思想政治工作主要是从改变人的内因入手的。它通过思想政治教育、宣传鼓励和批评说服等一系列耐心细致的工作,使人们树立正确的世界观和人生观,克服种种不良的思想障碍,从而不断地提高思想觉悟,发挥出较大的积极性。

(二) 思想政治工作是领导过程中各项工作的生命线,既是经济工作的生命线,也是其他一切工作的生命线

在这里,"生命线"是一种比喻。一个活的有机体如果没有了生命线,就会变为死的,有机体就不复存在。有机体的"生命线"是新陈代谢。思想政治工作对经济工作和其他一切工作的重要性,犹如新陈代谢对有机体的重要性。这是因为:

（1）思想政治工作为经济工作和其他一切工作指明了正确的政治方向,保证其沿着中国特色的社会主义道路前进。如果削弱甚至取消思想政治工作,就会犯方向不明的错误,就难以保证我们的经济工作乃至各项工作坚持中国特色的社会主义道路。

（2）思想政治工作能够不断地提高群众的思想认识水平,使广大群众相信党的路线、方针和政策是正确的,从而自觉地在经济工作和其他各项工作中按照党的路线、方针、政策办事。要使广大群众自觉地坚持党的路线、方针、政策,就有赖于领导者对群众做耐心细致的思想政治工作,向群众做好宣传解释工作。

（3）思想政治工作能够改善领导与群众、群众与群众的关系,造成一种和谐的人际关系,为搞好经济工作和其他各项工作创造良好的人际关系前提。如果领导与群众的关系是融洽的,群众与群众之间的关系是和谐的,那么工作开展起来也就会很顺利。相反,如果群众对领导有情绪,甚至处于对立状态,群众内部的关系也不和谐,那么工作开展起来也就会十分困难。要使干群关系融洽,群众内部关系和谐,真正造成一种良好的人际关系环境,就必须加强思想政治工作。

思想政治工作作为经济工作的生命线,主要表现为它对我国经济建设的社会主义方向起保证作用,它对推动生产力发展起保证作用。在生产力诸要素中,人,即劳动者,是其中最活跃的因素。劳动者的含义有三：一是体力,这是构成劳动者的最基本的方面,没有健康的体魄,就很难成为一个现实的劳动者；二是技能,劳动者劳动技能的高低,直接制约着生产力的水平；三是积极性,这是劳动者由潜在的生产力转化为现实的生产力的一个重要方面。一个人不管体力多好,技能多高,如果没有劳动积极性,他也不可能成为构成现实的生产力的一个有机成分。思想政治工作正是通过调动劳动者的生产积极性,使人将潜在生产力的一部分变为现实生产力的一部分,从而推动生产力的发展。

思想政治工作也是其他工作,例如思想建设和文化建设乃至整个精神文明建设工作的生命线。社会主义的思想建设离不开思想政治工作。我们首先必须用社会主义思想去占领意识形态领域,通过加强思想政治教育,自觉地向广大人民群众灌输马列主义基本原理,用中国化的马克思主义的最新理论成果去武装广大人民的头脑,以保证我国精神文明建设的社会主义方向。社会主义文化建设也离不开思想政治工作。社会主义文化,包括文学、艺术等一系列内容,从更广义上讲,还包括人们的思想观念、社会精神面貌等。社会主义文化不可能在空地上建立起来,它是在与各种非社会主义文化的相互作用中成长和发展起来的。为了抵制各种非社会主义的文化,为社会主义文化的成长和发展创造充分的条件,有必要大力加强思想政治工作,用马列主义、毛泽东思想和邓小平理论、"三个代表"重要思想以及科学发展观等教育广大文化工作者和人民群众自觉坚持中国特色社会主义文化方向,批判和抵制各种非社会主义的文化思潮,在上层建筑领域占领社会主义文化阵地。

第二节　思想政治工作的基本内容

思想政治工作是用马列主义基本原理和马克思主义中国化的最新理论成果来教育广大干部群众,提高他们的思想觉悟和建设社会主义的积极性,提高他们认识世界和改造世界的能力。其基本内容是多方面的,主要包括马克思主义基本理论的教育、党的路线和方针政策教育、形势和任务教育、爱国主义和社会主义教育、理想与道德教育、民主与法制教育等。这些内容是一个不可分割的整体,共同构成思想政治工作的内容体系。

一、理论教育

领导者对被领导者进行马克思主义理论教育居于整个思想政治工作的首位。通过理论教育,来改造被领导者的世界观、人生观,提高他们的思想觉悟和认识水平。

必须加强马克思主义基本理论的教育,让广大人民群众掌握马列主义基本原理和发展中的中国化马克思主义这个锐利的思想武器,用以统一广大人民群众的思想。邓小平指出:"我希望党中央能作出切实可行的决定,使全党的各级干部,首先是领导干部,在繁忙的工作中,仍然有一定的时间学习,熟悉马克思主义的基本理论,从而加强我们工作中的原则性、系统性、预见性和创造性。只有这样,我们党才能坚持社会主义道路,建设和发展有中国特色的社会主义,一直达到我们的最后目的,实现共产主义。"[①]中国共产党几十年的历史经验证明,重视对全党乃至广大人民群众进行马列主义基本原理和中国化马克思主义的最新理论成果的教育,使广大人民群众有统一的指导思想,大大地提高他们的思想觉悟,思想政治工作就卓有成效。江泽民指出:"我们党所以坚强有力,重要原因之一就是坚持以马克思主义理论体系作为自己的世界观和行动指南。没有先进理论武装的党,不可能是先进的党;没有先进理论武装的共产党员,不可能发挥先进战士的作用;拒绝用先进理论武装头脑的人,就不会有真正的党性,就没有资格存身于工人阶级先锋队的行列。"[②]进入新世纪以来,胡锦涛也多次强调:"要坚持用中国特色社会主义理论体系武装全党,大兴求真务实之风,坚持讲党性、重品行、作表率,进一步把科学发展观转化为推动科学发展的坚强意志、谋划科学发展的正确思路、领导科学发展的实际能力、促进科学发展的政策措施,使人民群众感受到新变化新气象。"[③]在当前下大力气加强思想政治工作,加强马克思主义基本理论的教育是决定性的一步,具有至关重要的意义。

在进行马克思主义基本理论教育的过程中,应注意对他们进行辩证唯物主义和历史唯物主义基本原理的教育,以帮助他们树立正确的世界观和人生观。

世界观是人们对整个世界的总的看法和根本观点。世界观一旦形成,会对人们的实践行为起很大的影响作用。它决定人们观察问题、处理问题的基本态度,并对人们的人生观产生重要影响。正确的世界观引导人们产生正确的实践行为,错误的世界观引导人们产生错误的实践行为。但就个人而言,世界观是可以改造的。马克思主义的辩证唯物主义和历史唯物主义教育,有利于帮助他们改造不正确的世界观,树立科学的世界观。

世界观决定着人生观。人生观是指一个人对整个人生的根本观点。它主要回答人为什么活着,人的一生怎样度过才有意义,人们应该怎样度过自己的一生等问题。人生观包括:价值观、幸福观、生死观、荣辱观、审美观、恋爱观等。要教育人们树立无产阶级的革命人生观,抛弃资产阶级的腐朽人生观。无产阶级人生观的核心是全心全意为人民服务。"生为人民生,死为人民死",这是无产阶级人生观的集中反映。

江泽民在党的十五大报告中指出:"全党要重视学习,善于学习,兴起一个学习马列主义、

---

① 《邓小平文选》第3卷,人民出版社,1993年版,第147页。
② 《江泽民文选》第1卷,人民出版社,2006年版,第95页。
③ 胡锦涛:《在全党深入学习实践科学发展观活动动员大会上发表的重要讲话暨省部级主要领导干部专题研讨班上的讲话》,《人民日报》,2008年9月21日。

毛泽东思想特别是邓小平理论的新高潮。"①领导者一定要认真组织思想政治工作对象学习马列主义基本原理和马克思主义的中国化的理论成果,用以武装他们的头脑。在当前,特别是要学好科学发展观。学习、贯彻和落实科学发展观,对我们深刻领会我国现阶段党的基本路线和各项方针、政策,正确认识社会主义的前途和自己的历史使命,提高自己的思想觉悟,具有十分重要的意义。

二、政治教育

政治教育有广义和狭义之分。广义的政治教育包括了思想政治教育的全部内容。这里所讲的政治教育,是从狭义上而言的,主要是指有关中国共产党的基本路线与方针政策的教育、形势和任务教育、爱国主义和社会主义教育。政治教育有助于思想政治工作对象正确地认识政治形势和政治任务,提高政治觉悟。

（一）基本路线和方针政策的教育

在思想政治工作中,必须把关于党的路线、方针、政策的教育作为一项重要工作来抓,让广大群众能及时了解、正确理解党的路线、方针和政策,以便他们坚决地执行党的路线、方针和政策,并将其贯穿于各项具体工作之中。在社会主义初级阶段,中国共产党的基本路线是:领导和团结全国各族人民,以经济建设为中心,坚持四项基本原则,坚持改革开放,自力更生,艰苦创业,为把我国建设成为富强、民主、文明的社会主义现代化国家而奋斗。必须使广大人民群众认识到:① 党的路线、方针、政策是党的生命,是完成党在各个时期任务的前提,没有统一的正确的路线、方针和政策,党的事业就会遭到挫折和损失;② 党的路线、方针、政策是根据马克思列宁主义的基本原则和我国的实际情况制定出来的,是符合我国社会发展的客观规律的,因而是正确的;③ 党的路线、方针和政策是代表人民群众的根本利益的,是人民群众意志和利益的根本体现;④ 执行党的路线、方针和政策是搞好各项工作的首要前提。总之,通过教育,要使广大人民群众不断提高执行党的路线、方针和政策的自觉性。

（二）形势和任务教育

开展形势和任务教育,有助于引导干部群众正确认识形势,明确党和国家的各项任务,从而有利于被领导者自觉地执行党的基本路线和各项方针、政策。这是思想政治工作中的一项必不可少的教育。

形势教育主要有两个方面的内容:一是国内形势,包括国内政治形势、经济形势和教育、文化、艺术、科技发展的基本概况等;二是国际形势,包括国际政治的基本格局、发展趋势,世界经济的基本概况,以及各国教育、科技、文化、艺术等的发展概况等。形势教育的目的主要是为了扩大人们的视野,引导人们的政治觉悟,帮助人们深刻认识社会发展的客观规律,把握形势发展的本质,不被历史长河中的旋涡和逆流所迷惑,激发人们的工作热情。

任务教育也包括两个方面:一是向群众讲清当前党和国家的基本任务;二是向群众讲清党和国家在今后较长时期内的主要任务。在任务教育中,要善于引导群众把当前任务与今后的长期任务结合起来,既为完成当前的任务作出努力,又不至于出现短期行为,缺乏长期的目标。

（三）爱国主义和社会主义教育

---

① 《江泽民文选》第2卷,人民出版社,2006年版,第43页。

中国共产党始终坚持用爱国主义教育群众,激发人民努力建设祖国、献身中华的强烈责任感和义务感。在抗日战争最艰难的时刻,毛泽东曾自信地指出:"我们中华民族有同自己的敌人血战到底的气概,有在自力更生的基础上光复旧物的决心,有自立于世界民族之林的能力。"[①]在改革开放的关键时期,邓小平深刻指出:"我们国家的每个人包括娃娃都要有爱国主义精神,有民族自尊心,这与实现四个现代化是密切相联的!"[②]正因为拥有这种爱国主义精神,走出"十年动乱"阴影的中华民族很快凝聚了伟大的力量,海内外中华儿女万众一心、团结一致,致力国家建设,反对民族分裂,拥护祖国统一,书写了改革开放的辉煌历程。进入新时期,江泽民指出:"在我国历史中,爱国主义从来就是动员和鼓舞人民团结奋斗的一面旗帜,是各族人民共同的精神支柱,在维护祖国统一和民族团结、抵御外来侵略和推动社会进步中,发挥了重大作用。在爱国主义精神的激励下,我们的国家和民族自强不息,具有伟大的凝聚力和生命力。"[③]当代中国,爱国主义最鲜明的主题就是不断发展中国特色社会主义,全面建设小康社会,把中华民族伟大复兴的宏伟蓝图变成美好现实。胡锦涛强调:"以爱国主义为核心的民族精神,是我们不断开辟新征程、开创新未来的不竭精神动力。"[④]当代中国虽然已取得了巨大的成就,但仍是世界上最大的发展中国家,还面临着许多突出矛盾和问题。我们必须进一步弘扬爱国主义,在中国共产党的领导下,汇集全国各族人民的智慧和力量战胜一切困难,实现民族复兴的伟大目标。

加强爱国主义教育,就要引导群众正确认识近一百多年来中国人民为谋求民族解放而英勇斗争的历史,从而使他们更加热爱社会主义的今天,培养人民热爱祖国的高尚情操;就要引导群众树立民族自尊心、自豪感,增强民族的自信、自强精神,扫除民族自卑感和民族虚无主义,充分认识本民族的特点和优势,走本民族独立自主的道路,不做有损民族和国格的事情;在当代中国,就要特别注意引导人民群众为实现社会主义现代化建设宏伟目标而发愤图强,以自己的实际行动为振兴中华、建设祖国忘我劳动,为祖国的繁荣富强作出自己的贡献。

爱国主义与社会主义在本质上是统一的。加强爱国主义教育,在今天就要教育人民热爱我们的社会主义祖国。把爱国主义和社会主义割裂开来,甚至借口爱国而反对社会主义,是对爱国主义的滥用和歪曲。

坚持社会主义教育,必须使受教育者认识到:第一,马克思主义的社会主义是科学社会主义,是马克思、恩格斯在全面考察了资本主义产生、发展的规律后得出的科学结论。社会主义在全世界取得胜利,是不以人们的主观意志为转移的历史规律。第二,近现代中国的历史证明,中国不能走资本主义道路,而只能走社会主义道路。这是中国人民在中国共产党领导下所进行的历史选择,是无数革命先烈英勇奋斗的结果。第三,社会主义制度比资本主义制度有着很多的优越性,这种优越性主要表现在它更能够从根本上有力地促进生产力的发展。第四,中国正在建设的社会主义是一种中国特色的社会主义,它是马克思科学社会主义理论与中国具体国情有机结合的产物,实践证明,它是一条适合中国国情的正确的社会主义道路。第五,中国特色的社会主义尽管在前进的道路上会遇到很多困难,但有中国共产党的领导,我们一定会战胜这些困难,取得最后胜利。通过上述教育,要增强广大人民群众的社会主义信念和为社会主义事业奋斗的信心。

---

① 《毛泽东选集》第1卷,人民出版社,1991年版,第161页。
② 《邓小平年谱》(下),中央文献出版社,2004年版,第804页。
③ 《江泽民文选》第1卷,人民出版社,2006年版,第121页。
④ 胡锦涛:《在抗战胜利纪念大会上发表的重要讲话》,《光明日报》,2005年9月7日。

三、公民素质教育

公民素质是指公民在思想、道德、文化和遵纪守法方面的基本素质。公民素质教育应包括对公民进行理想、道德、科技文化知识和遵纪守法等方面的教育,从思想政治工作的角度看,公民素质教育主要是指理想教育、道德教育和法制教育。三者之间存在着密切联系,是一个不可分割的整体。邓小平早就指出,要使全体公民,特别是青少年成为有理想、有道德、有文化、有纪律的社会主义新人,必须开展思想政治教育。江泽民也指出:要"培育适应社会主义现代化要求的一代又一代有理想、有道德、有文化、有纪律的公民","在全社会形成共同理想和精神支柱,是有中国特色社会主义文化建设的根本",要"深入持久地开展以为人民服务为核心,集体主义为原则的社会主义道德教育,加强民主法制和纪律教育"。[①] 胡锦涛还指出:"全面建设小康社会、加快推进社会主义现代化,要求我们必须把发展社会主义先进文化放到十分突出的位置,着眼于提高人的素质、促进人的全面发展,加强思想道德建设,发展教育科学文化,培育有理想、有道德、有文化、有纪律的社会主义公民。"[②]

(一)理想教育

理想是人们对未来生活的有科学根据的向往和追求,或者说是人们所向往和追求并为之奋斗的目标。人的理想直接影响着人的价值观,而人的价值观又直接支配着人的行为。所谓价值观,是指评价人的行为是否有益的观点或理论。由于价值观不同,同样一件事情,有的人认为值得做,有的人认为不值得做。因此,为了使人们具有正确的价值观,多做有益于人民的事情,我们在思想政治教育过程中,就必须加强理想教育,使广大人民群众具有崇高的社会主义和共产主义理想,并树立为共产主义奋斗终生的坚强信念。

在理想教育过程中,应把理想教育与革命传统教育结合起来。无数革命先烈之所以能够为了革命的胜利敢于抛头颅、洒热血,就在于他们树立了远大的革命理想,有一种敢于为崇高理想而献身的精神。要向革命前辈学习,树立伟大的共产主义理想,激励奋发向上的精神,努力建设社会主义。实践证明,学习宣传革命前辈为真理而斗争,为革命事业而献身的崇高品德,能教育人们坚定正确的政治方向,明确共产主义的远大目标,为社会主义现代化建设作出贡献;学习宣传革命前辈出生入死的革命英雄主义气概,能激励人们正确对待困难,勇于克服困难,埋头苦干,在生产、工作和学习中作出显著成绩;学习宣传革命前辈艰苦朴素、密切联系群众的工作作风,能帮助人们克服各种不正之风和腐败现象,恢复党的优良作用。中国共产党在领导人民进行革命和建设的过程中形成了很多优良传统,是我们进行思想政治教育的宝贵财富。

(二)道德教育

道德是调整人与人之间、个人与集体之间以及个人与社会之间关系的行为规范的总和。道德是经济基础的反映,具有阶级性,不同的阶级具有不同的道德。无产阶级的道德是历史上最高形式的道德,本质上是属于社会主义和共产主义的道德。每个人并不天生具有社会主义和共产主义道德。在思想政治工作过程中,应努力开展社会主义和共产主义的道德教育,教育人们正确处理人与人之间、人与社会之间、个人与集体之间的关系,做有益于人类、有益于国家、有益于人

[①] 《江泽民文选》第2卷,人民出版社,2006年版,第33页。
[②] 胡锦涛,《牢固树立社会主义荣辱观》,《人民日报》,2006年4月28日。

民的具有高尚道德的人。

在社会主义市场经济条件下,主要是应加强社会主义道德教育。社会主义道德是一种以为人民服务为核心,以集体主义为原则的新型道德体系。应教育被领导者始终保持为人民服务的方向,时刻把人民的利益放在首位;教育他们以集体主义原则反对个人主义原则,把自己看成集体中的一员,正确处理个人、集体和国家之间的利益关系,关心集体,热爱集体,把集体和国家利益置于个人利益之上,做一个有益于集体和国家的人。社会上出现的贪污腐败现象,从道德的角度看,就是由于极端个人主义在作怪。如果一个人忘记了为人民服务和集体主义的道德原则,把个人利益置于集体利益和国家利益之上,面对金钱美女,就难免见利忘义。因此,加强社会主义道德教育对于防止各种腐败现象的滋生,也具有重要意义。当然,在加强社会主义道德教育的同时,还应提倡共产主义道德,把先进性要求和广泛性要求结合起来,鼓励一切有利于国家统一、民族团结、经济发展、社会进步的思想和道德,并应注意把社会主义的人道主义精神作为社会主义道德的一个重要部分。道德教育还应突出行业特点,加强职业道德教育。

（三）法制教育

要使被领导者和全体公民成为遵纪守法的公民,必须大力加强法制教育。法制和民主是不可分的。民主是法制的前提,法制是民主的保障。法制教育必然包含了民主教育。纪律教育也包含于法制教育之内,因为纪律是法制的补充。

建设高度的社会主义民主和完备的社会主义法制,是我国社会主义现代化建设的重要目标和任务,是中国共产党和全国人民的共同愿望。在民主与法制的教育中,必须注意:

1. 树立民主和法制的观念。民主与法制的观念对于现代社会的民主化和法治化具有重要意义。没有民主意识和法制观念的人,是无法适应现代民主与法治社会的。由于我国封建社会时期比较长,专制和人治的遗风并未完全肃清,"一言堂"和"家长作风"也未完全避免,无视法律的无政府主义也大有市场,在今天树立民主与法制的观念显得十分必要。

2. 划清社会主义民主与法制同资本主义民主与法制的界限。它们虽然有着历史的继承性,存在着共性的方面,但两者有着本质区别。资产阶级民主是少数资产阶级的民主,其法制在本质上是统治劳动人民的工具。社会主义民主的本质是人民当家作主,是绝大多数人的民主,其法制是全体人民意志的集中体现,其功能是维护社会主义的安定团结,保卫社会主义制度和广大人民群众的利益。

3. 明确民主与法制的辩证统一关系。没有民主就没有法制,没有法制也没有民主,二者相辅相成,互为前提,缺一不可。只有二者同时并举,才能建立高度文明的社会主义。

4. 充分认识学法、守法、用法的重要性。广大公民不但要自觉遵守法律,而且还要善于运用法律保护自己,监督领导机关严格执法,敢于与各种违法现象进行坚决的斗争。

纪律是有关生活、学习和工作制度的条例、章程,这是社会主义法制的一种重要补充。在思想政治工作中,必须把加强纪律教育与加强法制教育结合起来,使广大群众养成一个遵纪守法的良好习惯,真正做一个有理想、有道德、有文化、有纪律的合格公民。

第三节 思想政治工作的方针、原则和方法

认识和把握思想政治工作的方针和原则,掌握思想政治工作的科学方法,对于领导者做好思

想政治工作,具有十分重要的作用。

一、思想政治工作的方针

思想政治工作主要是做人的工作,其目的是要解决人的思想认识问题。要解决人的思想认识问题,唯一的方针是坚持疏导。疏导是思想政治工作正确的方针。

疏导方针包含疏通和引导两层含义。所谓疏通,就是广开言路,集思广益,在发展民主的基础上让人们畅所欲言,把自己的心里话说出来。采取疏通的方式,领导者就能有效地了解工作对象的思想状况,因而能有的放矢地开展思想政治工作。与疏通相对立的方式是压制,这种方式的要害就是压制各种不同意见,堵塞各种言路,只允许一种声音说话,而不允许不同意见的存在。其结果是言路不畅,各种思想和意见无法充分表达出来,领导者不了解工作对象的思想状况,因而工作起来显得被动和盲目。同时,采取压服的方式,结果常常是压而不服,最终达不到思想政治工作的目的。所谓引导,就是采用循循善诱,说服教育的方法,把各种不正确的思想引向正确的方向和轨道。最重要的是要用马克思列宁主义、毛泽东思想和中国特色社会主义理论体系去教育群众,说服群众,把群众的思想引导到共产党的路线、方针、政策上来,引导到社会主义的方向和轨道上来,从而使他们自觉自愿地服从党的领导,走社会主义道路,主动而积极地劳动、学习和工作,为社会主义现代化建设贡献自己的力量。与引导相对立的是放任自流。采取这种方式,只注重广开言路,而忽视对不同思想尤其是错误思想的批评教育和正确引导,从而导致自由主义和无政府主义。

疏通和引导是一个统一整体的两个方面,是有机地结合在一起的,去掉任何一个方面或者离开一个方面去理解另一个方面,都会曲解这一方针的真正含义。

疏通是引导的基础。有效的思想政治工作必须从疏通开始,离开了疏通这个基础,就无法进行引导。言路不疏通,不同意见反映不出来,就谈不上弄清思想,引导也就缺乏现实的基础。这正如治水一样,如果不首先疏通河道,引导水流方向也就无从谈起。有些同志不善于做细致的思想政治工作,总喜欢采取压服的方法,希望三言两语就使对方信服,而不是耐心地倾听对方的意见,甚至听不得不同意见。这种离开疏通的思想政治工作,由于没有牢固的基础,也就达不到引导的目的,不可能发挥思想政治工作的作用。

引导是疏通的目的和归宿。疏通是手段,引导是目的。离开了引导,疏通不但失去了意义,还会走向反面。这好比人们只注意开挖河道,而不注意水流方向,结果是到处挖河道,劳民伤财,非但不能治水,反而为新的洪水泛滥埋下祸根。在思想政治工作中如果忽视正确引导,对一些错误的思想认识,对背离党的路线、方针、政策的言行,不是主动地去加以正确引导,而是听其自然,不敢实事求是地进行批评教育,甚至对一些公开主张摆脱党的领导、脱离社会主义方向、违背四项基本原则的错误言论,也熟视无睹,听之任之,结果只能是借疏通之名,行取消引导之实,从而削弱思想政治工作。

总之,疏通和引导是辩证统一的关系,二者互相依存,互相渗透,紧密相联而不可分割。疏通中有引导,引导中有疏通,二者缺一不可,但疏通不同于引导,引导也不同于疏通。疏通是基础,引导是目的,只有把二者有机地结合起来,才能构成完整的思想政治工作的总方针。长期的历史经验证明,凡是坚持疏导的方针,思想政治工作就大有成效,否则就会出现失误,甚至会使思想政治工作名存实亡。这一方针是以正确处理人民内部矛盾的理论为科学根据的。思想政治工作中所碰到的矛盾就属于人民内部的矛盾,对人民内部的思想问题,必须采取民主的方法、说服教育的方法和批评与自我批评的方法加以解决。坚持这一方针,要求我们的领导者相信群众,尊重群众,依靠群众,以饱满的热情与群众打成一片,成为群众的知心朋友。对群众中积极向上的思想和精神,要加以鼓励和支持,对群众中的消极因素要敢于提出批评和热情地予以帮助。实行疏导方针,加强思想政治工作,离不开广泛的群众基础。

二、思想政治工作的基本原则

思想政治工作的基本原则,是指领导者在进行思想政治工作时所必须遵循的准则。这些原则主要有:

(一)理论联系实际的原则

理论是人们对客观事物及其规律的反映,而实际则是指客观存在的事实。理论联系实际,就是要把理论和实际结合起来。这是马克思主义的一个基本原则。它主要包括:① 理论是从实践中产生的,是对客观实际的认识;② 理论可以指导人们的实践,引导人们正确地把握和改造客观实际;③ 理论需要通过实践来检验,并在实践中得到发展,而实践则是人们对客观实际改造的过程。坚持理论联系实际的原则,就是要用马克思主义的理论去教育群众,引导群众,解答群众在工作、学习、生活中存在的实际问题,以解决群众的思想问题。

在思想政治工作中,要有效地坚持理论联系实际的原则,必须做到:

1. 学习理论。一是指领导者必须认真学习马列主义基本原理和中国化的马克思主义理论的最新成果,弄通马克思主义的精神实质,并学会在实践中加以运用。不懂得马克思主义理论的人,是不可能做好思想政治工作的。好的领导者必须有较高的马克思主义理论水平的修养,并具有善于运用马克思主义的原理和方法分析问题和解决问题的能力。二是指对广大群众即思想政治工作的对象要进行马克思主义的理论教育,用马列主义基本原理和中国化的马克思主义理论最新成果去武装他们的头脑,提高他们的思想政治觉悟。

2. 从实际出发,实事求是。一是要求领导者经常注意了解实际情况,包括当前的国内外形势、具体情况下的客观环境、群众的生活和工作方面的实际情况等,从而使思想政治工作做到有的放矢。二是要求在思想政治工作过程中,必须针对群众的具体思想实际进行有效的工作。无论是对群众进行马克思主义的理论教育,还是开展批评与自我批评,都要视实际情况而定。总之,用马克思主义的基本原理和方法解决群众的实际思想问题,是在思想政治工作中坚持理论联系实际原则的关键。

(二)结合业务工作一道做的原则

毛泽东在谈到正确处理思想政治工作与经济工作的关系时指出,思想政治工作"是要结合着经济工作一道去做的,不能孤立地去做"①。思想政治工作的对象是广大的人民群众,他们中间除了做经济工作的以外,还有做科技、文化、卫生、教育等其他工作的。因此,在实际的思想工作过程中,不但要正确处理思想政治工作与经济工作的关系,还要正确处理思想政治工作与其他工作的关系。各条战线上的思想政治工作要结合各项业务工作一道做。遵循这一原则,必须注意:

---

① 《毛泽东传(1949—1976)》,中央文献出版社,2003年版,第418页。

1. 明确思想政治工作与业务工作有着密切的关系,树立把思想政治工作落实到业务工作上去的正确观点。实践证明,如果把思想政治工作与业务工作分割开来,就会顾此失彼,到头来受损害的必然是思想政治工作,而最终也会损害业务工作。

2. 领导者既要重视和关心业务工作,又要重视和关心思想政治工作。当前我国正处在现代化建设的关键时期,不重视业务工作的领导者显然是搞不好领导工作的,但只重视业务工作而忽视了思想政治工作也不是好的领导者。事实上,一个单位的思想政治工作不力,职工群众思想觉悟不高,工作情绪低落,就必然损害业务工作。

3. 领导者要善于研究群众在业务工作过程中的思想问题和矛盾,使思想政治工作贯穿业务工作全过程,对这些思想问题和矛盾进行及时的疏导和解决。

4. 采用劳动竞赛等适当的形式,使思想政治工作服务于业务工作,并与业务工作同时进行。这样,使思想政治工作同业务工作相互结合,相互促进。

(三) 解决思想问题与解决实际问题相结合的原则

思想政治工作主要是为了解决人们的思想问题。人的思想问题包括思想认识问题和思想意识问题。所谓思想认识问题,是指人们对其周围的人或事物的认识存在着偏差,即主观与客观不一致,致使人们在实际的行动过程中出现某种偏颇。所谓思想意识问题,是指人的思想品质、动机、理想、道德和其他意识方面所存在的问题,它与人的世界观、人生观有关。思想是存在的反映,思想问题与实际问题有关,而且往往是由实际问题所引起的。所谓实际问题,主要是指现实生活中的实际困难和难以处理的实际矛盾,如住房困难、交通拥挤、经济困难、家庭不和等。作为领导者,为了解决工作对象的思想问题,就要寻找其思想问题的原因。如果他的思想问题是由其不正确的世界观、人生观引起的,就要引导他转变其观点、立场。如果他的思想问题是由实际问题引起的,则应多关心他的生活,努力解决他的实际问题。只高谈阔论,而不热心去解决实际问题,这样的思想政治工作是没有任何说服力的。

(四) 表扬和批评相结合的原则

在思想政治工作过程中,应该树立正气,抵制各种不良风气。前者有赖于运用表扬的方式,后者有赖于运用批评的方式。把两种方式结合起来,是中国共产党进行思想政治工作的经验总结。

所谓表扬,就是对好人好事用语言或文字公开表示赞美、夸奖的一种方式。通过表扬好人好事,可以达到如下目的:① 树立典型,通过榜样的力量来激励大家提高政治觉悟;② 树立正气,有利于形成良好的社会风气,创造良好的社会环境;③ 鼓舞士气,对那些思想觉悟高、道德品质好且有突出贡献或取得优异成绩的先进人物予以表扬,可以激励他们再接再厉,继续前进。

但是,仅有表扬还不行,还必须对不良倾向进行批评。批评和自我批评是马克思列宁主义的一个重要的思想武器。在批评时,既要敢于批评,又要善于批评。所谓敢于批评,是指对应该批评的人和事必须予以坚决批评,决不迁就姑息;所谓善于批评,是指在批评时必须注意批评的方法,还应考虑受批评者的接受程度,通过批评促使其改正错误,同时放下包袱,轻装前进。因此,批评并不单纯是消极的,同样具有积极的意义。

无论是表扬还是批评,都是为了激励人们不断上进。前者是从正面去激励人们上进,后者则是从反面去激励人们上进。在实际工作过程中,我们必须注意防止滥用批评,而多采用表扬的方式,即以正面激励为主。

（五）精神鼓励与物质鼓励相结合的原则

思想政治工作主要是解决人的思想问题、调动人们积极性的工作。领导者为了调动被领导者的积极性，就有必要采用一定的手段对被领导者进行激励。激励一是精神鼓励，二是物质鼓励。所谓精神鼓励，就是通过给予被激励者各种荣誉的办法，如发给奖状、奖牌和授予各种光荣称号等来激励他们的热情，鼓舞他们上进，使他们为实现领导目标而努力工作。所谓物质鼓励，就是在坚持按劳分配的基础上，对那些为社会提供了优质超额劳动的先进工作者，发给奖金或奖品，以鼓励他们继续为社会作出更大贡献。在思想政治工作过程中，精神鼓励是十分必要的，对于提高人民的思想觉悟有着直接的作用。但不能说，物质鼓励就不重要。辩证唯物主义认为：精神是物质的反映，人们的思想受社会物质生活条件制约。因此，在思想政治工作过程中，物质鼓励不但与精神鼓励有着同等的重要性，而且还具有基础性的作用。特别是在当今社会物质生活资料尚不丰富、人们还把劳动作为谋生手段的条件下，加强物质鼓励更是具有必要性。物质利益原则是社会主义的基本原则。运用物质鼓励的手段，正是社会主义物质利益原则在思想政治工作中的具体体现。当然，我们在强调物质鼓励的重要性时，决不能夸大物质鼓励的作用，更不能贬低精神鼓励的重要性，而应该把物质鼓励与精神鼓励有效地结合起来。

（六）言传与身教相结合的原则

思想政治工作既要靠言传，又要靠身教。所谓言传，又可称之为言教，是指通过语言向群众宣传正确的思想和行为，批评错误的思想和行为，以达到思想政治工作的目的。言传是必不可少的，但仅有言传不行。中国有句古话：身教重于言教。在思想政治工作过程中，道理自然要讲，但榜样的力量是无穷的，远远大于言语的力量。领导者必须严格要求自己，身体力行，言行一致，为人师表，必须是在群众中有威信的人。领导者的威信，既不能自封，也不能靠人恩赐，只有靠自己的模范行为取得。凡要求群众做到的，自己首先要做到；凡要求群众不做的，自己首先不做。当前，要提高思想政治工作的威望，就必须克服党政机关的腐败之风，加强廉政建设。因为，如果领导者自身不廉洁，不管他的话讲得多么漂亮，也是没有任何说服力的。

（七）循循善诱、循序渐进的原则

人们思想的转变过程，是一个逐步认识、逐步觉悟的过程。领导者做思想政治工作不能操之过急，要有充分的耐心，严格遵循循循善诱、循序渐进的原则。所谓循循善诱，是指善于有步骤地引导和教育。领导者要针对思想政治工作对象的不同情况，有步骤地对其加以教育和引导。所谓循序渐进，是指依照次序逐步地向前推进。领导者要遵循人类的认识规律和人们思想转变的曲折性、艰巨性的规律，有步骤地逐步推进各项工作，引导人们转变思想，提高觉悟。循循善诱、循序渐进的原则是人类认识规律在思想政治工作中的反映，是思想政治工作科学性的表现之一。

（八）思想政治教育和加强行政管理、严格组织纪律相结合的原则

思想政治工作重在教育，必须坚持教育第一的原则。搞好思想政治教育，必须做到"三心"，即热心、细心、耐心。所谓热心，是指对同志满腔热情、温暖可亲的一种激情。我们所面对的是活生生的人，没有火一般的热情，是无法做好思想政治工作的。所谓细心，是指对工作仔细、认真，尽量做到无微不至。领导者关心同志要周到，仔细分析其思想动机和心理特征，推心置腹地与其交心谈心，尽量把工作做到家。所谓耐心，是指不怕麻烦、不怕曲折、坚持不懈、反复工作的一种精神。领导者对同志要有耐心，坚持不懈地搞好思想政治教育，为了促使人们的思想转变，必须反复工作，直到其提高认识、转变思想为止。

但是,仅仅强调思想政治教育还是不够的,必须把它与加强行政管理、严格组织纪律结合起来。为此,必须做好以下工作:① 制定有关各项行政管理、组织纪律的规章、条例和制度,如考勤制度、上下班制度等;② 坚决执行已制定的规章、条例,严格按制度办事,对工作要有布置,有检查;③ 奖惩分明,对于严格执行规章、条例并按制度办事的,予以奖励;对于违反有关规章、条例并不按制度办事的,予以惩处。加强行政管理,严格组织纪律,对于巩固思想政治工作的成果能起保证作用。

三、思想政治工作方法

有效的思想政治工作,离不开科学的方法。所谓思想政治工作方法,是指领导者进行思想政治工作的具体方式、手段或办法。只有灵活有效地运用这些方法,思想政治工作才能更加具有说服力、感染力和吸引力,才能达到事半功倍的效果。

（一）说理教育法

说理教育法就是指领导者通过向思想政治工作的对象讲解有关理论和道理,以道理说服对方,从而使对方转变思想的一种方法。其主要特点在于:领导者应晓之以理,以理服人,使思想政治工作对象在道理上信服自己。

一要说理透彻。所谓说理,就是讲道理,领导者要善于与自己的工作对象讲道理。道理包括:一是理论。为了转变一个人的思想,向他讲解有关理论是完全必要的,没有正确理论的武装,思想就会出毛病。二是事实。有些人的思想问题多半是因为对某些事实了解不清而产生了错误的理解,在这种情况下,领导者就应向他澄清事实真相或帮助他正确地理解事实,从而达到转变其思想的目的。这就是我们所说的摆事实讲道理。所谓透彻,就是要求领导者把道理的含义讲准确、充分,内容要讲清,实质要讲透,尤其要注意透过现象看本质。

二要具体问题具体分析。领导者应针对不同的问题进行不同的分析。就是同一个问题在不同情况下也会有不同的原因,为了以理服人,必须对每一个问题作具体而细致的分析。列宁认为,具体地分析具体情况,是马克思主义的一个活的灵魂。领导者只有掌握这个活的灵魂,才能做到以理服人。

说理教育法是思想政治工作的一种基本的方法。领导者要转变工作对象的思想,依靠压服的手段是不行的,必须通过说服的办法。领导者只有晓之以理,才能说服工作的对象。否则,压而不服,无法达到思想政治工作应有的目的。

（二）情感交流法

情感交流法就是指领导者通过与思想政治工作对象相互交流情感,以情感去感动对方,从而使对方转变思想的一种方法。其主要特点在于:领导者应动之以情,用情感去征服思想政治工作对象,从而达到使其转变思想的目的。

一要关怀、体贴、信任。领导者要经常关怀人民群众和自己的下属,急他们所急,想他们所想,经常注意培养和爱护他们。还要善于体贴他们,经常了解他们的需要。特别是当他们在困难的时候,尤其需要对他们表达同情,进行安慰和帮助,使他们确实感到自己是他们的亲人。在与他们进行交往时,要相信他们,并使他们认识到,领导者确实信任自己。只有这样,领导者与思想政治工作对象才能真正建立起感情来。

二要经常交心谈心,多与群众交朋友。感情的建立,非一日之工夫即成,而必须以长期的培养、真正的相互了解为基础。领导者了解被领导者固然重要，但是让被领导者了解领导者则更重要，常常也很困难。为了解决这一难题，交心谈心是一个好办法。经常进行交心谈心，既能使领导者了解被领导者，又能让被领导者了解领导者，增进彼此之间的友谊。领导者在与被领导者交朋友时，特别应注意放下架子，甘当小学生，只有这样，才能建立真正的感情。当然，这种感情只能是同志式的，而不能是庸俗的，并且应以坚持原则为前提。

在思想政治工作中，理和情的关系是辩证统一的关系。既不能没有理，也不能没有情。有理无情，必然会使思想政治工作呆板，无法收到应有的效果；有情无理，必然会使思想政治工作失去原则性，因而也无真正的效果可言。只有把理与情有机地结合起来，思想政治工作才会显示其应有的生命力。

（三）个别引导法

个别引导法，也可称为因材施教法，或称之为"一把钥匙开一把锁"的方法。它是指领导者对个别对象因时因地采用不同的具体方式、手段进行有针对性的思想政治工作的一种方法。其特点是：对象的个别性，方式与手段的针对性，因人施教、因时施教、因地施教。

一是因人施教。思想政治工作的对象有不同的类型：若按年龄，可分为青年人、中年人和老年人；若按职别，可分为工人、农民、解放军、学生、知识分子、职员、干部、个体劳动者等。对不同类型的人应采用不同的思想工作方法。即使是同一类型中的不同的个人，也存在着不同性格、生活经历和思想问题，也应对每一个具体的人作具体分析，选择适当的方法。

二是因时施教。时间也是一个重要因素，即使是对同一个人开展思想政治工作，由于时间的不同，所面临的任务就有不同的特点，因而需要采取不同的方法。

三是因地施教。在不同的地点应采取不同的方法。地点不同，表明所处的环境不同。思想政治工作方法必须适应不同的环境，随着环境的变化而变化。

运用个别引导法应注意因势利导、因时利导、因人利导，循循善诱，引导工作对象有效地转变自己的思想。还要通过加强普遍的思想政治工作，以提高广大人民群众的思想觉悟，为对具体的人实施个别引导法创造良好的环境。

（四）心理咨询法

一个好的领导者，应同时是一位心理师，能把心理学的知识运用于思想政治工作之中。心理咨询法就是领导者运用心理学的原理和方法，帮助咨询对象发现自身的问题和问题的根源，挖掘潜在的能力，改变原有的认知结构和行为模式，以提高对生活的适应性和调节周围环境的能力。

心理咨询的目的在于通过语言、文字等媒介，给咨询对象以帮助、启发、暗示和教育，以使咨询对象在认识、情感和态度上有所变化，解决其在学习、工作、生活、身体健康等方面出现的心理问题，促使咨询对象的自我调整，从而能够更好地适应环境，保持身心健康。领导者应做咨询对象的朋友。

具体的心理咨询法很多，主要有：

一是现实疗法。启示咨询对象要重视现在而不是过去，强调过去的事实无可改变，因而应将眼光放在现在与将来的发展之上。启发咨询对象在面对个人的痛苦、失败经历时，要看到个人的潜能及以往的成功经历，从而认识到生活中还有许多美好的东西存在，可供自己选择和享用，以减少咨询对象不负责任与自我毁灭的意向。

二是咨询对象中心疗法。心理咨询的目的，不在于操纵一个人的外界环境或其消极被动的人格,而在于协助咨询对象自省自悟,充分发挥其潜能,最终达到自我的实现。心理咨询以真诚、尊重和理解为其基本条件。领导者应与咨询对象建立相互平等、相互尊重的关系。在谈话中采取不指责、不评论、不干涉的方式,鼓励咨询对象言尽其意,直抒己见,以创造一个充满真诚、温暖和信任的气氛,使咨询对象无忧无虑地开放自我。

三是理性情绪法。主要是通过帮助咨询对象认清其思想中的不合理信念,建立合乎逻辑、理性的信念,以减少个人的自我挫败感,对个人和他人都不再苛求,学会容忍自我与他人。

四是认知领悟法。通过改变咨询对象的认知模式,并辅之以行为疗法的技术,来矫正咨询对象的不良情绪和行为,改变对象的认知方式,从而使其情绪和人格障碍随之得到缓解。

五是行为疗法。即利用强化使咨询对象模仿或消除某一特定行为,建立新的行为方式。强化可采取嘉奖或鼓励(正强化)的方式,也可采取批评或惩罚(负强化)的方式。其核心均在于利用控制环境和实施强化来培养咨询对象的良好行为,矫正不良行为,重塑个人形象。

(五)榜样示范法

榜样示范法是指以先进典型为榜样,以先进人物的先进思想和先进事迹为范例来教育工作对象,以提高他们思想觉悟的一种方法。其特点是:以榜样作为示范,通过学先进、赶先进的活动,来促使工作对象向先进人物看齐,以不断提高自身的思想觉悟。这种方法给人以真实性的形象感,并具有明显的倾向性。

榜样的力量是无穷的,在采用榜样示范时,必须做好以下工作:

一是要培养和树立榜样。榜样不是从来就有的,是在实践中成长起来的。领导者应善于发现榜样,培养榜样,关心爱护榜样,为榜样的成长创造条件。培养榜样不等于随意制造榜样,人为地拔高榜样。只有为群众所公认的榜样,才能起到示范作用。

二是要宣传榜样,组织工作对象向榜样学习。切忌就事论事,重在学习榜样的精神。榜样往往有很多感人的先进事迹。学习榜样不能是简单地模仿,而是要学习榜样先进事迹中所蕴涵的精神实质。领导者应善于从榜样的先进事迹中概括出其精神实质,以便于对象领会和学习。

三是应通过榜样的先进事迹报告会等具体形式,使思想政治工作多样化、形象化,增强模范人物和先进事迹对工作对象的感染力,从而收到示范的更佳效果。

(六)自我教育法

这是思想政治工作对象自己教育自己的方法,它是指思想政治工作对象通过自觉学习,加强思想修养,主动接受积极影响,克服消极影响,从而不断完善自己的个性和思想品德的一种方法。其主要特点是:自觉性和内省性。它具有广泛的群众性,也可以说是一种群众自己教育自己的方法。在自我教育的过程中,领导者的责任主要是应加强正确引导。

在社会主义条件下,人民群众是国家的主人,既是思想政治工作的对象,即客体,也是思想政治工作的主体。不能把思想政治工作看成是少数人的事情。为了搞好思想政治工作,必须建立一支强有力的思想政治工作的专职队伍,但是又不能把思想政治工作仅仅看做是专职政工干部的事情,而应该看做是全社会的事情,看做是群众自己的事情。因此,应发动全社会都来做思想政治工作,发动群众来做思想政治工作,让群众自己教育自己,通过这种自我教育的形式来提高广大群众的思想觉悟。这一方法充分体现出在社会主义条件下人民群众的主人翁地位,也充分体现出中国共产党坚决相信群众、依靠群众的一贯政策。当然,这并不是说对群众的思想政治工作可以放任自流。在强调自我教育的同时,还应强调自我教育过程中的正确引导。

第八章 领导体制

领导体制是国家政治体制的重要组成部分,是有关领导活动的制度框架,规范和制约着领导行为,在整个领导活动中具有决定性意义。要实现科学化和高效化的领导,必须建立科学的领导体制,加强对领导体制的研究。

第一节 领导体制概述

理解领导体制的含义,掌握领导体制的内容和作用,是学习研究领导体制的基本前提。

一、领导体制的基本内涵

(一)领导体制的含义

"体制"一词在《辞海》中的解释是指国家机关、企业和事业单位在机构设置、领导隶属关系和管理权限划分等方面的体系、制度、方法、形式等的总称。而《现代汉语词典》把"体制"解释为"国家机关、企业、事业单位等的组织制度"。"体制"一词在英语中是"system",具有体系、体制、系统、制度、方法、方式等意思。领导体制就是指组织系统中以领导权限划分为基础的机构设置及其相互关系等方面的规则体系。

领导体制、领导制度、领导机制三者之间有着一定区别。领导体制是宏观意义上的领导制度的体现形式,而微观意义上的领导制度基本等同于领导体制。与根本的领导制度相比较,领导体制属于较低层次,要服从服务于领导制度,是领导制度的具体化和运行规则。领导体制具有较大的灵活性和多样性。领导制度具有一定的阶级性,而领导体制则是中性的,其工具性比较突出。各个国家在建立和稳定根本领导制度的同时,都在不断地探求科学化的领导体制,对现行的领导体制进行改革和完善。我国不断进行各项领导体制改革的理论依据也正在于此。领导机制则是领导体制的运行过程和模式。为此,我们把领导体制界定为:社会组织为了实现领导职能,在领导权限划分基础上所进行的机构设置、人员配置以及用以规范领导活动方式的制度体系。

我们可以从以下几个方面来理解和把握领导体制的内涵:

第一,领导体制是一种权限划分的制度体系。权力是领导的基础,领导体制的核心是领导权限的划分。领导权限的划分是否合理直接决定着领导体制的科学性。领导权限的划分既涉及领导系统内部横向与纵向的职权划分,也涉及领导系统与非领导系统之间的职权划分,主要是对权力、责任范围大小的配置、界定和明确,对权力行使和责任担当的监督。

第二,领导体制体现为一定的组织机构。组织机构分担领导职能,提供领导职位,是领导体制的载体。组织机构的设置及其运行规则是领导体制的基本要素,是领导权限划分的基础。从这个意义上来说,领导体制就是体现领导权限划分并保证领导活动有序开展的组织工具。领导体制具有整体性和系统性的内在要求,是静态的权责配置、事权分工与动态的运行机制相统一的完整体系,包括职责定位、机构设置、人员安排、权责体系、运行规则等。

第三,领导体制是领导干部管理的一系列制度安排。这些制度安排包括领导者的选举、选拔、招考、任免、考评、监督、晋升、任期、轮换、培训、保障、离退休等方面的制度规范。依靠这些制度规范对领导者进行选举选拔和组织管理。

(二)领导体制的特征

领导体制作为国家政治体制的重要组成部分,具有以下主要特征:

第一,根本性。这是由领导活动在社会中的根本性作用所决定的。在任何社会中,领导活动对社会的发展都起着方向性、根本性的作用。作为领导活动的制度框架和组织平台的领导体制,决定着领导权限的划分、领导者的选举、领导行为的规范、权力运行的监督、领导价值取向等,因此,领导体制在领导活动中起着根本性作用。

第二,系统性。无论从纵向的垂直层级节制关系来看,还是从横向的职能协作关系来看,领导体制都是一个上下衔接、左右连通、彼此联系、相互依存的有机系统。领导体制的功能不仅与每一个组织要素的状况有关,而且与这些要素排列组合所形成的结构状况有关。领导体制的系统性特征启示我们,在领导体制改革中,既要重视领导体制的每一个要素,抓住重点,又要从整体与全局出发,综合考虑各种要素之间的关系,统筹兼顾,均衡发展。

第三,规范性。领导体制本身就是一套行为规范体系,对领导行为起着制约作用。一方面,领导体制的建立和变革,必须遵循法律法规,按照法定的程序进行,这是确保领导体制权威性、科学性的重要基础。另一方面,领导活动必须在领导体制的框架下进行,领导体制规范着领导行为,甚至影响着领导者的思想观念和价值取向。

第四,稳定性。相对于外在环境、领导机制、领导人员等的变化而言,领导体制建立后在一定时期内则保持其基本性质的长期稳定状态。领导体制的这种稳定性,既是规范领导活动及其行为的客观需要,也是领导体制正常发挥作用的前提。

(三)领导体制的二重性

领导活动具有自然属性和社会属性,作为领导活动制度框架的领导体制也必然是自然属性与社会属性的统一。

领导体制的自然属性,即领导体制的普遍性、共性。领导体制的产生和发展都在一定程度上反映了人类领导活动的客观需要,领导活动都必须依托一定的组织机构,进行必要的权限划分,遵循特定的原则规范,这样才能保证领导职能的实现。这是任何社会和任何国家领导活动的共同特点。因此,由人类领导活动、制度体系以及人所具有的共同性决定,领导体制具有自然属性,任何时代、任何国家的领导体制都具有一定的普遍性和共通性,都具有一些可以把握的共同的普遍性规律。

领导体制的社会属性,即领导体制的特殊性、个性。领导体制作为国家政治制度的重要组成部分,属于政治上层建筑的范畴,其本质由其所赖以建立的经济基础决定,其产生、发展受相应的经济基础的制约。同时,领导体制作为国家政治制度、领导制度的体现形式,其产生、形成、内容、特征等都由政治制度决定并为政治制度服务。世界各国由于经济基础、社会政治制度和领导制度不同,领导体制就存在明显的差异,具有不同的个性特点。

在领导体制的自然属性和社会属性中,社会属性反映领导体制的内容,是本质属性;自然属性体现领导体制的形式。自然属性受制于社会属性,并为其服务。领导体制的二重性原理要求我们既要学习和借鉴历史上的领导体制和国外领导体制的合理成分,不能采取虚无主义、厚今薄古、闭关锁国、狭隘僵化的态度,同时,也要从我国国情出发,决不能简单化地移植国外的领导体制,要积极改革和探索我国领导体制的具体模式,推进领导体制的科学化,实现领导活动的规范化和高效化。

二、领导体制的主要内容

领导体制的内容十分广泛,概括起来,主要包括以下五个方面:一是领导组织的原则;二是领导组织结构;三是领导的层次与跨度;四是领导权限与职责的划分;五是领导干部的管理制度。

(一) 领导组织的原则

领导组织的原则就是领导体制中以权限划分为基础的组织机构设置的一般原则,是领导组织机构活动客观规律的主要表现形式,是在领导组织机构设置过程中所必须依据和遵循的基本行为准则。领导组织的原则一般包括:

第一,目标性原则。领导组织结构的设计要与组织的目标保持一致。任何组织机构在层次、幅度方面的设计,必须有利于组织目标的实现和组织任务的完成。

第二,统一性原则。领导组织机构体系必须完整,包括决策机构、执行机构和监督机构。组织机构的设置须有利于统一领导,保障领导的权威性。

第三,适应性原则。领导组织机构的设立,既要遵循法律法规,依法设置和变革,又要根据客观环境的变化及领导组织自身的特点,及时对组织机构进行调整和改革,使组织在保持相对稳定性的同时,又具有一定适应环境变化的灵活性。

第四,高效性原则。领导组织的设置要不断降低成本,尽可能提高组织效率,提高效率是组织生存和发展的基础。

(二) 领导组织结构

领导组织结构是指领导组织内部各个基本要素之间的组合方式及其相互关系。在领导组织结构中存在着两种最基本的关系:一是纵向的领导隶属关系,它决定了领导的上下级关系;二是横向的领导协作关系,是平行的各部门之间的相互协作关系。领导组织结构的具体表现形式多种多样,在此主要介绍五种较为常见的组织结构模式,即直线式领导结构、职能式领导结构、复合式领导结构、矩阵式领导结构和事业部式领导结构。

第一,直线式领导结构。这是一种传统的领导体制模式,是金字塔式的等级垂直领导结构。在这种领导体制模式中,领导职位、职权、职责从组织的最高层到最低层按照直线垂直配置,形成等级系列,通过自上而下的命令—服从关系,将一切权力集中在组织的最高层。这种组织结构的优点是统一领导,关系清晰,层级分明,责任明确,行动迅速,效率较高。它的缺点是缺乏专业化分工,容易使上级领导陷入日常事务之中,难以集中时间精力思考研究重大问题。这种组织结构形式一般适合于简单、重复、标准化的工作和结构简单的组织。

第二,职能式领导结构。这种组织结构模式是美国科学管理之父泰罗(F. W. Taylor)在科学管理理论基础上提出来的。在这种领导模式中,在上级组织的领导下,按照专业分工设置若干职能部门,实行专业分工管理,各职能部门直接对上级领导负责,并在其业务范围内对下级有指挥、协调、监督的权力。这种组织结构的优点是实行专业化分工管理,可以减轻领导的工作负担,使其能集中时间精力处理本组织中较重要的问题，容易积累起专业方面的知识和经验，适应现代管理活动复杂化的需要。其缺点是易造成多头领导或多重领导，出现政出多门、政策冲突或互相推委、扯皮的现象，妨碍统一指挥，增加协调的困难，造成管理上的混乱。

第三，复合式领导结构，也叫直线—职能式结构，是法国管理学家亨利·法约尔（Henri Fayol）总结并创建的组织结构形式。这是直线式、职能式两者的复合结构领导方式，它以直线式结构为基础，并在每个领导层级都设立了专门的职能部门，分别执行各种专业职能。这种领导结构模式综合了直线式和职能式的优点，保持了直线式集中统一指挥的优点，又吸取了职能式发挥专业职能作用的优势，成为在现代各种组织中普遍使用的一种领导结构模式。但这种结构模式也存在一些缺点，如各职能部门之间缺乏有效沟通，直线部门和职能部门以及职能部门之间职责、职权难以明确界定，容易产生矛盾和冲突；如果职能部门权力过大，容易将其意图强加给管理者，干扰、限制直线管理者的正常工作，导致部门主义，各行其是，而如果直线领导者权限过大，将职能机关置于可有可无的地位，也会带来不良后果。另外，这种组织结构模式管理人员过多，管理成本较高。

第四，矩阵式领导结构，也称"规划—目标"式结构，是在直线—职能式结构形式基础上发展起来的一种结构模式，它既保留了职能式组织的形式，又设立了按照项目划分的横向领导系统。矩阵是一个数学概念，在数学中，把多种要素按照纵向和横向进行排列而形成的一个矩形就叫矩阵。在管理活动中，把按照职能划分的部门和按照项目划分的部门排列结合起来，就组成了一个矩阵。这是一种垂直领导与水平领导并行的领导结构模式，组织成员受到双重领导，加强了管理活动的纵向联系和横向联系的整体性。矩阵式领导结构的优点在于能够加强各职能部门之间的信息沟通与职能配合，提高解决问题的效率；有利于各种专业人员之间取长补短，发挥综合优势；具有较大的灵活性和适应性，能够使组织较快适应社会环境的变化；有利于机构精简，裁撤冗员，提高组织效率。但是，矩阵式领导结构也存在一些缺点，如由于组织成员受双重领导，如果领导之间的意见相互矛盾，就容易导致下属无所适从、左右为难，造成指挥和协调方面的困难；组织关系比较复杂，对项目负责人的素质能力要求较高。

第五，事业部式领导结构，又称"M型"结构或者多部门结构。它是20世纪20年代初由美国企业管理专家阿尔弗雷德·斯隆在美国通用汽车公司研究设计出来的，因此也被称为"斯隆模型"。事业部式领导结构，是在组织的服务对象、活动领域等基础上，把组织划分为若干事业部而组成的组织结构。事业部式组织结构是一种分权制的组织结构形式，事业部具有很大的权力，组织最高领导除保留人事管理、财务控制、组织监督等权力以外，把很大的权力下放到了事业部。事业部是分权化单位，是利益责任单位，具有生产、核算和责任三种职能，具有相对独立的自主权。事业部式领导结构是一种"大权独揽、小权分散"，"集中决策、分散经营"的组织结构形式，是集中领导下的分权管理模式。事业部式领导结构的优点主要有：提高了领导管理的灵活性和适应性，有利于组织对环境的变化迅速作出回应，使决策层摆脱繁杂日常事务的干扰，集中时间精力思考和研究组织的战略问题，减少决策失误，也可以使事业部具有很大的自主性，有利于其主动性和积极性的发挥，有利于组织的专业化运行，提高了领导的灵活性和适应性，有利于培养和训练领导人才。其主要缺点是：机构设置重复，导致管理部门和人员的增加，造成管理成本的提高；同时，各事业部领导考虑问题往往从本部门的利益出发，忽视组织的整体性，容易形成本位主义。另外，由于职权下放过多，指挥不灵，各事业部之间的竞争，造成人员调动协调困难，影响先进技术和科学管理方法的交流和共享,影响组织整体性发展。

目前,在实际领导活动中,这五种领导结构形式常常相互结合,互为补充,较少以一种独立的形式而单独存在。

(三)领导的层次与幅度

领导结构有纵向结构和横向结构,纵向结构形成领导的层次,横向结构形成领导的幅度。领导层次是指组织系统中自上而下地实施指挥与监督的权力级差数量,即该组织系统中设置多少层级进行领导和管理。有多少等级层次,就有多少领导层次。领导幅度,又叫领导跨度或领导宽度,是指一个领导者直接指挥的下属数量。领导层次与领导幅度是密切联系的,一般来说,在同一个组织系统中,领导层次和领导幅度成反比关系,即在组织规模一定的情况下,较大的领导幅度意味着较少的领导层次;反之,较小的领导幅度则意味着较多的领导层次。有学者根据统计分析,提出了领导幅度的"二八律":在一般的领导机构中,担任正职的领导者宜有两位副职和八位下属,而担任副职的领导者也宜有两位助手和八位下属。当然,在具体的设置过程中,领导的层次和幅度设计需考虑多种因素,一般来说,影响领导层次与领导幅度之间关系的主要因素有:

第一,工作任务的性质。工作任务愈复杂,差异愈大,就越需要协调,领导幅度就愈小,领导层次就越多;反之亦然。

第二,工作内容的难易程度与近似程度。工作内容越容易,越近似,就可以采用较大的领导幅度和较少的领导层次;反之,则采取较多的领导层次和较小的领导幅度。

第三,组织成员素质水平。组织成员的素质高,责任感强,可以采用较大领导幅度的结构;反之,则采用较小的领导幅度结构。

第四,领导者能力状况。领导幅度的宽窄与领导者的能力成正比,领导层次的多少与领导者能力成反比。领导者素质高、能力强,领导幅度可以适当增加,领导层次则相对减少;反之,领导层次可以适当增加,领导幅度则相对减小。

第五,组织文化的凝聚力。良好的组织文化可以形成一种强大的向心力,把组织成员凝聚在一起,共同为组织的目标而奋斗。这样,领导层次就可以减少,而领导幅度则可以增大。反之,缺乏良好的组织文化,整个组织是一盘散沙,则领导幅度就应减小,领导层次就应增加。

第六,领导信息系统和技术的先进程度。提高领导信息系统和技术的先进性,可以增加领导幅度,减少领导层次;反之,领导信息系统和技术的落后,则需要增加领导层次,降低领导幅度。

(四)领导组织机构

领导体制的实质是领导权限的划分及其制度化,这必然要求设置若干分工协作的组织机构或部门来行使权力和承担相应责任。现代领导组织机构一般包括以下三个部分:决策机构(包括决策中心或决策中枢系统;信息机构,亦称信息系统;咨询机构,亦称智囊系统)、执行机构和监督机构。其中,决策机构(或决策体制)已经在本书第五章"领导与决策"中有所论及,这里只就执行机构和监督机构介绍如下:

1.执行机构。执行机构是决策机构的具体执行部门,一般由若干协调机构和职能部门组成。执行机构的主要任务是准确、及时、有效地执行决策机构作出的各项决策,即把事情做正确。在领导决策正确的前提下,执行力的高低就成为组织竞争力的焦点。执行机构要很好地完成任务,必须围绕提高执行力这个重点做好以下工作:抓好学习动员,增强理解力;抓好目标激励,增强驱动力;抓好沟通协调,增强整合力;抓好文化建设,增强凝聚力;抓好考核监督,增强督促力;

抓好设施完善,增强物质力;抓好率先垂范,增强感召力。

2. 监督机构。监督机构又叫控制系统,是领导决策系统的控制督察部门,一般由相对独立的各类专业职能机构承担不同的监督任务,就我国情况来看,包括纪检、司法、审计、督察、监事、督导等机构。监督机构的主要任务是:对领导决策和实施进行监察和督导,及时发现偏离目标的倾向和行为,向领导决策机构提出预警意见和纠偏建议,由法律授权或接受组织委托查处责任人,保证决策制定的正确和执行的准确无误。监督机构作用的正常发挥必须具备两个条件:一是能够依法独立行使监督职权;二是监督者作风正派、公正无私,并有秉公执法、善于监督的能力。

(五)领导管理制度

任何领导体制都是由人来制定和运作的,领导干部队伍素质直接关系到国家的命运前途,关系到组织的兴衰成败,因此,领导干部的管理工作是领导体制的一个极其重要的问题。领导管理制度主要包括领导干部管理制度和领导工作制度。领导干部管理制度主要是领导者的选举、招考、任免、晋升、考核、监督、培训、轮换、离退休等方面的制度规范。领导工作制度主要是领导的工作程序、领导规则等,如领导决策制度、领导用人制度、领导办公会议制度、请示报告制度、领导问责制度、政务公开制度等。

三、领导体制的作用

领导体制作为上层建筑中政治制度的核心内容,在社会政治经济文化活动中具有重要的甚至是决定性的影响和作用。邓小平在深刻体悟与总结中国共产党历史经验教训的基础上指出:"我们过去发生的各种错误,固然与某些领导人的思想、作风有关,但是组织制度、工作制度方面的问题更重要。这些方面的制度好可以使坏人无法任意横行,制度不好可以使好人无法充分做好事,甚至会走向反面。即使像毛泽东同志这样的伟大人物,也受到一些不好的制度的严重影响,以致对党对国家对他人都造成了很大的不幸。"[①]因此,"领导制度、组织制度问题更带有根本性、全局性、稳定性和长期性。"[②]党的十七届四中全会明确指出:"科学的领导制度是党有效治国理政的根本保证。"[③]作为领导制度体现形式的领导体制,其重要作用主要体现在以下几个方面:

(一)领导体制是领导活动有序开展的制度保障

领导活动是一个复杂的社会系统,是多种要素的复合体。领导体制可以把各种要素结合起来,使之成为一个有机整体,正常有序地运作。一方面,领导体制可以沟通协调领导者与被领导者之间的关系,形成实践主体,开展领导活动。依托领导体制,可以对被领导者进行合理的组合编排,使领导者与被领导者形成持续有效互动关系,保证领导活动得以顺利进行。另一方面,领导体制可以通过对领导权责进行明确划分,合理设置机构,形成层级分明、分工协作、行动统一的组织整体,通过明确领导机构的内部分工,科学划分权力职责,使各级部门领导人员各司其职,各负其责,保证组织有序运转。

---

① 《邓小平文选》第2卷,人民出版社,1994年版,第330、331页。
② 《邓小平文选》第2卷,人民出版社,1994年版,第293页。
③ 《中共中央关于加强和改进新形势下党的建设若干重大问题的决定》,人民出版社,2009年版,第15页。

（二）领导体制是实现领导目标的重要手段

领导活动是由领导主体、领导客体、领导生态、领导手段等要素构成的有机动态复杂系统。领导体制既是连接领导主体与领导客体的纽带和桥梁，也是领导者带领被领导者改造客观世界、实现领导目标的基本工具。领导体制作为领导活动中领导权限划分和领导机构设置的制度体系，本质上是一种领导资源配置的重要方式，通过对权力、地位、价值、利益等的分配，形成特定的领导结构，这一领导结构从根本上决定着领导活动的整体结构和活动方式，决定着领导者的行为模式，是领导手段的核心部分。同时，只有依凭领导体制这一系统工具，才能使领导者合法地行使权力，履行职能，实现领导目标。

（三）领导体制从根本上制约着领导主体

领导体制对领导主体起着重要的制约作用，不仅决定着领导主体的领导方式、领导作风、领导观念，而且规范、引导着领导主体的素质和行为。领导体制在一定程度上塑造着领导主体，有什么样的领导体制，就有什么样的领导主体。例如，在集权制的领导体制下，领导者往往独断专横、肆意妄为、滥用权力，在上级领导面前俯首帖耳、唯命是从，在下属面前则色厉内荏、飞扬跋扈，成为人格分裂的缺乏主体性的人。领导体制是否科学，直接决定着所选拔任用的领导干部素质的高低，决定着领导干部能否依法领导、科学领导。科学的领导体制不仅可以使优秀的领导人才脱颖而出，而且有助于领导者健康成长，有利于塑造、培养、造就更优秀的领导者。

（四）领导体制从根本上决定着领导绩效

领导绩效不仅仅指领导者个人的工作绩效，还包括领导组织作为一个系统的整体绩效。领导体制作为领导主体活动的制度框架，领导权限职责划分是否明确，组织机构设置是否合理，领导层级和领导宽度是否恰当，领导干部管理是否科学，这些都从根本上决定并制约着领导者和被领导者的积极性、主动性和创造性的发挥，决定着领导绩效的高低。

（五）领导体制关系到组织的前途命运

领导体制关系到组织的生存和发展，小到一个单位部门，中到一个政党团体，大到一个国家，其前途命运、兴衰成败都与领导体制的科学与否密切相关。科学的领导体制可以理顺协调各方面关系，规范权力运行，调动各方面积极性，激发活力，推动组织健康发展。反之，领导体制不科学，组织就会面临生存发展危机。从国家的层面来看，如果领导体制不科学，就会严重影响到国家政治生活的民主化、法治化和现代化水平，就会阻滞社会经济文化的发展，乃至危及国家的生存发展。

第二节 领导体制的历史演变和类型

领导体制作为上层建筑的一部分，由经济基础所决定并随着生产力的发展而演变。伴随领导体制的演变历程，领导体制往往表现为不同的类型。

一、领导体制的历史演变

领导体制的演变是一个长期而复杂的历史过程。领导体制的历史变迁与社会形态的演进次序相联系，大体分为原始社会的自然集体领导体制、奴隶社会和封建社会的个人"家长式"领导体制、资本主义社会的领导体制和社会主义的领导体制。有的学者认为人类历史上的领导体制大体经历了原始民主制、君主专制制、分权制衡制、民主集中制四个演变阶段。① 在此,我们主要按照社会形态演进次序来描述领导体制的历史演变历程。

(一)原始社会的自然集体领导体制

原始社会的氏族议事会、部落议事会和部落联盟议事会是人类社会领导体制的雏形。这种领导体制建立在原始公有制经济基础和没有阶级分化的社会基础之上。议事会是氏族以及氏族联盟的最高权力机关,酋长是最高的领导首领,酋长和战时军事首领均由全体氏族成员选举产生和罢免,他们不脱离生产劳动,不享有任何特权。各级议事会的主要职能是讨论和决定氏族以及部落的公共事务,议事会的参与者都享有平等的表决权,所有决定都须一致通过。酋长对氏族的领导主要是通过血缘纽带、风俗习惯、道德力量、能力经验和个人威信实现的,没有强制性权力。这种领导体制与当时十分低下的社会生产力状况相适应,是一种原始的、初级的、简单的自然集体领导体制。

(二)奴隶社会和封建社会的个人"家长式"领导体制

人类进入阶级社会后,产生了具有强制力量的国家机器,军队、警察、监狱、法庭等暴力工具成为统治者维系社会秩序的支柱。在领导体制上,君主专制取代了原始民主制,世袭制取代了选举制,个人"家长制"取代了集体领导制。在中国历史上,奴隶社会和封建社会的君主专制统治是一种高度集权的个人家长式领导体制。在这种体制下,君主具有至高无上的绝对权力,其行为几乎没有任何约束,其权力的行使不受任何制约,对全体臣民有着生杀予夺的权力,"普天之下,莫非王土;率土之滨,莫非王臣","事无巨细,皆决于上"。这种领导体制的本质特征是世袭制的君主凭借至高无上的绝对权力对国家社会实施全面的极权控制。在封建社会后期,自然经济逐渐解体,资本主义生产方式和民主政治制度不断建立发展,社会组织管理日趋复杂,社会分工不断细化,逐渐出现了一个职业化的领导管理阶层,资本主义领导体制代替了奴隶社会和封建社会的君主极权领导体制。

(三)资本主义社会的领导体制

资本主义社会的领导体制是资本主义国家政治经济生活制度的核心,随着资本主义社会的发展演变,其领导体制也处在不断的发展演变进程之中。在经济上,西方资本主义社会企业的领导体制经历了五个不同的发展阶段,即"家长制"式领导体制、经理制式领导体制、"软专家"式的领导体制、专家集团式领导体制和多极式领导体制。在政治上,西方资本主义国家的政治领导体制也经历了长期的历史演变。

西方资本主义国家政治领导体制基本上都实行分权制衡制,即资产阶级民主制,其理论基础是"天赋人权"、"三权分立"等资产阶级民主原则。这一体制以资产阶级的政党制度、议会制度和选举制度作为基本支柱,实行立法、行政、司法三权分立,相互制衡,相互协作,协调统治阶级内部的矛盾和冲突,维护国家稳定发展。与"三权分立"制相适应,资本主义国家的政治领导体制分为三种基本类型,即内阁制、总统制和委员会制。

资产阶级民主制的领导体制是在冲破中世纪的君主专制政体的基础上建立发展起来的,就资产阶级民主制领导体制的平等形式而言,与封建社会的君主专制制度相比,无疑具有历史进步性。并且经过长期的发展演化,资产阶级民主制在实行统治阶级内部的平等以及防止权力过分

---

① 中共浙江省委党校理论研究所:《领导科学纲要》,中共中央党校出版社,1992年版,第73－78页。

集中等方面积累了很多科学方法和经验,从而使其领导体制不断得到发展完善。

资产阶级民主制领导体制的主要特征表现在以下方面:第一,实行政党政治,通过政党竞选制实行政党轮流执政,由政党来集中统治阶级的意志,协调统治阶级内部各个不同集团的矛盾与利益,通过政党指导政府机构的活动。第二,实行议会制,议会由公民普选出来的代表组成,负责制定法律,决定国家大事。第三,实行行政首长负责制,行政首长掌握行政权力,负责行政事务,但行政首长的权力,仅限于执行议会的决议,并受议会以及司法机关的约束。第四,实行"三权分立"制,即立法、行政、司法三种国家权力分别由议会、总统(内阁)、法院三种职能机构行使,并且相互平衡制约与协作。第五,全国实行自上而下的垂直自治结构,进行分级分权管理。

(四)中国社会主义社会领导体制的演进

我们分别从党政领导体制和企业领导体制两方面进行简要阐述:

1. 中国社会主义党政领导体制的演进。中国的领导体制,自秦朝以来基本上都实行中央集权制,即"百代都行秦政事"。国民党政权实行中央集权制。1949年新中国成立之后,我国社会主义领导体制经历了一个曲折发展的过程。中国共产党的领导体制总体上是实行委员会制,政府领导体制总体上是实行行政首长负责制。由于长期以来存在着党政不分的状况,为了叙述的方便,这里采用"党政领导体制"的提法。概括地说,我国领导体制的发展演变过程可以分为四个阶段。

(1) 1949—1956年,党政领导体制基本确立阶段。这是从分散的根据地政权到建立起全国统一的中央集权的领导体制阶段。建国初期,中国共产党根据民主革命时期的经验,参照借鉴苏联的模式,迅速建立了社会主义的领导体制。1949年中国人民政治协商会议第一届全体会议通过的具有临时宪法作用的《共同纲领》规定:中华人民共和国的最高权力机关是全国人民代表大会。同时,确立了中央两级政府领导体制与大行政区制度,即中央人民政府委员会暂行最高国家权力,政务院为国家政务的最高执行机关,对下统一领导全国各级地方人民政府工作。下设各大行政区军政委员会或人民政府委员会。与此同时,确定国家政权的性质是工人阶级经过共产党领导的人民民主专政,中国共产党是整个国家的领导核心。1954年召开的第一届全国人民代表大会第一次会议正式通过的《中华人民共和国宪法》规定:全国人民代表大会是最高国家权力机关,是行使立法权的唯一机关。国务院即中央人民政府是国家的最高行政机关,统一领导全国地方各级行政机关的工作。同年,中国共产党发动了反对高岗、饶漱石反党集团运动,事件之后,强化了党对国家行政事务实行一元化领导的原则,在各级行政机关建立了党的组织,统一领导行政部门的工作。这对我国领导体制的发展产生了相当深远的影响。

(2) 1956—1966年,领导体制的探索调整并走向集权化阶段。三大改造的完成,社会主义制度的确立,以及1956年党的"八大"的召开,使以毛泽东为代表的党中央看到了当时的领导体制与全面建设社会主义社会的客观要求的不相适应性。党的"八大"提出了对领导体制作出相应调整与转变的任务,试图在巩固中央统一领导的前提下,适度扩大地方的权力,给地方更多的自主性。但由于受"左"的指导思想的影响,不但没有找到中央与地方权力划分的适度点,甚至原来领导体制中的某些弊端还被极大地扩展了,领导体制朝着适应于阶级斗争的集权制的方向不断发展。

(3) 1966—1976年,领导体制的混乱、畸变阶段。在1966年到1976年的十年"文化大革命"中,过去已经建立的领导体制被彻底打乱,党政领导机关受到冲击,陷入瘫痪半瘫痪状态。同时,在"加强一元化领导"的口号下,把一切权力集中到各级党委,形成了党政不分、政企不分,党委包揽一切的现象。在1975年的宪法中,对此加以肯定,使原来存在的集权过多的弊端发展得更为严重。

(4) 1977年至现在,领导体制改革发展阶段。以党的十一届三中全会为标志,中国社会主义领导体制进入了改革发展阶段。党的十一届六中全会通过的《党在社会主义时期若干历史问题的决议》,为领导体制改革奠定了理论基础。1980年8月18日,邓小平同志在中央政治局扩大会议上发表的《党和国家领导制度改革》的重要讲话是指导党和国家领导体制改革的纲领性文献。党的十二大、十三大为领导体制改革确定了目标、原则、方法和步骤,党的十四大明确提出经济体制改革的目标是建立社会主义市场经济体制,党的十五大提出了依法治国方略,党的十六大提出了建设社会主义政治文明的任务,党的十七大提出了贯彻落实科学发展观、促进社会和谐与全面建设小康社会的任务。这些使得我国党政领导体制的改革取得了一些突破性的进展。这一阶段领导体制改革的主要内容表现为:党政领导实行分任制,中央政治局和书记处的一部分成员一般不再兼任政府的主要领导;地方各级党委的书记一般不再兼任政府的主要领导;确定行政会议为政府机关和企事业单位集体决策的组织形式;恢复行政领导的监督体系,重新设立国家监察部;调整了中央与地方、政府与企业的关系;在农村,废除了"政社合一"模式,建立乡镇政权,实行村民自治制度。

随着改革开放的深入发展和构建社会主义和谐社会的进展,我国党政领导体制改革将进入一个崭新的历史时期,领导体制将不断发展和完善。

2. 中国国有企业领导体制的变迁。我国国有企业领导体制受党政领导体制的制约,在1978年以前,其发展变化与党政领导体制的演变具有明显的一致性。改革开放之后,随着经济体制改革的全面纵深发展,两者才发生了较大的分野。建国60年来,国有企业领导体制大致经历了五个阶段:

第一阶段:1949—1956年,"一长制"初步建立阶段。建国初期,我国当时主要存在两种比较有代表性的企业领导体制:一是华北地区实行的党委领导下的厂长制。二是东北地区的厂长负责制,即"一长制"。1954年之后,在全国企业中普遍实行"一长制"。在这种领导体制下,厂长由国家的经济管理机关委派,实施对企业生产行政的专责管理。

第二阶段:1956—1966年,党委领导下的厂长负责制阶段。这一阶段是从1956年毛泽东发表《论十大关系》讲话后,对"一长制"进行了批判。在党的八大会议上决定实行党委领导下的厂长(经理)负责制,即实行以党委为核心的集体领导与个人分工负责相结合的领导体制,由于这种领导体制是在与批判"一长制"同时进行的,因此,许多厂长不敢承担领导职责,实际上形成了党委书记领导下的"书记一长制",使党委领导下的厂长负责制名存实亡。

第三阶段:1966—1976年,企业领导体制的混乱、畸变阶段。在"文化大革命"时期,党委领导下的厂长分工负责制受到了严重摧残。革委会决定一切,一切事务由党委书记决定,形成了党委书记的一元化领导。

第四阶段:1978—1993年,党委领导下的厂长负责制恢复、演变发展阶段。党的十一届三中全会以后,我国在国有企业中建立健全党委领导下的厂长分工负责制,加强厂长的权力,明确规定党委行使决策权,厂长行使管理权,但以党代政问题依然严重。1984年全国六届人大二次会议决定,逐步实行厂长经理负责制。1987年,中共中央、国务院正式发出通知,要求在全民所有制企业中全面推行厂长(经理)负责制。

第五阶段:1994年至现在,公司制建立完善阶段。1994年党的十四大提出经济体制改革的目标是建立社会主义市场经济体制。党的十四届三中全会后,企业开始实行公司制改造。党的十六大明确指出要继续完善公司法人治理结构。按照现代企业制度的要求,规范公司股东会、董事会、监事会和经营管理者的权责,完善企业领导人员的聘任制度。股东会决定董事会和监事会成员,董事会选择经营管理者,经营管理者行使用人权,并形成权力机构、决策机构、监督机构和经营管理者之间的制衡机制。

二、领导体制的基本类型

按照不同的标准和从不同的角度,可以把领导体制分为不同的类型。按照历史进程和发展水平来划分,可以分为:原始社会自然式集体领导体制、奴隶社会和封建社会的个人"家长式"领导体制、资本主义社会分权制衡式领导体制和社会主义社会民主集中式领导体制。按照职责权限、决策及指挥方式进行划分,可以分为:集权制和分权制、完整制和分离制、"一长制"和委员会制、职能制和层次制。这里按照后一种标准进行划分。

（一）集权制与分权制

根据领导系统中各层次领导机关与领导者职责权限的集中与分散程度,可以把领导体制分为集权制和分权制。

集权制是指一切重大问题的决定权均集中于上级领导机关与领导者手中,下级必须完全遵循上级的决定和指示办事的领导体制。分权制是指下级领导机关与领导者在自己的管辖范围内有相对独立的自主权,可以自主决定和解决问题,上级对下级的决定和处理的事情不得随意干预的领导体制。

集权制的优点在于:权力集中,政令统一,标准一致,能够统筹全局,兼顾各方;能够统一指挥,容易做到令行禁止,便于统一调度和配置资源,集中力量做大事。其缺点是:灵活性差,应变能力低,不容易顾及特殊情况,不易因时因地制宜;难以充分调动下级积极性、主动性和创造性;容易使下属对上级领导产生依附性,容易导致独断专行和官僚主义。

分权制的优点在于:分级治事,分级负责,使下级机关和领导具有较大的灵活性,能够因地因时制宜,增强应变能力,易于发挥下级的主动性和积极性,使下级得到锻炼和增长才干;有利于上级领导减轻工作负担,提高效率,有利于防止官僚主义。分权制的缺点主要表现在:容易出现各自为政、政令不一的情形,滋生地方主义、本位主义、分散主义等问题;协调难度比较大,不利于团体协作精神的培养。

在当今世界,分权是一种历史的大趋势。由于全球化的加速,社会发展变化不断加快,社会问题错综复杂、层出不穷,社会组织多样化、规模化,社会竞争日趋激烈,各种组织必须不断提高应变能力、适应能力、创新能力,而分权制则是基本的应对之策。当然,分权的趋势并不一定就意味着集权的不合理性,事实上,集权与分权只是达成目标的不同工具和手段,为实现组织的目标和提高组织绩效,既需要一定的集权,也不能缺少必要的分权。集权与分权不是两种绝对对立的领导体制,两者各有千秋。一般来说,统中有分,分中有统,统分结合,扬长避短,相得益彰,才是比较理想的领导体制。

（二）完整制与分离制

根据领导系统中上级领导机关对下级的指挥控制方式的不同,可以将领导体制划分为完整制和分离制。

完整制又称集约制、一元制或统属制,是指属于同一领导层次的各机关或同一机关的各个构成单位,均接受同一上级领导机关或领导者的统一指挥和控制的领导体制。分离制又称独立制、多元统属制,也可称作多元化领导,是指同一层次的领导机关或同一机关的各个构成单位接受两个以上不同的上级机关和领导者指挥控制的领导体制,即同一个领导层级的各机关接受分属于两个以上平行的领导者或领导机关指挥控制,按照各个领导机关的不同职责分别赋予相应的权力,且彼此之间相互独立并相互制约的领导体制。

完整制的优点在于:权力集中,统一指挥,责任明确,政令一致,行动迅速,效率较高;便于统筹全局,协调各方;可以防止政出多门、各自为政。完整制的缺点在于:容易导致权力过分集中和领导者独裁专断,包揽一切,压抑下级机构和人员的工作积极性和创造性,降低应变能力。

分离制的优点在于:权力比较分散,可以使不同的组织机关各司其职,各尽其能,发挥其主动性、积极性;有利于各机关之间相互监督制约,防止专断滥权;也有利于各机关之间彼此竞争,有利于人才的成长发展。其缺点在于:容易导致各自为政、各行其是、政出多门、重复劳动、浪费资源、推委责任等问题,容易产生机构重叠、权力冲突、监督协调困难的问题,影响整体利益。

完整制和分离制是一个矛盾的两个方面,是对立统一关系。在实际生活当中,任何领导体制都不大可能是非常纯粹的完整制或分离制,理想的领导体制的设计应该是完整制与分离制的有机统一。在现实的领导活动中,对不同类型领导体制的选择,应该具体问题具体分析。一般来说,凡是业务性质相同或相近,需要实行高度集中管理的领域,如军事、外交、民航、铁路等部门,宜采用完整制;而业务性质相异,需要相互制约的领域,如立法机关、执行机关、司法监督机关等,则宜实行分离制。需要重视的是,如果实行以完整制为主的领导体制,须注意融合分离制的某些特点;同样,如果实行以分离制为主的领导体制,则要注意兼顾吸收完整制的某些长处。

(三)"一长制"与委员会制

根据领导机关最高决策者人数的多少,可以把领导体制划分为"一长制"与委员会制。

所谓"一长制"又称首长制,也叫独任制,是指在一个组织的领导机关内部,其法定的最高决策权完全集中在一位领导者身上的领导体制。委员会制又称合议制,是指在一个组织的领导机关中,其法定的最高决策权交由两位以上主要领导者组成的委员会行使的领导体制。

"一长制"的优点在于:权力集中,责任明确,指挥灵敏,行动迅速,决策和执行的效率较高。其缺点在于:不能集思广益,受领导者个人的知识、经验与能力的限制较大,容易发生决策失误,导致严重灾难;如果缺乏有效监督,容易产生独断专行、滥用权力的弊病。

委员会制的优点在于:便于集思广益,减少决策失误;分工负责,可以减轻主要领导者的负担;可以代表不同方面的利益,发扬民主;相互监督,可以避免个人专断、滥用职权。委员会制的缺点在于:权力分散,行动迟缓,效率不高;有时会因为出现争议、意见难以统一而导致议而不决、决而不行,以至于坐失良机,贻误大事;有时容易出现责任不明的问题,名义上是集体领导、集体负责,实际上是某些个人说了算,无人负责。

"一长制"与委员会制各有长短,二者并无绝对的优劣之分,关键在于根据环境的不同和领导者的差异而灵活运用。从理论上来说,凡属行政性、事务性、军事性、执行性、技术性、纪律性、突发性的领导活动,宜采用"一长制";凡属立法性、政策性、协调性、顾问性、咨询性、规划性、综合性的领导活动,则宜采取委员会制。

(四)层级制与职能制

根据领导系统中各部门职责权限的性质和范围,可以把领导体制分为层级制和职能制。

层级制又称分级制、层次制、直线制,是指将一个领导机关在纵向上划分为若干层级,每一个层级对上一级负责,从最高权力中心到基层形成一个类似于金字塔式的领导指挥系统的领导体制。如军队中的军、师、团、营、连、排、班等建制。职能制又称功能制或分职制,是指一个领导机关在横向上按业务性质的不同平行设置若干职能部门,辅助领导机关实施领导。

层级制的优点是:权力集中,指挥统一,层次分明,职责明确,行动迅速;各层次领导者工作性质基本相同,人员的升迁或平行调动,能够很快适应和胜任工作;有利于培养具有统筹安排、综合平衡能力的"通才"。其缺点在于:各级领导者管辖的事务繁杂,容易陷入事务主义,影响决策的正确性;中间层级多,会导致指挥效力随层级递减;权力集中于上级领导,容易导致权力滥用,草率行事。层级制的领导体制主要适合于领导关系简单、工作性质单一、任务目标明确的组织或部门。

职能制的优点在于:分工精细,专业性强,领导者能够各司其职,熟悉业务,工作效率较高,有利于提高领导者的专业化水平。其缺点在于:分工过细,容易造成机构臃肿,部门林立,人浮于事;容易形成割据状态,滋生本位主义,政出多门,互相扯皮,协调困难;各部门的矛盾与冲突难以协调;难以贯彻系统原则、经济原则与效率原则。

层级制是一种历史悠久的传统的领导体制。职能制最初是由美国管理专家泰罗提出来的,是适应现代社会专业化分工需要而产生的。在现实世界中,层级制与职能制二者结合起来使用是当前各种大型组织普遍采用的领导体制。

第三节 我国领导体制的改革与完善

中国社会主义领导体制的建立和发展经历了几十年曲折复杂的历程,尤其是改革开放以来,领导体制改革取得了明显的进展。但由于领导体制在本质上具有相对的稳定性,与国家政治、经济、文化、社会诸方面的发展变化相比较,存在着许多不合时宜之处,具有明显的滞后性。因此,领导体制改革具有必要性和紧迫性。由于党政领导体制具有决定性的重要地位,在此我们主要探讨党政领导体制改革并兼论其他领导体制改革的问题。

一、我国现行领导体制的本质特征和主要问题

(一)我国现行领导体制的本质特征

我国社会主义领导体制是在中国共产党领导下,在新民主主义革命和社会主义建设的过程中逐步建立和发展起来的。其本质特征主要表现在以下几个方面:

1. 人民群众的主人地位。人民群众当家做主,是我国领导体制区别于资本主义的主要标志,也是我国领导体制的基础。我国宪法规定,中华人民共和国的一切权力属于人民。人民行使国家权力的机关是全国人民代表大会和地方各级人民代表大会。我国各级领导者的权力都是人民赋予的,领导工作的实质在于为人民服务,领导者虽处于领导岗位,在本质上仍然是人民的公仆。人民群众的主人地位,不仅表现在人民对一切社会财富的支配上,更重要的是体现在人民群

众都有参与国家管理的权利上。人民群众管理国家和社会公共事务的权利,是社会主义制度下劳动者最根本的权利。我国各级领导机构的设置和各种法律法规的制定,以体现广大劳动人民的利益和意志为宗旨,以在组织上保证和支持人民当家做主、建设社会主义和谐社会为目的。

由于社会主义制度的新型性和探索性,在如何切实保障和落实人民当家做主方面还有许多问题需要深入研究和探索,但人民当家做主作为我国领导体制的本质特征,在这一点上是十分明确的。进一步落实和扩大人民的民主权利是我国领导体制改革的基本目标之一。

2. 共产党的领导核心作用。我国是工人阶级领导的以工农联盟为基础的人民民主专政的社会主义国家,中国共产党是中国特色社会主义事业的领导核心。中国共产党在社会主义事业中起领导核心作用,是由党的性质决定的是历史选择的结果。中国共产党作为领导核心,与各民主党派、各人民团体结成了爱国统一战线,建立了中国共产党领导的多党合作和政治协商制度。中国共产党的领导核心作用,主要体现在三个方面:一是各级领导机关受同级党的领导机构领导;二是一切大政方针的制定和实行必须由同级党的领导机构批准;三是党的领导机构成员在特殊情况下,兼任行政机关的主要领导人,以保障党对行政的领导。

共产党的领导并不意味着党要包揽包办一切和指挥控制一切,主要是实行政治领导、组织领导和思想领导,并不直接行使国家权力,党必须保证立法、司法、行政机关,经济、文化组织和人民团体积极主动地、独立负责地、协调一致地工作。共产党执政就是领导和支持人民当家做主,最广泛地动员和组织人民群众依法管理国家和社会事务,管理经济和文化事业,维护和实现人民群众的根本利益。坚持党的领导、人民当家做主和依法治国的统一,是社会主义政治体制和领导体制的主要特征。

3. 中央集权式的统一领导与管理。我国的领导体制不同于其他国家的领导体制的另一个重要特征,是实行中央集权式的统一领导与管理。这一特征是由我国的历史特点和现实国情决定的。中央集权式领导体制主要表现在两个方面:从纵向领导关系上来看,我国长期实行中央集权式的领导体制,形成了自上而下的领导系统,虽然中央以下的各级领导机关也有一定的权力,但主要的决策权集中在中央。这不仅不同于分权制、联邦制的资本主义国家,也不同于其他的一些社会主义国家。从横向关系上来看,我国实行统一的一元化的领导体制。在政治上、思想上和组织上,一切部门都要服从共产党的统一领导,各级领导机关受同级党的领导机构的领导。

中央集权式的领导体制具有中国特色的社会主义性质。这种权力的集中是建立在广泛的民主基础之上的,各级人民代表大会是国家的权力机关,是人民主权的体现者,是人民行使管理国家权利的机关。同时,以中央集权占主导地位的领导体制,基本上适合中国的国情,是保障国家统一和稳定的重要基础。另外,以中央集权为主导的领导体制将在我国长期存在。领导体制改革并不是要否定集中统一领导,恰恰是为了国家的长治久安和社会的和谐发展。

(二)我国现行领导体制的主要问题

我国现行的领导体制虽然曾经在战争期间和社会主义国家建立初期发挥过重要的作用,但是这种体制明显地带有阶级斗争和大规模的群众运动的特点。改革开放以来,我国领导体制改革取得了许多突破和进展,但与社会主义市场经济体制还不完全适应,与政治、经济、社会、文化诸方面的迅速发展相比具有明显的滞后性,还存在着以下主要问题:

1. 领导权力过于集中。权力过分集中且缺乏刚性的监督制约是我国领导体制的最主要的弊端,也是衍生其他问题的根源。权力过分集中主要是指权力的不恰当的过度集中,并且缺乏刚性的监督和制约。这主要表现在两个方面：一是从领导体制的内外部关系来看,权力过分集中于党委领导机关；在党委领导机关内部,权力过分集中于党委书记,尤其是"一把手",正如邓小平所指出的："权力过分集中于党委,党委的权力又往往集中于几个书记,特别是集中第一书记,什么事都要第一书记挂帅、拍板。党的一元化领导,往往因此变成了个人领导。全国各地都不同程度上存在这个问题。权力过分集中于个人或少数人手里,多数办事的人无权决定,少数有权的人负担过重。"①在中央和地方的关系上,权力过分集中于中央,地方自主权甚小。二是从领导体制自身来看,在政治上党政不分,以党代政,党委包揽许多行政领导事务；在经济上政企不分,各级政府作为管理者仍然直接掌握着企业的一部分权力；在社会上政社不分,各级党政部门将许多本应属于社会团体、事业单位、非政府组织的权力不同程度地行政化,成为党政机关的附属物。

2. 组织机构的设置不尽合理。我国领导体制的另一个弊端,就是组织机构的层次与管理幅度设置的不科学。目前,在世界上200多个国家和地区中,8个微型小国只设中央一级政府,25个国家设立中央和地方两级政府,67个国家设立三级政府。我国目前是五级制政府：国务院—省(自治区、直辖市)—地(州、市)—县(市)—乡镇,加上每级政府内部再设置3~4个层次,如此多的层次往往导致机构臃肿,人浮于事,信息沟通迟滞,信息失真普遍,效率低下等问题。

领导组织机构设置不合理还表现在职责交叉比较普遍。这主要表现在三个方面：一是部门之间条块分割,矛盾较多,难以协调合作。二是组织机构分工过细,造成职责不清或职责交叉。例如新闻、出版社、文化、广播、电视部门关于音像制品的管理,土地、建设、城市规划部门关于房地产的管理,电力、水利部门关于小水电的管理,公安、交通部门关于道路交通的管理,劳动、民政部门关于人力资源的管理等,都不同程度地存在着职责不清、关系不顺的问题,导致好管的事都想管,难管的事都不管的现象,形成管理重复或管理盲区。三是临时性机构过多过滥,裁撤不及时,管理不规范。

3. 领导体制建设滞后。与其他体制改革比较而言,我国领导体制建设明显滞后。这主要表现在两方面：一是领导法规的缺失。到目前为止,我国仍然缺少完备的自上而下的领导法规与领导责任制,领导机构的职责职权界限缺乏明确的规定,领导活动缺乏法定程序规定,人治现象比较严重。缺乏健全完善的领导干部管理法规,尚未形成一整套科学系统的领导人员的考核、录用、奖惩、任期、监督的法律规范。二是领导体制路径依赖现象十分严重。领导体制具有超稳定的特点,已经成为领导制度创新的障碍,也成为领导体制改革的深层次问题,领导体制改革举步维艰、进展缓慢,已经明显不适应经济全球化和社会发展的需要,领导制度建设任重而道远。

二、我国领导体制的改革

我国领导体制所存在的各种问题,严重制约着社会主义民主政治以及市场经济的健康发展,影响着社会主义和谐社会的构建,因此,必须重视和加快领导体制改革。领导体制改革是政治体制改革的重要组成部分,其基本性质是在社会主义经济基础之上的领导制度的自我调整和完善。

（一）领导体制改革的原则

领导体制改革是一项艰巨而复杂的系统工程,在正确认识领导体制改革性质的前提下,必须遵循一定的原则。这些原则主要有：

---

① 《邓小平文选》第2卷,人民出版社1994年版,第341页。

1. 法治原则。领导体制改革必须遵循法治原则,即领导体制改革既要向法律化、规范化方向发展,又要以法律法规为依据,遵循法定的程序,依法进行改革。在领导体制改革中坚持法治原则,需要加强以下工作:一是领导体制改革要与加强立法工作相结合,健全社会主义法律体系,提高立法质量。二是要维护宪法和法律的尊严与权威,坚持法律面前人人平等,公务员必须依法行政,领导干部必须依法领导,各政党和社会团体,包括执政的共产党都必须在宪法和法律的范围内活动。三是领导体制改革中的机构改革、权限划分、人员配置都必须依据法律规定来进行,不得随意行事。领导体制的法治化是实现领导体制科学化的重要保障。

2. 公正原则。公正就是公平正义,既是一种社会理想或社会意识,又是一种现实的制度安排和制度选择的合理状态。在对领导体制进行改革时,必须摒弃不公正的制度安排,正如著名政治哲学家约翰·罗尔斯在《正义论》中所指出的,"正义是社会制度的首要价值,正像真理是思想体系的首要价值一样。一种理论,无论它多么精致和简洁,只要它不真实,就必须加以拒绝和修正,同样,某些法律和制度,不管它们如何有效率和有条理,只要它们不正义,就必须加以改造或废除"①。对于一个政党、国家和政府组织来说,公正是领导体制完善的标志之一。因此,领导体制改革要始终坚持和贯彻公正的原则。在领导体制改革进程中,坚持公正原则,就是领导体制的变革创新、权限的划分、机构的设置、规则的设计必须贯彻和体现公平正义的精神和原则。领导体制既是一种权力责任的配置体系,也是一种领导活动、领导关系的行为规范,公正是处理权责关系、领导关系、利益关系等的基本价值原则。领导体制的改革既要保证领导规则的公正公平,也要保障领导的结果公平、机会均等,把领导权力与责任、义务和权利真正统一起来,实现权责相称,使履行职责、义务的人的相应权利得到保障而不被剥夺,使逃避责任、义务而尽享权利的人受到惩处,实现真正的公正。

3. 系统性原则。系统性原则就是要求在领导体制改革过程中,必须从系统的整体性出发,通过分析领导系统与外部环境的关系、领导系统内部各要素之间的关系,把握领导体制改革的整体性、全局性,从现实的实际情况出发,实事求是,稳扎稳打,渐次推进。在当前,领导体制改革坚持系统原则,就是要认真贯彻落实科学发展观,以科学发展观统领领导体制改革,使领导体制改革走上系统化的科学改革之路,使改革服从于又好又快的发展目标和构建和谐社会的要求;要对领导体制改革进行系统的战略规划和设计,科学预测未来的发展趋势,提高领导体制改革的前瞻性、创造性、预见性,研究、发现和遵循领导体制的规律性,从而达到领导体制改革的整体化、协调化、有序化和最优化;要继承和弘扬过去传统领导体制的精华,保持领导体制的连续性和稳定性。

4. 效率性原则。邓小平早在1986年就指出:政治体制改革问题要本着三个目标进行:第一个目标是始终保持党和国家的活力,第二个目标是克服官僚主义,提高工作效率,第三个目标是调动基层和工人、农民、知识分子的积极性。②党的十五大报告也指出:"推进体制改革,必须有利于增强党和国家的活力,保持和发挥社会主义制度的特点和优势。"效率是指所投入的成本与所获得的效果的比率,即单位时间内所完成的工作量。效率是组织和制度的生命线,没有效率,就没有活力,组织和制度就没有生命力和发展前途。因此,领导体制改革要着眼于提高领导效率,增强领导体制的活力,科学规划领导体制改革的政策、程序和方法,明确界定领导权限,合理

---

① [美]约翰·罗尔斯:《正义论》,何怀宏译,中国社会科学出版社,1988年版,第1页。
② 《邓小平文选》第3卷,人民出版社,1993年版,第179、180页。

设置组织机构。

5. 民主性原则。人民民主是社会主义的本质要求和内在属性,"没有民主就没有社会主义,就没有社会主义的现代化"①,而社会主义民主的本质是人民当家做主。党的十七大报告明确指出:"人民民主是社会主义的生命",要"扩大人民民主,保证人民当家做主。人民当家做主是社会主义民主政治的本质和核心。"领导体制改革必须坚持民主性原则,一方面要从政治上、组织上和制度上保证人民当家做主,使人民真正成为国家的主人;另一方面,要扩大公民有序政治参与的渠道,保证广大公民在领导体制改革中的知情权、话语权、参与权、选择权、决策权等。领导体制的改革,保证全体人民充分享受政治民主、领导民主,保证人民群众能通过各种有效形式参与国家和社会公共事务管理,并以此作为领导体制改革的出发点和归宿。同时,领导体制改革必须以维护和实现最广大人民群众的根本利益为宗旨,从国家的长远利益、根本利益、全局利益出发,统筹兼顾,谋划未来。

(二)领导体制改革的内容

领导体制改革是一项复杂的系统工程,涉及面广,制约因素多,内容复杂。就目前和今后一段时期来说,其主要内容包括以下几个方面:

1. 领导权限划分的科学化。领导权限划分是领导体制的核心问题。科学划分领导权限包括党政权限的划分,党和人大、政协机关的权限划分,国家行政机关横向和纵向的权限划分,中央和地方党政机关的权限划分,政府和企业、事业以及其他社会组织之间的权限划分等。在横向领导层级中,要改变职责不明、互相扯皮的现象,合理分权,使各方面的工作真正做到职、权、责、利的统一,实现互相配合、协调、制约和促进,以使领导活动有条不紊地进行。在纵向领导层级中,要改变权力过分集中的问题,适当下放权力,合理配置各层级的职权范围,以调动各方面的积极性,包括实行政企分开、政事分开、政资分开,依法赋予和保障企业、事业单位的自主权;还包括中央与地方事权财权的划分。

党的十六届三中全会通过的《中共中央关于完善社会主义市场经济体制若干问题的决定》明确提出了合理划分中央和地方经济社会事务管理责权的改革任务。按照中央统一领导、充分发挥地方主动性积极性的原则,明确中央和地方对经济调节、市场监管、社会管理、公共服务等方面的管理责权。属于全国性和跨省(自治区、直辖市)的事务,由中央管理,以保证国家法制统一、政令统一和市场统一;属于面向本行政区域的地方性事务,由地方管理,以提高工作效率,降低管理成本,增强行政活力;属于中央和地方共同管理的事务,要区别不同情况,明确各自的管理范围,分清主次责任。根据经济社会事务管理责权的划分,逐步理顺中央和地方在财税、金融、投资和社会保障等领域的分工和职责。

2. 党政关系的规范化。党政关系的规范化,是坚持有中国特色的社会主义政治制度的大问题。解决这个问题,应从"分"与"合"两个方面入手。"分"包括三个方面:一是党政职能分开。党要实行总的领导并确保国家立法、司法和行政机关独立协调地工作,国家政权机关的职能是国家和社会生活事务的领导与管理。二是党政作用方式分开。国家政权机关主要运用有约束力和强制性的法律或行政手段管理国家事务,调节社会关系。党组织对社会的作用方式一般以其吸引力、感召力和凝聚力为纽带,靠政治指导、思想引导和组织参与来实现。三是党政组织形式分

---

① 《邓小平文选》第2卷,人民出版社,1994年版,第168页。

开。党组织本身不表现为某种国家权力实体,应使其向非政权化方向转变,改变党政对口设置机构、重复分工的状况。"合"包括两方面:一是组织上的"合",即党组织的优秀成员经法律程序进入国家机关,掌握国家权力,从组织上保证党在政治上的领导。二是职能上的"合",即合理配置党和国家机关的政治权力,依法界定党的领导权限,实现二者职能目标、方向一致基础上的协同效应。无论是"分"还是"合",都必须以宪法和法律规范党政关系,从制度上保证党和国家政治生活的民主化、经济管理的民主化和整个社会生活的民主化。

3. 领导组织机构设置的合理化。组织机构是实现领导职能的组织实体,只有机构设置合理,领导工作才能有序有效地进行。领导系统中组织机构的设置除了符合职能目标明确、机构体系完备的要求外,还要遵循"精简"、"统一"、"效能"的原则。所谓"精简",即根据领导工作的需要,建立起精干有力的领导班子和组织机构,克服机构臃肿、人浮于事的弊端。所谓"统一",即领导系统指挥统一,组织机构目标一致,职责清晰,有机配合,运转协调,克服机构重叠、职责交叉的弊端。所谓"效能",即领导系统中组织机构设置得当,运转灵敏高效;组织成员适应岗位需要,充分履行职责,工作效果良好;各种资源配置合理,运行成本节约,克服组织运转不畅、工作效率低下的弊端。

党的十六届四中全会通过的《中共中央关于加强党的执政能力建设的决定》指出,要"规范党政机构设置,完善党委常委会的组成结构,适当扩大党政领导成员交叉任职,减少领导职数,切实解决分工重叠问题,撤并党委和政府职能相同或相近的工作部门。规范各类领导小组和协调机构,一般不设实体性办事机构",要"减少地方党委副书记职数,实行常委分工负责,充分发挥集体领导作用。逐步加大党委、人大、政府、政协之间的干部交流。优化人大、政协领导班子结构,逐步减少人大、政协领导职数"。这是对领导组织机构设置的合理化所提出的基本要求。

4. 领导制度建设的法制化。领导体制中的制度建设包括十分丰富的内容。从宏观上看,包括中央与地方关系的制度、党政关系的制度、政企关系的制度、领导干部任用与管理制度、党政机关的组织制度和工作制度、基层民主制度等。从微观上看,包括领导权力的运行监督制度、领导班子建设制度、现代企业制度、基层组织制度、领导机构设置制度、各种具体的领导工作制度等。领导体制改革的制度化也属于制度建设的范围。

在领导制度建设方面,从党的十四大以来,中共中央发布了一系列关于干部人事制度方面的条例和规章,领导体制的制度化建设取得了明显进展,已经初步建立了比较完善的制度体系。目前以及今后一段时期的主要任务是:一要加强这些领导制度的执行力度,把相关制度贯彻落实到位;二要通过一定时期的实施,把一些比较成熟的制度通过法定程序固定化,使之成为具有较高权威的法律规定,加强领导体制改革的法制化进程。

第九章 领导者的素质

领导者作为领导活动的主体,在领导活动中起着关键性作用。领导者个体素质的高低和集体素质结构的合理与否,直接决定着领导绩效的高低,决定着领导活动的成败。全球化趋势以及中国社会的急剧转型,对领导者的素质提出了更多更高的要求。领导者素质成为领导科学研究的一个热点和重点课题。

第一节 领导者个体素质概述

领导者是人类社会中的一种重要而特殊的角色。领导者包括个体领导者和集体领导者,本节所说的领导者即指个体领导者。领导者担负着决策、用人、组织、协调、监督、激励等重要职责,必须具有较高的素质,才能胜任领导角色,成为有效的领导者。

一、领导者素质的内涵

要了解领导者的素质,首先须弄清楚"素质"的概念。所谓"素",就是本来的、原有的意思;所谓"质",就是指一事物区别于他事物的内在规定性。素质就是一个事物固有的区别于其他事物的性质和特点。素质这一概念,有狭义和广义之分。狭义的素质是生理学上的一个专门术语,专指人的解剖生理特点,即人的神经系统、大脑、感觉器官和运动器官等身体组成部分的生理特点,即人体总的生理特点、条件和状态,以及人体各个组成部分的生理基础和质量。广义的素质就是指一个人在先天禀赋的基础上,经过社会环境熏陶和自身磨炼而形成的满足其生存和发展所需要的价值理念和行为能力等各种要素的总和。总之,素质就是一定的行为主体进行某种活动所依凭的内在条件,即基本的价值理念和行为能力。

领导者素质就是与领导职务相适应的领导主体为履行领导职能、发挥领导作用所需具备的价值理念和行为能力,是基于人的一般素质、又符合领导者角色特点而形成的胜任领导工作的各种主观条件和特质。换一个角度说,领导者素质就是领导者的一切内在构成,是领导者能够肩负起领导职责,借以完成所担当工作任务的价值理念和行为能力,是各种主观条件的总和。从一般意义上说,领导者素质包括政治素质、法律素质、道德素质、能力素质、知识素质、身心素质等,每一种素质都很重要,都是做好领导工作,扮演好领导角色所必不可少的。

二、领导者素质的特点

一般人的素质具有稳定性、潜在性、基础性等特点,领导者素质除了具有这些特点之外,还具有更加突出的综合性、动态性、层次性、自致性等特点。

1. 综合性。领导活动是涉及组织、协调、控制、指挥和决策、用人、沟通、监督、激励等诸多环节和方面的复杂过程,领导者所扮演的角色是一个多元化的"角色丛"。因此,对领导者的素质要求也必然是综合性的。我国古代著名的军事家、思想家孙子曾说:"将者,智、信、仁、勇、严也。"列宁曾指出,领导者的素质应该包括具有政治上的成熟性和积极性;最密切地联系劳动群众,知道并理解群众的利益,赢得他们的绝对信任;能把人民团结在自己周围;在技术上和生产组织上是内行;受过科学的教育;具有行政工作的能力;办事认真、负责;具有坚决和果断的性格。可见,领导者素质是一个多种素质要素相互依存、相互制约、相互补充、相互作用的有机整体。党的十一届三中全会后,中国共产党对各级领导干部提出了"革命化、年轻化、知识化、专业化"的要求。党的十六届四中全会通过的《中共中央关于加强党的执政能力建设的决定》,提出党要不断提高驾驭社会主义市场经济的能力、发展社会主义民主政治的能力、建设社会主义先进文化的能力、构建社会主义和谐社会的能力、应对国际局势和处理国际事务的能力。党的十七届四中全会尤其强调要提高领导干部推动科学发展、促进社会和谐的能力,"加强领导班子和领导干部领导能力培养,贯彻发展是硬道理、稳定是硬任务的战略思想,重点提高谋划发展、统筹发展、优化发展、推动发展的本领和群众工作、公共服务、社会管理、维护稳定的本领,注重增强新形势下依法办事能力和应急管理、舆论引导、新兴媒体运用、做好民族宗教工作等方面能力。"①

2. 动态性。领导者素质随着社会发展和时代进步以及领导者的自我完善而处于动态变化之中。领导者总是具体的某一个时代的领导者,社会在发展,环境在变迁,对领导者的素质要求在内容和程度上也会发生时代性变化。领导者应该是走在时代前列的人,在领导者身上也应最能体现时代的特征。领导者素质的变化既是时代进步的结果,又是时代进步的动力;既是领导者自觉自为的结果,也是社会外在压力驱动的产物。领导者素质的形成是一个不断完善和发展的过程,没有天生的领导者,也没有一劳永逸、一成不变的素质条件。同时,随着组织结构的调整、领导职位的升迁以及领导者自身的变化,领导者素质也会发生变化。领导者素质的提升是一个需要付出艰苦努力的过程,不会随着领导者职位的晋升而自发地提高和改善。领导者素质的变化既可能是向上的、积极的,也可能是向下的、消极的。

3. 层次性。任何领导工作都是一个系统,都有不同的层次、领域和相应的职责,对不同层次不同工作性质的领导者,其素质要求既有相同的一面,也有其特殊的一面。三国时期著名的政治家和军事家诸葛亮把军事将领按照不同的素质分为十夫之将、百夫之将、千夫之将、万夫之将、十万夫之将和天下之将等层次。现代社会生活复杂多变,组织机构的领导层次分明,其素质的层次性特点也更为突出。美国学者凯茨在1955年提出领导者必须具备三大领导技能:技术技能(解决具体问题的能力)、协调技能(处理和协调人际关系的能力)、概念技能(分析决断能力)。不同层次的领导者对这三种技能的需求程度是不同的:基层领导者对这三种技能的需求结构比例是47∶35∶18;中层领导者对这三种技能的需求结构比例是27∶42∶31;高层领导者对这三种技能的需求结构比例则是18∶35∶47。② 尽管在实际生活中,领导技能需求的比例难以完全而准确地量化,但这种实验分析仍然是有意义的,它说明在不同层次的领导岗位上,领导者素质结构应该表现出不同的倾向性。在组织系统中,一般都有高层、中层、基层三个不同层次的领

---

① 《中共中央关于加强和改进新形势下党的建设若干重大问题的决定》,人民出版社,2009年版,第22页。
② R. L. Katz, Skills of An Effective Administrator, Harvard Business Review, 1955, January – February, pp. 33 – 42

导者,他们各自承担着不同的职责和使命,扮演着不同的角色,因而对其有相应的素质要求。高层领导者的主要职责是确定大政方针,谋划战略思路,把握方向,统筹全局,与此相适应,要求他们具有创造能力、综合判断能力、战略决策能力等。中层领导者主要是协调关系,从组织和协调方面去贯彻落实方针政策,为此他们应该具有组织动员、协调沟通、监督激励的能力。基层领导者主要是执行政令,落实任务要求,解决具体问题,这就需要他们具有良好的专业知识和业务能力。

4. 自致性。自致性是指领导者素质的自我养成。领导者素质是在与生俱来的先天遗传禀赋基础上,通过后天的学习、实践锻炼和努力奋斗所获得的胜任领导角色的主观条件。领导者的素质不可能自发地形成和提高,而是需要付出艰苦的努力和经过长期的磨炼。领导者素质形成的这种特性也被称为后天性。在领导者素质中,既有先天的生理素质,又有后天的政治、文化、品德、能力等素质。在两类素质中,后天所获得的素质占主导地位,先天素质只是为普通人成为领导者提供了一种可能性,要成为有效的领导者,必须通过后天有目的、有意识的培养、锻炼和奋斗,获致相应的领导素质。2000年出版的《百万富翁的智慧》一书对美国1 300名百万富翁进行了调查,在谈到成功的原因时,几乎没有一个人把成功归功于才华,归功于先天的禀赋,他们指出,成功的秘诀在于诚实,有自我约束力,善于与人相处,勤奋和有贤内助。这表明了领导者素质主要是后天努力所获致的,具有自致性特点。

三、领导者素质的重要性

领导者是组织的核心、旗帜和象征,是领导活动的主体,其素质状况关乎组织的生存和发展。毛泽东指出:"政治路线确定之后,干部就是决定的因素。"[①]领导者素质是决定着领导行为和领导结果的特别能动的因素,是开展领导活动的前提、基础,是领导者取得成功的最重要的内在条件。领导者素质在全面建设小康社会和构建社会主义和谐社会进程中具有极其重要的现实意义。

首先,领导者素质是实施有效领导的基础。目标的确立、战略的规划、决策的制定、资源的整合与利用、员工的激励等,都要以领导者素质为基础和前提。尤其当今世界的经济全球化、政治民主化、文化多元化以及国际竞争激烈化,对领导者素质提出了严峻考验。构建社会主义和谐社会,全面建设小康社会,也对领导者素质提出了更高的要求。领导者素质成为领导者进行有效领导的基础性因素。

其次,领导者素质是领导力的基础。领导力就是领导者通过履行领导职能,发挥影响力所能实现领导目标的程度和能力。领导力的大小与领导者的素质高低具有直接相关性。领导者素质是领导力的基础,是一种重要的竞争力。

再次,领导者素质决定着领导绩效的高低。领导者素质是领导主体开展领导活动的最重要的内在条件,它从根本上决定着领导活动绩效的高低。任何行为主体从事某种活动的绩效高低,一般都是两个因素即内在因素和外在因素不同质量、不同效能和不同影响互动的结果。马克思主义哲学认为,内因对事物的发展起着根本性的决定作用,外因对事物发展起着推动作用,外因必须通过内因才能起作用。领导者素质是领导者进行领导活动的内在因素,是提高领导艺术、创

---

① 《毛泽东选集》第2卷,人民出版社,1991年版,第526页。

新领导方法的基础,是进行正确决策、选才用人以及有效激励的基础;它决定着领导活动的成败得失,决定着领导绩效的高低。

最后,领导者素质关系到国家的兴衰存亡。不同的领导者素质产生不同的领导行为,产生不同的现实结果,使领导者自身、群体和组织乃至社会及其成员都直接受到不同程度的影响。因此,领导者素质不仅对于领导主体来说是极其重要的,它也决定着个人的前途命运,制约着自身事业的成败;而且对于组织乃至国家和社会来说也是事关全局、影响深远的重要因素,它关系到组织资源的分配及每个成员的现实利益,关系到组织的兴衰荣辱、胜败得失。一个国家的领导者的素质状况直接决定着这个国家和民族的前途命运。

第二节 领导者个体素质的基本内容

现代领导者应该具备哪些基本素质,国内外学者仁者见仁,智者见智,提出了不同观点。党和政府对领导干部的素质也提出了明确要求。2002年中共中央颁行的《党政领导干部选拔任用工作条例》比较详细地规定了党政领导干部应当具备的基本条件,这些基本条件就是领导干部的基本素质要求:思想政治素质与作风、领导能力与业务素质、创新意识与创新能力、工作实绩与群众公认程度、廉洁自律。

由领导角色的特殊性、复杂性、重要性和动态性所决定,要确定一种统一的、固定的为大家所公认的领导者素质模型,也许是一种不切实际的奢望。但这并不否定领导者素质具有一定的共同性和相对的稳定性。从这个意义上说,领导者素质一般包括以下几个方面:

一、政治素质

领导者的政治素质是指领导者从事领导活动所必须具备的政治立场、政治价值观、政治态度和政治品质等各方面的基本素养。政治素质从根本上决定着领导活动的性质和方向,决定着领导者站在什么立场、为什么目标、为什么对象而行使权力以及怎样使用权力的问题。所以,政治素质在整个领导者素质系统中居首要和根本地位,对于其他素质的发挥具有决定性的影响,是领导者的核心素质,是培养和选拔领导者的重要标准和内容之一。具体来说,马克思主义政治观念是我国领导者素质的基础和灵魂。关于政治观念,本书已在"领导观念"一章中有所论及,这里不再赘述。领导者应该在树立马克思主义政治观念的基础上,特别强调政治素质的以下几个要点:

(一)具有崇高的政治理想

崇高的理想和目标既是领导者成为卓越领导者的重要原因,也是领导者不断走向成功的驱动力。领导者必须具有远大的理想,把推动人类和平与发展并实现共产主义的奋斗目标当做自己毕生的追求,把振兴中华民族、建设社会主义和谐社会作为具体的追求,这是领导者能够在工作中全力以赴的行为动力和源泉,否则,就会缺乏高尚的精神境界和积极进取的行为动力。具有崇高的理想和远大的目标说到底是领导活动的本质和价值的必然要求。马克思曾经指出,一个人如果仅仅为自己那点自私而可怜的利益活着,也许能够成为优秀的诗人和绝顶的聪明人,但无论如何很难成为完人和伟人。为全人类的命运而思考的人,历史称之为伟人;为多数人的幸福而奋斗的人,经验颂之为英雄。这是马克思主义者的人生宣言。

（二）具有高度的政治责任感

领导者由于所处职位的特殊性和重要性，其行为会对国家、人民的利益产生直接而重大的影响，因此领导者必须具有高度的政治责任感，要站在国家和人民的立场上观察、分析和处理问题。领导者树立高度的政治责任感，对党对国家对人民负责，绝不只是一句道德格言，而是领导者必须承担的政治责任。权力意味着责任，用权必须负责。领导者的权力来源于人民，必须为人民服务，为人民谋利，对人民负责。高度的责任感是人格健全的标志，是领导者使自己变得高尚起来的根源。政治责任感是领导者政治人格的核心内容。

（三）理性的民主政治自觉

民主政治是不可阻挡的历史潮流。党的十六大把"发展社会主义民主政治，建设社会主义政治文明"，确定为我国社会主义现代化建设和构建和谐社会的重要目标。因此，领导者必须具有理性的民主政治自觉。首先，要具有民主的价值观。不仅应当使民主与法治为核心的政治伦理道德规范成为一切领导价值的基础，而且应当使领导者始终作为人民主权的受托者而发挥作用。其次，要掌握民主政治的基本知识，包括民主的内涵、本质、特征和民主发展史。在今天的世界上，虽然还没有最理想的政治形式，民主政治也还存在着发展的局限性，但它已经是迄今为止人类所创造出来的最不坏的政治治理方式。因此，领导者应该是民主政治的自觉信仰者和积极实践者。此外，还要具有基本的民主技能。民主的过程是所有人都必须经历的一个学习锻炼的过程，作为领导者，必须掌握民主政治的基本技能，在领导活动中坚持民主精神，发扬民主作风，实行民主决策，接受民主监督，实行民主领导。

二、法律素质

党的十五大报告明确提出，要健全社会主义法制，坚持依法治国，建设社会主义法治国家。把依法治国确立为执政党治理国家的基本方略，即主要通过法律手段来实施领导，实现从人治到法治的根本转变，这是共产党执政方式的重大转变，也是国家治理方式和手段的转变，它要求领导者必须具备良好的法律素质。法律素质是现代领导者素质的重要组成部分，是依法治国、建立法治国家的重要前提和根本保证。依法治国必须首先依法治"官"。在国外，尤其是西方发达国家的总统、议员以及内阁部长等高层领导，大多是律师和法律学者出身，他们一般都具有深厚的法律素养和丰富的法律工作经验。目前我国也特别重视领导干部的法治教育，将领导干部纳入普法教育的重点对象；全国人大制定了行政许可法，国务院颁布了依法行政纲要。所有这些既是对领导者法律素质的更高要求，也是推动领导干部法律素质不断提高的有力措施。领导者法律素质的基本要求主要包括：

（一）熟练掌握相关的法律知识

知法是守法和执法的基本前提。领导者掌握基本的法律知识，是依法行政、依法领导的基础和前提，是新时期领导者胜任工作的一个基本条件。领导者要认真学习和掌握有关法理学的基本知识，熟练掌握宪法和其他履行领导职责所必需的各种法律法规，如行政法规、经济法规等方面的知识。

（二）具有强烈的法治意识

法治意识是人们对法治现象的一种主观反映，从根本上讲，领导者的法治意识直接体现一个国家的法治水平，反映其法治的基本状况，因此，增强法治意识成为领导者法律素质的一个重要方面。领导者必须强化法治意识,自觉维护宪法和法律的权威,树立依法领导、依法行政和依法办事的意识,提高依法行政的能力。领导者具有正确的法治意识,首先要强化宪政意识,依法治国首先要以宪治国,力行宪政,树立人民权利至上、宪法权威至尊、人民利益高于一切、人权和公民权利神圣不可侵犯、行使权力要遵循法定程序并接受权力制约监督、用权者须承担相应责任等观念和意识。其次,要树立法律至上的观念。法律至上,就是法的权威至上,人民的意志至上,要消除特权现象和人治传统,树立法律面前人人平等和权力制约的观念。再次,要强化公仆的服务意识。树立公仆意识、公民意识和为政公开、公平、公正的意识。

(三)依法领导,注重职务守法

领导者要身体力行,严格守法,必须在宪法和法律规定的范围内活动,决不能凌驾于法律之上。要严格按照法定的程序办事,自觉维护法律的权威。领导者的守法与一般公民守法有一定的差异性:一方面,领导者作为公民中的一员,必须像公民一样遵守宪法和法律;另一方面,领导者作为组织的负责人,在行使职权时必须做到依法办事、依法行政。领导者的职务行为必须有法律依据,必须符合法定程序,必须在法律规定的范围内行动。领导者触犯法律,必须承担法律责任,绝不能有任何特权。目前,我国已经制定了追究国家行为和公职人员过错的《国家赔偿法》、《行政诉讼法》等,建立了追究包括领导者在内的公职人员的职务违法责任的制度,这对贯彻依法治国方略和依法领导提供了基本法律依据。

三、能力素质

能力就是人的主观能动性,是指人们认识问题和解决问题的本领和技能。领导者的能力素质是领导者履行职责、实施有效领导、建立威望的基础。对领导者的能力主要有两种分类方法:第一种是根据能力的性质分类,大致可以分为经验性能力、知识性能力和思维创新能力;第二种是根据实践领域分类,就是从实践领域的角度对领导者能力所进行的分类。例如,党的十六届四中全会通过的《中共中央关于加强党的执政能力建设的决定》明确提出了党政领导干部要具有的五个方面的能力:驾驭社会主义市场经济的能力、发展社会主义民主政治的能力、建设社会主义先进文化的能力、构建社会主义和谐社会的能力、应对国际局势和处理国际事务的能力。在此,我们从实践和领导职能的角度,强调领导者应具有以下能力素质:

(一)科学决策能力

决策能力,是指领导者根据环境、事件与信息的情况,对预定目标与行动方案作出决断的本领。领导决策正确与否,直接决定着一个组织的兴衰成败。决策贯穿领导的全过程,没有决策就没有领导,甚至可以说,没有决策能力就没有领导能力。决策水平的高低是衡量一个领导者素质高低、领导艺术水平高低的重要标准。科学决策的能力主要表现在善于利用外脑资源,善于处理复杂信息,善于洞察事物变化,善于预见未来情势,善于应对紧急情况,善于建构事业蓝图和创新工作思路,善于运用民主集中制原则依法定程序决策等。

(二)知人善任能力

知人善任能力就是领导者善于识别人才和使用人才的本领,这是领导者的基本能力之一。毛泽东曾经说过,领导者的职责,归纳起来就是"出主意"和"用干部"。"用干部"就是指选才用人。能否选好人才、用好人才,是衡量领导者是否成熟的重要标志之一,是能否实现有效领导的关键。知人善任的能力主要表现在善于识别人才,善于团结人才,善于使用人才,善于培养人才,善于激励人才,善于协调人才,善于举荐人才等。

（三）激励能力

激励,是一种洞察需要,激发动机,满足需要,引导行为,实现目标的动力供给过程。激励可以使人兴奋起来并保持积极状态,从而推动人们的行为朝向预期的目标。领导工作的一个重要职能,就是调动人的积极性和激发人的创造性,把组织中单个人的行为凝聚在一起变成组织的行为,形成强大的实现组织目标的集体合力。科学研究证明:采取激励的措施,对于提高组织的工作效率有很大的作用。领导者激励下属的能力,是实现组织目标、培养人才、提高领导绩效的重要保证。激励能力主要表现在善于洞察组织成员的需要,善于理解组织的目标要求,善于提升组织文化,善于实行人性化管理和服务,善于制定体现激励的政策和制度,善于增强亲和力,善于优化资源配置等。

（四）沟通能力

沟通既是领导的重要职能,也是履行领导职能的重要方式和手段。"沟通是组织的生命线,传递组织的发展方向、期望、过程、产物和态度。"[1]离开了沟通,领导活动中的决策、用人、授权、监督、协调和激励等都无法顺利进行。对领导者来说,沟通是一项基本能力。领导者良好的沟通能力,有助于发挥领导者的影响力,更好地协调复杂关系和优化组织的生存环境,更有效地配置资源和实现组织目标。沟通能力主要表现在善于倾听和反馈意见,善于表达和传递信息,善于动员和组织群众,善于说服和引导舆论,善于概括和总结要点,善于利用和驾驭会议,善于控制和调整情绪,善于处理谈判事项等。

（五）创新能力

领导活动是一种综合性、创造性的社会活动,创造能力是领导者应有的基本素质之一。"如果领导者没有进行制度化创新的能力和雄心,那么组织压力很快就会将新的思想淹没。而对抗压力的唯一途径就是创新和冒险。"[2]领导者的创新能力就是及时发现新问题、善于提出新思想、敢于采用新方法、有效解决新问题的能力。创新能力主要表现在善于敏锐地洞察旧事物的缺陷,准确地捕捉新事物的萌芽,提出大胆新颖的设想并进行周密的论证,设计可行的方案并付诸实施,即大胆的质疑精神、勇敢的批判意识、强烈的新异志趣、敏锐的洞察能力、独立的思考习惯、坚定的意志品质和超越传统、战胜偏见的魄力与方法等。

（六）危机管理能力

随着科学技术的进步、社会生产力的发展以及全球化进程的加速,各种社会问题不断复杂化、多样化,公共危机发生的频率加快并且破坏性增大,因此,领导者的危机管理能力日显重要。党的十六届四中全会强调指出,要构建和谐社会必须"建立健全社会预警体系,形成统一指挥、功能齐全、反应灵敏、运转高效的应急机制,提高保障公共安全和处置突发事件的能力"。危机管理能力成为了新时期领导者素质的一项重要内容。领导者的危机管理能力主要包括危机预防能力、危机识别能力、危机处置能力和危机善后管理能力等。

---

[1] ［美］查尔斯·E.贝克:《管理沟通》,康青等译,中国人民大学出版社,2002年版,第5页。
[2] ［美］史蒂文·科恩,威廉·埃米克:《新有效公共管理者》,中国人民大学出版社,2001年版,第211页。

四、道德素质

领导者的道德素质是指领导者所具有的品德修养和在领导活动中自觉遵守社会规范,恪守领导职业道德的基本素质。道德素质在领导活动中居于特殊的重要地位,是领导者自我约束、自我教育、自我管理的内在手段,是领导者影响力的主要源泉。在社会中,道德是有层次性的,对社会中不同群体的道德素质要求是有差异的。由领导活动的特点所决定,领导者必须具有高于普通社会成员的良好的道德素质。领导者具有良好的道德素质,有利于提高领导绩效,塑造良好的领导形象,增强领导者的威信,而且有利于净化社会风气,促进精神文明建设。领导者的道德素质是一个复杂的结构系统,它由领导者的道德意识、道德行为、道德评价、道德调节、道德修养、道德信念等要素构成,既包括一般的道德素质,也包括作为特殊岗位的领导职业道德。领导者的道德素质集中体现在职业道德之中。领导者的职业特点,简而言之就是"掌权"和"用权"——受人民的重托,掌握公共权力,行使资源配置权,维护公共利益。领导者的职业道德,集中体现在用什么样的观念和态度来对待和使用权力,怎样正确处理领导活动中的各种关系和问题。具体来说,领导者的道德素质主要包括以下几方面:

(一)忠诚于国家和人民

忠诚于国家和人民对于领导者来说具有基础性意义,这既是领导者职业道德的基础,也是一切领导素质的基础。这是因为"人不忠信,则事皆无实,为恶则易,为善则难,故学者必以是为主焉"①。领导者的忠诚,是大忠诚,是对国家和人民的忠诚,对法律的忠诚,对公共利益的忠诚,是一种建立在科学理性基础上的自觉忠诚。它与建立在自私、狭隘基础之上的对个人、对家族的忠诚有着根本性区别。领导者要自觉忠于国家,忠于人民,把国家和人民的利益置于首位,为公共利益尽心竭力。这种忠诚体现为强烈的事业心、高度的责任感和无私奉献的职业精神。

(二)公正廉洁

公正,就是领导者待人处事公平公正;廉洁,就是领导者为官清正,奉公守法,不以权谋私,不贪婪纵欲。公正廉洁,历来都是重要的领导品质,是世界各个国家对领导者的基本道德要求。公正廉洁是领导者进行有效领导的基础,是关乎国家兴衰的领导人格基础。正如中国古语所云,"正者,正也,子率以正,孰敢不正";"廉者,政之本也";"吏不廉平,则治道衰"。公正廉洁就是要求领导者具有正确的权力观,善待权力,公正用权。领导者公正用权的关键是坚持原则,依法用权,既要有正气,有骨气,有勇气,光明磊落,还要顾全大局;同时要强化"公仆"意识和服务意识,用权力来为人民服务,为公共利益服务,做到"权为民所用、利为民所谋、情为民所系",始终坚持全心全意为人民服务的根本宗旨和道德准则,将为最广大人民谋利益作为一切工作的出发点和归宿,始终保持权力的公正性和廉洁性,始终保持高尚的节操和崇高的人格。

(三)勤政尽职

爱岗敬业是职业道德的基本要求。勤政尽职就是领导者的职业道德的基本要求。领导者的忠诚、公正、廉洁,归根结底都要通过领导活动体现出来,都要以勤政尽职为归宿。领导者要勤于政事,对工作充满热情,怀着敬畏之心,认真负责,竭尽全力,积极进取,尽职尽责,尽心尽力,追求尽善尽美;决不能尸位素餐、安于现状、不思进取。领导者要做到勤政尽职,必须首先确立为人民

---

① 《四书章句集注·论语·学而》。

服务、做人民公仆的价值观和人生观,强化责任意识、效率意识,真正做到勤政务实,真抓实干,勇于奉献。

（四）严于律己、宽以待人

严于律己、宽以待人是领导者基本的为人之道。著名诗人纪伯伦说："一个伟大的人有两颗心:一颗心流血,另一颗心宽容。"这就是说领导者要有奉献和牺牲精神,要有宽容大度之心,责己恕人,以身作则,对下属和同事平易近人,宽容大度。领导者对自己的严格要求,不仅包括工作和学习方面,而且包括思想和生活等方面。对自己的高标准严要求,是领导者胜任领导工作、不断进步和发展的内在动力。"有容德乃大",只有心胸宽阔、豁达包容,谦虚谨慎,勇于承担责任,勇于承认错误,才能获得下属的认同和支持,才能算得上真正的领导者,也才能吸纳和团结各种人才,齐心协力完成任务,获得事业上的发展。

五、知识素质

知识素质是指领导者做好本职工作所必须具备的基础知识与专业知识及其合理的知识结构。领导者是率领和引导下属工作的人,较高的知识素质是领导者走上领导岗位的必备条件,是领导者不断适应环境变化,更好地履行领导工作职能的业务条件。领导者的知识素质一般包括三个方面:扎实的基础知识、深厚的专业知识、广博的辅助知识。

（一）基础知识

基础知识是领导者知识结构的第一层级,是指领导者必备的文化基础知识、社会科学理论知识、政策法规知识、现代科学知识、社会主义市场经济知识。一是科学文化知识。科学文化知识是基础知识的基础,也是其他任何知识的根基。领导者要有一定的科学文化知识,如语文、数学、历史、地理、生物、化学、自然、哲学、逻辑学等知识,而且要把这些知识转化为读、说、写的能力。二是社会科学理论知识。社会科学揭示了人类社会的本质、发展方向和发展规律,是做好领导工作和其他一切工作的指导思想和理论基础。在社会科学理论知识中,尤其重要的是马克思主义基本理论及其在中国的发展——毛泽东思想、中国特色社会主义理论。三是政策法规知识。政策法规知识主要包括党的路线、方针和政策,国家的宪法、法律和各种法规、规章、制度。四是现代科学知识。学习和掌握现代科技知识,不仅能使领导者了解现代科学技术的发展状况,丰富科技知识,提高科技素质,还可以加深对"科学技术是第一生产力"的认识和理解,重视和尊重人才,真正贯彻落实科教兴国战略和自主创新战略,提高决策水平,增强领导艺术。五是社会主义市场经济知识。掌握市场经济的基本知识,领导者才能够在建设社会主义和谐社会过程中,适应市场经济发展规律,做好经济领导工作。

（二）专业知识

专业知识,是领导者知识结构的核心和主体部分,也是区别于其他领域人才知识结构的主要标志。专业知识的内容丰富,主要包括有关领导和管理的"共性"知识和领导者所在的行业、领域或部门的业务知识。就有关领导工作的共性知识来说,领导者要精通包括政治管理、经济管理、行政管理、科技管理、人才学、领导科学、思想政治工作等专门知识。就领导者所在的行业、领域或部门的业务知识来说,领导者虽然并不一定要成为某一专业领域的专家,但是至少应当对自己所领导的行业、领域的专业知识有较多的了解。对不同行业、不同层次的领导者,应有不同的专业知识要求。

（三）辅助知识

辅助知识是领导者知识结构的一个重要组成部分,指的是与领导工作相关的知识。辅助知识的内容极为丰富,领导者应学习和掌握哲学、政治学、逻辑学、修辞学、演讲学、公共关系学、心理学、社会学、历史学、国际关系、新学科知识等方面的基本常识。哲学家弗兰西斯·培根说过:"读史使人明智,读诗使人聪慧,算术使人周密,哲理使人深刻,伦理学使人有修养,逻辑修辞使人善辩。总之,知识能塑造人的性格。"列宁也曾经说过:"只有用人类创造的全部知识武装自己的头脑,才能成为真正的共产主义者。"辅助知识能够帮助领导者拓宽视野、开阔思路、创新方法、博闻强记、活学活用,有助于提高领导者分析问题、认识问题和解决问题的能力,也能够提升领导者的综合素养,丰富领导者的人格魅力。

六、身心素质

身心素质是领导者必不可少的基础性素质。领导工作是一项高强度的社会活动,是具有高度综合性的复杂劳动,需要消耗大量的体力与脑力,没有良好的身心素质,就难以胜任高度紧张的甚至有时是超负荷的工作,就不可能出色地完成领导工作任务。世界卫生组织在其《宪章》中为"健康"下了一个定义:"健康不仅是没有疾病和不虚弱,而是身体的、精神的健康和社会幸福的总称。"身体的健康既包括生理健康,也包括心理健康。承担组织使命和领导责任的各级领导者必须具备较好的身体素质和心理素质。

身体素质是指人的解剖性生理特征,就是构成人这种高级生命体的所有物质成分的质量和健康状况的总和,包括体质和体貌两部分。身体素质是领导者素质的物质基础,是领导者其他全部素质的物质载体。身体素质的状况直接影响着领导者其他素质的质量、效能和价值。领导者用来处理复杂工作所凭借的能力素质、知识素质等都必须依靠充沛的体能和精力来支撑。领导者的活力和动力主要基于健康的体魄。对于领导者来说,身体素质具有不可替代的基础性作用和特殊意义。毛泽东在早年就把身体锻炼放到了全面提高自身素质的重要位置,认为人生修养就应该"野蛮其体魄,文明其精神"。我们常说,身体是革命的本钱,只有具备健康的身体素质,才有条件胜任复杂紧张的领导活动。

心理素质是指一个人认识和把握自我的能力,它包括人的认知、情绪、意志、气质和性格等个性心理特征。领导者的心理素质就是领导者做好领导工作所必需的心理条件,具体来说是指领导者的认知、情绪、意志以及气质、性格等方面的心理要素和心理特征。领导者的良好心理素质就是具有平和稳定的情绪、坚强的意志、高雅的性格气质,以及清醒的认知能力、较高的心理调控能力和心理承受能力。领导者心理健康修炼的基本要求是:

一是正确认识和评价自我,学会尊重和宽容他人。一个心理健康的领导者,就是一个清醒的、自觉的,真正了解自我并能客观评价自我的领导者。对自己清醒、自信;对他人尊重、宽容。不仅"贵有自知之明",而且"富有宽容之心"。善于控制自己的情绪,这对领导者处理人际关系是非常重要的。尊重、欣赏和宽容别人,具有自制力,是一种胸怀,是一种美德,是心态健康、人格健全的重要标志。

二是正确看待财富和权力,保持从容、平和的情绪状态。领导者要提高思想境界,正确对待财富与权力,升华工作动机,克服贪功求名心理。物质财富是身外之物,是流动的,是人的创造性劳动的产物,人不能成为物欲的奴隶,而且物质财富一旦超过了个人生活的实际需求,反而会使人感到不自由、不幸福。权力是领导者达到组织目标的手段,是人民赋予的从事领导工作的资格。领导者要正确认识和对待权力,努力做到权为民所用,这是领导者保持健康情绪之根本。

三是正确对待工作和生活,远离奢华和浮躁,锤炼良好的意志品质。意志是人们自觉地确定目的用以支配和调节行为、克服困难、实现目标的心理过程。具有良好心态的领导者应该是工作目标上进、生活情趣健康、意志品质坚定者。首先,要珍惜生命,珍重健康。必须把人的生命和健康放在第一位。因为工作的有效性、先进性和可持续性,都必须以人的身体健康为大前提。其次,要矫正工作目标,提升工作动机。工作动机决定意志品质。领导者不能贪图享受,不能追求低级趣味,不能热衷于庸俗的人际交往。再次,要正确处理工作与生活娱乐的关系。两千多年前的孔子有云:"张而不弛,文武弗能;弛而不张,文武弗为;一张一弛,文武之道也。"要学会心理的放松,学会保持良好的心情。最后,要培养意志的自制性,即用意志的力量去控制自己的情绪,约束自己的言行。领导者要善于调整自己的情绪,当出现某种负面情绪时,要及时加以疏导和排遣,做到慎怒戒怒,对己不要目标过高,对人不要过分苛求。苏联教育学家马卡连柯曾说:"没有制动器就不可能有汽车,而没有克制也就不可能有任何意志。"领导者要特别注意这种"制动器"的锤炼。

四是要注意气质性格的修养,保持对外部环境的适应性。人的气质俗称为性情、脾气,是人的心理活动的速度、强度及稳定性等方面的心理特征。性格是一个人对现实的稳定的态度和惯常行为方式方面的心理特征。一般认为,气质可分为四种类型,即胆汁质(兴奋型)、多血质(活泼型)、黏液质(安静型)、抑郁质(抑制型)。气质类型无好坏之分,但又各有其优缺点。人的气质类型,很大程度上受先天因素的影响,但又是后天可塑的。领导者通过持之以恒、扬长避短的修炼,可以使自己的气质得到不断优化。

第三节 提高和培养领导者个体素质的基本途径

领导者个体良好的素质既不是天生的,也不是自发形成的,而是领导者在先天的生理条件的基础上,通过后天的不断努力和环境塑造而形成和提高的。不可否认,领导者先天的生理素质是非常重要的,但它只提供了一种可能性的物质基础,决定性的因素还是后天的努力、培养与锻炼。

一、重视学习,在读书学习中提高

提高领导者个体素质最普遍和最基本的方法就是不断学习,在学习中提高。经验证明,学习一直是领导者获取知识和智慧、提高自身素质的最基本的途径和方法。当前,我国各级领导干部的学历虽然有明显提高,但这并不一定表明领导者的知识水平和能力都有了真正的提高,有的领导者不愿学习,没有时间学习,不会学习。要建设学习型社会、学习型政府、学习型政党,构建社会主义和谐社会,贯彻落实科学发展观,领导者必须重视学习。

领导者的学习应根据自己的实际情况,根据领导岗位的要求,围绕着优化知识结构来进行。具体来说应该注意以下问题:首先,要提高对学习的重要性、紧迫性的认识,明确学习目的,端正学习态度,做到自觉学习。学习目的明确,学风端正,是提高学习效果的关键。其次,要明确学习内容,突出学习重点,制定学习计划,做到持之以恒。再次,要掌握和运用正确的学习方法,注重提高学习效率,做到学以致用。正确的学习方法要坚持一个总的原则,就是坚持理论联系实际,具体问题具体分析,循序渐进。最后,要处理好学习中的各种关系,即专与博的关系,学与识的关系,读与写的关系,实质和内容的关系,继承和创新、坚持和发展的关系,理论和实际的关系。

二、注重实践,在社会实践中锻炼

积极投身社会实践,在实践中锻炼和成长,是领导者培养和提高自身素质的最基础和最关键的环节,它永远具有第一位的意义。领导活动不同于抽象的理论研究,不同于一般的技术性工作,它是"决定做正确的事"的活动,特别注重解决实际问题,特别注重实践能力。诚如古人所说,"纸上得来终觉浅,绝知此事要躬行"。只会坐而论道、纸上谈兵者,终究会误国误民误自己。在实践中接受锻炼,经受考验,获得真知,增长才干,历来是党培养造就领导干部的重要方法,也是领导者提高自身修养的基本途径。实践出真知,实践长素质,实践增才干。领导者一定要深入社会生活,注重实践锻炼,磨炼意志,积累经验,不断丰富和提高综合素质。领导者实践锻炼的途径和方法很多,除了认真处理好日常工作事务、积极承担上级交给的各种任务之外,还可以深入实际第一线,开展调查研究,了解风土民情,了解基层民众的思想和工作,掌握各方面的情况和信息;还可以到基层挂职锻炼,承担实际领导事务,负责处理一些重大问题;也可以通过广泛交流,总结自己和他人的经验教训。

三、不断自省,在总结反省中完善

善于总结是领导者提高素质修养的催化剂,自我反省是领导者提高素质的内在动力。恩格斯曾经指出:"伟大的阶级,正如伟大的民族一样,无论从哪方面学习都不如从自己所犯的错误的后果中学习来得快。"[①]领导者进行经验总结,要掌握正确的方法:首先,要善于把感性认识上升到理性认识。善于从实际出发,研究其发展变化的过程,分析其内在的各种联系,揭示出事物的本质及其规律性,这样才能很好地指导今后的工作。其次,要善于抓住主要问题。领导者在总结中,要着重总结领导过程的各个环节和阶段的重要情况,总结领导活动中哪些是成功的,哪些是失败的,成功和失败的原因是什么,如何吸取经验教训,避免犯同样的错误。再次,要善于总结正反两个方面的经验教训。在总结中,领导者无论对成功还是失败,对成绩还是缺点,都应该实事求是地进行深入剖析,找出深层次的原因。反思就是自我反省,就是自我解剖、自我认识、自我评价。古人云:"吾日三省吾身。"反省自己,解剖自己,这无疑是很困难的,也是很痛苦的,需要勇气,需要超越,但这种方法对领导者自觉地提高自身素质具有不可忽视的重要作用。

四、健全制度,在制度规范中进步

建立提高领导者素质的长效机制,把提高领导者素质纳入制度化管理的轨道,通过制度的规范和管理,提供改善领导者素质的外在压力,促使领导者产生并保持紧迫感和危机感。这方面的基本制度包括:岗位培训制度(包括岗前培训和在岗、轮岗培训)、选拔任用制度、绩效考评制度和监督制度等。

---

① 《马克思恩格斯全集》第4卷,人民出版社,1972年版,第432页。

第四节 领导集体素质结构及其优化

领导职能的履行、领导任务的完成以及领导目标的实现,通常都是由组织中的领导集体来实现的。领导集体素质结构的优化,直接影响着组织的整体绩效,影响着组织的生存和发展。因此,在研究领导者个体素质的同时,还要重视领导集体素质的研究。领导集体素质结构的优化,是领导实践和领导科学研究的一个重要课题。

一、领导集体素质结构的含义

领导集体就是指由组织中的各个领导成员按照一定的关系所组成的有机的领导整体。领导集体是一个有着内在结构和特定功能的系统。按照系统论和结构功能主义的观点,结构是系统性质和功能的集中体现,是一种关系的组合。结构方式把各种孤立的要素有机组合与配置形成一个系统,并且只有通过结构,各种要素才能显示系统的属性和功能。所以,结构对系统的性质和功能具有决定性的作用。任何事物都是由各种因素按照一定的排列组合方式构成的,不同的排列组合方式形成不同的结构,不同的结构会产生不同的功能,甚至相同的要素由于排列组合的方式不同,也会形成不同的结构,产生不同的功能。例如,同样是碳元素,仅仅由于碳原子的排列组合方式不同,就形成了不同的结构,产生了功能特性迥然不同的石墨和金刚石两种物质。同样的道理,不同素质的领导者所组成的领导集体具有不同的素质结构,在相异的素质结构基础上又会产生不同的领导绩效。

现代领导活动的一个基本特征就是实行集体领导,领导活动的目标主要不是以领导者个体的方式来实现的,而是以领导集体的共同作用来完成的。领导集体对一个组织或团体的前途命运,起着决定性的作用。领导集体是由若干领导成员按照一定的制度和原则科学地进行配置组合而成的有机整体,是各个领导成员之间相互作用、相互影响、相互依存而形成的一个具有高度组织性和能动性的团体。领导集体素质结构就是指各个领导成员素质要素的配置和组合方式。领导集体功能的大小不仅仅在于个体素质的高低,更重要的在于领导成员素质要素之间的合理配备和恰当的组合协调,也就是说,领导集体的绩效在很大程度上取决于领导成员素质的结构状况。领导集体素质结构不同,就会有不同的性质和功能。

二、领导集体素质结构的特征

领导集体素质结构是领导集体内部各成员的素质要素在一定时间和条件下的配置组合方式,它表现出鲜明的整体性、相关性、适应性、稳定性和目的性等特征。

(一)整体性

领导集体素质结构是由领导成员不同的个体素质构成的综合体,它们之间相互影响、相互作用而形成一个有机整体。领导集体的功能是由构成这个团体的各个要素之间相互作用而产生的,其作用的发挥是以整体合力的形式出现的。在一个领导集体中,也许某些个体要素并不十分完善和优秀,但经过科学的配置和组合,也可以产生良好的整体效应。

(二)相关性

领导集体素质结构的相关性主要是指领导集体素质结构与功能、领导者个体素质之间、个体素质与集体素质之间具有密切的关联性。这主要表现在:一方面,在领导集体中,领导成员的个体素质会从不同角度对领导集体发生作用,从而形成领导集体素质结构的合力。这种合力决定着领导集体绩效的高低。另一方面,领导集体中各个成员的素质之间会发生相互作用、相互影响,这种影响可能是积极的,也可能是消极的。合理的领导集体素质结构表现为各领导成员素质之间的相互补充、相互协调,从而形成的强大领导合力,产生更高的领导绩效。

(三)适应性

领导集体素质结构作为一个系统,必须适应外部社会环境的发展变化,不断调整自己的内部要素,发挥应有的效能和作用。领导活动总是在一定的社会环境中进行的,而环境总是处于不断的发展变化之中,被领导者的状况也因时而异。因此,随着环境的变化,领导集体素质结构必须适时作出调整,回应环境的变化,更好地提高领导绩效。

(四)稳定性

领导集体素质结构是由各种素质要素配置组合而成的,一经形成就具有相对的稳定性,体现出其稳定的性质和特征,产生一定的功能。领导集体素质结构的相对稳定性,是其正常发挥作用的基本前提。如果领导成员经常发生变动,其素质结构就不稳定,其功能的发挥就会受影响,就难以正常地发挥其组织效能。

(五)目的性

领导集体是为了领导特定的组织、实现既定的职能目标而建立的。任何领导集体的素质结构都会体现它的目标性要求,即目标不同,整体素质结构的要求也就不同。我们追求领导集体素质结构的优化组合,从整体上说是为了适应社会发展变化的需要,更好地推动社会的进步和文明的发展。至于各个领导集体的素质结构要求,则应根据不同组织的不同目标和目的要求而定。

三、合理的领导集体素质结构的基本内容

不同音符完美的结合产生美妙和谐的乐章。合理的领导集体素质结构形成巨大的合力,也会产生良好的领导绩效。领导集体素质结构的优化对实现高效化的领导,对构建社会主义和谐社会都具有十分重要的意义。

领导集体素质结构的基本内容就是指领导集体各种素质要素的构成状况。这些构成要素是领导集体素质系统的子系统,是领导集体素质结构的子结构。这些子结构包括年龄结构、知识结构、能力结构、气质结构等,它们构成一个多系列、多层次、多因素、多方位的动态结构系统。一个合理的领导集体素质结构主要应包括以下几个方面:

(一)梯次的年龄结构

年龄结构指的是领导集体中不同领导成员按年龄分布和组合的状况。年龄不仅是生理、心理功能的标志,也是人的能力、经验的标志之一。年龄结构是否合理关系到领导集体是否具有旺盛的生命力和创造力,关系到领导集体能否发挥最佳效能。领导集体梯次的年龄结构,就是指在一个领导集体中,领导成员的年龄区段呈梯形顺次分布,即领导集体中青年干部(30岁以下的)、老年干部(50岁以上的)以及中年干部(30~50岁)所占比例顺次增加,中年干部占最大比例,老年干部次之,青年干部又次之。

现代生理学和心理学的研究成果表明,人的年龄与能力之间存在着密切的关系,老年、中年、青年在能力的各个方面各有长短。处于不同年龄区段的领导成员,在体力、智力、精力等方面表

现出不同的优势和弱势。因此,在配备领导班子时,应该按照一定的比例合理地配置不同年龄区段的领导成员,把处于不同年龄区段的领导成员组合成为一个老中青合理搭配的领导班子。不同年龄区段的领导者有着不同的长处,在领导集体中所起的作用是不同的。老干部"老马识途",久经考验,深谋远虑,善于应对复杂局面;中年干部"中流砥柱",年富力强,意志坚忍,思想成熟,勇于开拓,作风稳健,兼有青年、老年干部的长处,起着承前启后的桥梁作用;青年干部"青春焕发",易于接受新事物,思维敏捷,血气方刚,奋发有为,富于进取精神和创新精神。三者的有机结合,既能发挥各年龄区段领导者的最佳效能,又能使领导集体的整体绩效与其所承担的工作任务相适应。同时,领导集体年龄结构的梯次性,是实现新老领导干部交替、合作的有效途径,可以使领导集体有条不紊地实现新陈代谢,保证领导活动的创造性、稳定性和连续性。对不同层次、不同性质的领导集体,三者的比例可以各有不同,一般应使年富力强的中青年干部占大多数,并以此为基础保持领导集体梯次的年龄结构实现动态的平衡。

(二) 合理的知识结构

知识结构是指构成领导集体的成员的不同知识类型的排列组合。我们所说的知识,既包括书本中的基础知识和理论知识,也包括实践经验知识。由于实际上每个人所具有的知识的广度、深度、向度都各不相同,所以在一个领导集体内部,要求每个领导成员都具有同等的知识素质是不可能的。同时,由于领导活动具有复杂性、综合性和动态性,具有相同的知识素质结构的领导集体对领导活动的有效开展也是不利的。一个领导集体的合理的良好的知识结构应该是立体式的,即由多层次、多领域知识素养的人按一定方式组合而成,并随着现代科学技术和社会的发展而不断发展。只有这样,才能使具有不同知识素质的领导成员各尽所能,各得其所。

从总体上来说,领导集体合理的知识结构应该是高层次高水平的知识结构。领导成员的文化知识水平和层次应该普遍高于其下属的文化知识水平,在此基础上,更要注重各种知识的搭配组合,形成一个合理的知识结构。首先,领导集体的知识结构是一个以广博的现代科学文化知识为依托,以精湛的专业技术知识为基础,以领导科学、管理科学的知识为主体的立体结构。其次,领导集体知识结构是一种动态的平衡结构。随着社会的发展、时代的变迁以及知识的更新换代,领导集体知识结构也应随之调整和变化。一般来说,一个领导集体是相对稳定的,其知识结构也是相对稳定的,但随着领导成员的新老更替、内外交流以及定期调整,其知识结构也会随之发生相应的变化。再次,合理的领导集体知识结构是通才和专才的搭配。所谓通才,是指通晓多学科知识的人才,他们善于运用丰富的知识审时度势,运筹帷幄,能够有效地掌控组织工作的全局。所谓专才,是指在某一专门领域有着丰富知识和实践能力的人才。在一个领导集体内部,通才、专才应有较为恰当的比例。最后,合理的领导集体知识结构是相互配套的协调的专业结构。在一个领导集体中,领导成员的知识素质主要包括三种专业类型:管理型、业务性、综合型。合理的领导集体的知识结构应该是由各种掌握领导管理知识、专业技术知识和综合知识的领导成员所构成。这样的领导集体才能有效地领导和管理组织,使组织能够在竞争激烈、复杂变化的环境中得以生存和发展。

(三) 互补的能力结构

能力是指人们认识问题、分析问题、解决问题的本领和水平。能力结构是指领导集体内部各种不同能力类型的人的配比组合。一个良好的领导集体能力结构应该是具有各种不同能力倾向的领导成员的合理搭配组合,使不同能力倾向的领导者之间能够相互取长补短,形成高能量的领导团队。具体来说,一个优化互补的领导集体能力结构在人员组成上至少由以下几种人组成:谋略家、宣传家、组织家、实干家、督导家以及教育家等。谋略家具有运筹帷幄、决胜千里的能力,善于发现问题、分析问题,反应敏捷,预测未来,深谋远虑,善于决断,为组织发展确定正确方向。宣传家具有敏锐的思维能力和良好的表达能力,热情洋溢,精力充沛,善于鼓舞士气、宣传政策。组织家具有较强的指挥能力、控制能力和协调能力,善于发现和使用人才,协调各种关系,激发员工潜能,进行科学管理。实干家具有较强的执行、操作能力,踏实认真,精益求精,任劳任怨,身先士卒,为实现组织目标而兢兢业业、鞠躬尽瘁。督导家,具有高尚的道德情操和人格魅力,作风正派,办事公道,光明磊落,诚实公正,为人正直,敢于坚持原则,执法如山,善于监察和督导。教育家,知识渊博,思想深邃,具有反思和批判精神,善于独立思考,善于传播新知识、新观念,善于做思想工作,循循善诱,诲人不倦。只有由上述各种不同能力类型的领导成员组成的领导集体,才能形成良好的能力结构,发挥最佳的整体绩效。

（四）协调的气质结构

气质是指某个人比较典型的稳定的个性特征,是个体对外界事物的一种具有稳定性和惯性的心理反应。气质具有极大的稳定性,虽然在环境和教育的影响下,气质也会发生某些变化,但是同其他心理特征相比,其变化要迟缓得多,"江山易改,秉性难移",说的就是这个道理。并且,属于某种气质类型的人,常常在内容很不相同的活动中显示出比较相似的特点。所谓气质结构,是指领导集体中各种不同气质类型的成员的配比组合状况。在现代领导活动中,领导者所面临和处理的事情错综复杂、千差万别,即使是同一项工作,也有不同的情况发生,所以领导集体应由不同气质类型的人组成。不同气质类型的领导成员合理搭配,就可以协调组合,互相补充,发挥各自的积极因素,抑制消极成分,从而形成一个刚柔相济、动静共存的合理的领导集体素质结构。例如:在性格上,既要有开朗、活泼、善于交际的人,也要有沉着、稳重、长于运筹的人;在志趣上,既需要广征博采者,也需钻研深究者;在脾气上,既需要热情豪放者,也需凝重老练者;在风度上,既需要大胆泼辣、敏捷明快者,也需要谨言慎行、柔中有刚者。总之,领导集体气质结构的协调效应,应以"个体气质"上存在的差异性为基础。人的性格气质各不相同,各有优劣,协调的气质结构是具有不同气质类型的领导成员的合理搭配与组合。通过不同气质类型的合理搭配,使领导成员之间能够相互取长补短,彼此宽容,相互学习,相互促进,整合优势,使领导集体发挥最佳的绩效。

四、领导集体素质结构优化的原则

领导集体素质结构优化是一个复杂的问题,应从实际出发,具体问题具体分析,须遵循以下基本原则:

（一）主动性原则

适应环境的变化是组织生存和发展的前提。一个组织是否能够适应环境的变化,主要取决于领导集体能否及时觉察环境的变化,适时地进行调整和变革,对环境变化的要求作出积极回应,进行自我完善,自我发展。因此,主动适应环境变化的要求就成为进行领导集体素质结构优化的一条基本原则。实现领导集体素质结构的优化,归根结底是为了适应不同地区、部门、行业、单位的各项领导工作的客观需要,适应不同阶段管理目标的发展变化,适应不同下属群体的意愿,适应不同的工作环境和人际关系,适应现代化的管理手段和方法等。一般来说,环境的变化首先会引起组织战略的变革,进而影响到组织结构的调整,即战略具有先导性,组织机构具有稳定性,组织适应环境的变化具有相对滞后性。因此,要具有积极主动的精神和态度,具有战略眼光,及时洞察环境的变化,善于发现所存在的问题,对领导工作的任务、特点和发展趋势保持清醒的认识,掌握主动权,采取具有前瞻性和创造性的有效措施,防微杜渐,未雨绸缪,提前对领导集体素质结构进行调整和优化。

（二）互补性原则

以系统的观点来看,在领导集体素质结构的各个主要因素之间,都存在着千丝万缕的联系。只要它们配比恰当、结构合理,就能产生有益的互补的整体效应,即系统的整体功能大于各组成部分的功能之和,也就是"1＋1＞2"的效应。这种互补的整体效应在领导集体素质结构的优化上一般表现为两个方面:一是单项素质互补,即各个领导成员的年龄、能力、知识、气质这四个子系统的单项素质分别通过合理的配比组合,取长补短;二是综合素质互补,即每个领导成员的综合素质相互补充,形成更大的整体效应。

（三）精干性原则

精干性原则就是要求领导集体的层次和组成人员尽可能少而精,用最少的人去办最多的事,使领导集体成为一个精干、团结、充满生机与活力的团队。贯彻精干性原则时首先要做到精简机构,优选人员。确定领导班子成员人数和领导层次,必须与组织的目标和任务相匹配,要尽量减少副职,不设虚职;同时要减少领导层级,确保政令的通畅和指挥的统一,以达到成员精干高效的目的。领导成员精简干练,使领导集体既容易团结干事,减少内讧,协调统一,降低成本,提高绩效,又可以保持组织对环境的敏感性,提高组织适应环境的能力,增强组织的生机与活力;领导层次减少,使领导班子"消肿",组织内耗降低。

（四）目的性原则

目的性原则就是优化领导集体素质结构时要以组织的目标和目的为基础和依据,根据组织存在和发展的目标、目的来优化配置领导班子。不能舍本逐末,为了片面追求素质的优化而忘记和忽视组织自身的特定的发展目的。首先,在配备领导班子成员时,必须从整体上系统考虑相关问题,从组织的长远利益、整体利益和根本利益出发。其次,要做到领导成员个体素质优化与领导集体整体素质优化的统一。优化领导者个体素质的方法,主要是择优任用和教育培训;优化领导集体整体素质结构的方法,主要是领导成员的能力、气质、知识和年龄要素的合理搭配和适时进行领导集体成员的调整。领导集体素质结构的优化,始终要以组织的目标或目的为基础,既不能为了一味地追求所谓稳定和团结而错失调整的良机,也不能一味地为了回避矛盾冲突而频繁随意地调整领导成员。

五、优化领导集体素质结构的途径

党中央高度重视领导集体素质的优化,党的十七届四中全会强调,要"优化领导班子配备,形成班子成员年龄、经历、专长、性格互补的合理结构,增强班子整体功能和合力"[①]。领导集体素质结构的优化是一个连续性的不断深化的动态过程,是一项复杂的系统工程。其基本途径主要有以下几个方面:

---

① 《中共中央关于加强和改进新形势下党的建设若干重大问题的决定》,人民出版社,2009年版,第22、23页。

(一) 转变观念是优化领导集体素质结构的前提

要优化领导集体的素质结构,首先要转变思想观念,从整体上、结构上重视领导干部的选拔调配。要从只重视领导者个体素质转变到既重视个体素质、又重视集体素质的合理搭配上来,实现两者兼顾,做到个人优秀和整体优化的统一;要从对某一要素的孤立理解转变到对整体系统的把握,实现领导者年龄、能力、气质、知识等结构要素的协调统一;要从消极被动的调整转变为主动积极的调整,及时、主动、自觉地根据社会环境的变化需要进行自我调适,实现领导集体素质结构与外部环境变化的统一。

(二) 搞好后备干部队伍建设是优化领导集体素质结构的基础

一个素质结构合理的领导班子,需要一定的高素质的后备干部来进行补充和调整。因此,后备干部队伍的建设和培养,是实现领导集体素质结构合理化的基础。搞好后备干部队伍建设,需要解决以下问题:第一,提高认识,高度重视后备干部队伍建设,搞好干部队伍建设中长期规划。第二,通过落实九年制义务教育、全面开展素质教育、提高高等教育水平、重视成人在职教育等措施,大力开发人力资源。第三,坚持"德才兼备、任人唯贤"的原则和标准,确保后备干部队伍的质量。第四,积极健全并严格遵循领导干部管理制度,公平科学地遴选后备干部,坚持走群众路线,公开公平公正地选拔后备干部。第五,加强后备干部队伍培养的制度化和规范化建设,包括完善日常管理,逐级建立后备领导人才信息网和人才库,实行后备干部动态管理等。

(三) 加强领导集体自身建设是优化领导集体素质结构的根本

领导集体是一个由若干相互影响而又有所分工的领导者组成的人才系统。加强领导集体自身建设,是从根本上优化领导集体素质结构的需要。加强领导集体自身建设应该从以下方面入手:第一,确立领导集体合理的结构模式。在组建、配置、调整领导集体时,应根据各级各类领导集体所承担的领导任务及其活动方式,科学确定领导集体的人员构成及其结构模式。例如,以块为主的省、县领导集体的业务活动具有综合性特征,其领导班子成员在配置上应该是通才多于专才;而各种业务部门以及从事生产经营活动的企事业单位的领导集体,其专才型的领导成员则应有较大的比重。第二,选好"一把手"。"一把手"是组织的首领,是领导集体的核心。优化领导集体素质结构,必须优化"一把手"的领导素质,包括坚定的政治立场、辩证的思维方式、敏锐的战略眼光、高尚的道德情操、果断的决策能力、高超的用人艺术等。第三,系统全面地选配领导成员。在考察选配领导成员时,要从系统宏观的角度出发,不仅考察领导者个人的德才素质,而且还要考察其所在或拟进入的领导班子,按照领导集体素质结构优化的需要来进行合理配置。

(四) 改革完善领导干部管理制度是优化领导集体素质结构的保障

改革和完善现行领导干部管理制度,用制度化和法制化的手段来保障领导集体素质结构的优化,这是优化领导集体素质结构的长效机制。改革和完善领导干部管理制度的关键是健全领导干部的选举、考录、任免、考核、奖惩、辞职、辞退、交流、监督等制度,通过制度化手段实现对领导干部的严格要求、严格管理、严格监督,从制度上保障领导集体素质结构的科学化与合理化。当前,应该着重加强以下制度的建设和完善:领导干部任期制度、领导干部交流轮岗制度、领导绩效考评制度和民主监督制度。

第十章 领导方法

领导者的工作,无论是科学决策还是正确用人,都离不开一些基本的领导方法。领导方法是履行领导职能的重要手段,是连接和实现领导工作目标的中介和桥梁,是提高领导工作绩效的重要条件。没有领导方法或领导方法不当,领导活动效果就没有保障或事与愿违。方法得当,则事半功倍,顺利地达到领导目标;方法不当,则事倍功半,劳民伤财,难以达到领导目标。因此,学习和掌握正确的领导方法,至关重要。

第一节 领导方法概述

领导方法是实现领导目标的手段和工具,它为领导者发挥主观能动性和主体创造性提供了广阔的领域。运用领导方法必须正确认识领导方法的含义与特征,明确领导方法的意义,并遵循一些基本的原则。

一、领导方法的含义

领导工作是认识活动和实践活动的统一。因此,所谓领导方法,就是领导者为履行领导职能、达到领导目标而采取的各种措施和手段的总和。领导者认识、把握和运用各种领导方法的技能技巧对领导绩效有着重要影响。

社会主义领导者的领导方法,是以马克思主义哲学为指导,以现代科学理论为基础,在总结领导实践经验的基础上形成的,并且是在社会主义革命和建设的实践中不断丰富和发展的。马克思主义哲学既是世界观,又是方法论,是人们认识世界和改造世界的最普遍的方法,是一切具体科学方法的理论基础,因而,也是领导方法的基础。社会主义的领导方法,就是马克思主义普遍的方法论原理和具体的领导工作实践相结合的产物。

二、领导方法的特征

(一)客观性

领导方法是领导者在长期的领导实践活动中逐步积累、总结和归纳而形成的,它是领导活动客观规律在领导者头脑中的反映。领导活动的客观规律经过多次领导实践的重复,再经过领导者的思考与总结,就会在领导者的意识中以某种模式固定下来,并且反过来指导领导实践。这说明,领导方法的内容是客观的,其表现形式是主观的。每一种领导方法必须接受反复的实践检验,以确定其正确性。一定的领导方法必须与一定的领导过程和领导对象相结合,领导者不能随意地凭空创造领导方法,也不能滥用领导方法。这说明领导方法不是领导者心灵的"自由创造物",而是具有客观性的。

(二) 动态性

领导系统不断发展变化,因此,领导方法要"随时而变,因俗而动",不断适应变化着的具体时空条件下的领导系统。概括地说,领导方法的动态性主要表现在领导方法内容的不断充实与更新、领导方法对领导活动具体场景的适应性、领导者应用领导方法的灵活性等。领导方法的动态性使领导活动能够协调运行,保持与外部环境的适应性,最大限度、最有效地实现领导目标。缺乏动态性的领导方法,会最终失去对环境的应变能力,导致领导活动的失效。当然,领导方法的动态性并不排斥它在某些方面、环节和特定历史阶段的相对稳定性。

(三) 条件性

领导方法的条件性,即领导方法的相对真理性,是指领导方法的产生与使用要受一定条件的影响和制约,如领导者本身的特点、被领导者的状况、客观物质条件、环境因素等。领导方法的条件性,表明当领导方法所作用的对象、条件相似时,它们之间可以通用,或稍加改造而相互适用;所作用的对象和环境不同时,应该采取不同的领导方法。领导方法的条件性要求领导者对领导方法不能生搬硬套,而要具体问题具体分析,灵活变通,综合运用。

(四) 目的性

领导方法总要为一定的领导目标服务,帮助领导者达到一定的领导目的,这就是领导方法的目的性。领导方法的选择取决于领导的目的,这体现了领导者运用领导方法的自觉性。在相同的条件下,领导者选用这种而不是那种方法,表明领导方法的目的性通过人们使用它的自觉性体现出来。需要注意的是,领导方法一般都是综合运用或几种方法相互配合使用。因此,实现同一目标可以有多种方法,同一方法也可以实现多种目标。这说明不存在一种十全十美的万能的领导方法。说到底,领导方法是手段,必须服从和服务于领导目标。

(五) 时效性

时效性是指一种领导方法的使用周期。采用某种领导方法往往会在最初的实施中取得较好的效果,但是这种效果会随着时间的推移呈下降的趋势。例如,领导者经常会采用物质奖励的方法来激发下属人员的积极性。最初实施这种物质奖励的时候,人们会产生一定的积极性,工作的热情和业绩也会自然提高。但是当这种方法成为一种常规时,其效果就会逐渐降低,甚至慢慢失去激励作用。可见,领导方法往往存在时间上的"保鲜期",因此,领导方法的创新在领导活动中也是一个至关重要的因素。

三、领导方法的重要意义

(一) 领导方法在领导活动中处于中介地位

在领导活动中,领导主体与领导客体共存于同一系统,二者相互作用构成领导活动。要使主体与客体之间发生关系,就必须有一个中间环节。领导方法就是作为一种中介因素成为主客体之间相互作用的桥梁和纽带。通过领导方法这个中介,领导者可以对领导对象发挥指挥、协调的作用,领导对象可以接受领导者的指挥与部署,从而使领导者与领导对象相互连接,构成完整的领导活动系统。毛泽东曾形象地把党的领导任务比喻为"过河",把完成任务的方法比喻为"桥"或"船",指出不解决"桥"和"船"的问题,"过河"就是一句空话;不解决方法问题,任务也只是瞎说一通。

(二) 科学的领导方法是提高领导绩效的推进器

领导绩效是衡量领导活动成败的尺度。领导绩效的高低取决于多种因素,其中领导方法具有极为重要的作用。只有掌握正确的领导方法并善于恰当地运用,才能提高领导者的决策、用人等绩效。领导者运用领导方法的能力存在差异,导致领导方法运用的效果也各不相同。面对近乎相同的领导情境,素质水平差距不大的领导者,由于选用的领导方法不同,也会使领导绩效很不相同。可见,科学的领导方法是提高领导绩效的推进器。

（三）科学的领导方法是现代领导的必备条件

当今社会的飞速发展与复杂多变,更加强调了领导方法的重要性。在纵横交错的复杂社会因素面前,任何领导者仅凭个人的能力与经验是难以实现有效领导的。社会主义现代化建设要求领导活动要依靠现代科学方法,而不是仅凭个人经验。领导者要实现从经验领导到科学领导的转变,就必须学习、掌握和探索科学的领导方法。因此,科学的领导方法是现代领导的必备条件。

总之,在当今社会,领导者不掌握正确的领导方法或不善于运用领导方法,就不可能取得良好的领导绩效。掌握并善于运用正确的领导方法,有助于以最低的成本获得最好的效益,有效地减少和避免工作中可能产生的消极后果。所以,毛泽东曾指出:领导方法很重要。要不犯错误或少犯错误,就要努力掌握科学的领导方法,做到善于领导。

四、运用领导方法的基本原则

（一）目的性原则

要根据领导活动的任务和目的要求选择领导方法。任务、目的与方法是紧密联系的。一方面,任务的完成和目的的实现离不开一定的方法;另一方面,任务和目的又制约着方法的选择和运用,因为方法总是从属并服务于任务和目的的。任务和目的不同,领导方法也有所不同;任务和目的发生变化,方法也要随之改变。

（二）创造性原则

领导的实践活动不外乎常规性实践和创造性实践。常规性实践就是人们在已知的领域和经验范围内活动,是有确定的程序和章法可遵循的实践,具有模式化、规范化特点。创造性实践就是指人们在未知领域内进行的开创性活动,是无固定程序与章法可遵循的实践,一般具有探索性和开拓性特点。现代领导活动没有一成不变的通用模式。从某种意义上说,领导者确定目标并率领群众实现目标的过程,主要是一种不断创新、勇于开拓、锐意进取的生机勃勃的创造性过程。邓小平是开拓创新型领导的典范。他多次提出:"在党内和人民群众中,肯动脑筋、肯想问题的人愈多,对我们的事业就愈有利。干革命、搞建设,都要有一批勇于思考、勇于探索、勇于创新的闯将。没有这样一大批闯将,我们就无法摆脱贫困落后的状况,就无法赶上更谈不到超过国际先进水平。"[①]

（三）具体性原则

领导活动的层次性、具体性,决定了领导方法的层次性、具体性。高层领导、中层领导和基层领导所面对的领域、范围,所涉及的工作内容、性质,所承担的工作职责、任务等,都不尽相同;领导活动所处理的事项、所处的场景也存在着这样或那样的区别。因此,领导方法总是具体的,即使具有普遍指导意义的方法论原则也需要针对特定的领导活动作灵活而具体的应用。领导方法

---

① 《邓小平文选》第 2 卷,人民出版社,1994 年版,第 143 页。

的具体性原则,要求领导者在运用领导方法解决具体问题时,必须注意以下几点:第一,要注意分析工作对象。工作对象不同,采用的工作方法就应有所不同,方法上的选择必须符合对象的要求和特点。第二,要考虑客观条件,包括时间、地点、环境等。方法的选择必须依据客观条件,此时、此地、此事有效的领导方法,彼时、彼地、彼事不一定有效。所以,不能做什么事都用一套办法、一个模式。第三,考虑领导方法的综合运用。有时一种方法可能适用于多种情况,但更多时候,完成一项领导任务,需要综合运用多种方法。第四,要继承和发展传统的领导方法。要继承传统的领导方法,又不拘泥于传统的方法。在领导革命和建设的过程中,中国共产党积累了丰富的领导经验,创造了一系列行之有效的领导方法,如实事求是的方法、一切从实际出发的方法、领导和群众相结合的方法、抓两头带中间的方法等等。我们应该继承这些方法并结合时代的发展加以创造性地丰富和运用。

(四) 高效性原则

运用领导方法必须遵循高效性原则,即领导方法的选择和运用必须符合提高工作效率、改善领导效能的要求。应该说,坚持上述几个领导方法原则,都有助于发挥领导方法的作用,达到提高领导效能的要求。这里专门谈到领导方法的高效性原则,实际上是强调领导方法本身的价值和选择、运用领导方法时应遵循的价值导向。一方面,领导方法本身作为履行领导职能、达成领导目标的手段性因素,内在地包含了提高领导效能的功用;另一方面,领导者选择和运用领导方法时必须着眼于提高领导效能的最终目的,或者说要以是否有利于高效率地实现领导目标为标准对各种领导方法作出选择、综合和运用。

另外,遵循领导方法的上述原则,领导者选择和运用领导方法时,还必须把握以下几个要点:第一,不断丰富领导经验,系统掌握领导方法。第二,准确判断领导情境,有针对性地根据领导工作的需要选择和运用最佳的领导方法。第三,坚持灵活性,随时根据变化了的情况对领导方法作出修正、完善或调整。第四,在"结合"上下工夫,坚持理论与实际相结合、领导与群众相结合、普遍性与特殊性相结合等原则。

第二节 领导的思维方法

领导者的能力主要表现为分析问题和解决问题的能力,这离不开基本的思维方法。因此,领导者必须掌握辩证逻辑思维方法、系统性思维方法、战略性思维方法和创造性思维方法等。

一、辩证逻辑思维方法

马克思主义对辩证逻辑思维方法的哲学建构可以说是最为完整的。马克思主义的辩证逻辑思维,在思维规律方面,从事物的联系、变化、发展和矛盾中来考察事物的整体运动;在思维方法方面,把比较、抽象和概括方法作为形成科学概念的基础,把分析与综合相统一的方法作为处理信息材料的手段,把归纳和演绎相统一的方法作为深入洞察对象本质的途径,把由抽象到具体的方法作为再现对象全貌的阶梯,把逻辑与历史相统一的方法作为有效掌握事物发展历程的工具。毛泽东的《实践论》、《矛盾论》、《人的正确思想是从哪里来的》等著作,又把辩证逻辑思维简约化、本土化,并有了许多新的创见。下面简要介绍一下辩证逻辑思维的三类具体方法。

（一）比较、抽象和概括的方法

比较、抽象和概括的方法是辩证逻辑思维的初级方法，也可以叫概念形成法。比较，是确定事物之间异同关系的简单思维方法。有比较，才有鉴别。抽象，是通过对事物整体联系的分解，在头脑中把事物的若干属性和方面单独地提取出来的方法。抽象是人类思维所特有的功能。其他动物有感知，有形象意识，但不具备抽象思维能力。抽象是在比较的基础上形成的。概括，是把抽象出来的事物属性推广到具有这些相同属性的一类事物上去，从而形成关于这一类事物的普遍概念。

（二）分析综合和归纳演绎的方法

这两对思维方法相对于比较、抽象和概括的方法而言，是辩证逻辑思维的中级方法，也可以称为逻辑建构法。分析与综合是把握局部与全局的辩证关系的思维方法。分析是把客观事物的整体分解为各个部分、方面与要素，以便于逐个加以研究的思维方法。综合是把事物的各部分、各方面、各要素统一起来，在思维中形成对客观事物整体性认识的思维方法。分析是综合的基础，综合是分析的完成，两者不能割裂，而应彼此渗透，相互转化。这是防止思维陷入形而上学误区的警戒线。分析综合法又分为矛盾分析综合法与系统分析综合法，二者都是处理信息材料的有效手段。

归纳演绎法是把握事物共性与个性的辩证关系的思维方法。归纳是对个别经过分析比较上升到一般的思维方法。演绎是从一般性的前提推导出个别性的结论的思维方法。归纳与演绎也必须结合起来，彼此渗透，相互推动，往复多次，才能洞察出事物的本质，得出科学结论。

（三）抽象与具体、历史与逻辑相统一的方法

这两对思维方法是马克思首创的辩证逻辑思维的高级方法，也可称为理论应用法，是理论与实际相结合的根本途径。

抽象与具体相统一的方法，是指从抽象到具体的思维方法，是具体再现事物全貌的阶梯。抽象是使人的认识由感性上升到"抽象的规定"，把握事物的本质属性；具体是指事物多方面属性、特点、关系的整合或再现。抽象是为具体服务的，如果理论脱离了实际，便成了空谈，"听起来头头是道，用起来满不对号"，这样的"理论"是没有价值的。辩证思维所特有的逻辑程式之一是由抽象到具体，即解决实际问题。

历史与逻辑相统一的方法，是把握历史脉搏、预见历史进程的思维方法。历史的方法，是通过考察对象的自然进程来揭示对象规律性的方法。逻辑的方法，是以理论的形式，以抽象的体系来再现历史过程的本质、必然性和规律性的方法。历史与逻辑相统一，也是辩证思维的另一个特有程式，它把抽象具体的思维方式延伸到历史的长河之中。它要求：逻辑的、历史的统一是具体的统一；逻辑对历史的反映是"经过修正的"、把握了主流的反映，剔除了支流和偶然因素；要注意从成熟的、有典型性的发展过程来考察客体，才能剔除枝节和偶然因素，发现事物内在的、本质的、必然的、稳定的联系。

综上所述，领导者应首先立足于从实际出发，进行比较鉴别、初步抽象概括；继而进行分析综合、归纳演绎；最后，由抽象概括再上升为理性具体，并从具体历史进程中验证与完善理论。实践，认识，再实践，再认识，循环往复，螺旋上升。这就是辩证逻辑思维的全部程式，毛泽东把它概括为四个字：实事求是。

二、系统性思维方法

系统性思维方法就是运用系统观念,着眼于系统之间、系统内部各要素之间的紧密联系,分析系统的结构方式和要素变化对整体功能的影响,并以此作为行动根据的方法。它包括整体性思维、结构性思维和动态性思维。现代领导活动是由领导者、被领导者、领导体制、领导目标、领导环境和领导方法等要素共同构成的相互作用的社会系统工程。因此,领导者必须把领导工作当做一个系统整体来看待,培养系统性思维。

(一)整体性思维

系统的整体性是指系统各构成要素的有机统一。系统论的创始人路德维希·冯·贝塔朗菲(Ludwig Von Bertalanffy)曾指出:"一般系统论是对'整体'和'完整性'的科学探索。"[1]因此,系统的整体性自一般系统论创立以来就一直占据着系统科学的首要地位。系统的整体性从实质上来看,就是系统的构成要素与整体、环境以及各个要素之间相互联系、相互作用,使系统整体呈现出各个组成要素所没有的新的性质,因而具有构成要素所不具有的整体性功能。

在领导工作中,领导者所面对的是一个整体性的领导系统,在这个大系统中有若干子系统。领导者的整体性思维,就是要求领导者在领导工作中把自身同领导系统中的其他因素有机地结合起来,全面把握事物之间以及事物内部各要素之间的结构特点及相互影响,实现领导行为的整体放大效应。因此,领导者必须明白,领导系统是若干因素按一定制度、方式有机结合而成的完整系统。领导者个人的作用当然很重要,但领导活动毕竟不是领导者个人的单打独斗,领导者的影响力是通过领导系统中的其他因素及其结构优化得以表现和实现的,领导者个人是深受领导系统整体的影响和制约的,领导力就是整个领导系统的影响力的反映。系统的整体功能发挥不好,就会出现"三个和尚没水吃"的尴尬局面。

(二)结构性思维

任何系统无不具有一定的内在结构,系统的结构是保持系统整体性及其功能的内在依据。系统论中的结构主要指的是系统的"内部秩序",也就是系统内部各要素在空间或时间上的有机联系与相互作用的方式或秩序。

系统的结构决定系统的功能。成功的领导者必须充分注意领导系统的内在结构并使其不断优化,才能充分发挥领导系统的整体性功能。领导者思维的结构性是领导者系统思维的又一重要特征。要优化领导系统的内在结构,主要应该处理好两方面的关系:第一是领导者内部的关系,包括其内部的纵向关系和横向关系,即上下级关系和各平行部门之间的关系。处理上下级关系的结构性原则就是各司其职,上下互动,彼此监督,共同维护系统的稳定;处理各平行部门之间关系的结构性原则就是在各司其职的同时,做到分工合理,职责明确,团结合作,互相帮助,有序竞争,从而保证系统在横向结构上的协调一致。

(三)动态性思维

无论是自然界还是人类社会,任何一个系统都是始终处在动态变化中的。由于系统自身不断与外界发生相互作用,当前的结构状态是系统中各要素与当前的外界环境相互作用而形成的

---

[1] 路德维希.冯.贝塔朗菲(Ludwig Von Bertalanffy):《普通系统论的历史和现状》,载《科学学译文集》,科学出版社,1981年版,第314页。

相对稳定的结构。随着时间的推移和外界环境的变化,当前的系统结构要想在变化了的环境中继续生存和发展,必须要随着环境的改变而改变。因此,当前的系统结构又是未来新形成的系统结构的基础。正如马克思所说:"现在的社会不是坚实的结晶体,而是一个能够变化并且经常处于变化过程中的机体。"①我国当代领导的一个显著特点就是变革,特别是随着社会主义市场经济体制逐步代替计划经济体制,全球化进程日益加深,变革更成为当代领导系统的一个显著特征。因此,当代领导者必须具备良好的应变思维能力,一方面能够及时捕捉变化了的环境信息,从容面对不断变化的外界环境,使所在组织能够不断地得以发展;另一方面,也能够使自己在处理组织内部的突发事件上做到游刃有余。

三、战略性思维方法

所谓战略性思维,就是通过发现事物客观规律,预测未来发展趋势,把握整体变化走向,并以此为根据确立发展目标,规划战略方案,采取超前行动的思维方法。其实质是正确把握过去、现在和未来的关系,在纵向的历史联系和整体的格局关系中判断与定位。俗话说,"人无远虑,必有近忧",就是对战略思维价值的揭示。领导者只有自觉树立战略思维,才能保持事业的可持续发展。

(一)战略性思维方法的特征

1. 预见性。任何事物的发展都有一个从小到大、从弱到强、从历史到现实再到未来的过程。领导者担当着谋划事业发展思路、规划工作发展战略的"引航员"的职责,是过去、现在与未来的连接点,因此,必须牢固树立战略观念,训练战略思维习惯,不谋一兵一卒之得失,而注重战略全局之大势。"凡事预则立,不预则废。"领导者要善于发现事物的发展规律,预见事物的发展趋势,并依靠对未来的正确判断作出当下的决策和选择,使领导活动经得起时间的考验和历史的检验,推动事业可持续发展。不能割裂事物的历史联系,不能只顾眼前,不顾长远。常说的"高瞻远瞩"就是提倡运用长远的眼光、站在全局的高度去观察和处理眼前的问题。

2. 长远性。从时间上来说,领导者的预见要具有长远性,一般要把着眼点放在5年、10年甚至更久以后。当然,对于不同的战略目标,预见的着眼点也有所不同。例如,要制定一个国家的经济发展战略,其着眼点要放在至少10年以后;要制定一个单位的事业发展规划,其着眼点要放在至少3年以后。

3. 综合性。战略思维的形成过程具有综合性特点。领导者所要预见的对象一般都会涉及经济、政治、社会、文化等很多方面。例如,以胡锦涛为总书记的党中央高瞻远瞩,提出了建设社会主义和谐社会的目标,这就要求既要加快经济发展,又要加强共产党的执政能力建设;既要改善人民生活水平,又要注重生态环境的保护等等。这充分说明了任何一项领导工作都不是单一的,而是包含诸多方面的矛盾统一体。只有把握领导工作的复杂性,从多角度进行综合分析,才能够使领导者的战略预见更具有科学性。

4. 全局性。战略思维是总揽全局、驾驭全局,旨在赢得全局工作胜利的一种思维方式。战略思维的全局性从广义上说包括系统空间维度和过程时间维度两个方面。相对于"战略"而言,狭义上的全局性仅指系统空间维度。这里取狭义的内涵。领导活动是一个诸多要素相互联系、

---

① 《马克思恩格斯全集》第23卷,人民出版社1972年版,第12页。

相互作用的过程,纵向包含了一系列相互联结的过程和阶段;横向包括了彼此制约的要素结构和空间格局。领导者战略思维的全局性要求领导者从大局着眼、从全局出发对工作进行系统谋划和总体部署,要以战略目标为导向处理好全局与局部、整体与部分的关系,避免"丢了西瓜捡芝麻"、陷于局部而丧失全局的被动情形,更不允许局部凌驾于全局之上的情形。坚持战略思维的全局性,就是要求领导者自觉围绕全局、服从全局、服务全局、保障全局开展工作,将部分放到整体中定位,将局部放到全局中考量,务求保证全局工作的胜利。否则,只是就局部论局部,忙于做琐碎的具体工作,那就不是战略思维,就容易挂一漏万,顾此失彼,陷入"只见树木,不见森林"的形而上学思维。因此,领导者考虑问题的视野要宽,思路要宽,胸怀要宽;要识大体、顾大局,抓大事。

(二)改善战略性思维的途径

第一,要正确认识过去、现在与未来之间的辩证关系和本质联系,找出三者之间的发展规律。列宁曾指出,外部世界、自然界的规律,乃是人的有目的的活动的基础。领导者要想作出准确的预见,就必须认识到,在事物的过去、现在和未来之间的诸多联系中,存在着一种本质的、必然的联系,这就是规律。客观事物不仅存在一般的规律,而且存在特殊的规律。一般的规律具有重复性、持续性和相对稳定性,而特殊规律则是在特定的条件或环境下呈现出来的。例如,我国在未经历资本主义社会的情况下由封建社会直接跨越到社会主义社会,这就是由于我国当时比较特殊的历史所造成的。因此,领导者不仅要准确地掌握事物的一般规律,对于特殊规律也要具备深邃的洞察力和高度的敏感性。

第二,要正确处理预见中"出乎预料"的情况,完善预见能力。预见的双重性决定了领导者的预见常常会存在不同程度的误差,因为它难免会受到各种主客观条件的影响和制约。首先是客观事物的成熟程度对预见的制约和影响。当事物的发展趋于成熟,各方面情况显露得比较充分时,才有利于正确的预见,反之则容易出现预见上的失误。当年恩格斯就曾谈到过大意如下的话:在英国做一个预言家比在任何地方都容易,因为构成社会的一切因素在这里都获得了这样明确的发展。其次是客观事物的复杂性、多变性和模糊性对预见的制约和影响。一般来说,对比较简单和确切的事物容易作出正确的预见;而对比较复杂和模糊的事物,则较难作出正确的预见。最后是人的认识能力的有限性对预见的影响和制约。恩格斯曾指出,人的认识能力是无限的,同时又是有限的,按它的本性、使命、可能性和历史的终极目的来说,是至上的和无限的;按它的个别实现和每次的实现来说,又是不至上的和有限的。这就说明,人的认识能力的这种有限性,势必会影响预见的准确性。因此,必须通过追踪预测,对预见进行不断的完善和修正,以最大限度地缩小其误差,保证战略思维对事业发展的正确指导。

四、创造性思维方法

领导活动经常处于非模式化状态,是开拓性、创造性要求非常高的特殊实践活动。领导者掌握和运用创造性思维方法对拓展领导工作思路、提升领导艺术水平具有重要意义。

所谓创造性思维,就是重新组织已有的知识经验,提出新的方案或程序,并创造出新的思维成果的思维方式。创造性思维是一种开拓人类认识的新领域、突破已有的旧思路、产生认识新成果的思维活动。例如科学家的发明创造、工程师的技术革新等。创造性思维是人类思维的高级形式,是在一般思维基础上发展起来的,是人类思维能力高度发展的表现。许多心理学家认为,创造性思维是多种思维形式的综合体,在创造性思维中,既有抽象思维,也有形象思维;既有逻辑思维,也有非逻辑思维;既有发散思维,也有收敛思维。

(一) 创造性思维的特征

1. 独特性。独特性亦称独创性、首创性、新颖性。这是创造性思维最重要的特征,反映了思维内容的与众不同。美国心理学家吉尔福特(J. P. Guilford)认为,思维的独特性是具有创造才能的人的最重要的思维品质,是鉴别一个人创造力高低的重要标志。

独特性反映了思维的深度及对事物本质特征的把握程度,只有触及事物的本质,才能"棋胜一筹"。牛顿的经典力学无法对光在真空中以每秒30万公里的速度传播作出解释,爱因斯坦的狭义相对论却独辟蹊径,系统地发展并突破了经典力学的原理,狭义相对论显然要比牛顿的经典力学深刻得多。

独特性还表现为解决问题的独特性。数学家高斯在小学时就表现出了他的数学才能。一次在上课时老师问:1到100自然数之和是多少? 老师话音刚落,小高斯就举手回答:"5 050"。大家惊呆了。为什么他能用这样快的速度解题? 原来高斯没有用传统的"1+2+3+…+100"的常规模式运算下去,而是用一个独特的方法,由于1~100头尾数相加总是101,如1+100=101,2+99=101……因此,101×50=5 050。这种算法突破了常规,别出心裁,是创造性的。

独特性还包含着首创性。英国唯美主义诗人王尔德(Oscar wilde)说得好:"第一个把女人比作鲜花的是天才,第二个把女人比作鲜花的是庸才,第三个把女人比作鲜花的是蠢材。"一般来说,独特的东西都是首创的,首创的东西都带有独特性。我国古代兵法中强调"出奇制胜",奇者,特也,用奇特的方法才能制胜敌人。春秋战国时期,齐国将军田单,把牛集中起来,在尾巴上点火把,牛因尾股被烧而向敌人阵营狂奔,形成了一股强大的冲击力,田单大败燕军。田单大摆火牛阵的战法出乎燕国意料,在战争史上是首创的、罕见的。南宋的岳飞用牦牛阵大败金军也是受此启发的案例。

2. 求异性。创造性思维是对已有知识经验的重新组合,目的是获得新的思维成果,因此是一种求异性思维。创造性思维往往是一个破旧立新的过程。"破旧"才能"立新","推陈"才能"出新",这个"新"就是打破传统思维模式、挣脱习惯性思维的产物。伽利略从大小石头同时落地测到质量不同的物体下落的速度是一样的,并通过实验推翻了亚里士多德关于质量不同的物体其自由落体的速度不一样的论断;哥白尼大胆地提出"日心说",打破了垄断人们思想几百年的"地心说"。因此可见,敢于怀疑权威,不畏强权,坚持对真理的不懈追求,是创造性思维的最大特点,也是其求异性的必备条件,值得领导工作借鉴。

3. 灵活性。灵活性即变通性。创造性思维强调根据不同的对象和条件,具体情况具体对待,灵活应用;反对一成不变的教条和模式。如马克思在19世纪对社会主义革命曾得出这样的结论:在欧洲发达资本主义国家(主要指苏、法、德、意等国)中,工人阶级共同起来革命,这个革命才能成功。但列宁没有按照马克思的结论教条地去贯彻,而是根据20世纪的资本主义已经发展到垄断资本主义——帝国主义阶段的现实,得出了与马克思完全不同的新的革命路线:在资本主义落后、薄弱的链条中也能取得社会主义革命的胜利。这里,马克思强调要在欧洲发达的资本主义国家进行革命,而列宁则强调在落后、反动统治阶级薄弱的俄国进行;马克思强调要在英、法、德、意等多国共同进行革命,而列宁的回答是"一国"也能取得胜利。可见,列宁没有按照马克思的结论生搬硬套,而是根据时间、地点、条件的变化,灵活地提出了与马克思不同的新的革命路线,这也正是列宁创造性思维的体现。中国新民主主义革命与俄国"城市暴动"的革命方式不同,走的是"农村包围城市"的道路,这也是中国共产党根据中国的具体情况作出的英明决策。

4. 敏捷性。由于创造性思维是以创新为目标,必然要求思维者有敏锐的洞察力,先一步看到别人所没看到的,想到别人所没想到的,这样才能比别人有所发现,有所发明,有所创新。诺贝尔奖金获得者艾伯特曾说过:"发明创造就是看同样的东西,却能想出不同的东西。"1912年,德国地球物理学家魏格纳(Alfred Lothar Wegener)病卧在床时,无意中看到一张世界地图,这是一张平时大家都能看到的普通的世界地图,但魏格纳却从中看到了别人没有看到的问题:南大西洋两岸即非洲西海岸和南美洲东海岸的外形相当吻合。他脑海中顿时萌发了一个新的设想:两岸原来会不会是连在一起的呢?两年后,经过深入研究、论证,魏格纳提出了具有划时代意义的"大陆漂移说"。牛顿从苹果落地发现了万有引力定律,阿基米德通过洗澡发现了浮力定律,瓦特通过观察沸腾的水蒸气冲击壶盖发明了蒸汽机等,这些都是创造性思维敏捷性特点的具体体现。

5. 突发性。创造性思维的突发性,是指一个人的思维长期处于紧张状态,偶然受到某一现象的启发而达到顿悟、产生灵感的状态。当然,这偶然的背后隐藏着必然,突发的基础是积累,是"长期思考,偶然得之"。如美国工程师杜里埃为提高内燃机功效,必须使汽油与空气均匀混合后再进行燃烧,但考虑多时,一直无法解决,后受到妻子在头上喷香水的启发,发明了喷雾化油器。德国化学家凯库勒在研究有机化合物苯分子的结构时,长期思考未能解决。一天,他坐在火炉边沉思,渐渐进入睡眠状态,忽得一梦,梦见好多条蛇在眼前晃动,每条蛇都咬住了前面一条蛇的尾巴,组成了一个环,这些蛇组成的六角形的"环"使他茅塞顿开,解开了苯分子的结构之谜:由六个碳原子各带一个氢原子组成的六角形结构。这些都是思维的非逻辑性的表现。

6. 跳跃性。创造性思维常以偶然的机遇为契机,突然产生某种判断和结论,它的起点和终点并不具有明显的逻辑必然性。例如科学家对某一问题经过长期思考而没有结果,却在偶然情况下忽然产生灵感或顿悟,解决了问题。这种思维即具有跳跃性。

7. 综合性。创造性思维是一种综合性思维。法国遗传学家F·雅格布(F. Jacob)说过:"创造就是重新组合。"知识是创造性思维的基础,丰富的知识使思维主体站得高、看得远,容易产生新的联想和独到的见解。创造本身常常是"智力杂交"的结果,它既是各种知识的相互渗透、相互结合,也是多种思维形式和方法的综合。如交叉学科的兴起就是综合思维的结果。又如,日本人提出"综合即是创造",本田会社综合发达国家90多种发动机样机之长,制成了世界上最好的发动机,装配成世界上一流的摩托车,迅速占领国际市场。这些都是思维综合性的表现。

8. 联动性。创造性思维是一种联动性思维。它善于由此及彼产生连贯的思索,从一类事物联想到另一类事物,从一个思路到多个思路,由正向到逆向,从纵向到横向,引起一系列"连锁反应",体现出思维的灵活性、变通性、流畅性,常会产生奇妙的效果。伽利略认为科学是在不断改变思维角度的探索中前进的。从葡萄球菌培养过程中的偶然现象产生联想,亚历山大·弗莱明(Alexander Fleming)发明了青霉素;从面包多孔松软的特点受到启发,查尔斯·古德伊尔(Charles Goodyear)发明了海绵橡胶,铃木信一则研制成功泡沫水泥;而富兰克林从酒杯里淹死的苍蝇在阳光下复活的现象中,产生了冷冻保存身体的奇想。

(二)创造性思维原理

1. 陌生原理,即以陌生的眼光对待熟悉的事物,常常会有新的领悟,萌生新的创意,发现深层的奥秘。如牛顿观察苹果从树上落到地面,发现了万有引力。

2. 逆向原理,即和正常的思路相反,倒过来思考,往往能找到捷径。如高明的企业家常想"假如我是用户",高明的领导者常想到"假如我是下属",这种"换位思考",也能萌生许多创意。

3. 聚焦原理,即把一切已经掌握的知识储备、各种技能、各方面的智慧和力量都指向一个难题或焦点,一次攻不克,多聚焦几次,难题总归会迎刃而解,甚至会"变不可能为可能"。

4. 综合原理,即广泛借鉴古今中外的一切文明成果,加以巧妙地排列组合或嫁接移植,也会产生意想不到的奇迹,而且越是远缘嫁接效果越突出。

(三)创造性思维方法举要

1. 发挥个人的直觉、灵感与想象力,进行创造性思维。领导活动中的创造性往往是一个无法加以具体界定的概念,因为创造性本身来源于个人的想象、直觉与经验的综合,而这种综合也往往带有个性化的特征。所以,领导工作的创新直接依赖于领导者个体或群体的创造性人格及特质。

2. 激发集体智慧进行创造性思维。我国著名教育家陶行知先生曾说:"人类社会,处处是创造之地,天天是创造之时,人人是创造之人。"这就是说创造是人人都具备的天赋,但由于环境不利,这种天赋会受到压抑。美国的创造学大师亚历克斯·奥斯本(Alex Osborn)从创造一种让每个人有更多发展余地的组织氛围或组织环境出发,提出了激发集体创造力的技法,称为头脑风暴法(Brain-storming),简称"BS"法,后来又有人补充提出了"反 BS 法",前者是激发创见的方法,后者是评判创见可行性的方法。

所谓 BS 法,就是在自由而愉快的气氛中,动员专家围绕少量议题积极思考,畅所欲言,在相互启发中不断挖掘思想潜能,展开自由想象,尽可能发表广泛而新奇的创见,使解决问题的各种思路和方案尽可能多地呈现出来,在此基础上进行甄选或综合,从而产生最有价值的决策方案或解决问题的创造性思路。

所谓反 BS 法,也叫缺点列举法或挑剔法。BS 法是鼓励自由奔放、不受限制地发表建设性意见与构思。反 BS 法则是鼓励对上述构思发表反对意见,列举的缺点越多越好,特别要努力找出致命的缺陷。BS 法要邀请点子多、爱出主意、肯动脑筋的人选。反 BS 法恰恰相反,要专门邀请那些爱挑刺、讲怪话、好评论和非议别人意见的人士参加。两套人选,在不同地点,互不通气,对事不对人地发表见解。BS 会议与反 BS 会议还可以交叉进行,反复多次直至把两方面的真知灼见都集中起来。

领导者在重大决策之前,开好这两类会,便可以保持清醒的头脑,集中大家的智慧,作出富有创造性的最佳决策,反面意见也可作为主导决策的补充和备用,做到万无一失。集体创造力组织得好,将会大于每个成员创造力的总和。"三个臭皮匠"的确可以"胜过诸葛亮"。

3. 信息交合法。信息交合法,也称"魔球",是 20 世纪 90 年代我国青年学者、中国思维技能研究所的创办者许国泰的发明,被日本人誉为"点金术",认为可以"增进人们的智慧,带来更多的财富"。

信息交合法认为,世界是多元、多次方的交合产物。新事物生生不已,但却不是旧事物的自我复制,而是由于不同事物的交合。越是远缘事物的交合,越容易产生奇人、奇事和奇物。思维作为存在的反映,也应该是多元、多次方的交合过程。思维加工的对象是信息,所以,思维就是信息在大脑中的交合。多元,是指许多变量发出许多信息;多次方交合,是指初交合,再交合,重交合,再重交合……乃至无穷多次交合。纵观人类思想史和科技发展史,就是思想与学科不断分化又不断交合的历史。正如氢弹比原子弹的威力更大,是因为先有"核裂变反应",继而又引发"核聚变反应"一样,信息的先分化再交合,也会威力更大。信息交合法是产生"精神核武器"的"反应堆"。

现代领导者应该解放思想,掌握创造性思维的各种"软工具",如 Bs 法与信息交合法,把个人的智慧与群众的智慧结合好,形成上下、左右、内外、前后良性互动的机制与气氛,合群创业的路子便会越走越宽广。

第三节 领导工作方法

领导工作方法是领导者履行领导职责、实现领导目标的措施和手段。领导者要系统掌握和娴熟运用基本领导方法和现代科学领导方法。

一、基本领导方法

领导方法是有体系结构的,最高的是领导方法论或领导哲学;接下来是领导思维方法或思考方法,一般具有辩证性、系统性、战略性、创造性等特征;再接下来是领导工作方法,包括基本的领导方法和各个部门、各个领域、各个层次的特殊的领导工作方法,如公安工作方法、教育工作方法、财经贸易工作方法等等,还包括现代科学方法或现代科学技术方法在领导工作中的应用。本节只就普遍适用的基本领导方法和现代科学方法进行讨论。

基本的领导方法介绍三个方面的内容:从实际出发,调查研究的方法;按辩证法全面性要求办事的方法;群众路线的方法。

(一)一切从实际出发,做好调查研究

调查和研究是认识客观事物、寻找客观规律的基本方法和实际过程。所谓调查,就是通过各种手段和途径,了解和掌握客观事物,全面系统地收集有关事物的情况,占有大量的、确实可靠的第一手材料;所谓研究,就是在调查获得丰富材料的基础上,进行去粗取精、去伪存真、由此及彼、由表及里的加工制作,从客观事物的本来面目中找出其规律性。调查是研究的前提和基础,研究是调查的继续和深入。可见,调查研究既是认识客观事物及其规律的学问,又是分析认识事物的本质和规律性并用以指导实践的活动。它是马克思主义认识论在领导工作中的具体运用,是领导工作的首要任务,是领导机关和领导者履行工作职责、实现领导目标的重要途径,是各级领导者应当着力锻炼提高的一项基本技能。

1. 调查研究的态度。搞好调查研究,首先要提高认识,端正态度,转变作风。

第一,认清调查研究的意义,增强自觉性。调查研究的真正意义,是通过了解实情,发现事物的本质和规律,正确指导当前和今后的实践。基层是社会生活的细胞,是全部领导工作的基础。真理存在于客观实际生活中。只有向下做调查,才能找到指导工作的依据和方法。认识到这一点,就会增强调查研究的自觉性。现在,调查研究中有些不正的风气,如嫌贫爱富,避难就易,走马观花,远离群众,借调查之机谋取私利等。这些都是认识不清、态度不当、缺乏自觉性的表现。

第二,明确调查研究的对象,深入实际。调查研究的性质就是向实际学习,向基层寻找答案。领导者要想达到主观指导与客观实际相符合、领导与群众相一致,就必须深入实际,作调查研究。

所谓深入实际,就是到与领导工作相关的客观环境和群众的实践活动中去。领导者的智慧和能力只能从深入实际和学习他人的实践经验中获得。有人强调工作忙,不肯花力气到实际中去、到群众中去,只满足于坐办公室听汇报,遥控指挥看材料,或心血来潮走一遭,浮光掠影不深入。这样,既脱离了群众,又耽误了工作。领导者应明确:群众是实践的主体,群众的实践活动是调查研究的主要对象。当然,这并不是要求领导者事事都亲自去作调查研究,那样既做不到,也无必要,领导者要注重发挥职能部门、秘书部门和咨询参谋机构的作用,使调查研究之风深入人心,普及开来。

第三,正确对待基层的热情,甘当小学生。调查,通常都是从上面下到基层的。一般来说,基层对上级领导是很尊重的。领导者应该把基层的热情、恭谨看做是对党和政府的尊重,放下架子,甘当小学生,虚心向群众求教。如此,才能做到谦虚谨慎,赢得群众的好感,有利于了解到真实情况,和群众打成一片。

第四,坚持实事求是的原则,如实反映情况。调查就是要如实反映事物的本来面目,从事物自身存在的内涵获得启示,寻找规律。这就要求领导者对客观情况不扩大,不缩小,不隐瞒,不歪曲。实际调查研究中不反映真实情况的手法很多,例如,带着主观框框去调查,结论不是产生于调查的末尾,而是产生于调查之前。又如,夸大其词,无限上纲,对个别典型不顾实际,拔高美化;或者不顾事实,捕风捉影,揣测猜疑,生拉硬靠,上纲上线。调查者不能如实反映情况的原因很多,最常见和最主要的是:慑于某种势力,不敢也不肯如实反映情况;思想水平低,认识能力差,不能也做不到如实反映情况;私心膨胀,名利思想、个人主义、风头主义严重,也会促使调查者撒谎,欺骗上层,编造不实信息。因此,要做到如实反映情况,必须去掉私心杂念,提高认识水平,真正从人民利益出发,坚持实事求是的原则。

2. 掌握调查的方法。按照不同的划分标准,调查可以有多种多样的方法。按调查的空间范围分,主要有个案调查法、抽样调查法、典型调查法、普遍调查法等;按调查的时间范围分,有现状调查法、历史调查法、追踪调查法等;按调查采取的手段及方式分,有观察法、实验法、比较或综合分析法、测验法、询问法、书面调查法、统计调查法、会议调查法等;按调查对象分,更是不胜枚举。我们在这里着重从领导者调查的角度,来讨论如下几种比较常用的调查方法:

第一,典型调查。典型调查是调查研究中一种普遍运用的重要方法。所谓典型调查,又称定点法,是解剖典型的一种调查方法。它要求领导者根据一定的调查目的,在对调查对象进行科学分析的基础上,从具有某种共性的事物的总体中选择若干有代表性的个体进行深入细致的调查,亦即毛泽东所说的"解剖麻雀"。典型调查符合唯物辩证法关于矛盾的特殊性和普遍性关系的原理,是一种科学的调查方法。典型调查的优点是:被调查的范围小,单位少,有代表性,容易深入;可以使调查者集中力量对典型做深入细致的调查和研究,认识个别典型的本质,也就可以推及一般;而且节省人力、物力和时间,运用起来方便灵活,便于领导者亲自参加,获得丰富的第一手材料。其缺点就是非定量性。通过典型调查只能认识同类事物的一般规律和特点,不能从量的方面把握事物的整体。因此,要注意把典型调查和全面分析及统计材料结合起来,防止片面性。

运用典型调查法,要注意所选的调查对象真正有代表性、有典型意义。同时,要考虑到任何工作都有上、中、下三种类型,调查联系点的选择,应兼顾到工作进展的不平衡状态,使所选择的对象能反映事物的全貌。为此,一方面要着眼于全局,对调查对象进行全面分析,找出在全局中有一定代表性的典型;另一方面,要注意听取各方面意见,使所选的典型具有广泛的群众性。在此基础上,还要明确选取典型的几种方法:一是择重选点法,即从调查总体中选到起重要或决定作用的部分;二是择中选点法,即选取发展程度处于中等水平者作为调查点;三是择优选点法,即选择在总体中处于优等者作为调查点;四是划类选点法,即在总体上各单位之间差异较大的情况下,按一定的标志把总体划分为几种类型,再从中选取不同的点调查。无论怎样选,调查的点一旦选定,就要深入下去,"蹲点儿"调查,充分收集和详细占有大量的真实、准确、全面的第一手材料,为分析研究其规律性奠定基础。

第二,抽样调查。抽样调查是在国外比较流行、很有应用价值的一种调查方法。所谓抽样调查,又称选样调查、范例调查、标本调查,是一种用以掌握全面情况的非全面性调查的方法。它要求调查者从调查对象的全体抽取一部分或若干部分进行观察,并以部分的调查结果来推论全体。抽样调查以概率论和数理统计作为科学理论基础。它的优点是:按随机原则抽取样本,而不是有意识地进行选择,这使得总体中任何一个单位都有被抽中的可能;以抽取的全部样本单位来代表总体,而不是只以某个"点"来代表;抽样误差和总体各单位之间的差异程度成正比,和抽样数目成反比,而且抽样误差可根据总体中各单位的差异程度和抽取样本单位的数目,事先通过计算,控制在一定范围内,从而使调查结果的准确程度比较有保障。由于抽样调查的这些特点,既可以避免主观因素对抽样的过大影响,又从理论上保证了每个部分都有同等的中选机会,因此,比较适合于个体数量不大、个体之间差异较小的对象。抽样调查被公认为非全面调查方法中用来推算全面的最完善、最有科学根据的方法。抽样调查的方式很多,主要有下列几种:一是简单随机抽样,即从总体中不加任何分组或排队,完全随机地抽取调查样本,因此,也叫纯随机抽样。如人们常用的抽签、掷硬币等。二是类型抽样,也叫分层抽样,即将总体对象按其属性特征分为若干类型或层次,然后在各类型或各层次中进行随机抽样。它比较适合于总体情况复杂、各单位之间差异较大、个体数量较多的情况。三是等距抽样,即把总体对象按一定的标记顺序排列,然后按相等的间距抽取样本。这种方法能提高样本的代表性。四是整群抽样,即当被调查的对象无法确定类型或层次标准时,就从总体中成群成组地抽取样本,对之进行全面调查。如某些工业产品的质量检查,就宜使用整群随机抽样法。

运用抽样调查法,必须遵循随机原则,排除人们的主观偏见,保证样本的代表性。另外,抽样调查的适用范围有限,主要适用于:实际上不可能进行全面调查,而又需要掌握其全面资料的某些事物,如炸弹的爆炸力、灭火器的合格率、种子的发芽率等;虽有可能进行全面调查,但实行起来难度较大而又无全面调查必要的某种情况,如对城乡家庭支出情况的了解等;对普查或全面调查统计资料的质量进行检查;对组成事物总体的单位数量较多的情况的观察。

第三,普遍调查。普遍调查是一种如实了解事物全貌的科学方法。所谓普遍调查,也称全面调查,就是在一定范围内对某类事物的全部个体进行全面的、无遗漏的调查。这种方法要求调查者对被调查对象的各个侧面和各种因素,必须逐一查明,如实反映,不可漏项。普遍调查的优点是:调查涉及面广,调查结果周密、详细、全面、完整,有利于领导者比较精确地掌握事物的各方面情况,了解整体的本来面目,为进行系统分析,认识和掌握总体的规律性提供坚实的基础和准确的依据。普遍调查的缺点是:需要较长的时间,需要投入大量的人力,难度也很大。这就使得它的适用范围受到一定的限制。一般来说,只有在必须进行全面调查时,才运用此法,如全国人口普查、全国工业普查等等。

运用普遍调查法必须有明确的目的,并根据调查目的规定统一的项目、规格和标准,不能无谓地浪费时间和人力。为此,全面调查要在严密组织、集中领导和统一规定下进行。

第四,民意测验。民意测验是国外比较流行的一种社会调查方法。这种方法通常用于了解人们对某一计划、方案、措施的看法,人们对某个预定人选的倾向性态度,以及人们当前普遍关心的问题。这种方法的优点是:被调查者可以在不受任何干扰和压力的情况下,充分自由地发表自己的真实见解,使测验结果具有较大的可靠性。正确运用这一方法,可以使领导者及时获得比较可靠的信息,为领导者制定决策提供必要的材料。当然,民意测验也有一定的局限性:受到调查时机、民众的文化知识水平和思想觉悟程度以及现代化的调研工具的影响和制约。

民意测验通常是由调查者根据一定的目的、要求和条件制定调查表即问卷,由被调查者填好后寄回而完成的调查。一般经过三个步骤:一是制定问卷,要力求简明易答,不能含糊其词。调查表要根据不同内容、不同对象,做精心设计。有的可以提问题,由被调查者任意填写回答;有的可以列出若干种答案,由被调查者选择回答。二是发放问卷,要详细说明填写要求和方法,防止乱填,保证问卷的有效率,为后来分析、统计打好基础。三是收回问卷,进行认真统计,仔细整理,以便分析、研究和作定量处理。

3. 掌握研究的方法。所谓研究的方法,就是将调查得来的大量材料,进行分析综合,加工制作,以便认识和掌握事物的本质及其规律性的方法。要做好研究工作,主要应从以下几方面着手:

第一,对材料进行处理。可以运用现代科学技术和各种先进的信息处理工具,对材料进行"去粗取精、去伪存真"的一般性处理。经过审查、比较,分清主次、轻重、间接和直接,对材料进行筛选和取舍。

第二,对材料进行辩证的思考。对经过一般处理的调查材料,进行"由此及彼、由表及里"的联系思考。要很好地完成这项工作,必须运用马克思主义的辩证方法,即分析事物矛盾的方法,具体来说,就是要把分析和综合、抽象和概括、归纳和演绎、历史和逻辑结合起来,连贯地思考,科学地研究,得出关于事物的本质及其规律性的认识。此外,在对材料进行辩证思考时,还应注意吸收和运用科学发展到现代所形成的一些具体的科学研究方法,不断充实丰富马克思主义的辩证方法。

(二)按辩证法的全面性要求办事

要做好领导工作,领导者不仅要坚持一切从实际出发、认真调查研究的方法,而且要学会全面地、联系地、发展地观察和处理问题,坚持按辩证法的全面性要求办事。按辩证法的全面性要求办事,要求我们做到以下几点:

1. 学会用联系的观点去观察和处理问题。唯物辩证法告诉我们:客观世界的一切事物都不是孤立存在的,而是相互联系、相互制约的。联系是事物存在的条件,是事物运动和发展的前提。所以我们只有研究一事物与他事物以及事物内部各方面、各要素之间的多种多样的联系,并善于从复杂的联系中去把握事物的本质联系,才能避免认识的主观性和片面性,真实揭示事物的内在规律。领导者在实际工作中运用联系的观点去观察和处理问题,必须通观全局,协调处理好各部门、各方面的关系。

2. 坚持"两点论",学会"两手抓"和"两条腿"走路。一切事物的最本质的联系,就是对立面的统一,都存在着既相互对立又相互统一的两个方面。"两点论"的方法,就是矛盾分析的方法。

它要求我们要善于全面地把握对立的两个方面,不能顾此失彼,以偏概全。既要看到正面,又要看到反面;既要考虑到全局,又要照顾到局部;既要认识有利条件,又要看到不利因素;如此等等。同时,还要善于把握对立面的相互依存、相互制约、相互渗透的关系,不要绝对化、走极端、非此即彼;要正确把握二者在一定条件下的互相转化。这就要求在领导方法上,要学会"两手抓",善于"两条腿"走路,防止单打一的形式主义和片面性。

3. 分清矛盾的主要方面和次要方面,善于看到主流,抓住重点。矛盾的主要方面,即居于支配地位、起主导作用的方面,是两点中的重点;矛盾的非主要方面,即居于被支配地位、起次要作用的方面,是两点中的非重点。二者在一定条件下可以互相转化,与之相适应,事物的性质也会发生变化。按辩证法的全面性要求去办事,要求我们不仅看到矛盾着的两个方面,而且要分清主次、重点和非重点。实际工作中要抓主流、抓重点,以带动全局,但同时也不要忽视支流、非重点,防止一种倾向掩盖另一种倾向,要学会统筹兼顾。

4. 具体问题具体分析,正确理解和处理一般与个别的关系。所谓个别,指个别的事物或个别事物的个性、特殊性,即事物的本质。所谓一般,指一般事物或各种事物所具有的共性、普遍性。马克思主义认为,人们认识事物总是先认识个别的事物,再认识一般的事物,然后,再以对一般事物的认识为指导,去进一步认识个别事物,解决具体问题。这就是人们认识发展的一般规律。因此,从个别到一般,再从一般到个别,既是马克思主义的科学的思想方法和工作方法,同时,也是马克思主义认识论在实际工作中的运用和发挥。要实现从个别到一般,即从各种个别事物中抽象出其共性、普遍性的东西,达到对一般事物的普遍规律的认识,主要依靠典型试验、典型调查;要实现从一般到个别,即运用对事物普遍规律的认识,具体地解决实际问题,主要运用试验和逐步推广的办法。总之,个别和一般既互相联系、互相区别,又在一定条件下互相转化。因此,要全面理解个别和一般的辩证关系,并运用它去观察、认识和处理、解决各种问题,要善于把马列主义的普遍原理同我国现代化建设的实践很好地结合起来,把上级正确的方针、政策和本地区、本部门的实际情况很好地结合起来。

(三)坚持群众路线

群众路线的领导方法是基本领导方法中的重要内容。它实质上是关于如何正确处理领导与群众之间关系的方法。所谓群众路线就是一切为了群众,一切依靠群众,从群众中来,到群众中去。

1. 从群众中来:集群众意见为领导意见。从群众中来,就是通过细致周密的调查研究,把来自各个方面分散的、不系统的群众经验、要求和期望等集中起来。"集中"的目的是把群众意见上升为领导意见,进而上升为一般的指导思想,作出正确决策。从群众中来的过程,是进行科学分析、升华提高的过程。

2. 到群众中去:化领导意见为群众实践。到群众中去,就是将上级的路线、方针、政策和工作要求等变为广大群众自觉行动的过程。领导的意见是否正确,只有在群众实践中才能不断得到检验、丰富和发展。这里重要的是善于把上级领导正确的意见、指示让群众接受,变为群众的自觉行动。这就需要我们充分发动群众,采取各种群众容易理解、容易接受的方式,对群众进行耐心的宣传、解释和动员。

3. 一切为了群众:实现领导与群众相结合。领导者必须要善于集中群众当中的正确意见,然后把这些正确的意见同领导的意见结合起来。因为在实际工作中,领导者往往是从上面看问题,而群众往往是从下面看问题,如果不把这两方面的意见结合起来,就很容易产生工作偏差,出现片面考虑问题的弊病。由于群众的意见多种多样,因此,领导者必须经过细致的分析、筛选和加工,做到收集群众意见要广泛,综合群众意见要科学。

4. 一切依靠群众:科学地组织群众。首先,要充分动员群众,调动群众的积极性。这就要求领导者要善于抓住群众的"兴奋点"。这个"兴奋点"就是群众在一定时间内最感兴趣的事情、最迫切的要求和最关心的问题。要坚持把群众的情绪、愿望和要求作为领导活动的第一信号。领导者要一切想着群众,一切为了群众,一切依靠群众,把群众拥护不拥护、赞成不赞成、满意不满意作为根本出发点。其次,要科学地组织群众的力量,以提高领导工作效率。历史经验告诉我们,组织群众力量要根据不同时期的不同任务和条件采取不同的方式和方法。在革命战争时期,中国共产党用急风骤雨式的群众运动方式去完成革命任务,获得了成功。但是,在和平年代进行的社会主义建设中,这种方式就不完全适用了。因为开展群众运动不是贯彻群众路线的唯一形式,不能把群众路线和群众运动等同起来。社会主义现代化建设的各个领域各有其特殊的规律。从事各项工作必须因地制宜,灵活运用各种不同的方式和方法,最重要的是对群众力量进行合理安排、科学调度,使其互相配合,协调发展,形成积极的合力。

二、现代科学领导方法

现代科学发展的整体化趋向,导致了系统论、信息论、控制论等新的科学研究方法的产生。这些新方法从不同的侧面揭示了客观物质世界新的本质联系和运动规律,为人们提供了新思路。这些新方法沟通了自然科学和社会科学的联系,使科学研究的定量化更加普遍。其中,尤其是系统论、信息论和控制论作为现代科学技术革命的产物,是唯物辩证法的基本原理在现代科学中的具体运用和生动体现。

(一)系统论方法

系统领导法是基于系统思维之上的领导方法,是根据领导活动系统性的特征,从领导活动的整体性出发,对领导活动的空间结构和运行过程进行最优谋划、最优设计、最优选择、最优控制,从而实现最优效益的一种科学方法。它的本质特点是从整体上考虑和处理问题。系统论方法一般有以下几个主要步骤:

1. 提出系统化的活动目标。这是运用系统论方法研究处理问题的首要步骤。第一,要把研究和处理的问题视为一个有机整体;第二,所提出和确立的目标要符合现在和未来的主客观需要,以及主客观条件的可能性;第三,分析这个目标是否符合整体优化,是否具有实现的可行性。根据上述分析论证确立的整体优化目标,要作为以后研究和处理一切问题的出发点。因此,这一步骤在系统论方法中是具有战略性和长远性的基础性环节。

2. 找出系统优化目标的构成要素。这是系统论方法实施的第二步。首先,找出实现整体优化目标的构成要素,这些构成要素必须要做到充分全面但不冗余累赘;其次,分析系统两方面关系,一方面是各要素间的关系及其与系统整体的关系,要求符合科学性,另一方面是各要素及其系统与外部环境条件的关系,要求具有适应性和可行性。

3. 进行系统方案的优化结构设计。系统的功能取决于系统的结构,反过来,系统某些特定结构也决定了它的特定功能。这一步骤的要点有:第一,进行总体实施方案的结构设计,并追求系统总体功能最大化;第二,进行具体实施方案的结构设计,并追求局部功能最优化;第三,进行各联结部分的方案结构设计,并进行联系功能的优化分析。

4. 组建实施机构并分解目标任务。这个步骤实际上是把已经确立的整体目标及其实施方案按空间层次具体展开,进行量化。其要点是:第一,根据优化的整体目标、总体方案的要求,设立总体组织机构;第二,根据优化的整体目标、总体方案中的纵横关系划分组织机构的层次和部分,并确立组织的纵横结构;第三,把量化子目标、子方案落实到组织机构的各个层次和部分。

5. 根据总体部署展开具体实践。前面的所有步骤都是为这一步骤做准备的。既然整体目标已经量化分解,那么接下来就该具体实践了:第一,要从目标任务和组织机构的最低层次开始;第二,每一层次和环节都要有定性和定量的功能优化分析;第三,在每一层次和环节中都要运用控制、调节、反馈等手段,来确保整体目标及其功能的优化。

(二) 信息论方法

信息论方法是信息论在科学研究和实际工作中的具体应用。信息论就是研究信息的本质并用数学方法研究信息的计量、传递、变换和储存的一门学科。信息论认为,信息是普遍存在的,是事物存在和表现的一种普遍形式。狭义的信息就是通过物质载体反映出来的、具有新内容的新的信号和消息。所谓信息方法,就是运用信息的观点,把系统看做借助于信息的获取、传递、加工处理和反馈而实现其有目的性运动的一种研究方法和工作方法。任何系统都处在自身及其与外界的信息交换中,没有信息和能量的交换,系统就不能获得发展。

信息方法对领导工作有着不可忽视的重要意义,为科学决策提供了重要基础和先进手段。各级领导部门的决策正确与否,其决策指挥作用发挥得好不好,关键在于是否建立了完整的信息工作系统,信息渠道是否畅通无阻。因为决策过程实际上就是一个信息的收集、传递、加工整理和变换的过程,信息工作贯穿决策过程的始终。所以,各级领导者要在实际工作中自觉地学习和运用信息方法。

一般来说,信息工作方法包括以下几个相互联系的环节:信息输入、信息加工、信息输出、信息反馈。所谓信息输入,就是收集、获取并向决策者提供有关的原始情况和材料,这是科学决策的基础和前提。所谓信息加工,就是根据需要对原始情况和材料进行分类、排列、统计、筛选等,加以分析研究,去伪存真,做文字处理。所谓信息输出,就是根据加工处理的信息制定出科学决策,并将其以各种文件和其他形式传播出去。所谓信息反馈,就是对决策执行后的情况进行如实的反映和认真的搜集,作为决策者制定追踪决策的依据。反馈的特点是根据过去的操作情况、决策的结果去调节未来的行为。上述四个环节构成完整的信息工作系统,贯穿领导决策的全过程。

领导者运用信息方法要注意信息工作的基本要求,即敏锐迅速、全面准确、及时对称等,同时,要建立完善信息工作系统,重视信息在领导决策中的地位,充分发挥其基础作用。

(三) 控制论方法

所谓控制论方法,就是把人的行为、目的以及生理基础,即大脑与神经的活动,同电子、机械运动联系起来,在信息和信息反馈原理的基础上,解决控制与被控制的矛盾,使事物的发展按照实现规定的功能目标得以稳定进行的方法。这种方法揭示了生物有机体、机械和社会等不同的物质运动形态之间的信息联系,突破了无机界和有机界的界限。如果说信息论主要着眼于对信息的认识,即描述和度量,那么控制论及其方法则着眼于对信息的利用。

控制论方法的主要依据是信息反馈原理。在领导工作中运用控制论方法,就是要求领导者从领导对象发展的各种可能性中选择某种状态作为目标,并通过对领导对象施加主动的、积极的影响，以使领导对象不断克服偏离目标的现象，沿着既定的或更新的目标发展。

总之，领导者运用控制论的方法，要对事物之间的信息联系进行辩证分析，有取有舍，有主有从，突出主要矛盾。在解决矛盾的过程中，通过信息反馈，随机应变，排除干扰，纠正偏差，保证事物按照预定的目标发展。

第十一章 领导艺术

领导艺术就是指领导者凭借自身的影响力,在履行领导职责、完成领导任务的过程中,灵活运用各种领导原则、领导条件、领导方法的技能技巧。领导艺术是领导者个人的内在素质在领导工作中所达到的一种境界,是领导者对客观环境与主观条件得心应手、恰到好处的运用。领导艺术具有创造性、随机性和个性化等特点。领导者要充分认识领导艺术的重要性,努力学会并掌握基本的领导艺术,不断提高领导艺术的实践水平。

第一节 领导艺术概述

领导艺术与领导经验、领导科学以及领导方法既有区别,又紧密联系,弄清它们之间的关系,是正确认识领导艺术和切实提高领导艺术水平的基础和前提。

一、领导艺术的含义

毛泽东说:"领导人员依照每一具体地区的历史条件和环境条件,统筹全局,正确地决定每一时期的工作重心和工作秩序,并把这种决定坚持地贯彻下去,务必得到一定的结果,这是一种领导艺术。"[①]在领导活动中常常出现这种情形:同一层次的领导者,为完成基本相同的工作任务,运用基本相同的领导策略和工作方法时,有的领导者得心应手、事半功倍;有的领导者则勉强应对、事倍功半。究其原因,都与领导者自身素质及以此为基础的领导艺术的水平有关。可以说,领导艺术是决定领导事业成败的关键因素之一。

所谓领导艺术,就是指领导者凭借自身的影响力,在履行领导职责,完成领导任务的过程中,灵活运用各种领导原则、领导条件、领导方法的技能技巧。其中领导者的影响力包括权力影响力和人格影响力,领导者的职权以及知识、经验、智慧、才能等因素是领导艺术得以发挥的前提;对领导原则原理、资源条件和方式方法等纯熟巧妙地运用并富有创造性,是领导艺术的核心;而领导风格和领导者创造性的实践所塑造的"美"的形象,是二者结合的结果,是领导艺术的外在表现。因此,领导艺术是非规范化、非程序化、非模式化的领导行为,是领导者把握领导规律、履行领导职能的最高境界。

二、领导艺术的定位

领导艺术不仅具有技能技巧的艺术性,而且具有符合规律的科学性,是领导活动中艺术性和科学性的和谐统一。准确理解领导艺术的定位,就要明晰它与领导经验、领导科学及领导方法之

---

① 《毛泽东选集》(一卷本),人民出版社,1967年版,第856页。

间的关系。

（一）领导艺术与领导经验

经验一般指感性认识。领导经验就是领导者从领导实践中获得的各种感性知识，总体上看，一般比较粗糙和表面化，不够深入，不够细腻。领导艺术虽有经验因素和经验性特色，但它显然高于一般的领导经验，是领导者灵活运用领导经验和领导科学的高超能力的表现。因此，领导艺术来源于领导经验又高于领导经验，是对丰富的领导经验的系统总结、理性升华和创造性应用。领导经验支撑领导艺术又有待于发展为领导艺术，是领导艺术得以形成的重要基础和得以展现的实践基础。

（二）领导艺术与领导科学

科学是实践经验的结晶，是系统化的知识体系。领导科学是对领导活动普遍经验进行系统总结而形成的原理和原则，是关于领导活动基本规律的知识体系，具有系统性、稳定性、模式化和普遍指导性等特征。领导艺术是领导者以一定的知识和经验为基础，在长期领导实践中形成的灵活运用领导原理原则、资源条件和方式方法的创造性技能技巧，具有经验性、权变性、创造性和非模式化、个性化等特征。因此，一方面领导科学是领导艺术的基础，领导者的领导科学知识越是系统全面和深厚扎实，理论联系实际的能力越强，领导艺术就越是臻于完善和纯熟；另一方面领导艺术是领导科学的重要来源和灵活应用，领导者的领导艺术水平越是高超，非模式化的领导经验和技能越是丰富，那么包含其中的模式化知识就会愈加成熟，领导活动的规律性就越是得到彰显，从而领导科学的知识体系就会更加完善和成熟，更加具有普遍的指导意义。可见，领导艺术与领导科学既有区别，又有联系，是对立统一、相互促进的关系。

（三）领导艺术与领导方法

领导艺术与领导方法都属于领导科学的方法论领域，都是领导者开展领导活动的手段。因此，二者是统一的、相互联系的。领导方法是领导者为履行领导职能，达成领导目标而采取的各种措施和手段的总和，具有目的性、客观性、静态性、条件性、时效性等特征。领导艺术则是对领导方法的具体灵活的运用，但不是简单地再现，往往意味着突破和创新。

与领导方法相比较，领导艺术具有灵活性、权变性和主体差异性等特征。领导方法大都体现在对常规事件的程序化处理上，一般情况下是稳定的、不易变化的；而领导艺术却多数体现在非常规性事件的非程序化处理过程，具有很大的随机性和灵活性。因此，领导者不能对领导方法作简单、机械地运用，而要根据变化了的情况，针对实际的需要，创造性地解决问题。只有这样，才能产生高超的领导艺术。可见，领导方法是领导艺术的基础；领导艺术是领导方法的灵活运用，二者对立统一。相互促进。

三、领导艺术的特征

毛泽东曾经指出："对于物质的每一种运动形式，必须注意它和其他各种运动形式的共同点。但是，尤其重要的，成为我们认识事物的基础的东西，则是必须注意它的特殊点，就是说，注意它和其他运动形式的质的区别。只有注意了这一点，才有可能区别事物。"[①]因此，正确把握领导艺术的特征，是灵活应用领导艺术并取得领导活动成功的关键因素之一。

---

① 《毛泽东选集》第1卷，人民出版社，1991年版，第308页。

（一）经验性与科学性的统一

无论领导者的领导艺术如何高超、如何巧妙，总是不可避免地带有经验的痕迹，但是这种经验并不是无规律可循、高不可攀的东西，它是无数领导者经过多年的实践探索，逐渐形成的一套比较完整的知识体系以及运用这种知识体系的技能技巧。这套知识体系在实际运用中可以熟能生巧并升华为艺术。这就是说，领导艺术一方面以一定的科学知识为基础，另一方面又以自己的经验，丰富和发展着领导科学知识。因此，领导艺术具有科学性，更彰显其经验性，是科学性与经验性的统一。

（二）原则性与灵活性的统一

领导艺术当然是一种灵活性的体现，但却不是随心所欲的行为，而是原则性与灵活性的统一。原则性是指领导工作总的方向性，灵活性则是指达到总方向的具体措施。领导工作的正确的指导思想、符合规律的战略方向、代表大多数群众根本利益的组织目标等，是不能动摇和违背的，必须坚持原则的坚定性；但贯彻指导思想、坚持正确方向、实现战略目标的途径、方法和手段、措施是多种多样的，是需要随机处理和权变选择的，必须坚持方式方法的灵活性。因此，领导艺术就是灵活运用领导原则的技能技巧，是原则性与灵活性的统一。

（三）共性与个性的统一

领导者在实践活动中总要运用一定的知识和经验，而这些知识和经验是无数人通过实践证明的具有普遍指导价值的原则和方法，体现为领导艺术的共同基础、共性特征。但是，由于个人素质、阅历、知识结构等各不相同，领导者运用这些原则和方法便会表现出不同的风格与习惯，体现为领导艺术的个性内容、个性特征。因此，领导艺术是共性与个性的统一。

（四）规范性与创造性的统一

领导工作既要求创新，又要求稳定。领导者在领导活动中会遇到常规事件和非常规事件。规范性主要表现在，对于常规事件领导者可以运用以往的程序化、模式化的方法去处理。但是在实际的运作中会出现大量的非常规事件，这就要求领导者不能按部就班、墨守成规，而要善于打破常规，勇于标新立异，运用创造性思路和方法解决新情况、新问题，并取得最佳效果。总之，领导艺术不是对已有方法的机械地、简单地运用，而是在坚持规范性原则的基础上体现一种层出不穷、丰富多彩、构思新颖、风格独特的技艺，是规范性与创造性的统一。

（五）明晰性与模糊性的统一

明晰性与模糊性的关系，可以理解为定量分析与定性分析的关系。模糊性是指对事物之间的关系难以完全用定量的方法描述或单纯用定性的方法分析，处于"模糊区间"。艺术的魅力就在于它的模糊性，领导艺术也不例外。我们很难对领导艺术作出精确量化的描述。领导工作不能也不必要一味地事事追求确定性和明晰性。清晰、明察秋毫与含糊、模棱两可在领导工作中都具有其合理的价值，需要视具体情况而运用。美国著名领导学家华伦·本尼斯曾这样评价："领导艺术就像美，难以界定。当你发现时，就知道美在何处了。"然而，需要注意的是，领导艺术的模糊性不是糊涂性，它仅仅是对于不需要清楚的不苛求清楚，不必须量化的不苛求定量而已，但模糊的背后仍然蕴含着客观规律的科学性和条理性，绝非无原则、无规矩地任意妄为。所以，领导艺术是明晰性与模糊性的统一。

第二节　领导艺术的内容与形式

领导艺术的内容和形式是十分丰富的,贯穿于领导活动的各个方面。本节主要介绍的是授权艺术、沟通艺术、正副职合作艺术、运筹时间的艺术、驾驭会议的艺术、处理突发事件的艺术等。

一、领导授权艺术

(一) 授权的界定与类型

领导授权艺术是大型组织中领导者为提高工作效率,调动下属积极性而采取的一种领导用权技巧。所谓授权,是指领导者根据工作需要,在职权范围内委托授予下属处理特定事务的权力,使下属在其指导和监督下拥有相当的自主权和行动权,能够有效完成任务的一种领导行为。领导者掌握和运用授权艺术,一方面要明确领导授权的类型,另一方面要坚持一些基本的授权原则,还要掌握一些授权技巧。

从不同的角度来划分,领导者的授权便有不同的类型。

1. 根据授权的具体内容,可以划分为刚性授权、弹性授权、惰性授权和模糊授权。

刚性授权,就是指领导者对所授权力的大小、范围、时限,对所托付事务完成的要则等均有明确的规定与要求,被授权者必须严格遵守、照章行事,不得随意自主处置的授权方式。这种方式一般适用于对一些重大事项的授权。

弹性授权,就是指领导者在授权时对下属只指示一个大纲或轮廓,使被授权者拥有较大的自主权,可以对完成所托事情的具体方法等进行自主确定,随机处置。这种授权方式保证被授权者有较大的自主权和活动空间,可以随机应变,见机行事,因地、因时、因人制宜地处理问题。一般适用于下列情况:下属精明强干;所处理事务复杂多变;领导者对情况不甚清楚,需要充分发挥下属主动性和创造性。

惰性授权,就是领导者把不必要亲自处理的繁杂而琐碎的事务,或者是领导者自己也不知道如何处理的一些技术性事务交由下属去处理的授权形式。惰性授权其实并不是领导者偷懒、图轻闲、回避问题,而是通过甩掉一些细枝末节的、技术性的、事务性的繁琐工作而专心于重要工作的完成。

模糊授权,这种授权方式与弹性授权有些相似,只是授予被授权者的权力限度和权力大小比较模糊,没有明确具体的规定。在授权时,只向被授权者提出要求做什么和达到怎样的效果,至于下属用何种方法去实现目标则由他们自己选择和确定,领导者不加干预,以此使被授权者拥有充分的自主权,激励被授权者的工作热情,调动其积极性。

2. 根据授权行为的形式,可分为口头授权与书面授权、个人授权与集体授权、长期授权与短期授权、逐级授权与越级授权。

口头授权是指领导者将某项工作或某一方面的权力和责任口头授予下属。口头授权多属临时性授权或随机性授权,所授权力往往随着工作任务的完成而被上级收回或自行失效。书面授权是指将权力以书面形式授予下属。这种授权比较庄重,使用期也相对较长。

个人授权是指在领导活动中,常有一些领导者自己决定将所拥有的一部分权力下放给下属,或口头或书面,或临时或长期。个人授权往往伴随着该领导者被调离原岗位而被新的领导者收回。集体授权是指经过集体讨论研究后,将某一方面或某一部分权力授予某人。这种授权多是常规的、行文的,既可以随任命干部同时授权,也可以在非任命(即对一般干部)时授权。集体授权属常规授权的一种。

长期授权是指下属对所授权力的使用期相对长一些;短期授权则是指下属对所授权力的使用期相对短一些。授权使用期的长短均因工作的需要和条件的许可而定。

逐级授权是指直接上级对直接下级所进行的授权;越级授权则是指间接上级对间接下级进行的授权。在领导工作中,授权应该是自上而下逐级进行的,越级授权一般来说是应该避免的。因为越级授权往往引起被授权者直接上级的不满,也容易使被授权者产生顾虑,影响其放手开展工作。然而,事情总是相对的,越级授权并非绝对不好,例如,在遇到某些紧急情况或非常事件时,越级授权往往是不可缺少的,它有利于迅速解决某些紧迫的问题。

(二)领导授权艺术要点

领导授权艺术的要点一般包括:

1. 围绕目标,明确要求。领导授权要以组织的目标为依据,对下属分派任务和委任权力都应围绕组织的目标来进行。只有为实现组织目标所开展的工作才能赋予相应的职权。授权要体现明确的目标导向,分派职责的同时要明确下属应做的工作是什么、达到的目的和标准是什么、对于达到目标的工作应如何奖励等。只有目标明确、要求具体的授权,才能使下属明确自己所承担的责任。

2. 因事择人,视能授权。选择合适的授权对象非常重要。要坚持因事择人,视能授权,将授权对象能力水平的高低和品德优劣等作为重要依据。不能不顾工作需要,"因神设庙",把授权单纯当成对下属的一种奖励或搞任人唯亲的机会;也不能超越下属能力和水平的限度。要防止大材小用和小才大用,避免有才不用和无才宠用。因此,授权之前,领导者必须对下属的能力和水平进行认真的考核,切不可盲目授权。正如不是所有的领导工作都可以授予他人一样,也不是所有的下属都能够成为被授权人,拟授予的权力一定要与被授权人的职业道德、责任意识、胆识魄力、专业技能、合作精神、个性气质等诸多因素协调匹配。

3. 把握尺度,适度授权。授权的关键问题是如何把握授权的"度"。领导者授权必须要把握好"度",主要权力不能授予他人,事关大局的权力不能授予他人,如重要决策权、目标修订权、主要监督权、法定协调权等。领导者授权应该一事一授,除特殊情况,一般不要同时把几件事情托付给一个下属。

4. 尊重分工,逐级授权。除对极特殊的、突发性事件的处理可以越级授权外,一般应该尊重组织体系的隶属关系和分工原则,逐级授权,即领导者只能对直接下属授权,不能越级授权。否则不仅给中间层次领导者的工作带来被动,而且容易造成管理层次的混乱,产生权力冲突,影响上下级协调,干扰组织正常运行。

5. 民主监督,公开授权。由于授权是一种组织行为,不完全是领导者的个人行为,因此,领导授权过程及内容要做到公开,包括领导者授予下属什么权力,授予多大权力,代理什么事情,履行什么职责,大致的时限等,这些都要公布于众。这样既可以激励被授权者,便于被授权者开展工作,也可以使被授权者更好地接受民主监督。否则,授权容易演变为拉帮结伙、搞宗派主义等不正当活动。

6. 强化责任,可控授权。授权不仅要适度和公开,还要保持可控性,即要确保所授之权不被滥用,并能够及时收回。授权不是放权和弃权。领导者一方面要对被授权者在授权的同时赋予责任,保证权责对等;另一方面领导者仍然对被授权者负有检查、监督、指导权,并承担连带责任。

二、领导沟通艺术

有效的领导来自有效的沟通。美国著名传播学家克雷格·约翰逊(Craig E. Johnson)在《领导学:沟通的视角》一书中对领导作出了以沟通为基础的定义:"领导是为了满足共同的群体目标和要求而改变其他人态度和行为的人类(象征性)沟通。"①从一定意义来说,领导活动本身就是一种特殊的沟通形式。因此,领导者沟通艺术的水平和技巧往往会直接影响领导绩效。

沟通是一种信息交流和信息共享过程,是人与人之间、人与群体之间的信息传递与反馈以及思想感情的交流过程。领导沟通是领导者在履行领导职责过程中,为了达到领导工作目标而进行的各种沟通。沟通总要通过一定的形式表现出来,如接待、拜访、谈判、表扬与批评、劝说与疏导、电话与信函沟通等,这些都是沟通的具体形式。领导者的沟通艺术就体现在这些沟通形式之中。

(一)领导者的接待艺术

接待活动是领导者经常性的活动,也是领导者最基本的沟通形式。接待活动看似简单,但其中蕴含着许多艺术。如何使接待活动取得更好的效果,可以从以下几个方面考虑:

1. 明确接待的工作环节和礼仪要求。接待宾客是领导者经常性的工作。来宾一般分两类,一类是应邀而来的宾客,一类是因事登门的宾客,均须热情友好地接待。对于来访者的接待,始于登门之时,而对于应邀者的接待则从应邀者接受邀请开始,预订房间、安排汽车、准备迎接宾客,根据客人的地位、身份安排地位相当的人到机场、码头或车站迎接,或通知有关单位的人前来迎接,营造一个隆重而亲切的氛围,以示对客人的敬重。如果是熟悉的人,见面无须自我介绍了。但如果大家尚不认识,应把各自有关人员介绍给对方,次序是先东道主介绍自己一边的人,然后是主宾介绍其随行者。如果双方是初次见面,作为东道主,要谦虚有礼地进行自我介绍,有名片的则双手将自己的名片恭赠给客人,口头自我介绍的内容有姓名、身份、服务单位;为他人作介绍时,应伸手示意,手掌微微上翻,以示尊重、友好。介绍时,双方应微笑,相互致意。周全而礼貌的介绍,可以加深了解、增进感情,同时也显示出自己的知识、修养和风度,便于赢得大家的好感。

2. 掌握接待中的沟通技巧。

(1)领导者要有接待的风度。风度不仅是指形象、仪表等外在表象,而且还包括气质、言谈举止等内在因素,后者尤其重要,它是体现领导魅力的一个重要方面。要妙用微笑。微笑具有神奇的力量,面带微笑接待客人可以拉近距离;面带微笑讨论棘手问题可以消除紧张气氛;面带微笑批评或赞扬,使人感到善意和诚心。

(2)领导者要善于运用倾听的技巧。领导者掌握和运用倾听的技巧,对于促进沟通的有效性具有十分重要的意义。倾听技巧的实质,就是多给对方说话的机会,以便在最短时间内把握对方的心理状态,然后抓住时机,取得良好的交谈效果。善于倾听的方式可以概括为以下四种:第一,鼓励的方式。面对谈话者,尤其是羞怯的谈话者,需要用微笑、目光、赞赏等表示相互呼应,显示出谈话的兴趣,促使对方勇敢地谈下去。如凝视说话者的眼睛;与对方谈话时稍稍前倾身子;

---

① 克雷格·约翰逊:《领导学:沟通的视角》,上海人民出版社,2004年版,第13页。

赞成对方所说的话时,轻轻地点点头等举动,都表示对话题感兴趣,希望对方继续下去。第二,理解的方式。交谈中使用理解的方式较多,也较自然。如可以指出谈话者的某些观点与自己的看法一致;或者用自己的经历说明对谈话的理解;也可以适当地用"是"、"对"等表示肯定;有时也可以复诉或解释某处,以证实一下自己是否理解。这些方式对谈话者都是积极的呼应,也表明倾听者的修养。第三,反驳或沉默的方式。适当地使用反驳或沉默,可以回应谈话。谈话双方不可能总是意见一致,对同级与上级诚恳地表示自己的不同观点,是一种负责的表现;对下级则需要考虑对方的情绪,不要使人误解。谈话中,沉默经常被认为是应该避免的,但适时的沉默却表示你在思考,是一种重视对方意见的表示,当然也可能是一种希望转换话题的暗示。第四,概括的方式。领导者经常接待群众来访。群众在反映意见时,涉及的面很宽,表达又可能"云山雾罩",甚至因为情绪、表达习惯、特定语句搭配等因素影响表达的系统性、完整性与明晰性,所以,领导者必须学会用概括的方式倾听群众意见,在与群众交谈中善于概括信息的内容,分清热点、重点、焦点、盲点、源点等。

(3) 掌握说服人的办法。"说服"工作是领导者职责的重要组成部分,掌握并精通"说服人"的学问,也是对领导者接待工作的基本要求。所谓"说服人",就是要使自己(主体)的想法变成他人(客体)的行动。说服别人实质是寻找交谈的共同点,就是使自己与对方站在同一方向的起点上,产生同一方向的作用力。常见的说服方式有迂回、求同、暗示等。常见的说服技巧有:用高尚的动机来激励;用热忱的感情来感化;通过交换信息促其转变;激发对方急切的意愿;提高对方的"期望心理";将批评变成关怀,用间接方式去说服;掌握对方的心理特征,创造良好的交谈环境和氛围等。

(二) 领导者的谈判艺术

谈判是领导活动中常见的工作内容之一,谈判也是一门高深的学问。谈判的艺术性体现在:谈判双方遵循互利双赢的原则,因时因事因人采取灵活多变的方式、姿态、战术,以求最大限度地维护各自利益并达成谅解与合作。谈判艺术表现在谈判的全过程:

1. 谈判前的准备。谈判前的准备包括:选择组团人员,准备技术资料,调查同行业情况,收集对方情报,掌握和分析对方领导层及谈判人员的性格、爱好和立场、观点等。收集对方的情报信息越多、越有价值,谈判中越能占据主动,进退自如。谈判前的最后一项工作是:拟定谈判的提纲,确立谈判的立场。这项工作要求周密、严谨、扎实、认真。

2. 谈判过程。谈判过程是谈判的主要阶段,双方将在这一阶段,面对面地展开知识、信息、修养、智慧、口才、风度的综合较量,双方的言行互相影响、相互作用。因此,在谈判开始时,就应"先发制人",把握谈判的优势,这样就会在整个的谈判过程中,拥有强大的支配力。具体的做法有:以发展远景吸引对方,让对方明白如果初次合作愉快,以后的合作将会是长期的;用实例和数据指出对方的不足,消减对方对谈判结果的高期望值,但这样做,必须注意数据和实例要可靠,让对方听起来诚恳、实在,不能挖苦、讽刺或夸大不足,以免引起对方的反感,使谈判陷入僵局,因此掌握火候很重要,否则会适得其反;再者就是运用语言表达技巧压倒对方,如风趣幽默的表达方式、严密合理的逻辑推理、适时转移主题、避重就轻等,这些都可以使自己在谈判过程中处于有利的地位。

3. 谈判的结束。巧妙而圆满地结束谈判,同样需要技巧。如果谈判中遇到对方强力拒绝时,应做到最后的努力,让对方充分了解自己的优势和诚意,但要适可而止,不可强求。谈判中占上风者要切忌得意忘形,过早亮底,对方有时会在签字前的最后时刻,以某种借口拒绝签字,或附加其他条件,使谈判前功尽弃。故此,谈判应坚持到最后一秒钟,精明老练的领导者一般为了长久的合作永不亮出自己的底牌。在谈判即将签约时,谈判者要迅速地把口头达成的共识全部写入条款,不能遗漏,因为未写入合同的口头承诺是毫无用途的。写完后应尽快交对方审查,及早结束谈判,免得节外生枝。

(三)领导者的表扬与批评艺术

1. 表扬奖励的技巧。表扬可以起到树立典型、发挥示范性的作用,肯定价值、调动积极性的作用,引导竞争、激发潜能的作用。因此,领导者必须学会恰当运用表扬奖励的技巧。第一,表扬的内容要实事求是,恰如其分,不要随意拔高,任意拔高和夸大会引发其他部属的逆反心理;表扬的内容要具体,泛泛地表扬起不到激励作用。第二,表扬的态度要诚恳热情、发自内心,体现共享的快乐,不要冷漠敷衍、言不由衷。那种捎带着虚情假意式的表扬不仅起不到积极作用,反而会引起当事者的反感。第三,表扬的时机要注重时效性。不及时、时过境迁或拖得太久,人们的印象就会淡漠,表扬奖励的激励作用就会减弱。第四,表扬的方式要不断变化,过于单一或一成不变的奖励方式会钝化人们的反应,消解表扬奖励的效应。因此,表扬的效果要不断延伸,善于利用各种庆典、表彰活动,使家属分享荣誉;表扬奖励后应适当指出(以个别交谈为好)其不足之处,使其保持清醒头脑;有时间接表扬效果会更好。第五,表扬的过程要注意整体效果,不要因为表扬了个别人而挫伤多数人的积极性。第六,表扬的手段要坚持物质奖励与精神激励相结合,而且要配合得当,不可偏废。

2. 批评惩处的技巧。批评可以起到警示威慑作用、定向控制作用、行为矫治作用和环境净化作用。因此,领导者要正确运用批评惩处的技巧。第一,客观具体。领导者不能道听途说、轻信谣言,要弄清真相,尊重事实,实事求是,而且批评内容要具体,纠正问题要有措施。第二,掌握尺度。领导者要分析情节,理解动机,掌握好批评惩处的分寸和尺度。第三,把握时机。领导者要善于把握批评惩处的最佳时机,注重批评的效果。第四,区别对待。领导者要根据不同的对象特点,分别采取暗示、提醒、触动、严厉等不同的批评方式,因人制宜,对症下药。第五,就事论事。对于已经做过结论的过错,不翻旧账,不再重提,不搞所谓"新账老账一起算"。第六,掌握火候。根据被批评者的反应,掌握批评的火候,喋喋不休式的说教会使人腻烦,也会降低批评效果。第七,范围适当。根据问题性质和影响,确定批评的范围。若要大会公开点名批评,最好事先使其有思想准备,不搞突然袭击。第八,先扬后抑。适当肯定对方的优点和长处,使其更容易接受中肯的批评。第九,允许申辩。得理还要让人,允许被批评者说明情况,申述理由。第十,勉励进步。本着惩前毖后、治病救人的方针,勉励对方打消顾虑、放下包袱,轻装前进,并使其相信组织上不会歧视他,只要肯认真改过,今后仍然有发展前途。领导者在批评下属时也要多做自我检讨,承担领导责任。

(四)领导者劝说与疏导的艺术

劝说和疏导是面对面的双向沟通,领导者应掌握劝说和疏导的基本技巧。

1. 劝说的技巧。劝说,要求领导者细心洞察他人的心理状态,把握对方的思想脉搏,通过说理和劝导使其改变态度。第一,对症下药。劝说的内容要有针对性,以对方最关心的问题作为劝说的重点。第二,共同语言。努力拓展双方的共识域,寻找共同语言,提高对方接受度。第三,分散注意。采用迂回的方法,避开敏感话题,分散其注意力,放松其紧张心理,缓解僵局。第四,以诚相见。淡化领导者的官方身份,使双方处于平等的气氛,在轻松愉快的沟通中坦诚相待。第五,动之以情。寻找并表扬对方的长处,结合自己的经历,进行现身说法,打动对方的感情,在此基础上进行晓之以理的劝导。第六,选择时机。避开严肃的气氛和场合,寻找轻松愉快的气氛和时机,在随意闲谈中进行劝导。有些事情,可以采取冷处理的办法。第七,以退为进。当对方对劝说的内容一下子很难接受时,可采取分步深入、以退为进的方式,优先选择对方容易接受的内容进行劝导,适当地承认对方观点的合理性,再以退为攻。第八,幽默风趣。幽默能起到调节气氛的作用,有利于打破僵局,使劝说轻松地进行。

2. 疏导的技巧。疏导,就是疏通和引导,消除顾虑,解开疙瘩,引导思想,舒缓情绪,促其合作。第一,正面疏导。摆事实,讲道理,用正确的观点、科学的道理、典型的事例进行循循善诱、晓之以理的劝导。第二,批评疏导。选择适当的时机和场合,抓住根本问题,或单刀直入,或旁敲侧击,引起重视,促其反省。第三,示范疏导。通过言传身教和典型示范等方式,对受教育者产生潜移默化的作用,使其明晓事理、幡然悔悟。第四,感情疏导。关心对方,传达善意;理解对方,感情融通;求同存异,建立友谊。领导者在运用劝说和疏导的技巧时,需要做到"十要":要抓住苗头,防微杜渐;要有的放矢,对症下药;要因人而异,区别对待;要言传身教,以身作则;要循循善诱,启发悟觉;要动之以情,晓之以理;要说服为主,批评为辅;要典型示范,舆论推动;要形式多样,生动活泼;要允许反复,耐心细致。

(五)领导者电话与信函沟通的艺术

现代社会,各种高科技的手段拉近了人与人之间的距离,即使远隔天涯,也可以通过现代通信技术近若比邻,其中电话和信函是最常用的沟通工具。

1. 电话沟通艺术。电话沟通是领导者沟通手段中最常见的方式。因此,领导者掌握基本的电话沟通的技巧和办公室的电话礼仪是很有必要的。第一,电话机旁应备记事本和笔。按照人的遗忘规律,经过9个小时,遗忘率会高达70%,日常琐事遗忘得更快。领导者每天需要处理的事情很多,所以不可太相信自己的记忆,重要事项需要及时做记录。若电话机旁备好记录本和笔,可以随时记录重要事项,否则容易措手不及、东抓西找,极易耽误时间和影响效率。第二,先整理电话内容,后拨电话。干练的领导者在打电话前,应该把想说的事情逐项地整理记录下来,然后再拨电话,边讲边记录,随时检查是否有遗漏。特别是与上级通话时,更不能想到什么说什么,丢三落四,而且要尽可能在三分钟之内结束通话,不要拖拉。第三,注意语速和语调。急性子的人听慢话,会觉得断断续续、有气无力,颇为难受;慢性子的人听快语,会感到焦躁心烦;年长的人听快言快语,难以充分理解其意。因此,讲话的速度并无定论,应视对方情况,灵活掌握语速,随机应变。人们在看不到对方的情况下,大多凭借第一听觉形成初步印象。对于领导者而言,适当地提高声调显得富有朝气、明快干练。第四,经常复述。由于电波只能传播声音,无法看见对方的表情和口型,为了防止听错电话内容,一定要当场复述。特别是同音不同义的词语及日期、时间、电话号码等数字内容,最好养成听后立刻复述、予以确认的良好习惯。领导者无论是接受上级任务,还是向下级部署任务时,最好对容易混淆、难以分辨的词语加倍注意,放慢速度,逐字清晰地发音。说到日期时,不妨加上星期几,以保证准确无误。第五,不要使用简语、专用语。简语、专用语一般都限于部门内部使用,他人可能无法理解,因此乱用简称、专用语会给对方留下不友善的印象。特别是与非主管领导通话时,自作聪明地乱用一通,不但不能正确地表达自己的思想,还有可能造成误会和歧义。

2. 信函沟通艺术。信函也是领导者的沟通形式之一。往往一个信函就能够缩短双方的时空距离,密切彼此之间的联系。因此领导者千万不要忽视信函的作用,特别是电子邮件的作用。在信息社会的时代,信函的使用虽然大大减少了,但其作用仍然不可忽视,特别是近年时兴起来的电子邮件。领导者写信函时,一要注意格式。信函包含日期、收信者的姓名、地址、称谓、结束语、签名等。二要注意信函的内容。信函内容应该中心明确,主题突出,语言简洁、准确。

三、正副职合作的艺术

正职与副职是领导班子中的基本角色,二者关系的协调是领导活动中非常重要的问题。正职与副职的关系可以归结为领导系统内的人际关系,但因为其重要性和特殊性,这里单独加以阐述。

(一)正副职的关系定位

在领导班子中,正职和副职虽然扮演的角色和所承担的职责不同,但都是领导集体的一个组成部分。副职不是一个独立的层次,一般情况下副职不能直接对上和对外。从组织上说,二者是领导与被领导的关系;从工作上说,二者是分工与合作、协助与被协助的关系;从程序上说,二者是集中与民主的关系。

(二)当好正职的艺术

各级领导班子中的正职,是正副职关系中的矛盾主导方面,对班子团结起着决定性作用。当好正职的角色规范应该是:统揽不包揽,善谈不空谈,敢断不武断,大度不失度。既要学会当家做主,又要善于发扬民主;既要独立自主,敢于负责,又要以我为主,带好班子。正职领导者既要全面负责又要充分授权;既要敢于拍板又能接受监督;既要统一指挥又要尊重领导分工。当好正职领导,必须认识到:全面负责不等于包揽一切,中心地位不等于封建家长,核心作用不等于独断专行。

(三)当好副职的艺术

副职是领导班子中正职领导者的助手,一般按照工作分工协助正职负责某一方面的工作。一个领导班子是否精诚团结,具有战斗力和凝聚力,是否能高效率、快节奏、出色地完成各项任务,副职有着不可推卸的责任。那么,如何当好副职呢?当好副职的角色规范应该是:会揽事不揽权,会谋事不谋虚,会干事不误事,敢为不乱为。工作多请示多商量不擅自做主,积极献言献策但不喧宾夺主,善于表达不同意见但不声大压主,努力工作不断进取但不功高盖主。当然,这里所说的"主"是借用约定俗成的说法指代正职领导者。

总之,正职与副职要相互理解、相互支持、相互协调。政治上要互相信任不猜疑,思想上要互相沟通不堵塞,工作上要互相支持不拆台,有了失误要互相理解不指责,生活上要互相关心不冷漠。特别是正职一般处于矛盾的主导方面,更要积极主动,做团结的模范、沟通的核心、协调的表率,并努力使副职增强安全感——思想上充分信任,工作中大胆授权,方法上多商议少命令。当然,正职对副职也要严格要求,做到授权不放任、亲密不庸俗、体谅不迁就、撑腰不放纵、关心不偏袒。

四、领导者运筹时间的艺术

美国著名管理学家彼得·德鲁克在《卓有成效的管理者》一书中把"记录时间"、"管理时间"、"统一安排时间"作为卓有成效的管理的基础,认为时间是最珍贵的资源。时间资源不同于一般的资源,它无法储存,没有替代品,是最稀缺的资源。马克思曾经指出,一切节约归根到底归结为时间的节省。在领导工作中,能否科学地运筹时间直接影响着领导绩效的高低。因此领导者必须掌握运筹时间的艺术。

运筹时间就是指在同样的时间消耗条件下,为提高时间的利用效率而进行的一系列管理控制过程。领导者有效运筹时间的水平关系到领导绩效的高低,决定着领导者事业的成败和贡献的大小。有效运筹时间的艺术就是领导者通过一定的方法和手段对时间进行创造性的管理和控制的艺术。领导者运筹时间的艺术要点包括:

(一) 集中时间的艺术

集中时间就是把分散的、零星的时间聚集成一个整块时间来进行使用。集中时间既是完成重要任务的客观需要,是提高工作效率的基础,又是提高时间利用率的好办法。古今中外成大业的领导者,其成功的秘诀之一就是善于集中时间、集中精力,善于利用整块的时间做重要事情。时间的集中有"量"的集中和"质"的集中。"量"的集中就是时间的集中,"质"的集中就是注意力的集中,聚精会神,专心致志。在领导活动中,最忌把时间分割成许多零零碎碎的小块,既浪费精力,又降低效率,最终事业难成。为此,一方面要集中时间办大事,在工作中抓住重点,兼顾一般;另一方面要排除各种干扰因素,集中注意力,专心致志于主要事情。

(二) 扩大时间容量的艺术

扩大时间容量就是通过科学合理地安排和分配时间,有效地利用时间,提高时间的利用效率,在有限的时间内做更多的事情。扩大时间容量等于延长人的生命。扩大时间容量的基本方法主要有两种:第一是织网法,即领导者通过科学的运筹法通盘安排工作、学习和生活,使其形成一个严密的网络,充分利用时间。织网法又可分为并联式、串联式、统筹式和嵌入式等四种方法。并联式就是在某项松散活动进行的同时开展另一项活动;串联式就是按工作、学习、生活内容巧妙安排,环环相扣;统筹式就是对工作、学习、生活统筹安排,充分利用各种有利条件;嵌入式就是在空白的零星时间里加入充实的内容。第二是压缩法,即领导者根据工作目标全面审查自己的活动安排,取消和减少不必要和可做可不做的事项,合并相同相似的事项,简化繁杂的事项,精心安排时间。

(三) 优化时间利用的艺术

优化时间,就是领导者科学分配和合理利用时间,使其发挥最佳的效果。一般来说,领导者可掌握和利用以下几种方法:一是优化总体安排,即领导者对一个阶段,如年、季度、月、周的时间安排要全盘考虑、周密计划、合理划分、统筹协调,使时间的利用在总体安排上达到最优。二是优化工作时间预测,即领导者根据过去时间利用的资料和现在掌握的情况,运用一定的科学方法,估计和推测其时间利用的未来效果,从而选择最有价值和最优方案的事项。三是优化工作程序,这种方法又叫"ABC 时间管理法"或分类安排工作法,即把有限的时间集中于关键和重要的工作上面,以期获得好的工作绩效。"ABC 时间管理法"是美国管理专家艾伦·莱金(Alan Lakein)在《如何控制你的时间和生命》一书中提出来的,具体做法就是把一天需要处理而又肯定无法处理完的事情按照轻重缓急分为 A、B、C 三类。A 类最重要,是必须做的;B 类次之,是可以做的;C 类又次之,是可做可不做的。这样就可以保证领导者把时间精力集中在重大的任务上。四是优化时间使用价值,这种方法又叫生理节律法,就是根据领导者的生理节律合理地安排时间和工作,最大限度地发挥时间的作用。在精力状况最好时安排最重要最复杂最艰苦的工作;在精力状况较差时安排比较轻松的工作;在精力状况处于低潮时则安排休息、娱乐等。

(四)节约时间的艺术

领导者除了有效利用时间之外,还应该克服浪费时间的不良习惯,掌握节约时间的艺术。具体来说应该掌握以下技巧:一是制订合理可行的工作计划,精心安排时间,做到有条不紊。二是精简会议。实践证明,无效率的会议既浪费时间,又浪费社会财富,还败坏党风和政风。要节约时间就必须精简会议,"有效地开会,开有效的会",严格控制会议数量,提高会议质量。三是善于授权。领导者通过有效授权,使自己集中时间精力做更重要的事情,充分发挥下属的自主性和积极性,避免事必躬亲,防止陷于琐碎繁杂的事务之中难以自拔。四是善于利用现代办公自动化技术。"工欲善其事,必先利其器",领导者掌握现代化的办公自动化技术可以达到事半功倍的良好效果,也是节约时间、提高时效的重要保证。

五、驾驭会议的艺术

要进行有效的领导活动,会议是不可缺少的,但如何开好会,做到时间花费又少,效果又好,既是一门科学,又是一门艺术。

(一)开会必须遵循的原则

为了避免不讲效率的乱开会和不顾效率的"瞎开会",领导者在召开会议时,必须遵循一定的原则:

1. 超前性原则。会前准备工作很重要,开会前要明确会议目的,确定议题、程序和开会的方式方法;选定出席人员;确定会议的时间、地点。要把会议目的、议题、要求事先通知参加者,便于与会者提前做好准备。会前应收集意见,准备必要的有关资料,做好会场的准备等。只有做了充分准备之后,会议才能开得顺利、紧凑、有效率。

2. 有效性原则。一是会议期间要提高效率,保持言简意明的作风,力争用最短的时间解决问题。二是会议要讲究效果,会中有议,议而有决,真正达到会议目的。

3. 善后性原则。议后有决,决而有行,行要有果,结果反馈,检查落实,使会议产生较长期的影响。

(二)严格控制会议规模

会议的规模,要与会议的性质和目的相适应。为了控制会议规模,节省与会人员的时间,可以采取以下方法:

(1)与会议无关的人员不必到会。

(2)能合并的会一定合并,能开小会的不开大会。

(3)根据会议议题的内容及其顺序,允许有中途退席或中途出席的现象。

(4)有的人仅需要获知会议结果而不必参加讨论,可在会后通知他们。

(5)泡会议、磨时间的人,应劝其退会。

(三)主持会议的技巧

1. 严肃会议作风。严肃会议作风要做到五个"不":一要准时开会,不能迟到;二要认真对待,不准私下交谈或干私活;三要慎重发言,不能信口开河,离题万里;四要集中时间和精力解决主要问题,不要拖拖拉拉;五要发扬民主,不搞一言堂。只有与会者自由地表达自己的意见,才能更好地集思广益。否则,就会出现"领导讲话念稿子,回去传达翻本子,贯彻落实一阵子"的现象。

2. 控制会议进程。首先,领导者组织会议时要明确自己的职责,以最有效的方式解释议题,引导大家围绕议题展开议论,为通过理想的决议而努力。其次,要分清会议的性质,以免逢会必到,到会必讲,每讲必长的毛病。最后,还应注意控制会议的时间。准时开会,适时闭会;制止马拉松式的长篇发言,引导离题者紧扣议题;合理安排议题的顺序;提高讲话水平,有话则长,无话则短,言简意明。

3. 处理会议问题。首先,正确处理"冷场"。"冷场"的原因一般有两方面:一方面是与会者对议题不清楚,缺乏理解,无从开口;另一方面是态度有问题,或漠不关心,或对主持人有意见,或恐失自己的利益,等等。如果是前者,领导者要仔细说明议题,进行启发、引导;如果是后者,领导者要用有趣的话题去吸引,或安排有威信者先发言,等等。其次,正确处理"离题"现象。根据离题的情况,或接过离题议论中的某一句话,或插上一个话题使其自然转回,或联系议论中的某一层意思,提出新的话题,使议论者在有意无意中回到正题上来。再次,正确处理会议上的"争执"。如果争执是由逻辑问题所致,可先肯定各方的有理之处,然后指出逻辑上的错误。如果是含攻击成分的争吵,可以用目光、手势示意,或起身以引起注意,或直接仲裁,或暗示有威信者发言调停。对不同类型的与会者,要区别对待。

4. 制定会议守则。在这方面,列宁同志很有经验。他曾专门为人民委员会倡导和制定了开会的纪律。其内容有:① 只请与议论问题有关的人参加;② 不许迟到,无故迟到半小时,罚款五卢布,半小时以上罚十卢布;③ 开会有事只许递纸条,禁止说小话;④ 给报告人的时间是十分钟;⑤ 给发言人的时间,第一次是五分钟,第二次是三分钟;⑥ 发言不得多于两次;⑦ 对议程赞成或反对的每次表决,占一分钟;⑧ 例外情况按人民委员会的特别决议处理。从上述规定,我们不难看出列宁是非常珍惜时间和重视纪律的,他反对讲废话,反对办事拖拉的官僚主义作风,这很值得我们一些领导者学习。

六、处理突发性事件的艺术

在现代领导活动中,领导者常常会面临一些不可避免的突发性危机事件,有效应对突发性事件成为对领导者的一项基本能力要求。党的十六届四中全会通过的《中共中央关于加强党的执政能力建设的决定》中明确要求各级领导干部提高应对突发性事件的能力。因此,处理突发性事件的艺术成为领导艺术的重要组成部分。

(一) 突发性事件及其特征

突发性事件是指突然发生的超越常规的具有重大社会影响的事件。突发事件一般同时具备三个条件:一是突然发生,难以预料;二是问题极端重要,关系安危,影响巨大,必须立即处理;三是首次发生,超越常规,无章可循。美国著名管理学家赫伯特·西蒙(Herbert A. Simon)指出,突发事件的实质,是非程序化决策问题。处理突发事件是一种非程序化决策过程。领导者在突发性事件的处理过程中发挥着极其重要的作用。

突发性事件一般具有以下特性:第一,突发性。突发性是突发性事件的首要特征。尽管突发性事件可能有较长的潜伏期,但其发生则往往具有一定的偶然性和突然性。第二,不确定性。突发性事件的发生时间、实际规模、影响深度、发展趋向都是难以预测的,呈现出多样性和变换性。

第三,危害性。突发性事件往往都具有较大的社会危害性,对社会正常秩序和核心价值造成破坏或威胁,危及社会的公共利益和社会成员的生命财产。第四,扩散性。突发性事件的发生往往有着深刻而复杂的社会原因,常常会产生涟漪反应或连锁反应,一个突发性事件常常成为引发大的广泛的社会危机的第一张"多米诺骨牌"。第五,聚焦性。突发性事件由于其发生的突然性、破坏的巨大性、发展的不确定性,常常备受社会各界的高度关注,成为人们关注的焦点。

(二) 处理突发事件的艺术

突发性事件的发生是对领导者的严峻考验,突发性事件的处理需要高超的领导艺术,处理突发性事件的能力是检验领导者领导艺术高低的重要尺度。

1. 敏锐洞察,迅速确认事件的性质。社会中每时每刻都在发生着各种事件,但并非每一个事件都是突发性事件,这就要求领导者具有敏锐的洞察力,具有高超的信息收集、处理和分析能力,能够迅速区分和确认各种事件的性质。领导者既不能风声鹤唳,只要有一点风吹草动就认为是突发性事件,全民动员,迅速出击;也不能麻痹大意,漠然视之。

2. 以人为本,全力救治伤亡人员。人的生命是最宝贵的。领导者在处理突发性事件时,必须坚持以人为本的原则,把人的生命安全放在第一位。领导者应该亲临现场,通过应急处理程序,最大程度地保护、挽救最大多数人的生命安全,全力以赴、不惜一切代价救助伤亡人员,关心、安抚受难者家属。

3. 主动出击,迅速控制事态。突发性事件发生后,能够迅速控制事态,使其不扩大、不升级、不蔓延,是成功处理突发性事件的关键。久拖不决,是突发性事件处理的大忌。因为久拖不决往往会使突发性事件产生难以控制的联动效应,致使事态的迅速扩大和蔓延,导致局势的失控,酿成大乱。为此,领导者一方面要镇定自若,临危不乱,稳定人心;另一方面,要迅速组建应急机构,配备精干人员,迅速开展工作,控制事态,掌握主动权。

4. 果断决策,把握全局。突发性事件的实质,是非程序化决策问题。领导者必须千方百计获得及时准确的信息,最好能够亲临现场,最大限度地获知真实的情况,并根据所获知的信息,准确判别形势,把握全局,果断作出正确决策。领导者决策水平的高低,往往对突发性事件处理的成败有着"差之毫厘,失之千里"的关键性作用。因此,决策必须具有针对性、可行性、科学性、前瞻性、全局性、有效性。既不能草率决策、盲目决策、随意决策,也不能延滞决策、议而不决。

5. 打破常规,创造性地化解危机。由突发性事件的性质和特点所决定,领导者对突发性事件的处理不可能按常规进行,也无先例可循,这就要求领导者敢于打破常规,敢于冒险,善于冒险,充分发挥自己的主观能动性,创造性地化危机为转机和生机。突发性事件虽然具有危害性的一面,但同时也往往暗含着新的发展机遇,预示着组织发展的转折点,领导者要善于在危机中寻找生机,把突发性事件所产生的压力创造性地转化为组织变革和发展的推动力和催化剂。

6. 加强沟通,主导舆论。进行无障碍的沟通、确保信息的通畅,这是领导者成功处理突发性事件的重要基础。通过有效沟通,领导者不仅可以获得判断突发性事件性质以及决策所需要的各种信息和资源,而且能够了解局势进展的情况,加强与突发性事件相关人员与机构的信息、情感、认识的交流,掌握舆论的主导权,避免谣言的产生和传播,稳定人心。把突发性事件中发生的人员伤亡情况以及救助情况通过媒体及时准确地通报,争取社会各界的理解、支持与合作,同心协力处理好突发性事件。

7. 整合资源,协力行动。突发性事件的处理是一个复杂的系统工程,领导者需要整合多种资源和各方力量共同应对。一方面,处理突发性事件的资源是极其有限和匮乏的,另一方面,领导者的知识、时间和精力也是十分有限的。因此,要成功处理好突发性事件,领导者必须利用自己的权威,充分发挥自己的能力,整合社会各界的力量,尤其是专家、社会中介组织、媒体、企业等方面的智慧和力量,群策群力,协力应对。

8. 重视善后处理,力戒重蹈覆辙。突发性事件的善后处理,是处理突发性事件中不可忽视的一个重要部分,但又是一个比较容易被忽视的一个环节。突发性事件的善后处理不仅关系到此次突发性事件处理的彻底性和有效性,而且关系到组织未来的生存与发展。因此,领导者要重视突发性事件的善后处理工作,认真彻查事件发生的原因;评估事件造成的损失;恢复生产生活;及时补偿损失,稳定民心;变革和完善各项体制;增强危机意识,消除危机隐患,力戒重蹈覆辙。

第三节 提高领导艺术水平的途径

领导艺术水平如何,关系到领导活动是否顺利和领导绩效的高低。因此,各级领导者必须千方百计提高领导艺术水平。

一、恪尽职守,保持领导艺术的先进性

领导者恪尽职守、勤政为民、公正廉洁是确保领导活动先进性的前提,也是保持领导艺术先进性的基础。如果领导者缺乏崇高的理想、强烈的责任感和高尚的品德,以权谋私、贪图享乐、追名逐利,就会堕落成为玩弄权术、阳奉阴违、见风使舵、心术不正的政客与阴谋家,就毫无领导艺术的真、善、美可言。为此,领导者必须把握领导艺术与政客权术的本质区别,划清两者之间的界限。政客权术通常是指某些掌握权力的政客为了牟取个人和小集团的利益,依仗权势,要弄计谋、玩弄权术的行为。领导艺术与政客权术的本质区别主要表现在以下几方面:

第一,目的不同。领导艺术的目的是为了维护国家和人民的利益,是为社会的发展和进步服务的,服从真理,服从领导目标,服从时代的进步。在当代中国,集中表现为"权为民所用、利为民所谋、情为民所系"。而政客权术则是为个人和小集团牟取私利,争夺权力,服从个人的私欲和小团体的不正当利益。

第二,表现形式不同。领导艺术表现为真、善、美,政客权术表现为假、恶、丑。领导艺术的"真",是指领导艺术遵循社会发展的客观规律,符合领导活动的基本规律,实事求是,一切从实际出发,光明正大,表里如一,言行一致。领导艺术的"善",是指领导艺术以公共利益、社会进步和人的自由全面发展为出发点和归宿。领导艺术的"美",是指领导艺术表现出丰富的创造性给人一种美的享受,是领导者综合素质、方式方法、人格魅力、经验胆略等方面的完美的统一。领导艺术具有真理性、科学性、正义性。政客权术的假、恶、丑,主要是指政客权术违背人民的利益和时代的进步,是一种玩弄权术、欺上瞒下、坑蒙拐骗、阳奉阴违、口是心非、装腔作势、阴险毒辣、虚伪狡诈的不端行为,是见不得阳光的阴谋诡计,是一种歪门邪道。

第三,作用不同。"领导艺术是催化剂,具有很高的应用价值、审美价值和政治价值"[①]。领导艺术不仅有助于领导绩效的提高,有助于领导目标的实现,而且有利于社会的进步和发展,有

---

① 陈福今、唐铁汉主编:《领导科学概论》,人民出版社,2006年版,第398页。

利于人类的福祉。而政客权术则是腐蚀剂,破坏组织团结,危害社会安宁,败坏社会风气,泯灭人间正义。

第四,发展趋势不同。领导艺术具有顽强的生命力,随着时代的进步和社会的发展而不断进步和提高,拥有美好广阔的发展前景。而政客权术则随着民主法治、政治文明的不断发展,随着社会的不断进步而逐步退出历史舞台,走向衰微和消亡。

二、运用现代技术,提高领导艺术的科学性

在领导决策从经验型向科学型转化,控制论、信息论、系统论等现代应用理论迅速发展,电子计算机、通信等现代技术工具介入社会生活的时代,办公自动化、电子网络等技术在公共部门得到了广泛应用。领导者要提高领导艺术,就必须大量吸收和运用现代科学技术知识,迅速而准确地收集和处理领导工作的信息,把领导艺术建立在科学的基础之上。为此,就要建立起用电子计算机处理领导事务的高效能的领导信息系统。电子计算机系统能对有关领导工作的各种情报信息进行及时而准确的收集、编码,通过传输数据的通信线路,汇集到信息中心,进而编入索引,自动归档。这样便于领导者得心应手地调阅、分析、比较和迅速作出判断,提高工作的有效性和科学性,避免武断、盲目和随意。

三、加强素质修养,增强领导艺术的创造性

领导艺术不是无源之水、无本之木。领导艺术的源泉就是领导者个人较高的素质修养。没有领导者较高的素质修养,就没有高超的领导艺术。领导者的政治素质、法律素质、能力素质、道德素质和知识素质等是领导艺术得以产生和发挥的前提和基础。为此,领导者既要增强政治责任感,树立崇高的理想和信念,做到勤政为民、公正廉洁、忠于职守,具有高尚的品德和情操,还要刻苦学习,认真钻研,掌握渊博的知识,并且能够融会贯通,学以致用。领导者要不断加强综合素质的培养和提高,注意领导经验的积累和升华,结合自己担负的工作任务、面临的环境和条件,提高分析问题和解决问题的能力,从而增强领导艺术的创造性。

四、总结实践经验,把握领导艺术的规律性

领导艺术作为一种从事领导工作的技能、技巧,在很大程度上依赖于领导经验。领导经验来源于领导实践,为此,领导者既要勇于实践,在实践中千锤百炼,增长才干,提高能力,又要认真总结经验教训,不断反思实践中的成败得失,将感性认识升华为理性认识,把握领导艺术的规律性。一方面,领导者应该不断总结成功的经验,并把它上升为理论,使之条理化、系统化。另一方面,领导者还应科学总结失败的教训,分析原因,制定弥补损失、避免失误的对策。只有这样,才能不断提高领导艺术水平。总之,无论是总结成功的经验,还是反思失败的教训,都有助于领导者认识领导活动的本质,把握领导艺术的规律,从而更自觉更有效地指导实践活动。

第十二章 领导作风

领导作风是领导者在领导活动中所表现出来的一贯的态度和行为。领导作风体现领导性质,展示领导形象,影响社会风气,甚至关系到党和国家事业的兴衰与成败。因此,领导作风具有重要的意义,必须采取多种方式和有效途径改进领导作风。

第一节 领导作风概述

领导作风是领导者的世界观、人生观和价值观的反映,是领导者综合素质的外在表现。端正领导作风具有极其重要的现实意义。

一、领导作风的含义及特点

(一)领导作风的含义

对"领导作风"一词进行界定,首先要弄清楚"作风"一词的含义。《辞海》这样解释"作风":"① 思想、生活等方面表现出来的态度、行为等。如:作风正派。② 文艺作家在一系列创作中所表现出来的特有的方法、技巧和风格。也指一个时代或民族的文学风格。③ 西方文论中也指那种在创作中表现出来的作家的主观癖性与习气。只是以作家主体的思想情趣去支配、左右作为客体的现实对象,而尚未达到主客体的和谐统一的一种状态。"可见,在一般意义上,作风是指行为主体一贯表现出来的态度和行为。领导作风就应该是指领导者在领导活动中表现出来的具有稳定性和习惯性的态度和言行。

国内学者对"领导作风"的界定大致可以归纳为以下两种类型:一是侧重于领导主体的角度,将领导作风定义为"领导者在领导活动中所表现的具有一贯性的言行、态度"[1],这种言行、态度与领导者的综合素质密切相关,是"领导者综合素质在领导工作中的外在表现,它对领导者的工作具有重要的规定和影响作用"[2]。二是侧重于领导作风的本质的角度,将领导作风定义为"领导者的世界观和言论、行为及一贯态度在学习、工作、生活等行为中的表现"[3]。

综合以上定义,我们把"领导作风"界定为:领导者在领导活动中表现出来的一贯的态度和言行,是领导者的世界观、人生观和价值观的反映,也是领导者的综合素质的外在显现或流露。这个定义的要点在于:一是状态上的一贯性,即领导作风是领导者一贯的态度和言行,而非那些偶然的、非一贯性的态度和言行;二是本质上的从属性,即领导作风是领导者世界观、人生观、价值观的反映,而非独立存在的;三是表现上的外部性,即领导作风一定是在领导活动中具体表现

---

[1] 万良春主编:《新编领导科学教程》,中共中央党校出版社,2005年版,第86页。
[2] 于炳贵主编:《领导科学新论》,济南出版社,2000年版,第92页。
[3] 孙瑕、白明东主编:《领导科学辞典》,东北师范大学出版社,1988年版,第517页。

出来的态度和言行,是领导者综合素质的外在显现或流露,而非局限于主体内部的心智活动。"领导作风"作为表现出来的一贯的态度和言行,体现在许多方面,根据领导者的角色定位和活动方式,一般把"领导作风"主要概括为思想作风、学习作风、工作作风、组织作风和生活作风等内容。

(二)领导作风的特点

领导作风一般具有以下特点:

1. 从属性。领导作风是领导者世界观、人生观和价值观的体现,与领导者的政治立场、政治取向密切相关。社会主义国家的领导者是人民的公仆,这就决定了领导者必须站在人民群众的立场上,以正确的世界观和方法论来从事自己担负的领导工作。领导者运用权力也必须以维护党、国家和人民群众的根本利益为目的,既要坚定共产主义远大理想,又要坚持贯彻党在社会主义初级阶段的基本理论、基本路线、基本纲领和基本经验不动摇。

2. 外在性。领导作风是领导者综合素质的外在表现。虽然领导者的内在素质表面上是看不见、摸不到的,但是却可以通过领导作风表现出来。领导作风体现的内容是领导者的内在素质,体现的方式是领导者的态度和言行,体现的结果既可能是正面的,也可能是反面的。它反映的是领导者按什么样的思维方式研究问题、用什么样的态度学习理论、以什么样的精神对待工作、用什么样的方式实施领导,等等。

3. 时代性。领导作风是领导者政治、思想、道德、品质、知识、技能等方面素质的综合体现,而领导者素质又是由特定时代的社会政治、经济和文化等因素决定的,不同的社会时代以及同一社会时代的不同发展阶段对领导者的素质和作风会提出不同的要求,因此,不同时代的领导作风会有一些新的内容和新的表现,打上时代的痕迹,体现出时代性的特点。例如,革命战争年代的领导作风与和平建设时期的领导作风就会有一些侧重点和表现形式的不同。所以,在加强领导作风建设的过程中,既要继承和发扬党的作风建设的优良传统,又要坚持与时俱进,根据历史发展和时代任务的变化情况,赋予领导作风建设以新的时代内涵。

4. 行业性。领导活动广泛存在于社会分工的各个领域、各个行业,在各个领域、行业内部,又有不同的领导岗位,诸如机关、部队、学校、企业、事业单位以及各自内部的领导岗位及具体分工等。而不同的行业背景、岗位分工因其工作的特殊性和组织文化风格的不同,对领导者素质和作风必然有不同的要求,并产生潜移默化的影响,从而使领导作风表现出鲜明的行业性和岗位性。行业背景和岗位分工对领导作风的影响主要是通过经常性的工作任务要求和特定的组织文化氛围而发生的。不同的行业承担着不同的社会分工,不同的岗位被赋予不同的工作职责,同时,不同的行业和岗位又会形成各具特色的群体精神和风气,正如人们通常所说的校风、厂风、院风、店风等,那么,在这些行业和岗位从事领导活动的领导者为完成工作任务就必然会养成一些一贯性的态度和言行,表现出领导作风的行业性。

5. 稳定性。领导作风的稳定性主要体现在风格的一贯性、形成的长期性、与领导者内在素质的一致性。领导作风的形成不是一朝一夕的事情,是领导者在率领和引导组织成员,为完成组织使命、实现组织目标而奋斗的长期实践中形成的,而且领导作风一般与领导者个性化的、比较稳定的内在素质相联系,二者在一般情况下往往是一致的,领导作风本质上就是领导者综合素质的反映,因此,领导作风一经形成就具有一贯性和相对稳定性。从这个意义上说,形成一种优良作风不可能一蹴而就,克服一种不良作风也不容易立竿见影。

二、领导作风的本质

马克思主义认识论强调,对任何事物的认识必须透过现象看本质。就领导作风的本质而言,学者们从不同角度进行了具体阐述。有的将之归结为三点:一是领导者世界观的反映;二是领导者工作宗旨的体现;三是领导者有效影响力的组成部分。有的将之归纳为四点:一是无产阶级世界观和方法论在各级领导活动中的体现;二是无产阶级革命政党的党性、宗旨与党风在各级领导活动中的体现;三是继承了以往人类社会的一切积极的文明成果;四是社会主义和共产主义道德品质的集中体现。有的将之归纳为五点:一是领导者世界观的体现;二是领导者文化素养的综合反映;三是领导活动本质属性的表现;四是实现领导职能的重要条件;五是影响党风和社会风气的关键因素。① 无论对领导作风的本质作何种划分,归根到底领导作风的本质都是领导者世界观、人生观、价值观的体现,在社会主义条件下,就是共产党的党性原则和立党宗旨的体现,是工人阶级和广大劳动者的世界观的重要体现。

在一定的社会物质条件下,领导者只有掌握了科学的世界观、人生观和价值观,才能树立良好的领导作风。恩格斯说:"我们党有个很大的优点,就是有一个新的科学的世界观作为理论的基础。"② 这个科学的世界观,就是马克思主义的辩证唯物主义和历史唯物主义。在社会主义社会,领导者要树立正确的世界观、人生观和价值观,就必须坚持辩证唯物主义和历史唯物主义,正确认识和理解物质世界的本质与规律,正确认识和理解人类社会的本质与规律,正确认识和理解人生的本质、意义和价值,牢固树立"人生的意义和价值在于为社会进步和人类幸福作出贡献"、"权力是人民给的"、"领导就是服务"等观念,真正解决为谁服务和怎样服务这一领导的本质问题,为形成良好的领导作风奠定坚实的理论基础和政治基础,培养代表社会发展的前进方向、反映时代的特征和维护广大人民群众根本利益的一贯的态度和言行。

三、领导作风的意义

领导作风对充分发挥领导者的影响力、更好地实现领导功能和达成领导目标以及优化党风和社会风气都具有十分重要的意义。

(一) 领导作风是实现领导性质的根本保证

领导性质,即领导活动的性质,是指领导工作本身所具有的质的规定性。领导性质是领导者进行领导活动的根本目的和根本依据。在社会主义条件下,领导活动的性质就是最大限度地为人民群众谋取利益的活动。领导性质决定领导作风,但领导作风又反过来影响和制约着领导性质。领导作风端正纯洁,就能保持领导性质;领导作风不正不纯,领导性质就难以保持甚至出现蜕变。在革命战争时期,在执政前的客观条件下,比较容易形成优良的领导作风,即使出现不良作风也易于矫正,从而能较好地保持领导性质。执政后,由于领导地位和所处的领导环境发生了变化,领导干部面临着权力与金钱等各种功利因素的考验,在这种环境下,发扬优良的领导作风要比执政前困难,矫正不良作风也比执政前困难,保持领导性质也比执政前更困难。因此,必须重视和加强领导作风建设。只有把领导作风建设搞好了,才能保持先进的领导性质,否则,社会

---

① 黄强主编:《现代领导理论》,福建人民出版社,2001年版,第222页。
② 《马克思恩格斯选集》第2卷,人民出版社,1972年版,第118页。

主义领导性质就会蜕化变质。

（二）领导作风是领导影响力的重要体现

领导作风作为一种无形的力量,对领导工作和被领导者有着深刻的影响。领导作风不仅具有沟通组织或单位的人际关系的协调力,而且具有带动群众积极行动起来的示范力或感染力,更具有贯彻执行法律、法规、方针、政策的实际的说服力。如果领导者的作风好,其所表现出来的正向的、起积极作用的影响力,有利于形成良好的人际关系,有利于领导者带领群众实现既定的组织目标,有利于在领导工作实践中贯彻执行各项方针政策。如果领导者的作风不好,其所表现出来的负向的、起消极作用的影响力,则会破坏整个单位人际关系的和谐,消解各项制度的权威和组织文化的纯洁,妨碍领导目标和任务的顺利完成,阻碍大政方针的贯彻执行。可见,领导作风是一种重要的影响力,是领导者实施领导职能、开展领导工作的一个不可或缺的重要方面。同时,领导作风直接关系和影响到领导形象,是考察和衡量领导形象的重要指标,而领导形象又是领导者影响力的外在表现,因此领导作风就成为领导影响力的重要体现。

（三）领导作风是影响人民群众积极性和创造性的重要因素

人民群众不仅通过党的路线、方针和政策来认识领导,而且更多更直接地是从自己周围领导干部的作风来判断领导者的人品,从而决定对领导者的态度。广大人民群众积极性和创造性发挥得如何,关系到领导影响力的实现与否和各项事业的成败得失。一般地说,如果领导作风好,领导者的各项领导活动和行为规范反映并符合人民群众的利益、愿望和要求,人民群众就会理解、认同、拥护和支持各级领导者,发挥出极大的积极性和创造性,帮助领导者实现其影响力,完成领导工作目标;如果领导作风不好,领导者的各项领导活动和行为规范不能反映并符合人民群众的利益、愿望和要求,人民群众就会在心理上、感情上、行动上与各级领导者产生距离感和抵触情绪,严重挫伤其积极性和创造性,并进而消解领导的影响力,不利于领导工作目标的实现。

（四）领导作风是优化党风和社会风气的关键环节

"党是整个社会的表率,党的各级领导同志又是全党的表率。"①党风政风带动和影响行风、民风和社会风气,只有党风政风建设得好,社会风气正,才能促进先进文化建设,才能不断巩固和谐社会建设的精神基础。而领导作风既是党风和社会风气的反映,又是影响党风和社会风气的关键环节。各级领导者是执政党的骨干力量,领导作风必然反映党风并深刻地影响党风;各级领导者是社会各领域、各方面、各层次、各部门和各单位事务的决策者、组织者和指挥者,对广大群众和整个社会起着统帅、指导和示范作用,俗话说:"上梁不正下梁歪",领导作风必然反映社会风气并有力地影响着社会风气。所以,领导作风具有一定的舆论影响力和显著的社会示范力,可以内化为人们的精神约束力,从而影响周围人的思想行为和组织的运行、社会的和谐。如果领导作风好,能够做到用权为民,讲原则,不谋私,时时处处想着党的事业和人民的利益,就会给全党和全国人民树立一个很好的榜样,一些不好的社会风气也会销声匿迹,最终推动党风和社会风气的好转;反之,如果领导者作风不好,用权不讲原则,以权谋私,就会对党员和群众产生极大的消极影响,尤其对社会风气起到负面的辐射作用,进而败坏党风和社会风气。因此,各级领导干部应当努力成为工作和学习的表率,以优良的领导作风发挥对人民群众的激励作用,为优化党风和社会风气作出贡献。

---

① 《邓小平文选》第2卷,人民出版社,1994年版,第177页。

第二节 领导作风的基本内容

中西方领导作风的理论研究与实践发展是在不同的社会历史文化背景下进行的,其内容及要求有所不同。我们党在长期的实践中形成了许多优良作风,包含着丰富的内容,体现了社会主义领导作风的基本内容和要求。

党的十五届六中全会通过的《中共中央关于加强和改进党的作风建设的决定》提出了"八个坚持、八个反对",这是对党的作风建设的新要求。《决定》指出:"当前和今后一个时期,要抓住重点,集中解决党的思想作风、学风、工作作风、领导作风和干部生活作风方面的突出问题。"胡锦涛在2007年年初召开的中央纪律检查委员会第七次全体会议上发表重要讲话,强调"要根据新形势新任务的要求,全面加强思想作风、学风、工作作风、领导作风、干部生活作风建设,弘扬新风正气,抵制歪风邪气,着力解决突出问题,努力实现领导干部作风的进一步转变,为全面建设小康社会、构建社会主义和谐社会提供有力保障"。这是对领导干部作风建设的明确要求。2009年在党的十七届四中全会上,胡锦涛又指出:"加强和改进新形势下党的建设,必须着眼于继续解放思想、坚持改革开放、推动科学发展、促进社会和谐,着眼于提高党的执政能力、保持和发展党的先进性,全面推进思想建设、组织建设、作风建设、制度建设和反腐倡廉建设,提高党的建设科学化水平。"《决定》和讲话涵盖了领导作风的基本内容,包括领导者思想作风、学习作风、工作作风、组织作风、生活作风等,是加强和改进领导作风建设的重要行动指南。

根据党的作风建设的要求,结合领导作风建设的实际,将社会主义领导作风的基本内容概括为以下几个方面:

一、思想作风:解放思想、实事求是、与时俱进

思想作风就是人们在思考、探索、研究和处理问题时,所表现的一贯性的基本态度和思想方式。在社会主义条件下,领导者的思想作风应该是坚持解放思想、实事求是、与时俱进,反对因循守旧、不思进取。

解放思想、实事求是,是马克思主义活的灵魂,也是我们认识新事物、适应新形势、完成新任务的锐利思想武器。进入新世纪,在国际竞争日趋激烈、国内改革和建设的任务艰巨繁重、客观实际不断变化的情况下,如果我们不解放思想,不坚持创新,各项事业就不可能前进,也就不可能应对各种挑战。因此,要把坚持解放思想、实事求是的思想路线,放在领导作风建设的首要位置。

解放思想,即在马克思主义指导下打破习惯势力和主观偏见的束缚,坚持从实际出发,实事求是,与时俱进,致力于不断研究新情况,解决新问题。江泽民曾经指出:"所谓解放思想,就是要勇于冲破落后的传统观念的束缚,善于从实际出发,努力去开拓进取。"[①]这非常深刻地揭示出解放思想的实质,就是人们在对待过去、现在与未来的关系中所表现出来的一种精神状态和思维方式。我们不能把所有的"敢想"都叫做解放思想,脱离实际的"敢想"应称为主观臆想或胡思乱想;我们也不能把一切反传统的言论都叫做解放思想,传统有好坏之分,打破不好的和过时的传

[①] 江泽民:《深刻领会和全面落实邓小平同志的重要谈话精神,把经济建设和改革开放搞得更快更好》,《十三大以来重要文献选编》(下),人民出版社,1993年版,第2080、2081页。

统叫解放思想,而反对一切传统则是历史虚无主义。解放思想的目的,是使思想和实际相符合、主观与客观相统一,为实现社会变革消除思想障碍。当前,解放思想要自觉地把思想认识从那些不合时宜的观念、做法和体制的束缚中解放出来,从对马克思主义的错误的和教条式的理解中解放出来,从主观主义和形而上学的桎梏中解放出来,着重摆脱传统的计划经济体制的束缚,着重摆脱小农意识的束缚,着重摆脱"官本位"思想的束缚,牢固树立社会主义市场经济体制的思想,牢固树立现代大工业和经济全球化的思想,牢固树立一切从实际出发、实事求是和全心全意为人民服务的思想。

实事求是,即一切从实际出发,理论联系实际,坚持实践是检验真理的唯一标准,探索事物的客观规律。这就要求人们在观察和处理问题时,要从国内外、省内外、县内外、区内外和本系统、本单位、本部门的实际情况出发,从中引出固有的而不是臆造的规律性,找出周围事物的内在联系作为行动的向导。"实事求是"说到底是思想如何对待现实的关系问题。解放思想与实事求是是统一的。不解放思想,教条主义盛行,不可能做到实事求是;离开实事求是,脱离实际,脱离亿万群众的创造性实践,不是真正的思想解放。因此,在工作比较顺利的时候,不能头脑发热,忘乎所以,不要提出不切实际的要求;在工作遇到困难的时候,不能灰心丧气,畏首畏尾,要善于在困难的条件下开拓新的局面。

与时俱进,就是全部理论和各项工作要体现时代性,把握规律性,富于创造性。我们的思想要与时俱进,树立新观念,形成新认识,提出新观点,达到新境界;各项工作要与时俱进,探索新思路,寻求新突破,采取新举措,开创新局面。

要很好地做到解放思想,实事求是,与时俱进,就必须用马克思主义基本理论武装头脑,坚持用发展着的马克思主义指导我们的全部工作,坚持一切从实际出发,用全面、发展、变化的观点观察和处理问题;就必须把实践作为检验真理的唯一标准,尊重人民群众的首创精神;就必须坚持不断创新,因为"创新是一个民族进步的灵魂,是一个国家兴旺发达的不竭动力,也是一个政党永葆生机的源泉",必须通过理论创新推动制度创新、科技创新、文化创新、管理创新以及其他各方面工作的创新,不断在实践中探索前进,永不自满,永不懈怠。

二、学习作风:理论联系实际,学以致用

学习作风,简称为"学风",是人们在学习和研究中所表现出来的一贯态度和学习方式。良好的学风主要包括勤于学习、刻苦钻研、独立思考、学以致用等,核心是理论联系实际。学习是人的生命的存在方式。各级领导者担负着率领和组织人民前进的神圣使命,经常面对各种新情况、新问题,置身于充满挑战的时代和极具压力的岗位,必须注重学习、善于学习,才能跟上时代的步伐,适应领导工作的要求。领导干部不仅要学习各种知识,更要学习马克思主义基本理论,搞好理论武装,坚持用发展着的马克思主义指导新时期的领导工作。

领导者要取得良好的学习效果,必须大力弘扬理论联系实际的马克思主义学风。学风问题也是党风问题,是关系党的兴衰和事业成败的重大政治问题。毛泽东历来强调要把马列主义基本原理与中国的具体实际相结合,坚持运用理论武器解决实际问题,开辟了中国革命成功的道路;改革开放以来,邓小平在新的历史条件下带头发扬理论联系实际的学风,开拓了马克思主义的新境界,开辟了建设有中国特色社会主义的新道路,极大地促进了改革开放和现代化建设事业的发展。历史证明:学风端正,则事业兴旺;学风不正,则事业受损。

实际生活中,学风不正的现象仍然在一些领导者身上存在着。有的缺少学习理论的兴趣和热情,认为学不学无所谓,强调没时间学,却整天忙于不必要的应酬;有的学习不刻苦,不钻研,浅尝辄止,满足于一知半解,不掌握理论的科学体系和精神实质;有的理论脱离实际,照本宣科,不去用或者不会用理论武器解决面临的实际问题;有的断章取义,各取所需,甚至把自己的不正确的理解说成是马克思主义理论的原意和中央精神;有的摆样子,做表面文章,搞形式主义,甚至言行不一,说一套做一套。诸如此类的现象,虽然表现在一部分领导者身上,但害人害己,误党误国,危害极大。因此,必须坚决反对不良学风。

理论联系实际,是中国共产党一贯倡导的马克思主义学风,也是领导干部不断提高自身素质做好各项工作的根本途径。领导者坚持理论联系实际的优良学风,一要真正学懂弄通马克思主义的基本理论,特别是马克思主义在当代中国的新发展——毛泽东思想、中国特色社会主义理论,掌握马克思主义的精神实质。二要真正认识和把握中国的国情,以及本地区、本部门、本单位的实际情况。三要在"结合"上做文章,在"应用"上下工夫。要以中国改革开放和现代化建设的实际问题、以我们正在做的事情为中心,着眼于马克思主义理论的运用,着眼于对实际问题的理论思考,着眼于新的实践和新的发展,注重运用马克思主义的立场、观点、方法解决面临的各种复杂矛盾和问题。四要坚持解放思想、实事求是的思想路线,把大胆探索的勇气同科学求实的精神统一起来,不断推动理论创新,在坚持马克思主义中发展马克思主义,并坚持以实践作为检验真理的唯一标准,以"三个有利于"来判断各项工作的是非得失。总之,坚持和弘扬理论联系实际的学风,要反对轻视理论的经验主义和不顾实际的教条主义,坚持"不唯书"、"不唯上"、"不唯洋"、"不唯旧",一切只"唯实",做到学以致用。

三、工作作风:密切联系人民群众

工作作风就是人们在工作中所表现出来的一贯的态度和言行。领导者的工作作风主要表现为要求领导者在工作中正确对待群众、正确对待下属和正确对待自己,反对官僚主义和形式主义。

领导者在对待群众方面,要坚持密切联系群众,诚心理解群众,真心帮助群众,热心服务群众,善于团结群众。历史唯物主义认为,人民群众是历史的创造者和推动历史发展的决定力量。在我国,一切领导者都是人民的公仆,人民才是真正的主人。全心全意为人民服务是密切联系群众的核心。毛泽东说过:"全心全意地为人民服务,一刻也不脱离群众;一切从人民的利益出发,而不是从个人或小集团的利益出发;向人民负责和向党的领导机关负责的一致性;这些就是我们的出发点。"①要坚持密切联系人民群众,就要努力做到:第一,树立马克思主义群众观点。马克思主义群众观点,包括人民群众是历史创造者的观点;虚心向人民群众学习的观点;全心全意为人民服务的观点;干部的权力是人民赋予的观点;对党负责与对人民负责相一致的观点。第二,保持对人民群众的深厚感情。对待群众的感情实际上是个立场问题。对人民群众的真挚感情是人民公仆最基本的职业要求,是共产党人世界观、人生观、价值观的重要体现。只有在思想深处和老百姓融为一体,才能真正解决好"入党做官为什么、手中有权干什么、退下来后留点儿什么"的问题。第三,端正对人民群众的态度。对待群众的态度如何,是领导干部讲政治的核心问题。

---

① 《毛泽东选集》第3卷,人民出版社,1991年第2版,第1094、1095页。

邓小平把"人民拥护不拥护"、"人民赞成不赞成"、"人民高兴不高兴"、"人民答应不答应"作为制定各项方针政策的出发点和归宿;江泽民指出:这是我们观察和处理问题的一个根本原则,是我们最大最重要的政治。他说:"政治问题,从根本上说,就是对人民群众的态度问题和同人民群众的关系问题。"①各级领导干部一定要把群众当做主人,绝不能有意或无意地颠倒主仆关系,以"父母官"自居,高高在上,冷漠敷衍。第四,倾听人民群众的呼声。"政声人去后,民意巷谈时。"领导干部要保持对群众深厚的感情,就必须深入基层,深入实际,主动接近群众,热情亲近群众,了解群众的要求和愿望,本着见微知著的精神,及时发现问题、解决问题。不要等到问题成堆、矛盾激化以后再去解决,那样,付出的代价就太大了。第五,为群众办实事、办好事。树立群众观点贵在行动。领导者要重实际、说实话、办实事、求实效,脚踏实地苦干实干,多为群众排忧解难,以群众满意度作为检验工作成效的标准。对于群众最关心的切身利益和实际困难,凡是能办到的,一定要千方百计帮助解决。第六,自觉接受人民群众的监督。要把评判干部的标准交给群众,把是否得到群众公认,是否取得实实在在的政绩,作为选拔任用领导干部的重要依据。

领导者在对待下属方面,要宽容友善,豁达大度;任人为贤,充分信任;公平待人,秉公办事;热情支持,无私帮助;用心培养,科学指导;严格要求,赏罚分明;亲近"贤臣",远离"小人"。

领导者在对待自己方面,要严于律己,谦虚谨慎;言行一致,表里如一;从善如流,多谋善断;办事认真,勇于负责;以身作则,雷厉风行;永不满足,开拓创新。

四、组织作风:坚持和执行民主集中制原则

组织作风是领导班子集体在组织生活中所一贯表现出来的态度和行为,是领导作风建设的一项重要内容。在我国,民主集中制是组织活动的基本原则之一。因而,社会主义领导者的组织作风首先体现在坚持和执行民主集中制原则,反对独断专行、软弱涣散,坚持党的纪律,反对自由主义。

所谓民主集中制,就是民主基础上的集中和集中指导下的民主相结合。民主集中制是党的根本组织制度和领导制度,是马克思主义认识论和群众路线在党的生活和组织建设中的运用。对党的各级领导机关来说,民主集中制的"民主",就是党员和党组织的意愿、主张的充分表达和积极性创造性的充分发挥;民主集中制的"集中",就是全党意志、智慧的凝聚和行动的一致。对各级领导班子来说,民主集中制的"民主",就是广大人民群众和领导班子成员的意愿、主张的充分表达和积极性创造性的充分发挥;民主集中制的"集中",就是领导班子对广大人民群众的意愿和主张的正确概括以及在此基础上作出的集体决定,还包括在正确决定指导下的统一行动。领导班子坚持民主集中制原则开展工作,就是要按照集体领导、民主集中、个别酝酿、会议决定的要求,完善领导班子议事制度和决策机制,健全工作程序,凡属重大决策,都必须由集体讨论,不允许个人说了算。坚持和完善民主集中制的基本要求和目标,就是要努力造成既有集中又有民主,既有纪律又有自由,既有统一意志又有个人心情舒畅、生动活泼的政治局面。

坚持民主集中制非常重要。它有助于从制度上解决官僚主义、家长制和特权问题,规范领导活动,维护人民民主。历史经验反复证明,什么时候坚持了民主集中制,党就能团结统一,战斗力就增强,革命就胜利,建设事业就兴旺发达;什么时候违反这个原则,党的战斗力就会削弱,甚至分裂,革

---

① 江泽民:《在全国组织工作会议上的讲话》,《人民日报》,1998年4月2日。

命和建设事业就会遭受挫折,甚至导致失败。一个地方、一个单位和一个部门的领导班子建设也是这样。班子民主集中制贯彻得比较好,坚持集体领导,重大问题能够充分发扬民主,集思广益,民主决策,科学决策,这个班子就充满活力;反之,则班子涣散,离心离德,什么事也干不成。

坚持和执行民主集中制,内容要求很多,重点要解决好以下几个问题:第一,正确处理中央与地方、上级与下级的关系问题。这个问题的核心是如何发挥好中央和地方两个积极性。第二,各级领导干部加强集体领导问题。这个问题的核心是加强对各级领导干部特别是"一把手"的监督,把集体领导与个人负责结合起来,反对"家长制"和"一言堂"。第三,加强组织纪律问题。这个问题的核心是强调组织纪律的严肃性,反对本位主义、分散主义。第四,健全并执行好组织规章制度问题。这个问题的核心是以制度规范和约束领导干部的行为,保证良好的领导作风。就党的组织来说,包括党的代表大会制度、党内选举制度、充分保证党员民主权利的制度、党的集体领导制度、党内监督制度等,就领导班子建设来说,包括民主协商制度、科学决策制度、领导办公会制度、报告请示制度、专家咨询制度、工作督察制度、领导责任追究制度、政务公开制度等。第五,大力加强基层组织建设问题。这个问题的核心是改变基层组织的软弱涣散状态,充分调动、发挥基层组织的积极性和主动性。第六,正确处理好民主与集中的关系问题。这个问题的核心是坚持民主集中制的方法问题。民主是广泛听取人民群众的意见,尤其不要忽略少数人的意见;集中是按照组织原则和工作制度集中正确的意见,不是简单的"多数法则"。要尽量避免极端民主化和领导者个人专断两种倾向。

五、生活作风:廉洁奉公,艰苦奋斗

生活作风就是人们在日常生活中所表现出来的一贯的态度和生活方式。领导者的良好生活作风一般体现在简约朴素的生活方式、乐善好施的优良品质、廉洁奉公的职业操守、艰苦奋斗的精神面貌等。我们绝不能把领导者的生活作风看做是领导者纯粹的个人事情,因为它不仅关系着领导者在群众中的形象和威望,而且影响到领导者在群众中的凝聚力和工作效能。所以,应该把领导者的生活作风同领导者的思想作风和工作作风一道看做是领导作风的有机组成部分,都是影响其下属思想言行的一种精神力量。培养良好的生活作风,就是要讲操守,重品行,坚持清正廉洁,反对以权谋私;坚持艰苦奋斗,反对享乐主义。

所谓廉洁奉公,就是清白不贪,一心为公。廉洁奉公是中国共产党一贯坚持和强调的优良作风。在改革开放和社会主义市场经济条件下,各级领导干部面临着金钱、权力等考验,坚持和发扬廉洁奉公的作风具有特殊的重要意义。胡锦涛在 2007 年年初召开的中央纪委第七次全体会议上发表重要讲话,强调指出:"要秉公用权、廉洁从政,自觉遵守党的纪律和国家的法律法规,严格执行领导干部廉洁从政的各项规定。"廉洁奉公的作风要求领导者自觉树立正确的世界观和人生观,树立正确的权力观、地位观和利益观,以高尚的精神追求和健康的生活情趣抵制各种腐朽思想的侵蚀和奢靡生活方式的诱惑,努力做到:不贪不占,甘于奉献,两袖清风,一身正气,秉公办事,不徇私情,爱岗敬业,勤政负责。要做到廉洁奉公,就必须加强监督,严肃纪律,坚持党要管党、从严治党的方针,严格党员干部管理;坚持为民执政、科学理政、从严治政、依法行政的方针,加强对领导干部廉洁自律的教育和管理,不能以罚代管,不能以纪律处分代替法律惩罚,更不能搞大事化小、小事化了,也不能搞下不为例。

所谓艰苦奋斗,就是不畏艰难困苦,始终坚持锐意进取、奋发向上、坚忍不拔的精神风貌和行

为特质。它作为一种高尚的思想品格和精神财富,不仅具备超越时空的稳定性和持久力,而且具有超常规的凝聚力和号召力。艰苦奋斗是中国共产党的政治本色和光荣传统,是我们的立国之本、治国之道和富国强国之宝。即使在今天的历史条件下,艰苦奋斗的精神仍然符合市场经济的基本规律和我国的基本国情,"艰难困苦,玉汝于成","忧劳兴国,逸豫亡身","成由节俭败由奢","生于忧患,死于安乐",这些都是对艰苦奋斗精神价值的总结和概括。一个国家、一个民族,如果不提倡艰苦奋斗、勤俭建国,人们只想在前人创造的物质文明成果上坐享其成,贪图享乐,不图进取,那么,这样的国家、这样的民族,是毫无希望的,没有不走向衰落的。同样道理,领导干部队伍中有些人艰苦奋斗的精神淡漠,必须引起高度重视。坚持和发扬艰苦奋斗的作风,要求领导者在物质生活上合理节制消费,坚持勤俭节约,反对铺张浪费和奢侈腐化;在精神生活上崇尚勤劳朴素,秉持乐观向上,反对好逸恶劳和消极颓废;在行为方式上坚持知难而进,永不退缩,因陋就简,奋发图强,反对贪大求洋,得不偿失。要做到艰苦奋斗,就必须加强对各级领导干部的优良传统教育和国情教育;必须健全相关的规章制度,确定领导者的职务待遇标准和工作项目标准,并进行严格的审计监督;必须树立先进典型,发挥榜样的示范带动作用;必须加强领导文化建设,优化社会风气和领导工作的舆论氛围,反对拜金主义、享乐主义和极端个人主义。需要指出的是,我们提倡艰苦奋斗的作风,并不是要束缚领导者的手脚,使得该花的钱不花,该办的事不办,而是讲究花钱的效益和价值,提倡在物质方面相对艰苦奋斗、在精神方面绝对艰苦奋斗。

生活作风的内容还有很多,诸如扶正祛邪、坚忍不拔、开诚布公、襟怀坦白等。

第三节　领导作风建设

优良领导作风的形成和改进不是一蹴而就的,是伴随着社会实践的发展和领导者不断加强自身修养的过程而日益完善和改进的,是在同各种不良领导作风的斗争中发扬光大的。

一、不良领导作风的主要表现

近年来领导作风建设从总体上说是好的。但不可否认,由于各种社会和历史原因,领导干部队伍中还存在着一些不良作风。比如,有的思想作风上因循守旧,无所作为,不求进取;有的学风不正,学习不刻苦,不认真,理论与实践严重脱节;有的在工作作风上搞形式主义、官僚主义,严重脱离实际,脱离群众;有的组织作风不正,违背民主集中制原则,独断专行,软弱涣散;有的生活作风不检点,贪污受贿,腐化堕落,等等。这些领导作风方面存在的突出问题,如果不坚决纠正,就会延误甚至葬送全面改革和现代化建设,就会动摇党的执政地位,就会阻碍社会主义和谐社会建设。因此,必须从党的生死存亡与和谐社会建设成败的高度来认识领导作风建设的极端重要性和紧迫性,坚决反对和防止不良作风。

(一)教条主义和经验主义作风

这是领导者不良作风在思想作风和学风上的主要表现。教条主义也称为本本主义,是把理论当教义、视书本为圣经的思想作风,其中一种表现是视理论为教条,只唯书,不唯实,夸大理性作用,轻视感性经验。唯物辩证法认为:理论来源于实践而又高于实践,可以指导实践但又必须接受实践的检验,并在实践中不断修正和完善。在革命战争时期,第五次"反围剿"失败的原因之一就是犯了教条主义的错误。当时的领导者不是从实际出发而是从本本出发,拒绝对具体情况做具体分析,结果酿成巨大损失。另外一种表现形式是"唯上论",把工作的基点单纯地建立在中央和上级的指示上,照搬照抄上级指示,对上级的指示和政策不是按照实际情况创造性地执行,而是大搞文山会海,议而不决,决而不行。个人崇拜和"一言堂"是产生教条主义的政治温床。在领导活动中,如果缺少民主,缺少集体智慧的充分发挥,实行"圣旨"式、集权式的领导方式,则必然产生教条主义。

经验主义是主观主义的一种表现形式,它把局部的、狭隘的经验看做是普遍真理,只相信局部的直接经验,轻视理论的指导作用。经验一般是在实践基础上总结出来的,是很宝贵的,但是,经验总是一定条件下的经验,在条件变化了的情况下照搬老经验、老套路,把经验绝对化,就会发生主观脱离客观、思想落后于实际的经验主义错误。经验主义者一方面轻视理论的学习,不读书,不看报,以自己的一孔之见作为工作的出发点,大搞实用主义。另一方面,经验主义者过分强调本地区、本部门的局部利益,过分突出自己的特殊性,无视国家的法律法规,我行我素。这种不顾大局、违反纪律的思想和行为,严重干扰了社会主义现代化事业的建设,必须加以克服和改正。

(二)官僚主义和形式主义作风

这是领导者不良作风在工作作风上的两种表现。官僚主义是一种常见的脱离实际、脱离群众、衙门式的不良作风,是一种长期存在的、复杂的历史现象。官僚主义作风,要害是脱离群众、当官做老爷。官僚主义危害极大,主要表现是:无所用心,养尊处优;高高在上,脱离群众;作威作福,欺压群众;主观武断,滥用权力;专横跋扈,唯我独尊;压制民主,打击报复;遇事推诿,欺上瞒下;不守信用,不负责任;以权谋私,营私舞弊等。进一步归纳起来说,家长作风、特权作风、命令主义作风、事务主义作风、文牍主义作风等都是其典型的表现形式。官僚主义作风在很大程度上源于我国封建社会形成的"官本位"意识。所谓"官本位",就是"以官为本",一切为了做官,有了官位就什么东西都有了,"一人得道,鸡犬升天"。这种"官本位"意识流传了几千年,至今在我国社会生活中仍然有着很深的影响。有些领导者也自觉不自觉地做了这种"官本位"意识的俘虏,表现在:跑官、要官、买官、卖官的现象;弄虚作假,虚报浮夸,骗取荣誉和地位的现象;明哲保身,不思进取,不求有功,但求无过,一切为了保官的现象;渎职弄权,拉帮结伙,以权谋私的现象等。当前,"官本位"意识的要害就是对党和国家的事业不负责,对民族和人民的利益不负责,只对自己或亲属或小团体负责。官僚主义及其思想基础——"官本位"意识必须彻底铲除。

形式主义作风,要害是只图虚名,不务实效。形式主义割裂了形式与内容的联系,脱离内容讲形式,甚至为了形式而搞形式。形式主义在领导工作中的主要表现是:不去认真领会中央精神,也不去了解下情,工作中习惯于做表面文章,空喊口号;沉湎于文山会海,醉心于应酬接待,不能深入基层;热衷于沽名钓誉,哗众取宠,应付上级,应付群众;搞各种名目的所谓"升级"、"达标"活动,形式上热热闹闹,实则劳民伤财;喜欢说空话套话,好大喜功,不干实事;报喜不报忧,掩盖矛盾和问题,以致酿成恶果等。这些表现的一个共同的重要原因就是工作不落实、不扎实、不切实,结果流于形式,浮于表面,直至出乱子甚至出大乱子。当然,我们做工作需要有一定的形式,没有形式,内容也表现不出来,但不能搞形式主义。

"实干兴邦,空谈误国"。各级领导者要充分认识官僚主义和形式主义的危害,自觉刹住这两股歪风。要时刻坚持重实际、说实话、干实事、求实效,大力发扬脚踏实地、埋头苦干的工作作风,想群众之所虑,急群众之所难,谋群众之所求,扎扎实实地解决好关系改革开放全局和影响群众生产生活的各种紧迫问题,以改进工作作风的实际行动取信于民。

(三) 宗派主义作风

这是领导者不良作风在组织作风上的表现。"宗派"一词,最初是宗族、家族的意思,后引申为学术、文化和宗教上的派别,泛指少数人为自身利益而形成的小集团。宗派主义,也称"山头主义",是以宗派利益为出发点的思想和行为,是封建宗派意识、资产阶级思想在政治上的极端表现,其产生有着深厚的社会历史根源。其特点是思想狭隘,只顾小集团利益,主要表现为本位主义和地方保护主义、山头主义和裙带关系等。在个人与组织的关系上,宗派主义往往口头上说尊重组织,实际上却把个人放在第一位,把组织放在第二位,向组织闹独立;在用人上,搞任人唯亲,拉拢一些人,排挤一些人;在同志中吹吹拍拍,拉拉扯扯,搞庸俗的非组织关系;在工作上,只强调局部利益,不顾整体利益,只要民主,不要集中,不遵守个人服从组织、少数服从多数、下级服从上级、全党服从中央的民主集中制原则,习惯于搞小圈子,进行无原则的派系斗争,如此等等。宗派主义作风破坏了组织的统一和团结,对内产生排内性,对外产生排外性;宗派主义又是滋生腐败、产生官僚主义的深厚土壤;狭隘的宗族意识和宗派主义不仅制约着社会政治、经济、文化的发展,而且还通过深层次的心理积淀影响到社会的和谐。因此,加强党的团结和统一,提高领导班子的凝聚力和战斗力,必须坚决反对领导工作中的宗派主义作风。

(四) 拜金主义和享乐主义作风

这是领导者不良作风在生活作风上的主要表现。拜金主义是一种金钱至上的态度和行为。拜金主义认为金钱是万能的,是衡量一切的标准。拜金主义者把追求金钱当做人生的最高目的。享乐主义是一种消极颓废的生活态度和行为取向。享乐主义认为人生的目的和意义在于追求物质享乐。享乐主义者在行为上追求感官刺激和物质享受,不思进取,不愿创造,贪图安逸,坐享其成。拜金主义和享乐主义都是资产阶级普遍奉行的道德准则和人生信条,它们割裂了个人与社会、贡献与索取的关系,片面强调索取、权利和享乐,不讲贡献、义务和责任,对社会主义物质文明和精神文明具有极大的腐蚀作用。近几年来,确有一些领导干部头脑中的群众观念明显地淡漠了,损害和侵犯群众利益的以权谋私、贪污受贿、腐化堕落等违法乱纪现象在一定范围内发生了,有的甚至达到非常严重的程度,引起了广大群众的强烈不满。在一些地方和单位,党群关系、干群关系很不协调,严重妨碍了党的正确路线的贯彻执行,严重损害了党的形象和声誉,必须引起我们的高度警惕和重视。

当然不良作风远不止以上几种,其他诸如实用主义、功利主义、本位主义、好人主义等,都是我们应该防止和反对的不良作风,这里不再赘述。应该看到,领导者的不良作风不是偶然形成的,它是由历史、社会、体制、个人等一系列复杂原因造成的。从历史上看,封建主义积弊甚多甚厚必然会对各级领导者和人民群众产生消极影响,使得官僚主义、形式主义等作风有了存在的历史基础;从社会原因分析,长期存在的小农经济的思想和习惯不可避免地会对领导者产生严重的影响,加之新的社会变革的冲击,一些人的世界观、人生观发生了失衡,产生急功近利的短期行为;从体制上看,规范领导者作风和行为的体制和机制尚不够健全完善,对领导者的管理还存在漏洞;从个人角度来看,有些领导者的政治、业务素质不高,理论修养不足,认识偏颇,这是领导者作风出现问题的内在根源。

二、加强领导作风建设的途径

领导者的不良作风直接影响到党和政府的形象、党群和干群关系的改善,影响着党的路线、方针、政策和各项工作决策的落实,而且还影响着党的执政能力,影响着经济的发展和社会的进步。因此,要把加强和改进领导作风作为全面建设小康社会、构建社会主义和谐社会的重要切入点,以中国特色社会主义理论为指导,按照"八个坚持,八个反对"的要求,发扬优良传统,克服不良作风,养成良好的领导作风。

（一）加强理论学习

领导作风是由领导者的世界观、人生观和价值观所决定的,理论学习是树立科学的世界观、正确的人生观和价值观的基础,加强领导作风建设必须首先从理论学习抓起。优良的领导作风不是凭空产生的,必须通过长期的学习积累才能形成,在这个过程中,必须有科学的理论做指导。列宁曾强调指出:"只有以先进理论为指南的党,才能实现先进战士的作用。"[1]领导者只有通过理论学习,打牢马克思主义理论基础,才能使领导作风的修养从自发走向自觉,从被动走向主动,从较低层次走向较高层次。因此,各级领导者要自觉学习科学理论,加强主观世界的改造,把思想认识从那些不合时宜的观念、做法和体制的束缚中解放出来,从对马克思主义错误的和教条式的理解中解放出来,从主观主义和形而上学的桎梏中解放出来,提高对领导作风建设的重要意义的认识,把握领导作风修养的正确方向,明确领导作风建设的重要内容和基本要求,在思想上、学习上、工作上、组织上和生活上全面继承和发扬党的作风的优良传统,划清作风方面的是非界限,认真搞好领导作风修养的加强改进工作。

（二）注重教育培训

领导作风修养的加强改进仅仅寄希望于领导者的自觉是不够的,还必须进行有组织、有计划、有针对性的教育和培训。领导作风是领导者的综合素质在领导活动中的反映,是与领导者的思想政治品德、科学文化素质和业务工作能力紧密联系在一起的。正像领导者的素质需要教育培训一样,优良的领导作风也离不开教育和培训;从一定意义上说,作风修养本身就是领导者综合素质的重要组成部分。因此,必须将领导作风建设纳入领导者的教育培训计划,通过经常性的系统的教育和培训,努力培养造就一支政治上靠得住、工作上有本事、作风上过得硬、人民群众信得过、善于领导和管理的领导者队伍。

第一,要明确有关作风教育培训的内容。领导者作风教育培训的内容一般应包括:领导作风的地位作用、领导作风建设的形势分析、领导作风的理论基础、领导作风的内容要求、领导作风的优良传统、领导作风的先进典型、领导作风的实践锻炼等。

第二,要加大领导者作风教育培训的力度。各级组织人事部门要将领导作风的教育培训纳入工作计划,争取各级党委政府主要领导的高度重视和大力支持,增加经费投入,改善教育培训条件,逐步建立系统化、规范化、法制化的教育培训体系,为领导作风的改进创造有利条件。

第三,要采取"请进来"和"走出去"相结合的培训方法。请领导作风修养的先进典型谈体会论经验,请老红军、老干部、老领导讲优良的作风传统,为改进领导作风提供标准,树立榜样。

第四,要把作风教育培训和领导实践结合起来,以此来激发领导者转变作风的内在动力,为加强和改进领导作风修养创造一个良好的环境。

第五,要开展作风教育培训质量评估工作。对教育培训的对象进行跟踪考核和管理,建立领导作风建设档案,及时公布监督检查的结果,督促领导者时刻警醒作风方面的问题,并自觉加以

---

[1] 《列宁选集》第1卷,人民出版社,1995年版,第312页。

改进。

（三）完善规章制度

在领导作风建设中,健全完善有关制度更加重要。邓小平曾指出:"制度好可以使坏人无法任意横行,制度不好可以使好人无法充分做好事,甚至会走向反面。"①制度建设是更带有根本性的建设。用制度的约束力促进领导作风的改进,是一个重要而有效的途径。要按照"从严治党"和"从严治政"的方针,继续完善有关领导干部的政治活动、工作方式、学习形式和反腐倡廉方面的规章制度,如行政问责制度、政务公开制度、行政审批制度、国家公务员廉洁从政制度等,建立机构合理、配置科学、程序严密、制约有效的权力运行机制,严格干部管理,严肃组织纪律,规范领导行为,保障领导作风建设纳入制度化轨道。

（四）强化考核监督

为了充分发挥制度体系对领导作风改进的规范作用,不流于形式,还必须强化对领导作风的考核监督。严格规范、严密有效的监督机制和群众公认、注重实绩的考核办法,有助于各项规章制度落到实处,切实减少领导者发生作风问题的几率。因此,要加强领导作风的考核工作,对照制度的规定,将组织考核与群众评议相结合,使领导者执行作风制度的情况时刻处于组织的严密管理和群众的广泛监督之下。有的地方实行窗口单位的领导作风评议卡制度就很有效。同时,要拓宽监督渠道,形成全方位、强有力的监督网络,防止领导者不良作风的滋生蔓延。这主要包括:第一,组织系统监督,即通过民主生活会、组织谈话制度、年度考核和执纪执法检查等形式实施监督;第二,权力机关监督,即通过实行人大评议政府机关、弹劾不称职领导干部等形式实施监督;第三,社会监督,即通过实行群众举报制度,发动社会各界包括政协、各人民团体、民主党派对领导作风实施有效监督;第四,舆论监督,即利用新闻媒体对各种违反制度规定的领导行为和不良领导作风进行公开曝光等。对违反领导作风制度的人和事,要严肃查处,决不能姑息迁就。

（五）优化环境氛围

领导者凭借其地位和权力,他们对社会的影响包括对社会风气的影响要比普通的社会成员大得多,因此,优良的领导作风是改善社会风气的关键因素。但毋庸讳言,领导者毕竟也是社会的成员,领导活动也是一种社会分工,领导者的作风必然受到社会风气的熏陶和影响。从这个意义上来说,加强领导作风建设必须努力营造良好的社会环境氛围。在中国这样一个有着几千年农耕文明和传统文化的封建历史的国土上,既有劳动人民的优良传统和共产党人在长期革命实践中形成的优良作风,也有官僚主义、形式主义等不良作风的残余,而且这些不良作风已经深深地植根于历史的土壤之中。随着社会的发展和时代的变迁,这些不良作风仍会以不同的形式影响和侵蚀领导者的领导作风。因此,要继承、发扬和培养优良的领导作风,必须营造良好的社会环境,消除产生官僚主义和形式主义等不良作风的土壤和基础。从社会大环境着手,要加强社会主义物质文明和精神文明建设,创造良好的社会道德风气,构建文明、科学、美好的社会主义和谐社会。同时,在各组织、单位内部,也要营造良好的组织文化氛围,这种良好的组织文化氛围会对领导作风发生潜移默化的影响,这对良好的领导作风的形成,无疑也是十分必要的。

---

① 《邓小平文选》第2卷,人民出版社,1994年版,第333页。

第十三章 领导绩效

领导绩效是一切领导活动的出发点和归宿,是领导者能力和领导活动效果的集中体现,是评价领导活动优劣的综合尺度。领导绩效考评,既是有效评价领导能力的重要手段,也是激励和督促领导者提高素质修养的重要方法。

第一节 领导绩效概述

领导绩效是领导者进行领导活动所取得的成绩和效益。了解领导绩效的含义、特点、内容和作用,对理解和提高领导绩效具有十分重要的意义。

一、领导绩效的含义

(一)绩效的含义

绩效的中文意思是成绩与效果,是指人们开展某项工作或从事某项活动所取得的成绩和效益。在英语中,绩效的英语单词是"performance",其意思主要有:已完成的事;成就、成绩;完成某件事情的能力;机制起作用的方式,对刺激的反应方式;进行或实行某事的行为或过程。主要是指人们进行某种活动所产生的结果以及所表现出来的能力和行为方式。

绩效这一概念最早被用于社会经济管理领域,后被广泛应用于人力资源管理以及公共管理领域,用来衡量和评估个人、组织活动的效果效益。简单地说,绩效就是指一定的行为主体在工作和活动中所取得的成就或产生的积极效果。绩效主要由目标、投入、效率、效果、效益等要素构成,涵盖了人的行为活动从成本转换到效果的各个环节。

目标是人的活动所要达到的预期目的,是构成绩效的核心内容。目标正确与否是决定能否取得绩效的关键因素,绩效所实现目标的程度是衡量绩效的客观尺度。

成本是指为了达到某个目标或解决某个问题而投入和付出的各种资源的总和。一般而言,成本主要表现为人力、物力、财力、信息、时间等的投入与付出。任何主体活动都必须投入一定的资源才能取得一定的绩效,高绩效意味着用较小的成本取得较大的产出。

效率是指在单位时间内所完成工作的数量,是取得的工作实绩与所用时间之比,即完成一定任务的速度。高效率意味着在投入一定的情况下,用较少的时间获得了较大的产出。效率可以比较准确地反映出在一定时间内实现目标的程度或取得的成果数量。

效果是人的行为作用于特定对象和客观环境所取得的结果或直接成效,亦即工作实绩。效果所侧重的是管理行为所产生的成果数量。

效益是实施某种活动所产生的价值,即活动的最终成果及其对社会的影响。效益不仅表现为某种活动的最终成果,还表现为所创造的社会价值,表现为对社会产生的一系列作用、影响及其程度,一般侧重于好的结果、对社会的积极作用和影响。

（二）领导绩效的含义

领导活动产生的结果就是领导绩效,也叫领导效能。领导绩效主要包括领导目标、领导成本、领导效率、领导效果、领导效益等因素。所谓领导绩效就是指特定的领导主体在一定时期内实施领导活动所取得的效果效益的总和。对领导者个体来说,领导绩效是领导者个人素质尤其是能力和作风通过实践所产生的综合效应,是衡量领导水平高低的重要尺度,是组织和群众评价领导干部的客观依据。对领导集体来说,领导绩效是领导体制和制度运行的集中展示,是集体智慧和整体合力的综合体现。

领导工作是一种特殊的复杂的社会活动,它涉及方方面面的因素,受多种条件的制约,因此领导绩效是一个高度综合性的复杂体系。它既是领导者履行职能、完成领导任务的活动过程,又是领导者能力和水平在领导活动中的集中体现;既是领导者实施领导活动、实现组织目标的质量、数量指标的体现,又是领导者实施领导所产生的客观价值——对组织、对社会贡献的实际体现,是领导活动投入的成本与产出的比率。同时,领导绩效既受到领导者自身政治思想素质、文化知识素质、法律道德素质、能力素质和身心素质等主观因素的影响,又受到其工作环境条件等客观因素的制约;既受到组织中上级、同级、下级领导者以及被领导者的影响,又受到组织外部环境因素的影响,是多种因素综合互动的结果。

二、领导绩效的特点

领导绩效主要具有客观性、综合性、动态性、具体性、公共性、继承性和基础性等特点。

客观性主要指绩效形成的过程和产生的结果是客观的,并往往以特定的物质或精神成果的形式表现出来。

综合性主要指影响绩效因素的多样性,领导绩效是多种因素综合作用的结果。

动态性即工作绩效会随时间的推移而发展变化。原来较差的绩效,经过努力和改进,会转好;而原来较好的绩效,会由于懈怠而降低。

具体性是指一定的绩效总是在特定时间及特定的条件下产生的,并且绩效及其考评受到特定因素及各种具体条件的制约。

公共性是指领导绩效本质上是实现公共利益、达成组织目标的程度,它是领导者和被领导者共同努力的结果。虽然领导绩效考评是针对领导者的绩效而言,但并不意味着它仅仅是领导者工作的结果。领导绩效的目的是为了实现组织目标,实现公共利益的最大化,归根结底是为人民谋利益。

基础性是就领导绩效价值的重要性而言的,领导绩效不仅对领导者个人,而且对组织、对一个地区都具有深远和广泛的影响,它是领导者生涯变迁和组织发展的基础。

继承性是指任何领导绩效的产生和创造,都离不开前人的工作基础和积累,同时,任何领导者的工作绩效,在客观上又都为后人的工作提供一定的基础、创造一定的条件。社会的发展、组织的壮大正是这样不断积累的结果,表现为领导绩效的历史继承性、连续性的特点。

三、领导绩效的基本内容

由领导活动的复杂性所决定,领导绩效包含着十分丰富的内容,人们可以从不同的角度,根据不同的标准将其划分为不同类型,而不同类型的领导绩效又具有不同的内容特点。从领导绩效的内容来看,可以把领导绩效划分为政治绩效、经济绩效、社会绩效、文化绩效、生态绩效等。从领导绩效的主体来看,可以把领导绩效划分为个体绩效和组织绩效。在此,我们主要从领导的基本职能来进行划分,领导绩效可分为用人绩效、决策绩效、办事绩效、时间绩效、整体贡献绩效等。

（一）用人绩效

人是一切活动中最核心、最关键的因素,选才用人是领导的一项重要职能,也是领导活动的关键环节。用人绩效是指领导者对下属的选拔、配备、使用等方面的能力和效果,它主要体现为领导用人的准确程度（人与事的适应程度）及下属积极性的发挥程度。领导者用人的理念、原则、依据和标准不仅影响着人才的选拔和使用,而且对于整个领导过程尤其是对领导目标的实现程度具有重大影响,领导者的用人绩效直接影响着领导活动的整体绩效和领导目标的实现。一般而言,领导者的用人绩效与领导目标及整体贡献绩效之间成正相关关系。因此,在用人过程中,领导者只有科学合理地任用所需人才,充分发挥下属的积极性、创造性,才能产生较高的领导绩效。

（二）决策绩效

决策是领导活动的起点和关键,并贯穿整个领导活动全过程,它是领导者为实现领导目标而制定并实施的各种方案、对策和措施等。领导的决策绩效指的是领导者在制定并实施有关政策和方案时所体现的能力和达到的效果。它一般表现为领导者决策的合理性、科学性、及时性、可行性和有效性等。决策绩效的高低在一定程度上反映了领导者洞察问题、分析问题以及提出科学合理的解决问题的对策措施的能力,这是领导者进行正确领导和高效领导的基础,也是其领导能力的重要体现。

（三）办事绩效

办事绩效是指领导者履行职责处理日常事务的主要能力、效率和效益。办事绩效的高低在很大程度上直接影响到整个领导活动及领导目标的实现。在具体实践中,因受到各种因素的制约,很难对领导者处理日常事务的成效进行定量化的衡量,但我们可以从如下几个比例关系来进行评判：一是领导者已解决问题的件数与应解决问题的件数之比；二是解决重大问题的件数与处理一般问题的件数之比；三是正确解决问题的件数与处理问题的失误件数之比。在这些比例中,比例越高则说明领导者的办事绩效越高。当然,在衡量和评价领导者的办事绩效时,除了从定量的角度分析外,还可以进行定性分析和评价。

（四）时间绩效

时间是最稀缺的资源,它的供给没有弹性,没有替代品,具有一维性特点。正如马克思所言,一切节约归根到底都是时间的节约。时间的合理有效利用对领导者意义重大。领导者的时间绩效是衡量领导者有效管理、利用时间的尺度,领导者能否合理地利用时间反映了其时间绩效的高低。一般而言,领导者的时间绩效越高,对整个组织及目标的贡献就越大。但是,这并不是说认识到时间的重要性并懂得抓紧时间、拼命干就能产生出更多的成果、获得更大的成效,因为在时间的利用上,还存在着一个科学合理的安排问题。凡事都有轻重缓急之分,所以领导者应该抓紧时间、集中精力处理属于自己职权范围内的要事、急事、大事,而不必事无巨细地"亲躬",一些小事或不太重要的事可放手由下属去做,学会有效授权艺术,才可能赢得时间去思考和解决更为重要的事情,从根本上提高时间绩效。

（五）整体贡献绩效

领导者是领导活动的主体,既包括个人,也包括由若干个人组成的领导班子。领导者的整体贡献绩效主要体现在领导者和被领导者所追求的共同目标上,它是指组织整体目标的实现程度。任何一个组织内部都存在着分工与协作,领导绩效不仅反映在个人所主持、负责的部门工作和单个任务中,更重要的是反映在全局工作和整体协调上;不仅反映在领导过程的阶段性成果上,而且更重要的是体现在最终目标的实现程度上。领导者的用人绩效、时间绩效、办事绩效以及决策绩效,最终都体现为组织的整体贡献绩效。因此,整体贡献绩效的高低是衡量领导绩效的最重要也是最基本的尺度。

四、领导绩效的作用

领导绩效在领导活动中具有重要的地位和作用,对组织的发展和社会的进步,对领导者和被领导者都有十分重要的意义,主要表现在以下四个方面:

（一）领导绩效是领导活动的出发点和归宿

一切领导活动都以实现一定的组织目标、推进组织和社会的发展为总目标。领导绩效是领导活动的出发点,领导者所进行的各项工作,如决策、用人、协调、沟通、监督、控制等,都以提高领导绩效为目的,领导绩效贯穿领导活动的全过程。领导目标和领导绩效的一致性是所有领导活动的共同追求。

（二）领导绩效是衡量领导工作成效的重要尺度

衡量一项领导活动成败的标准是多种多样的,但最根本的、最有说服力的尺度就是领导绩效。一般来说,领导绩效的大小、高低、多少直接表明领导活动的成败。领导绩效高或多,表明领导工作是成功的、有效的,表明领导者是有能力的、称职的,表明领导目标和思路是正确的、领导方法是对路的。反之,领导绩效低或少,在很大程度上说明领导活动没有取得成功,领导者的能力水平有待提高,领导方法有待改进。

（三）领导绩效是评价、选拔、任用领导干部的主要依据

评价领导工作绩效的过程,实际上也就是考察领导者的过程。任何一项领导工作,都是领导者素质能力、思想意志的外化。通过对领导绩效的考评,不仅可以了解领导者的价值理念、思想作风、能力状况、方法艺术水平,而且还能发现领导者具有的潜在能力。所有这些,都是评价、选拔、任用领导干部的重要依据。

（四）领导绩效是领导发展的驱动力

领导绩效不仅是推动领导者前进的基础和动力,而且也是组织不断发展与壮大的源泉。一个有事业心与责任感的领导者,总是自觉地把创造一定的领导绩效作为奋斗目标。这种奋斗目标的实现,既是领导者自身价值的展示,也是其不断创造更高绩效的基础和动力。一个领导者所创造的领导绩效往往可以鞭策、影响和促进其他领导者的效仿,推进全体领导者能力和水平的提高。同时,领导绩效还能够激励员工,鼓舞士气,凝聚人心,促进团结合作。因此,领导绩效对于促进领导工作的发展是一个强大的推动力。

第二节 领导绩效考评的意义和内容

领导绩效考评是领导活动中的重要环节，是考核评估领导者的重要手段，是领导者开展活动的重要导向。

一、领导绩效考评的概念

领导绩效考评是公共部门绩效管理和绩效评估的重要组成部分。在西方国家，公共部门的绩效评估实践始于第二次世界大战之前，20世纪70、80年代在新公共管理运动中受到极大重视并得以大规模实施。在我国，历朝历代的统治者一直高度重视对官员的考察。古代考核官吏的制度形成于西周，之后，随着社会的发展和时代的变化，考核的制度、内容、方法不断发展变化。新中国成立之后，党和政府高度重视领导绩效考评，当时对领导干部的考核称为"鉴定"，党的十一届三中全会之后称为"考核"。随着政府目标责任制的推行，政府绩效评估和领导绩效考评得到理论界和政府部门的前所未有的关注和重视。2004年以来，围绕贯彻落实科学发展观，树立正确政绩观，中央出台了一系列有关领导干部考核的文件。

考评，就是考查和评价。考查，即考以标准，查以实际，把领导的实际工作结果与事先确定的领导目标、绩效标准进行对照，找出差距，发现问题。评价，就是评估，是在对领导绩效进行考核的基础上对领导者的能力水平所进行的估算和评定。领导绩效考评就是由特定的考评主体依据一定的标准，坚持一定的原则，采取一定的方法，遵循一定的程序，对领导绩效进行考查测量和评价的过程。领导绩效考评是领导活动中技术性最强的环节之一，也是最为棘手的任务之一，既复杂又敏感，既重要又困难，是理论和实践的结合，是主观与客观的统一。领导绩效考评既是重要的领导活动，又是提高领导能力和水平的管理手段。因此，正确理解领导绩效考评就显得格外重要。

领导绩效的考评是侧重对领导者"实际上做得怎么样"进行考评。在前面的内容中，我们讨论了领导本质、领导观念、领导原则、领导职能、领导素质等，都是在应然的理论层面上谈论领导者"应该如何做的问题"，知道"应该怎样做"当然是做好一件事情的前提，但"实际上做得怎样"则更为重要。领导者实际上做了什么、做的结果如何，这是一个客观的实然性问题，它能客观地反映出领导者的实际能力和水平。

领导绩效考评包含着两个相互依存的具体环节，即测量领导效果和评价领导能力。领导效果的测量是领导能力评价的基础和手段，领导能力的评价是领导效果测量的直接目的。测量领导效果是以一定的领导目标为参照系的。目标决定了领导活动的方向和价值。领导目标的科学性、合理性以及可测量性是领导绩效考评的基础，在一定程度上决定着领导绩效考评的科学性、公正性、合理性，即决定着考评的效度和信度。评价领导能力是建立在对领导效果进行科学测量基础之上的，对领导绩效测量的信度和效度影响到对领导能力评价的公正性和客观性。对领导能力的评价涉及价值取向问题，是主观性与客观性的统一。

根据以上分析，领导绩效考评就是考评主体采取特定的方法对被考评者的领导效果及其影响因素进行测量并对其领导能力进行评价的活动。领导活动所产生的结果一经变为现实就是客观的，是不以任何人的主观意志而改变的，而对领导绩效的考评则是考评者在一定的价值观和原则指导下,运用一定的方式方法,对领导结果所进行的考核与评价,具有一定的主观性,因此,领导绩效考评是一个主观性和客观性相结合的过程。当然,领导绩效考评本身不是目的,而是手段,是通过对领导绩效的考评,引导规范领导者的行为,激励鞭策领导者自觉有效地提高领导素质,改善领导方法,提高领导水平。

二、领导绩效考评的类型

对领导绩效考评进行分类,有利于增强绩效考评的针对性、可行性,提高领导绩效考评的科学性、有效性。领导绩效考评可以根据不同的标准划分为不同的类型,又可以根据不同的类型,从不同角度、不同层次,采取不同的方法进行考评。

根据领导层次的不同,可以把领导绩效考评划分为高层领导绩效考评、中层领导绩效考评和基层领导绩效考评,以及各个层次内正职领导绩效考评与副职领导绩效考评。

根据考评主体的不同,可以把领导绩效考评划分为上级考评、同级考评、下级考评、职能机构考评、自我考评、群众考评、专家考评等。

根据考评时间不同,可以把领导绩效考评划分为日常考评、年中考评、年终考评、阶段考评、任中考评、届满考评,或者定期考评、临时考评等。

根据考评对象工作性质的不同,可以把领导绩效考评划分为党务领导绩效考评、立法领导绩效考评、司法领导绩效考评、行政领导绩效考评、企业领导绩效考评、事业单位领导绩效考评、社团领导绩效考评等。

根据考评的方式不同,可以把领导绩效考评划分为定性考评、定量考评。定性考评就是注重对领导者绩效进行描述和阐释,强调从性质上对领导绩效进行评判。定量考评就是侧重对领导绩效的精确测量和计算,强调从统计数据来分析领导绩效各变量之间的因果关联性,常常采取标准化、系统化和可操作化的手段获得量化的数据,并用统计学方法进行分析。

根据考评的目的不同,可以把领导绩效考评划分为诊断性考评、鉴定性考评、评价性考评、监督性考评。诊断性考评是以了解领导绩效高低原因为目的的考评。鉴定性考评是以鉴定与验证某种结果或预测为目的的考评。评价性考评是以全面考核评价领导绩效为目的的考评。监督性考评是以检查督促领导者为目的绩效考评。

三、领导绩效考评的意义

领导绩效是各种因素综合作用的结果,领导绩效考评涉及领导活动的各个环节。因此,通过领导绩效考评可以发现领导过程中各个环节所存在的问题,分析原因,找出差距,激励和鞭策领导者不断努力,不断提高领导绩效。因此,领导绩效考评具有十分重要的意义。

(一)领导绩效考评有助于明确领导活动的正确导向

领导绩效考评具有导向作用。领导绩效考评不是为考评而考评,而是通过考评建构一种导向,引导行为,以此达到改善领导作风、优化领导素质、增强领导能力、提高领导绩效的目的。绩效考评是绩效管理的一个关键环节,通过建立考评的标准、确定考评的内容、明确考评的方法,帮助领导者及其领导活动明确方向和目标,引导领导者自觉地提高工作绩效。

(二)领导绩效考评有利于强化对领导者及其领导活动的监督

领导绩效的考评过程,就是领导环节与过程的再现,就是对领导行为进行检查与分析的过程,实质上就是对领导者及其领导活动的一种监察督促行为。领导水平的高低、领导能力的大小、领导作风的好坏,不能由领导者本人说了算,也不能完全由被领导者的自由议论来定,而必须由组织化、程序化的考核评估来确定。在考核过程中,要把领导者在各方面的表现和领导活动的各种情况公诸于众,动员和吸收被领导者及社会公众积极参与,考核成本与效果,评价功过与是非,并在考评结果的基础上对领导者进行公平合理的奖惩,从而形成竞争机制,实现对领导者及其工作的监督。

（三）领导绩效考评有助于推动领导制度的创新

领导体制的改革与创新、领导制度的变革与完善,都是为了提高领导绩效。同时,领导绩效是否得到提高和改善,又是检验领导体制和制度是否科学合理的重要标准。通过领导绩效考评,可以横向比较不同类型的组织之间的绩效,发现本组织领导制度方面存在的问题,在学习借鉴其他组织的制度基础上,进行本组织的制度创新和体制变革;可以纵向比较不同阶段工作的好坏和各种问题背后的原因,发现体制障碍和制度漏洞,自觉进行领导体制的改革和领导制度的完善。

（四）领导绩效考评有助于改善领导作风

领导绩效考评是结果导向性管理理念的落实。传统的领导活动模式比较注重投入,而忽视产出和结果。而现代领导活动则注重绩效管理,重视领导活动的结果和绩效及其对改善领导作风的意义。领导作风的好坏,是影响领导绩效高低的重要因素之一;而领导绩效考评的结果如何,又反过来体现并促进领导作风。通过对领导绩效的考评,可以在一定程度上发现领导作风的问题,并促进领导作风的改善。

（五）领导绩效考评有助于提高领导者素质

领导绩效考评是对领导活动的全过程、对领导者素质能力的各方面所进行的考察与检验;领导绩效本身就是领导者素质能力的外化与展示。通过对领导绩效的考评,可以发现领导者素质能力的优势与不足,从而使领导者对自身有一个清醒而正确的认识,自觉地加强学习与锻炼,提高和完善自己的素质修养,更好地胜任领导工作,履行领导职能。

（六）领导绩效考评有助于发现和培养人才

领导绩效是领导者素质能力在实践中的外化和对象化,领导绩效考评就是对领导者的素质能力外化和对象化的结果进行考评,实质上是对领导者素质能力的综合考察与评估。因此,通过领导绩效考评就可以客观地衡量一个领导者是否胜任领导工作,是否具有较强的领导能力,还可以发现领导者是否有较大的潜力。因此,通过领导绩效考评,不仅可以为领导培训提供依据,还可以为组织发现、培养和使用领导人才提供根据。

四、领导绩效考评的内容

领导绩效考评的内容就是考察和评价领导活动所产生的各个方面的结果。由领导活动的特点所决定,领导绩效考评的内容十分丰富和复杂。领导者既是个体性的又是集体性的,领导绩效既是领导者个体努力的结果,也是领导集体共同奋斗的成果。领导者个体绩效与领导集体绩效相辅相成。领导者的个体绩效是领导集体绩效的一部分。考评领导绩效可以从领导者个人绩效和领导班子的集体绩效两个方面来进行。2004年,中共中央组织部制定颁布的《体现科学发展观要求的地方党政领导班子和领导干部综合考核评价试行办法》中提出,对领导干部的民主测评按照"德、能、勤、绩、廉"五个类别设置测评内容和评价要点。对领导班子(领导集体)成员的测评内容主要包括政治方向、精神面貌、贯彻科学发展观、执行民主集中制、驾驭全局、务实创新、选人用人、处理利益关系、处置突发事件的能力，经济建设、政治建设、文化建设、社会建设和党的建设，以及党风廉政建设等方面的情况。2009年6月中共中央政治局会议审议通过的《关于建立促进科学发展的党政领导班子和领导干部考核评价机制的意见》指出，要完善对领导干部考核评价的内容，既注重考核发展速度，更注重考核发展方式、发展质量；既注重考核经济建设情况，更注重考核经济社会协调发展、维护社会稳定、保障和改善民生的实际成效。根据这样的思路，我们主要从领导者个体的领导绩效考评和领导集体绩效考评两个方面来探讨领导绩效考评的内容。

（一）领导者个体绩效的考评内容

对领导者个体绩效的考评主要涉及德、能、勤、绩、廉五个方面。这与中国共产党选拔使用干部德才兼备的原则与对公务员的考核是一致的。

第一，德的考评。主要指对领导者道德品质的考察评估，主要包括政治素质、领导作风、职业道德等方面。

第二，能的考评。主要指对领导者的业务技能、领导水平、工作效率等方面的考察评估，即对是否具备胜任现职或升任更高职务的能力的考评，包括预测决断能力、组织指挥能力、沟通协调能力、激励监督能力、应变创新能力等。

第三，勤的考评。主要指对领导者的事业心和工作态度的考察评估，包括工作动机、进取精神、责任意识、履职状态等。

第四，绩的考评。主要指对领导者工作业绩的考察评估，是领导绩效考评中的最重要的一项内容。工作业绩就是领导者在一定的时间内完成工作的数量、质量、效率和贡献，是领导者实际为社会做出的并得到社会承认的劳动成果，是领导者素质能力、勤政廉政等各方面相互作用的结果和表现。

第五，廉的考评。主要指对领导者规范用权、廉洁奉公情况所进行的考察评估。领导者自己要做到廉洁自律，并有责任教育和管理身边工作人员、下属等要为政清廉、奉公守法。

（二）领导集体绩效的考评内容

现代领导活动的一个基本特征就是实行集体领导，在一些重要领导职能，如决策、用人等方面的履行上，实行集体统一领导。领导集体绩效考评的内容主要包括以下几方面：

1. 决策绩效考评。决策是领导者的首要职能。对领导决策绩效的考评主要是对领导决策的正确性及决策所带来的效益进行考评。其一，考评在一定时期内领导集体所作出决策的正确率。通过考察一定时期内领导集体作出的决策总量中有多少是正确的，有多少是失误的，有多少是既有成功又有失误的，它们所占的比例各有多大，在此基础上进行比较分析，就能比较直观地了解到领导决策的绩效状况。其二，考察领导决策所带来的效益的多少。通过分析决策成本，为实施决策所进行的总投入，决策实施后所取得的总效益、总产出，用总效益除以总投入，就可以知道决策的效益如何，从而对领导决策绩效作出总体评价。当然，这样的考评实际上是非常复杂的，操作起来也是不容易的。

2. 用人绩效考评。发现人才、选拔人才、培养人才、正确使用人才是领导集体的重要任务。领导活动的目标，主要是通过领导者对其部属施加影响而实现的，领导活动的成功与否在很大程度上取决于选才用人的正确性和有效性。考察领导集体的用人绩效，主要是考察发现了多少人才,正确选拔了多少人才,恰当使用了多少人才,真正培养了多少人才。发现的人才越多,培养的人才越多,正确选拔和使用的人才越多,说明领导集体的用人绩效越高,组织越兴旺发达,蒸蒸日上;反之,领导者的用人绩效就低,组织就衰败。

3. 办事绩效考评。领导者承担着组织、指挥、协调、激励、监督、沟通等重要职责,运用人民赋予的权力,履行职责,解决问题,提供服务,其中最主要的就是处理与其职责相应的社会公共事务。领导者在任职期间政绩的大小主要取决于办事的绩效,即处理公共事务的成效。对领导集体办事绩效的考评,主要就是对领导集体完成工作任务、处理公共事务的效率、效果、效益进行考察评价。可以用单位时间内领导集体完成工作任务的情况进行绩效考评。如果领导者在单位时间内处理的事务多,解决的问题多,并且收获大,副作用小,说明领导绩效就好。

4. 组织的整体贡献绩效考评。领导者是组织的大脑,组织的活动一般都是在领导者的直接指挥下进行的。领导活动不是个人行为,而是一种组织行为。因此,领导绩效最终要体现在组织的整体贡献绩效上。领导者的谋划、指挥、动员,被领导者的认同、配合、努力,形成一股无形的合力,推动着组织目标的实现。因此,领导者及其组织的其他成员在完成工作任务过程中所作出的整体贡献的大小,是衡量领导绩效的最基本的尺度。对组织的整体贡献绩效的考评,主要是通过组织目标实现的程度、组织对社会贡献大小等指标来衡量。

从以上分析中我们可以看出,领导绩效考评是一个复杂的系统工程,对其复杂性须有充分的认识,需要做具体、细致、繁杂的工作,需要进行周密的思索、分析和论证,绩效考评的内容包含众多的指标,并且可以从不同的角度运用不同的方法进行考评。

第三节 领导绩效考评的原则和方法

为了保证领导绩效考评的科学性、有效性,必须坚持正确的原则,遵循科学的程序,采用有效的方法。

一、领导绩效考评的原则

实现领导绩效考评的科学公正,须要遵循以下基本原则:

(一)客观公正原则

考评主体的价值取向、态度行为对领导绩效考评的结果具有举足轻重的作用。因此,在领导绩效考评中必须坚持客观公正原则。客观就是实事求是,真实、准确、全面地反映事物的本来面貌。公正就是一视同仁,对任何组织和个人都不抱偏见、成见。这一原则是实事求是的思想路线在领导绩效考评中的具体体现。

坚持客观公正的原则,应该做到以下三点:一是考评者要诚实正直,公正无私,严肃认真,尊重事实,实事求是,不以偏概全。考评者坚持从客观存在的事实出发,不把无法克服的客观因素归咎于领导者本人,不用派性代替党性,不用主观臆想代替客观存在,不用道听途说代替事实依据,不用成见、偏见、情感代替原则、制度和程序,不以上级领导的偏好、喜恶、意志代替客观的实际表现,对领导者的绩效不夸大,不缩小,不失真。二是考评程序要科学规范,考评标准要合理统一,考评方法要具体有效。考评程序要严谨正当,符合规律,顺畅简约,规范有序;考评标准要符合实际,适应对象,科学分类,宽严相济;考评方法要具体多样,综合运用,简便可行,务实有效。

三是考评材料依据必须真实准确。为了保证领导绩效考评的可信度,考评的信息材料必须做到全面、真实、准确。只有在充分、全面地掌握原始记录等第一手材料的基础上,依据规范的程序,按照科学的考评方法,才能得出正确的考评结论。真实性是考评材料的生命。考评结论只能依据考察所得到的资料来撰写,而不能按照领导意图去杜撰。对被考评单位提供的有关材料,要进行全面、仔细的调查研究和审核,保证考评结论的准确真实,使主观评价与客观结果尽量相一致。

(二) 民主公开原则

所谓民主,是指在领导绩效考评过程中,要坚持走群众路线,让下属和公众参与考评、监督考评。在社会主义国家,人民充分参与国家事务及社会公共事务管理是社会主义民主的本质要求。领导绩效考评工作必须置于人民的监督之下,赋予人民评价"公仆"的权利。同时,由于领导者工作和生活在下属与群众中间,工作目标的实现程度、岗位职责的履行状况、工作能力和作风的一贯表现及成绩的优劣大小,下属和群众往往看得较清楚,了解较全面,最具有发言权。坚持民主原则,既有利于考评结果的客观公正,又有利于强化领导者的"公仆"观念,改善与被领导者之间的关系,也能使被领导者受到教育,相互理解,互相支持。

所谓公开,是指在领导绩效考评过程中,首先要将考评的对象、时间、内容、标准、程序等事项在一定范围内公诸于众,以便有关人员了解、参与并进行监督。那种脱离群众监督,封闭式、神秘化的考评方式,很难真实地反映领导者的绩效。其次要将考评的结果在告之被考评者本人的同时,在一定范围内公之于众,以便减少或防止考评过程中可能出现的偏差,有助于领导者总结经验教训,提高领导水平,同时也有助于群众掌握考评情况,激发其主人翁精神和工作积极性,便于对领导者及其活动实施监督。我国目前试行的民主评议、民意测验等考评方法,就是对民主公开原则的积极尝试。

(三) 全面系统原则

领导活动是一项复杂的宏观性社会活动,涉及面广,影响深远,要对其活动的结果进行考评,必须坚持全面系统的原则,才能达到比较客观公正的结果。为此,在考评中要做到以下几点:

一是显绩考评与潜绩考评相结合。考评领导绩效,既要看直接的绩效,也要看间接的绩效;既要考评比较明显的政绩,又要考评暂时未能收到显著成效但却对长远起作用有影响的潜在政绩,这样才能对领导者的绩效做出全面的客观评价。

二是政治和业务相结合。考评领导绩效,不仅要看领导者的政治立场、政治态度和思想作风,而且要考察领导者的业务水平和能力。政治与业务是相互依赖、相互促进、不可分割的统一的整体。政治是业务的统帅和灵魂,而业务则是政治的具体体现。

三是眼前和长远相结合。考评领导绩效,既要看眼前效益,又要看长远效益;既要看领导者及其所在组织完成当前任务的情况,又要看是否对组织今后的发展产生长远的影响,把眼前工作和长远目标结合起来。

四是局部和全局相结合。考评领导绩效,要把每一个特定的绩效状态放到一个更大的系统背景中去考核评定,把局部与全局结合起来,把领导活动放到国家事业发展的大局中进行全面分析,既着眼全局绩效,也不忽视局部绩效,把二者有机地结合起来。

五是主观和客观相结合。影响领导绩效的主观条件,主要是领导者本身的观念、素质和作风等,客观条件主要是上级的支持程度,有关单位及人员的配合和协作程度,环境的状况以及体制、制度的科学合理程度等。考评领导绩效必须对主客观因素进行全面分析,注意领导系统的内部要素与领导环境之间的辩证关系,既要看领导者的素质能力、工作态度、谋略思路等主观因素,又要分析自然条件、社会环境、工作基础等客观因素,把领导者的工作思路、领导过程和工作实绩,放在具体的条件和环境中进行分析。

六是目的和手段相结合。考评领导绩效,不仅要看领导者做了什么,更重要的还要分析"为什么做"和"怎样做"。领导绩效要有目的和手段的合法性、合理性、正当性。不仅领导绩效包含了目的和手段的统一,领导绩效考评也应该体现目的和手段的统一。考评领导绩效不应当孤立地进行,而应与对各级干部的培养、任用、提拔、晋级及奖惩等结合起来。

七是领导者个体考评与领导集体考评相结合。考评领导绩效,不仅要对领导者进行个体考评,同时也要对领导集体进行考评,如此才能对领导绩效形成整体认识。

八是考评与奖惩相结合。领导绩效考评是为了了解领导、监督领导、鞭策领导和发现及选拔领导人才。因此,考评领导绩效必须把考评结果与领导干部的奖惩直接联系起来。绩效考评优秀的,要表彰奖励、提拔重用;考评不合格或不胜任的,要批评惩罚、降职辞退。

(四) 注重实绩原则

领导绩效考评必须坚持以实绩为主的原则,重点考评领导者实际工作的绩效,强调以结果为导向,树立"无功即是过"的观念。一要通过考察领导者所做工作的数量和质量来确定领导者的真正绩效;二要通过纵向和横向比较来衡量其政绩大小,纵向比较看发展、看创新,横向比较看水平、看质量;三要通过综合效益论优劣,不仅要看政绩所取得的经济效益,更要考察其社会效益;四要正确处理个人绩效与集体绩效的关系。要按照领导干部的岗位分工和实际贡献,搞清楚领导者个人在领导活动中所起的作用。既不能吃"政绩大锅饭",把集体绩效平均分摊;也不能搞"政绩垄断",把全部绩效都归功于某一个人,必须实事求是地加以判断和认定。

(五) 科学规范原则

领导绩效考评政策性强,敏感度高,关系到能否调动领导者的积极性,甚至关系到领导活动的成败,因此,必须坚持科学规范的原则。首先,要在建立健全领导岗位责任制和任期目标制的基础上,科学确定考评标准。其次,要建立健全科学合理的考评制度,完善考评规程和考评准则。再次,要采取科学的考评方法,尽可能做到科学化、规范化、程序化、合理化。最后,绩效考评的方式方法、程序规则等要符合法律规定,依法考评。

科学规范原则要求在绩效考评过程中所设计的评价指标体系、所使用的方式方法要具有科学性和规范性,保证考评的信度和效度。所谓信度就是指测量的数据资料与结论的可靠性程度,测量工具稳定地测量到领导绩效的程度。所谓效度就是测量的内容是否同测量的要求相符合,能否测评到设计者所想测评到的东西。需要从三个方面把握考评的效度:一是观念效度,即评价体系的设计是否具有充分的理论依据;二是内容效度,即评价体系所测评的内容是否充分概括了领导者在实际工作中必须具备且客观存在的各种素质条件;三是标准关联效度,即评价体系测评结果与另一评价结果的相关程度。

二、领导绩效考评的程序

领导绩效考评的程序主要包括以下几个环节:

(一) 准备阶段

周密的思想准备、组织准备和工作准备是考评工作的基础和起点,也是考评工作得以顺利进行的前提。

思想准备就是做好舆论宣传与思想动员工作,提高领导者以及被领导者对绩效考评重要意义的认识,端正态度,扫清思想障碍,消除不必要的顾虑。同时,把考评中将要运用的具体方法、手段、标准,以及时间安排等公布于众,以期得到多方面的理解、配合和监督。

组织准备就是搞好组织领导和工作安排,包括确定考评主体、对象,明确工作进度,成立工作机构,配备人员,明确分工,落实责任,宣布纪律要求等。组织准备很重要,涉及众多因素和许多环节,如:要甄别并确定考评主体,一般有社会公众、专业评估机构、领导组织自身等,还要分别组织不同方面的评议并做好汇总分析工作,如上级考评、同级考评、本人考评、下级考评、群众考评等,还要把握阶段性的任务,控制好工作进程。如果没有专门的常设考评机构,或者常设考评机构难以独立承担繁重考核任务时,一般要成立临时的考评工作机构,抽调工作人员,专门负责考评工作的组织实施。

考评方案准备就是对领导绩效考评的内容、指标、标准、方法、程序、时间安排等进行规划和设计。考评内容要全面和系统,考评指标要明确而具体,具有较强的操作性和针对性,考评标准要恰当适中,考评时间、方法、程序等安排要明确、合理、可行。

（二）实施阶段

实施考评阶段是整个领导绩效考评工作中最重要的阶段。绩效考评的主要任务是利用各种调查手段全面系统地收集领导活动的各种信息资料,并在此基础上进行认真的审核查验、系统的整理分类、统计分析,运用相应的评估方法,对领导绩效进行考评,做出考评结论。

考评者应本着客观、全面、慎重、负责的精神,将被考评的领导者的自我总结与群众评议同平时的日常表现与测评记录联系起来,进行综合比较、分析和归纳,从定性与定量两个方面对被考评的领导者各方面的表现给出全面、准确的书面评语。在实施考评的过程中,考评者既要认真按照事先所确定的考评方案有条不紊地进行,又要善于随机应变,妥善处理考评过程中出现的意外情况。

实施过程的注意事项有:考评者须认真负责,不能走过场,不能流于形式;考评的材料依据和结论必须真实可靠,真实性是领导绩效考评的生命;考评工作必须独立进行,不受非正当因素的影响;对考评过程须进行必要监督,防止疏漏和失误。

（三）结束阶段

这是处理考评结果、撰写考评报告、公布考评结果、利用考评结果、保存考评资料的阶段。通过这一环节,可以进一步增强领导绩效考评的准确性、科学性与透明性。这一阶段的工作包括:向被考评者反馈考评结论,并认真听取其反馈意见;复核修正考评结论,调解争议;公布考评结果并做好资料存档工作;兑现考评奖惩。

三、领导绩效考评的方法

领导绩效考评方法多种多样。我国各级组织、人事部门为实现领导绩效考评的科学化、民主化与制度化,在领导绩效考评过程中,不断地进行实践探索与理论总结,逐渐形成了一套比较完备的考评方法体系,其主要内容包括基本的考评方法与具体的考评方法。

（一）领导绩效考评的基本方法

1. 领导考评与群众评议相结合。这一考评方法要求在领导绩效考评的过程中,将领导考评与群众评议结合起来。在领导绩效考评时,要通过不同的形式向群众了解被考评者的相关情况,听取群众的意见和要求,以防止考评的片面性,从而在更深层次上认识被考评者的政治思想、道德品质、工作作风等方面的实际表现。

2. 平时考评与定期考评相结合。这一考评方法也称之为动态考评与静态考评相结合。平时考评即动态考评,通过经常性的实际观察,跟踪了解领导活动的全过程及其作用,其实质是动态性考评的积累过程。平时考评具有及时性和连续性的特点。定期考评即静态考评,按照月、季、半年或一年来考评领导者在特定期限内活动的最终结果,包括领导目标责任制完成的情况及其所领导的地方、部门或单位的发展情况,各项社会发展指标的完成情况,生产力发展情况,人民生活水平提高情况等。比较而言,定期考评重在把握领导者阶段性的现实状态,从而为领导绩效的最终确定提供依据;而平时考评重在了解领导者的潜力,为正确使用领导者提供科学依据。实行二者的结合,要注意建立领导者工作纪实系统,注意对平时考评的结果进行综合分析,以力求客观与全面。

3. 定性考评与定量考评相结合。定性考评是考评主体在民意测评、问卷调查、个别谈话与查看资料等基础上,根据经验和印象,对被考评者的绩效的质的方面进行评价和确定。定量考评则是考评主体运用现代科学知识与方法,如采取系统工程学、心理学、模糊数学等学科的某些原理与方法,将领导者的德、能、勤、绩、廉分解为若干个指标,并根据各种具体指标,对领导者的德、能、勤、绩、廉进行计量论质、评级记分,从而在数量上相对精确地反映领导者的绩效,并利用电子计算机对考评结果进行整理、计算、分析。采取定性考评与定量考评相结合的方法时,要注意以下两点:一要根据工作任务与工作性质的不同特点,区别对待。能够量化的工作绩效尽量量化,而难以量化或根本无法量化的工作绩效则不要人为地加以量化,要从质的规定上去进行评价,但不要搞唯经验论,避免发生凭印象取人的情形。二是在进行定量考评时,不能搞唯数字论,以防止出现"官出数字"与"数字出官"的情况。

(二) 领导绩效考评的具体方法

1. 调查研究法。这是一种比较传统的、常见的考评方法,就是考评主体通过各种调查研究的方式,如典型调查、抽样调查、实地观察、访谈法等,对被考评者的表现及其周围环境进行调查了解并作出一定评判的过程。这种考评方法适用范围广,操作简单快捷,成本较低,对各级各类的绩效考评比较适合。但运用此方法,要注意以下几个问题:其一,调查的目的要明确,内容要清楚,不能无的放矢,搞形式主义。其二,调查要认真严肃,持之以恒,仔细敏锐,不能让被考察者或者被考察单位牵着鼻子走,敷衍了事,做老好人。其三,要反复核查,确保调查所获得的资料真实可靠,并注重调查基础上的研究,通过去粗取精、去伪存真的加工制作,发现本质联系,得出客观结论,并使考评结论经得起事实和时间的考验。

2. 民意测验法。这是一种现代社会广泛采用的了解社情民意的考评方法,是采取投票、对话、问卷等方法对民众就被考评者的绩效进行调查的方法。投票法就是由考评者对被考评者的绩效按照优秀、良好、较好、一般、较差、差等几个等级进行投票表决。这种方法的优点是简便易行,快速高效,省时省力;缺点是投票者之间容易相互影响,使考评结果的准确性难以保证,加之考评的内容和结论过于简单,难以真正了解被考评者详细的客观情况。对话法就是考评者选择熟悉情况的人员进行谈话或开小型座谈会,以面对面的方式直接了解被考评者绩效的方法。其优点是直观、灵活、快捷、反馈及时。缺点是要求考评者具备较高的综合素质,尤其要掌握基本的访谈技巧,并具有敏锐的洞察力,而且这一方法的适用范围有限。问卷法则是考评者根据考评内容事先设计问卷,然后利用问卷来进行调查的方法。这种方法的优点简便易行,匿名性强,便于定量分析,结果较为客观;缺点是考评结果的有效性依赖于问卷设计的科学性与回答者态度的认真与严肃,问卷的回收率较低。

3. 目标对照法。这是由考评者按照领导活动中事先确定的目标体系以及细化的指标体系,对照检查被考评者完成目标的情况,从而评定其领导绩效的方法。目标对照法是考评工作中最基本的方法,它渗透于各种方法之中。目标具有可分性、层次性、阶段性、综合性、明确性等特点,考评时可以从内容上、层次上和时间上分项、分层、分段地进行,全面地对照检查。运用目标对照法的前提条件是被考评者所在组织或单位事先要有规范、明确和全面的目标体系,并且目标体系中总目标与次级目标既要有质的要求,也要有量的规定。对无法量化的目标必须力求详细阐明其性质、特征以及完成期限和途径,以提高考评的可行性。为保证考评的客观性,在实际操作中要注意考虑那些领导者无法控制的因素对实现领导目标的影响,如突发性事件与重大的政治变革等。此外,要严防"目标替换"的现象发生,不能以领导者决策范围之外的目标替换领导者所承诺追求的目标。

4. 比较考评法。这种方法就是通过选择一定的参照系来对比被考评者绩效的方法。在使用比较考评方法时,可以从纵向和横向两个;方面进行比较。纵向比较主要是通过现在与过去进行比较,现在与可预测的未来进行比较,此次考评情况与上次考评情况进行比较等。横向比较主要包括在同类地区、部门或单位之间的领导者或领导集体之间进行比较,在不同地区、部门或单位的同类或同级的领导者或领导集体之间进行比较等。没有比较就没有评价。所谓绩效大小,不但是与预定目标比较而言,也是与同等条件下的其他领导者比较而言。比较考评法既可以增加考评的说服力,又可以促进被考评者在相互比较中发现自身的优势与不足。这一方法的优点是方便易行,简单明了,成本低,见效快;缺点是选择参照系比较困难,不恰当的比较,容易造成考评的简单化和非客观性。

5. 专家考评法。这种方法就是由专业的考评者对被考评者进行考评的方法。专家是指在特定的领域具备较高专门知识、经验和技能的人,在这里主要是指那些掌握专业考评方法技能,熟悉被考评者工作领域的那些人员或组织。专家的优势是既"外"又"内"。说其"内",是指这些专家具有专业知识和技能,是内行,其专业知识技能使他们超越普通人的局限,容易理解领导活动自身的特殊性;对于某一领域组织的领导活动来说,当事的领导者是局内人,其他人员包括专家是局外人,具有"外"的优势,没有直接参与决策,可以超脱某些利害关系,能做到旁观者清。专家考评法是一种比较重要的专业方法。

6. 统计分析法。这是把领导活动的目标分解成各项指标,对照工作的实际效果,运用统计数据检查领导任务完成情况,从而评价领导绩效的一种方法。比如,通过对一个县全年社会总产值、工农业总产值、人均国民收入、农民人均收入、上缴税利、地方财政收入、基建投资完成额、粮食总产量、九年制义务教育普及率、人口自然增长率等情况的统计分析,把这些指标与上一年相比算出递增率,必要时还可建立数学模型,就大体可以考评出该县领导者的绩效。这种方法是一种典型的定量分析方法,比较客观具体,但还需与其他方法综合使用,才能更准确有效。

7. 自我述职法。这是领导者自我鉴定的方法,是领导者对一定时期内的工作情况进行总结评价,得出结论,并向上级或其他部门进行汇报的一种方法。这种自我述职法是全面考评领导绩效的一个不容忽视的方法,对于领导者自我约束、自我监督、自我反省和提高领导绩效起着积极作用。

8. 模拟考评法。这是把被考评者置于一个假设的或者人为设置的类似工作场景之中,要求被考评者按照一定的规则进行模拟操作,同时运用多种方法观察其行为方式、心理素质、反应能力等,然后根据观察结果来评价其领导绩效的方法。这一方法目前已经成为欧美等发达国家用来挑选和训练领导者与管理者的重要方式。模拟考评的具体方式包括:

(1) 公文处理。这是一种最基本的模拟考评。考评者通过被考评者对公文处理的情况来测定其绩效。公文主要由请示、报告、决定、决议、会议纪要、备忘录、人事档案和信函等形式组成,其内容可以包括调整职能机构、协调人际关系、制定长远规划、处理日常公务、管理调度物资等。

(2) 模拟会议。这就是将五至六名被考评者编成一个小组,指定一个会议主题,进行无主持人方式的会议讨论。要求每个人都要发表意见,讨论结束后每个人均以主持人的身份做一个会议纪要,就讨论的主题作出决定并阐明理由。整个过程由考评者在一旁观察,以对被考评者分析问题、解决问题的能力作出判断和评价。

(3) 即兴发言。这种方法是通过答辩会或记者招待会等方式进行,即兴发言的题目根据被考评者的具体情况精心准备,每个人一般应选择两个以上的题目进行发言。通过即兴发言,可以了解被考评者的知识面、思维能力、语言表达能力以及对本行业的熟悉程度等情况。

(4) 情境模拟。这是心理测试中经常采用的一种方法,即考评者根据相关的科学理论,设定一个不同于日常工作环境的特殊情境,一般情况下是封闭和陌生的。考评者在这一情境之外对被考评者的各种反应进行观察和评价。这种方法一般用来考评领导者的应变能力与心理承受能力等。使用模拟考评的优点在于生动具体,在一定程度上可以突破时空条件的制约,能较好地充分观察被考评者的各方面能力和绩效,但缺点是专业性强,模拟情境的设计要求高,并且在这种静态场景中测试所得的领导绩效不能完全等同于真实情况,仅可作为参考。

综上所述,领导绩效考评方法是多种多样的,是一个丰富繁杂的有机体系,在选择和使用各种方法时,必须从实际出发,具体问题具体分析,讲求针对性、适用性与有效性,并在理论与实践总结的基础上不断发展并形成新的考评方法,以使领导绩效考评方法体系日益充实与完善。

后 记

经全国高等教育自学考试指导委员会确定,全国高等教育自学考试公共管理类专业委员会负责高等教育自学考试行政管理学专业(独立本科段)《领导科学》教材的组编工作。

《领导科学》自学考试教材由黄强、彭向刚担任主编。本书各章的编写人员为:黄强(第一章),卓越(厦门大学教授,第二、三章),陈炳辉(厦门大学教授,第五章),胡象明(北京航空航天大学教授,第六、七章),彭向刚(第四、十、十一、十二章),袁明旭(云南大学教授,第八、九、十三章)。各章的修改者为:黄强(第一、二、三、五、六、七章),彭向刚(第四、八、九、十、十一、十二、十三章)。本书最终由黄强、彭向刚教授统稿、定稿。

参加本教材审定工作并提出修改意见的有:张永桃(南京大学教授)、宁骚(北京大学教授)、范春辉(南京大学副教授)。张永桃教授担任主审。

《领导科学》一书出版以后,希望社会各方面提出宝贵意见,以便今后修改和完善。

全国高等教育自学考试指导委员会
公共管理类专业委员会
2010 年 7 月